전쟁과 음악

THE WAR ON MUSIC
John Mauceri ⓒ 2022
All rights reserved.

전쟁과 음악

양차 대전과 냉전, 그리고 할리우드

존 마우체리 지음
이석호 옮김

우리가 사랑하는 클래식 음악 플레이리스트는 왜 20세기 초에 멈춰 있을까

『지휘의 발견』『클래식의 발견』 저자
존 마우체리의 신작

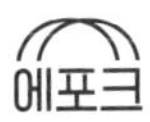

"반백 년이 지난 지금까지도 왜 우리는 히틀러가 금한 음악을 연주하지 않는 거지?" 하고 물었던 마이클 하스에게 바칩니다. 이 책이 1990년 당신의 질문에 대한 뒤늦은 답이 되기를 바랍니다.

숭고한 비극 속 거창한 역을 맡은 이들도 많고 풍속극 속 짧고 쉬운 역할을 맡은 이들도 많고 익살극 속 유쾌한 역을 맡은 이들도 많은데, 운명이라 불리는 무대감독은 왜 하필 내게는 포경선 선원이라는 추레한 역할을 맡겼는지 그 이유를 모르겠다. 아무리 생각해도 모르긴 하겠는데, 그래도 지금에 와서 모든 상황을 돌이켜보니, 여러 다양한 변장을 하고서 내 앞에 나타나 나로 하여금 내가 맡은 역할을 연기하게 하고 그것이 나의 편견 없는 자유의지와 명쾌한 판단에서 비롯된 선택이었다고 착각하도록 꼬드긴 교활한 동기와 원동력이 조금은 보이는 것도 같다.

—허먼 멜빌 『모비딕』

50년이면 세상과 세상 사람들을 거의 알아볼 수조차 없을 정도로 바꾸기에 충분한 시간이다. 그 과업에 필요한 것이라고는 사회 공학에 관한 탄탄한 지식과 의도한 목표를 향한 명쾌한 시각—그리고 권력뿐이다.

—아서 C. 클라크 『유년기의 끝』

차례

일러두기

1. 본문의 고딕체는 원서에서 이탤릭체로 강조한 부분이다.
2. 단행본·잡지·신문 등은 겹낫표(『 』)로, 기사·발표문·단편 등은 홑낫표(「 」)로, 음악·오페라·뮤지컬·영화·미술·TV 프로그램·게임 등은 홑화살괄호(〈 〉)로 묶었다.
3. 번호를 붙인 미주는 원서의 주이며, 옮긴이 주는 본문에 각주로 두었다.
4. 인지명 등의 외래어 표기는 국립국어원 외래어 표기법을 준용하되 일부 굳어진 표현은 관용을 따랐다.

20세기가 금지한 음악

21세기에 접어들고 20년이 지난 시점, 워싱턴 D. C.의 '연방정부 건물 재미화再美化 사업'이라는 대통령령이 발표되었다. 새로 짓는 미국 연방정부 건물은 고대 로마의 건축 양식을 '디폴트 스타일'로 하라는 명령이었다. 세간의 예상대로, 이 대통령령을 접한 사람들은 대거 분노했고 미국의 보수층(공화당과 도널드 트럼프 대통령)과 진보층(민주당과 이른바 혁신주의자들) 사이에 가상의 전선戰線이 형성되었다. 역시 세간의 예상대로, 2021년 2월 24일 취임한 지 고작 5주밖에 안 된 민주당 출신 신임 대통령 조 바이든은 1년 전 발표된 대통령령을 철회했다. 트럼프 행정부의 명령을 뒷받침하는 당위는 아름다움이었다. 그들은 일관성 유지와 과거 전통을 참조하는 방식으로 그 목적을 달성할 수 있다고 입을 모았다.

이런 소동은 예술과 음악의 역사에서 가장 논쟁적이고 모순적인, 그러나 제대로 이해받지 못하고 있는 시기를 떠오르게 한다. 바로 2차 대전 후 유럽의 비非나치화 과정과 뒤이은 냉전의 시대, 그리고 미 공화당 행정부가 아방가르드를 공식적으로 지지했던 시기 말이다. 소비에트가 정책적으로 아방가르드를 배척한 데 맞서 미국 정부는 아방가르드라는 매우 낯선 예술 양식을 내세워 미국은 표현의 자유가 보장되는 나라임을 천명했다. 소비에트는 구상주의적 시각 예술과 조성 체계의 오랜 전통을 따르는 음악만을 인정했다. 다시 말해 사과를 그린 그림은 사과처럼 보여야 했고, 음악 또한 첨예한 갈등과 시비를 걸어오는 듯한 도발성으로 가득할지라도 반드시 희망찬 승리로 마무리되어야만 했다. 소비에트 음악은 대중이 듣고 이해할 수 있어야 한다는 점이 특히 중요했다. 한편 무솔리니 정권과 히틀러 정권이 매우 유사하게 반反실험적인 예술론과 미학론을 지지했다는 이유만으로 미군정은 전쟁 기간 동안 비조성 음악을 쓴 사람은 당연히 나치도 아니요, 파시스트도 아닐 거라고 믿었다. 이렇게 작곡가들은 요상한 면죄부를 얻었다. 정책이 초래한 예상치 못한 결과도 있었다. (이런 표현이 받아들여질지는 모르겠으나) 비非아방가르드 클래식 음악—전통적인 교향곡, 오페라, 실내악—을 쓴 작곡가는 자신이 나치나 파시스트와는 무관하다는 결백을 따로 입증해야만 했다.

냉전은 끊임없이 진화하는 전통주의를 추종하는 소비에트와 급진적으로 새롭고 도전적이며 인습 타파적인 것—음악에서 아름다움은 부적절하며 천박하다고 보는 시각—을 껴안은 서방 세계가 맞붙은 싸움터가 되었다. 그러나 '새롭다'는 개념은 1909년 발표된 『미래파 선언』에서 비롯된 이론에 근거하고 있었다. 대중이 새로운 음악을 받아들이지 않는다고 해서 신경 쓸 것 없다. 그건 1910년대에도, 1960년대에도, 그리고 말이야 바른 말이지 2020년대에도 마찬가지니까. 동시대 음악에 대한 관점은 예나 지금이나 철학 투쟁이자 정치 투쟁이다.

어쩌면 지금까지 음악과 예술은 늘 어느 정도 정치의 졸병 노릇을 해왔는지도 모른다. 말하자면 왕과 교황의 노리개였던 것이다. 잘츠부르크 대주교는 모차르트의 음악을 좋아하다가 어느 날 돌연 마음을 바꾸었다. 대중은 언제나 그들만의 노래와 춤을 가지고 있었고, 지배층 역시 그들만의 노래와 춤을 즐겼다. 그러다 간혹 대중의 여흥과 지배자의 여흥이 교차할 때도 있긴 했다. 조지 2세가 1749년 런던의 인기 작곡가 조지 프리데릭 헨델에게 의뢰한 〈왕궁의 불꽃놀이 음악〉이 바로 그랬다.

건축은 음악과 비슷한 면이 있다(일부 그렇다는 말이지 전적으로 그렇다는 건 아니다). 건축도 음악도 우리는 시간을 통해 경험한다. 생래적으로 구조를 중시한다는 점도 양자의 공통점이다. 다만 음악의 구조는 시간에 의존하며 눈으로 볼 수 없다. 건물은 대기 중에 노출되어 풍화의 과정을 거치고 때로는 파손과 폭발이 일어나기도 해서 세월이 지나면 변하기 마련이다. 음악은 침묵하게 하면 사라진다. 앞으로 보게 되겠지만 이는 공공연한 행위인 경우도 있고 그저 흥미가 없어서 그렇게 되기도 한다. 제아무리 훌륭한 건축적 성취라 하더라도 급변하지 말란 법은 없다. 이를테면 6세기에 가톨릭 성당으로 지어졌으나 한 세기 후 종과 제대를 내버리고 기독교 모자이크화 위에 회칠을 덮고 외부에 미나레트(첨탑)를 세워 모스크로 바꾼 사례도 있지 않은가. 이스탄불의 아야 소피아는 1935년 일반 박물관으로 용도가 변경되었다가 2020년에는 다시 모스크로 분류되었다. 그러니 앞으로도 건축상의 변

화가 일어날 가능성은 충분하다. 음악은 존재하기 위해 반복되지 않을
수 없으므로 항상 변화의 상태 속에 놓여 있다. 설령 그 반복이 음반에
의한 정확한 반복이라손 치더라도 그에 대한 인식만큼은 같지 않을 것
이다. 그걸 듣는 사람이 끊임없이 변화 발전하기에 해석이 전과 달라
지기 때문이다.

우리는 은행, 교회, 학교 건물의 외관을 보고 그 안에서 일어나는
일의 낌새를 알아차릴 수 있기를 기대한다. 그 정도면 될 일을 도발적
인 행정 명령까지 발동할 필요가 있을까. 상식적으로 처리하면 될 일
같은데 말이다. 고대 로마를 참조한 현대 건물은 우리의 집단적 기대
에 관해 뭔가를 "말하는" 셈이다.『뉴욕 타임스』사설 제목의 문구를 빌
려 말하자면, 미국 문화와 세계 문화의 상당 부분이 뿌리를 두고 있는
유럽 문화는 "가짜 로마 사원"으로 가득하다.[1]

이미 워싱턴 D. C.의 많은 관공서 건물이 로마 건축물을 본떠 지었
다. 베를린의 브란덴부르크문도 그러하고 파리의 개선문도 마찬가지
다. 이런 건물들은 율리우스 카이사르 시절에 지어진 게 아닐 테니 전
부 다 가짜라 해도 무방하다. 그러나 미국 수도의 정부 건물도, 브란덴
부르크문도, 개선문도 저들이 지어지던 당시 사람들이 건축물에 기대
하던 바에 대해 저마다 뭔가를 말하고 있다. 게다가 에펠탑이나 바르
셀로나에 있는 안토니오 가우디의 사그라다 파밀리아(성가정 성당), 빌
바오에 있는 프랭크 게리의 구겐하임 미술관 같은 급진적인 건축물과
마찬가지로 이들 모두 사람들의 사랑을 받는 상징인 점도 틀림없다.
반드시 보수 대 현대의 대립일 필요는 없다.

로마 제국의 건축물 중 상당수 역시 엄밀히 말하자면 가짜였다. 고

대 로마인들은 이미 기원전 200년경 콘크리트 제작 기법을 완성했고, 따라서 건물을 떠받치는 기둥을 사용할 '필요'가 없었음에도 그리스 건축의 '외관'을 고수했다. 그러니까 저 인상적인 로마 기둥은 그저 장식에 불과한 셈이다. 이러한 가짜배기 건축적 표현은 사람들에게 국가의 저변에 깔린 힘, 승리감, 안정감 등을 느끼게 해주는 구체적 매개였다.

1984년 맨해튼 매디슨가街에 에이티앤티AT&T 빌딩이 들어섰다. 건축가 필립 존슨이 설계한 이 37층짜리 고층 건물의 최상단에 올라앉은, 기능과는 무관한 삼각형 박공벽은 파르테논 신전의 상단을 연상시켰다. 그렇게 이 건물은 현대 건축이 고대 그리스와 로마의 고전적 원칙을 따른 성취의 목록에 이름을 올렸다. 완공 당시 많은 이들에게 충격을 주었던 에이티앤티 빌딩의 박공벽은, 장식을 배제하고 역사마저 지워버린 현대 건축의 엄격한 원칙을 향한 거부 선언이었다. 존슨의 마천루는 가짜 로마 사원도 아니요, '적을수록 좋다less is more'를 강조한 국제주의 양식의 건물도 아니었다. 천재는 언제나 원칙과 행정 명령을 초월하는 존재다.

피츠버그에 있는 처치 브루 웍스Church Brew Works처럼 한때 교회였던 건물이 지금은 맥주 양조장 겸 피자 가게가 된 곳을 찾은 손님들은 뭔가 '잘못됐다'는 느낌을 받게 된다. 여기에 집단적 이단 행위에 가담한 것 같은 기분은 덤이다. 불경하게 한 손에는 맥주, 다른 손에는 피자를 들고 고해소로 들어가는 것까지는 아니더라도 이 정도면 꽤나 힙하지 않은가 하는 쾌감 말이다. 또한 우레와 같은 E플랫장조 화음으로 시작하는 교향곡은 빅뱅으로 시작하는 다른 교향곡—냉전 시기에 작곡된 수많은 아방가르드 관현악곡이 불협화음의 포르티시모 클러스터로 시작한다—과는 사뭇 다른 기대감을 갖게 한다.

국가가 먼저 나서 새로 지을 연방정부 청사에 적절한 건축 지침을 지정하는 일의 결과가 어떻게 나오건 간에, 지금까지 늘 그래왔듯 건축가와 시민들은 서로 만나 소통하며 타협안을 찾고 의사결정에 도달할 것이다. 기존 작품을 참고해 창의적으로 재해석한 창작물과 복사기로 베낀 듯한 모작 사이의 아찔한 줄타기는 예술과 음악의 역사에서 빠진 적이 없었다. 브람스가 자신의 〈교향곡 1번〉 마지막 악장에 쓰려고 지은 단순한 선율은 베토벤의 〈교향곡 9번〉 중 저 유명한 '환희의 송가' 선율을 향한 오마주였을까, 아니면 그저 우연일 뿐이었을까? (참고로 브람스는 "아무리 머저리라도 알아볼 수 있다"는 말로 양쪽의 유사성을 인정한 바 있다.) 브람스의 천재성은 이 주제 선율이 한 번에 두 가지 일을 하게 한다는 점에서 드러난다. 그의 종악장은 존경하는 선배가 지어 올린 기념비적 대작을 인정함과 동시에 음악적 서사를 표현하기 위해 네 명의 독창자와 합창단을 필요로 했던 선배의 교향곡을 본격 교향곡의 본령으로 되찾아왔다.

앞으로 보게 되겠지만 예술과 음악에서 뭔가를 공식적으로 만든다는 것은 필연적으로 양날의 검이 될 수밖에 없다. "코끼리를 생각하지 마라"는 당부를 들으면 그 결과는 딱 하나뿐이다. 조금도 꼼짝할 용의가 없는 거대한 후피 동물이 머릿속을 가득 채우는 것 말이다. 지난 20세기의 클래식 음악에 관해 말하자면, 우리는 아직도 전 지구적 전쟁에 동원된 무기의 일부였던 문화적 패권을 쟁취하기 위한 전투와 명령의 잔재 속에 살고 있다.

21세기를 사는 많은 사람에게 클래식 음악이, 아니 어떤 음악이든 마찬가지겠지만, 지난 세기의 거대 전쟁에 전략적 요소로 사용되었다는 사실은 분명 놀라움으로 다가올 것이다. 국제 정치 무대에서 음악의 정치적 가치가 끝내 붕괴하게 된 과정은 기술적으로 연결성이 높은 우리 시대에 들어 음악이 쉽게 국경을 넘어 세계 어디로든 뻗을 수 있게 된 상황과도 무관치 않다. 그러나 그 과정은 인류가 한 장소에서 다른 장소로 이동하며 살아온 이래로 어느 정도는 있어왔다고 해야 할 것이다.

아무튼 우리는 현재 오스트리아와 독일이 자국의 살아 있는 교향곡 작곡가를 내세워 유럽의 다른 국가보다 우월하다고 주장할 수 없게 된 시대를 살고 있다. 러시아가 미국보다 태생적으로 잘났음을 입증한다면서 콕 짚을 수 있는 살아 있는 발레 작곡가도 없다. 만약 이탈리아가 오페라라는 예술 형태의 발상지로서 유업을 이어갈 작곡가를 보유하고 있다면 최소한 내게는 모두 무명이다(그런 작곡가가 존재하는지부터가 의문이다). 클래식 음악은 독일 마르크화, 프랑스 프랑화, 이탈리아 리라화와 마찬가지로 오늘날 더 이상 통용되는 화폐가 아니다.

이는 20세기 들어 음악에 뭔가 심오하고 중대한 일이 일어났기 때문이다. 그건 그저 미학이나 변화하는 취향의 문제가 아니었다. 다른 모든 형태의 예술과 구별되는 음악만의 독특한 일면을 이용했기 때문이기도 하다.

음악은 행동을 통제하는 힘이 있다. 세계를 지배하려는 뜻을 품은 자들은 그 힘을 이용할 방법을 찾는다. 음악은 감정을 표상하고 부족 간의 친밀성을 만들어낼 수 있는 눈에 보이지 않는 힘을 갖고 있기에 위험하다. 히틀러, 스탈린, 무솔리니는 사람들의 행동을 통제하고자 했고, 따라서 음악을 통제해야 할 필요성을 절감했다. 음악 양식은 국가와 정치 철학의 본질적 상징이 되었고, 아울러 문화적 인종적 통일성—그리고 권력—의 강력한 은유가 되었다. 비록 미국은 이 게임에 뒤늦게 뛰어들었지만 20세기의 마지막 전쟁인 냉전 기간에 특정 종류의 음악을 무기처럼 부려 여러 나라를 자기편으로 끌어들이는 법을 배웠다.

2500년 전 그리스 사람들은 음악에 대해 묘사하며 특정 음계(혹은 '선법')를 사용한 음악은 폭력성을 부추기는 힘이 있고, 반면 다른 음계를 사용한 음악은 평온한 마음을 불러일으킨다고 쓴 바 있다. 18세기에 벤저민 프랭클린이 발명한 글라스 하모니카—커다란 물쟁반을 가로질러 놓인 축에 유리그릇을 크기별로 매달고 축을 발판으로 돌리면서 유리그릇 가장자리를 손으로 만지면 소리가 난다—는 유럽 일부 지역에서는 **정신병을 유발한다**는 이유로 법으로 사용을 금했다. 가에타노 도니체티가 1835년 〈람메르무어의 루치아〉 속 유명한 광란의 장면에서 사용한 악기가 바로 글라스 하모니카였던 것도 놀라운 일이 아니다. 21세기 들어 음악은 외상 후 스트레스 장애PTSD와 싸우는 데 효과적인 치료 도구임이 입증되었다. 암을 유발하기도 하고 치료하기도 하는 방사선과 마찬가지로 음악은 가볍게 다루어서는 곤란한 물건이다.

아리스토텔레스는 "음악은 우리의 긴장을 누그러뜨리고 안식을 얻는 데 이바지하는 것을 포함하여 여러 혜택을 위해 쓰여야만 한다"고 믿었다. 공자 시대에는 음악이 예술의 한 형태가 아니라 행정의 일부로 여겨졌다. 사람들은 오랜 세월 음악에 관해 글을 써왔다. 음악이 무엇인지, 무엇이었는지, 무엇이어야 하는지, 음악은 어떻게 작용하는지, 음악의 올바른 작곡법은 무엇인지, 음악은 어떻게 우리의 물리적 우주와 관계 맺는지, 음악이 표상하는 바는 무엇이며 표상하지 않는 바는 무엇인지, 음악이 왜 그토록 특별한 힘을 발휘하는지 등에 대해서 말이다.

'좋은' 음악의 구성 성분이 무엇인지에 관한 근본적인 물음(이 책의 궁극적 주제다)이 여전히 남아 있다. 음악은 여러 예술 중에서도 유일무이하게 눈에 보이지 않는 예술 형태다. 음악은 신비롭다. 음악은 예수회 선교사들, 나폴레옹 보나파르트, 피트 시거가 이미 알고 있었고 오늘날 모든 정치인이 인지하고 있듯이 명시적으로든 암묵적으로든 심오한 방식으로 우리에게 영향을 미친다. 음악은 경각심을 불러일으킬 수 있고, 자랑스러움을 느끼게 할 수 있으며, 폭동을 조장하거나 전쟁으로 이끌 수 있고, 기쁨을 느끼거나 욕구를 부추길 수 있으며, 우리를 신에게 가까이 다가가게 할 수 있고, 많은 이들이 믿는 것처럼 우리를 더 나은 인간으로 만들 수도 있다.

그렇다면 무엇이 '좋은' 음악인지는 누가 결정해야 하나? 누구나 좋은 예술은 좋기에 좋은 것이라고 간단히 생각하고 싶어 한다. 그러나 유행은 변하며 한때 훌륭하다 여겨졌던 것도 오랫동안 잊히지 말란 법이 없다는 사실을 우리는 알고 있다. 일례로 작곡가 요한 아돌프 하세(1699~1783)에 대해 음악사가 찰스 버니는 "동료 작곡가들에게 아무런 해를 끼치지 않는 … 모든 오페라 작곡가들 중 가장 뛰어난" 음악가라고 평가했다.

이와 반대로 한때 부정적이었던 평가가 세월이 흐르면서 뒤집히는 경우도 있다. 미국 예술가 장미셸 바스키아가 그랬다. 미술 평론가 힐턴 크레이머는 1997년 『가디언』에 기고한 글에서 "바스키아는 재능 말고는 다 갖추었다"고 혹평했다. 2017년 바스키아의 작품 〈무제〉를 1억 1050만 달러를 주고 사들인 사람*에게 크레이머의 평가를 그대로 들려주면 어떤 반응을 보이겠는가. 미술가의 전시회는 미술 작품을 새로운 맥락에서 보고 재평가하게 하므로 미술가의 중요성과 가치에 대한 평가가 바뀌는 계기가 되기도 한다. 전문가의 견해라 해도 세월이 지나면—그리고 필연적으로 대중의 평가에 의해—뒤집히기도 하는 법이다.

이렇게 이야기는 다시 음악으로, 음악의 아킬레스건으로 돌아온다. 음악은 듣기 전까지는 알 수 없다.

미술관에 가서 갤러리 안으로 슬쩍 고개를 들이밀어 전시물을 재빨리 훑어보면 그 안에 들어갈지 말지를 쉽게 결정할 수 있다. 사랑하는 그림 한 점을 몇 시간 동안 아니, 일평생이라도 물끄러미 바라보며 공감하는 것도 가능하다. 작품이 전시된 미술관을 찾을 수도 있고, 책에 실린 도판을 볼 수도 있으며, 심지어는 내 것으로 소장하는 것도 가능하다. 그러나 음악으로는 그런 일을 할 수 없다. 음악은 시간을 통해 우리에게 전달되며, 음악만의 시간 그리고 우리의 시간을 들일 때 비로소 경험하고 판단할 수 있다. 리하르트 바그너의 〈파르지팔〉이나 올리비에 메시앙의 〈투랑갈릴라 교향곡〉 실황 공연에 참석하는 사회적

---

* 이 작품을 구매한 사람은 일본의 사업가 마에자와 유사쿠(前澤友作, 1975~)다. 2021년 포브스는 그의 순자산이 20억 달러에 달한다고 추정했는데, 그렇다면 그는 바스키아의 작품을 손에 넣기 위해 자기 재산의 5퍼센트 이상을 지출한 셈이다.

경험을 빨리 감기fast-forward하는 방법은 없다. 책 속 도판이 그렇듯 음악 역시 녹음으로는 일부만을 경험할 수 있을 뿐이다. 녹음은 실황 공연의 힘과 예측 불가능성을 제거한 청각적 복제품에 불과하기 때문이다. 피카소나 반 고흐가 그린 그림을 실물로 접한 경험과 책에 실린 사진을 통해 접한 경험 사이에 큰 차이가 있는 것처럼 말이다.

심미적 평가가 널뛰듯 오락가락하는 것이라면 전 세계적 전쟁의 충격과 이들 전쟁에서 음악이 어떻게 사용되었는지를 고려하여 지난 세기의 음악이 어떤 대접을 받았는지 고찰해볼 만한 가치가 있다. 1차 대전이 발발하자 오스트리아 군대에 입대한 아르놀트 쇤베르크는 프랑스 음악과 파리에 거주하는 저명인사 이고르 스트라빈스키를 완전히 깔아뭉개는 걸 자신의 사명으로 삼았다. 쇤베르크는 스트라빈스키를 "쬐깐한 모데른스키the little Modernsky"*라고 조롱했다. 쇤베르크가 있는 빈에서 서쪽으로 6500킬로미터 떨어진 뉴욕의 메트로폴리탄 오페라는 바그너 공연을 중단했다. 미국이 1차 대전 참전을 준비하고 있었고 바그너의 음악은, 비록 바그너는 전쟁 발발 30년 전인 1883년에 사망했음에도 불구하고, 오스트리아-독일 훈족**의 정신 그 자체를 표현하는 것으로 이해되었기 때문이다. 바그너의 음악이 정치적 목적을 위해 사용된 것은 그때가 마지막이 아니었다.

2차 대전 이후 미국은 아프리카계 미국인으로 구성된 재즈 예술가들을 보스턴 심포니 오케스트라와 함께 묶어 유럽으로 파견했다. 사

* 모더니스트를 자처했던 스트라빈스키가 과거로 회귀한 것을 풍자한 표현.
** 1차 대전 당시 연합국 측은 독일과 오스트리아-헝가리 제국 군대의 야수성과 흉포함을 강조하기 위해 그들을 '훈족'으로 지칭했다.

절단은 미국을 문화의 불모지로 바라보던 유럽의 식자층과 소비에트 인민들에게 미국의 다채로운 문화생활을 알리는 임무를 띠었다. 시민 단체와 미 중앙정보국CIA의 지원을 등에 업은 미국은 표현의 자유와 이민자들이 축적한 뿌리 깊은 유산을 바탕으로 형성된 거대하고 활력 넘치는 예술계 종사자들이 유럽의 유구한 걸작들을 최고 수준으로 해석할 수 있을 뿐만 아니라 그들만의 새롭고 활기찬 예술을 창조할 역량을 갖추고 있음을 설파했다.

20세기는 두 번의 세계대전과 그에 못지않게 심대한 영향을 미친 냉전이 있었던, 그야말로 전쟁의 세기였다. 수 세기에 걸쳐 유럽 대륙에서는 음악 양식과 장르를 국가의 고유한 문화 자산이자 자부심으로 여기는 경향이 짙어졌다. 20세기 들어 음악은 국가적 정체성과 우월성이라는 무기의 일부가 되었다. 21세기에 접어드는 시점에 20세기 클래식 음악의 상당 부분은 이미 전쟁이 낳은 부수적 피해자가 된 뒤였다. 흔히 음악을 두고 '국제적 언어' 운운하곤 하지만 사실 음악 작품은 군사적 승리와 패배, 정치 철학과 공공 정책, 예측하기 힘든 동맹 관계, 그리고 작품 그 자체를 향한 당연한 감정적 반응에 의해 평가가 나뉘었다.

1945년 독일인들과 오스트리아인들은 패전의 오욕을 안고 탈진한 상태로 스스로 자초한 상상조차 힘든 누추한 생활 여건 속에 던져져 있었다. 한때 그들의 동포였고 누구보다 저명했던―혹자는 가장 위대했다고 평가함 직한―네 명의 작곡가, 즉 아르놀트 쇤베르크, 에리히 볼프강 코른골트, 파울 힌데미트, 쿠르트 바일은 모두 적국인 미국에서 전쟁을 났다. 모르긴 몰라도 패전 직후의 독일인들과 오스트리아인들은 이들의 음악을 듣고 분명 꽤나 속이 쓰렸을 것이다. 1920년대에 각자의 조국에서 선풍을 불러일으킨 이들은 히틀러 집권 이후 죄인이 되어 독일이나 오스트리아, 혹은 제3제국의 지배하에 놓인 나라에 머물렀다가는 목숨을 부지하지 못할 운명을 맞았다. 그랬던 이들이 지은 참신한 '미국' 음악—그중 대부분은 복잡했고 특별히 아름다웠다—을 듣는 것은 한마디로 견디기 힘든 일이었을 것이다. 대신 유럽 태생의 젊은 작곡가 계층이 지은 지적이고 정열을 배제한 음악은 독일인들과 오스트리아인들에게 훨씬 견디기도 쉽고 토론하기도 용이한 대상이었다. 물론 그러는 중에도 연주회의 중추 레퍼토리는 베토벤, 브람스, 모차르트로 회귀하고 있었다.

그리고 할리우드가 있었다. 1933년 이래로 할리우드의 주요 영화 음악은 거의 예외 없이 유럽과 러시아의 인종차별주의를 피해 도망쳐 온 망명 작곡가들의 손에서 탄생했다. 이들 중 대부분은 따로 믿는 종교가 없었음에도 제3제국에 의해 유대인이라는 꼬리표가 붙었다. 이들은 유럽 최고의 음악원에서 훈련받은 아주 훌륭한 음악가들이었다. 패전국 국민들은 한때 자기들이 분더킨트(신동)로 치켜세운 음악가들이 이제는 미국인이 되어 야자수 나무 아래 낙원에서 떵떵거리는 부자가 되어 지내면서 할리우드 영화를 위해 지은 서사시적 스케일의 교향악을 어떻게 받아들였을까?

1991년 음반 회사 데카는 나치가 금지한, 그리고 곧이어 잊힌 음악 작품들(나치는 이러한 곡들에 '퇴폐 음악'이라는 낙인을 찍었다)을 모아 연작 음반을 제작하는 기획을 추진했다. 프로젝트를 위해 낙점된 두 명의 지휘자 중 한 명이 나였다. 동시에 로스앤젤레스 필하모닉 사무국과 필립스 레코드는 할리우드 볼을 거점으로 하는 새로운 오케스트라를 조직하여 내게 지휘봉을 맡겼다. 나와 할리우드 볼 오케스트라는 로스앤젤레스에서 작곡된 음악을 연주하는 일에 헌신하겠다고 약속했다. 당장 배워야 할 작곡가와 음악이 그야말로 한가득이었다. 이 작업을 하면서 그동안 잊힌 음악이 얼마나 많았는지 깨닫는 동시에 할리우드의 국부國父급 작곡가들이 히틀러의 살생부에 이름을 올린 이들이기도 하다는 놀라운 사실을 알게 되었다.

1967년에 음악 이론과 작곡 전공으로 예일 대학을 졸업하고 그 이듬해부터 1984년까지 모교 강단에 선 나 같은 사람에게 이런 발견은 엄청난 충격으로 다가왔다. 나는 음악학, 지휘법, 현대음악 분석법, 전자음악 스튜디오 활용법과 그에 관련한 컴퓨터 이용법을 배웠고, 1920년대 쇤베르크가 처음 주창하고 2차 대전 종전 이후 적극 수용되고 확장되면서 날이 갈수록 복잡해진 12음 기법의 작동 원리에 대해서도 배웠다. 1920년대에 떠오른 유럽 작곡가들과 1930년대 할리우드 음악계 사이의 관계는 1990년대의 내게는 완전한 미지의 영역이었다. 미국에 정착한 후 1950년대까지 음악 전문학교와 대학 강단에서 교편을 잡은 망명 작곡가들과 그들의 가르침을 받은 후학 및 동료들이 남긴 족적의 크기 역시 내게는 생소했다. 쇤베르크가 조지 거슈윈의 마지막 멘토였다는 사실을 아는 사람은 극히 드물었고, 힌데미트가 미치 리라는 청년을 가르쳤는데 그가 훗날 브로드웨이 뮤지컬 〈맨 오브 라만차〉를 작곡했다는 사실을 아는 사람 역시 대단히 희귀했다(리는 자신의 성공이 힌데미트에게 작곡을 배운 덕분이라고 했다).

더더욱 이상한 것은 이름이 널리 알려진 망명 작곡가들이 미국 땅에서 썼으나 단 한 번도 주목받지 못한 음악 작품을 발견할 때였다. 이를테면 쇤베르크 만년의 조성에 입각한(그러니까 '미국적'인) 음악이라든가, 내가 공부하고 가르친 바로 그 예일 대학 강의실에서 교편을 잡았던 힌데미트가 쓴 '미국' 교향곡이 그랬다. 1950년대 어린 시절부터 연주회와 오페라 공연을 찾아다니고 레코드를 사 모으던 나의 음악 경험에서 이토록 방대한 레퍼토리가 누락된 이유를 납득하기 위해 나는 몸부림쳐야 했다.

이 책은 클래식 음악에 관한 책이자 우리가 클래식 음악으로 정의하게 된 음악에 관한 책이다. 이 책은 지난 세기에 발전하고 개가를 올린 온갖 다른 종류의 음악에 관한 책은 아니다. 동시대 클래식 음악의 구성 요소를 정의하는 기준이 너무 좁기 때문에 오케스트라와 오페라단은 이른바 '위기'를 겪을 수밖에 없었고, 반면 다른 음악 장르들이 융성할 수 있었다는 주장도 가능하다.

본질적으로 음악은 통제할 수 없다. 다만 '고전적'이지 않다는 이유로 고려 대상에서 제외되었던 일부 음악은 초창기 유성영화의 대사 아래 깔린 채 부분적으로나마 살아남았다. 그러는 동안 또 다른 종류의 신新음악이 우리의 콘서트홀과 오페라하우스를 채웠다. '제도화된 아방가르드'—이런 모순된 언어가 또 있을까 싶지만—의 음악이었다. 영화와 연을 맺지 못하고 진지한 고려 대상에서도 배제된 음악은 간단히 말해 행방불명 상태로 방기된 채 누군가의 시선이 닿기만을 기다렸다. 말이 난 김에 하나 물어보자. 우리의 위대하고 위대한 음악 단체들이 연주하고 음악 평론가들의 압도적인 지지를 받는 현대음악 작품들이 왜 절대다수의 사람들은 듣고 싶지 않아 하고, 듣고 싶었던 적 또한 한 번도 없었던 작품들투성이인지 말이다.

그러니까 이 책은 일반 대중이 무엇을 적절한 예술 음악으로 받아들여야 하는지를 통제하고자 했던 정치권력과 역사적 압력에도 불구하고 지속적으로 명맥을 이어온 그 무엇인가에 관한 이야기이자, 클래식 음악을 대중음악과 겨루게 했던 가짜 범주를 뛰어넘는 이야기다. 이 책이 말하고자 하는 핵심 윤리는 공정성과 상실이다. 이는 우리가 해결할 수 있고 또 반드시 해결해야만 하는 문제다. 이 책에는 2차 대전의 여파가 생생하던 20세기 중반 뉴욕에서 성장할 때부터 냉전의 시대를 거쳐 21세기도 20년이 지난 현재의 시점에서 과거를 반추하기까지 반세기 이상에 걸친 나의 호기심과 경험의 결과가 기록되어 있다. 따라서 이 책은 어쩔 도리 없이 개인적인 이야기일 수밖에 없을 텐데, 그래도 전 세계를 대상으로 한 경험에서 이야기를 길어냈다는 점은 분명히 해두고 싶다.

이 경험들을 말과 글로 옮기기 시작한 것은 1990년부터다. 스코틀랜드 글래스고에서 열린 '실패한 미래들'이라는 이름의 국제 예술 행정가 협회의 모임 연단에 선 일이 계기였다. 그때 했던 연설에서 나는 미래주의의 관점에서 20세기 음악을 평가하는 관행에 이의를 제기했고, 이는 얼마 후 간행된 연간 학술지 『뮤지컬 아메리카』의 표지 기사로 다루어졌다(『뮤지컬 아메리카』는 해당 호를 마지막으로 폐간했다). 글래스고를 시작으로 런던, 베를린, 빈, 뉴욕, 로스앤젤레스, 워싱턴 D. C.에서 연설과 기고가 이어졌다. 이를 통해 나는 갓 쓰인 클래식 음악 레퍼토리의 까닭 모를 실종('음악은 다 어디로 사라져버린 걸까?'), 영화음악과 영화음악 작곡가('영화는 죄가 없다'), 저널에서 전혀 다루지 않는 비인기 현대음악의 장점('이름이 없는 음악') 등의 화두에 대해 논했다. 또한 나치가 도적질한 그림은 원소유주에게 반환되었고 그중 상당수가 현재 미술관에 걸려 있는 미술계의 형편과 달리, 히틀러가 금지한 음악은 종전 후에도 콘서트홀과 오페라하우스로 귀환하지 못하고 있는 현실과 그 이유에 대해서도 진단한 바 있다.

나의 음반과 연주회—이 가운데는 버림받았던 현대음악 레퍼토리의 초연만도 수백 차례 포함되어 있다—그리고 기고문, 연설, 미디어 출연은 지난 30년간 수백만의 청중, 독자, 시청자와 만났다. 1991년부터 2006년까지 할리우드 볼 오케스트라 콘서트의 핵심 과제는 망명 후 할리우드를 택한 작곡가들의 음악과 삶을 복원하는 일이었으며, 열여섯 시즌 동안 우리의 노력과 만난 관객은 이래저래 400만 명을 헤아렸다. 우리 시야의 중심에는 2차 대전이 있었고, 1차 대전도 일종의 예고편처럼 눈에 들어왔다. 반면 본래 제도권을 몰살하려 했던 아방가르드가 오히려 제도권과 결탁하게 되는 과정에서 20세기의 마지막 전쟁인 냉전이 얼마나 중요한 역할을 했는지 이해하는 일이 나로서는 쉽지 않았다.

첨언하자면 나는 나의 주장을 입증하겠다고 작정하고 이 책을 쓰기 시작하지 않았다. 내 주장이 논지의 꼴을 갖춘 것은 다년간의 삶과 듣기, 생각하기, 행동하기가 있고 난 다음의 일이었다. 우리는 늘 사건과 사물을 이해하기 위해 노력하는 존재다. 인간의 귀여운 어리석음이라고 해도 좋다. 물론 1990년에 내가 속한 20세기를 이해하기 위한 노력을 시작한 이후로 어떤 것들은 변했다. 20세기가 지금보다 더 머나먼 과거로 아득해지고 나면 관찰자이자 참가자의 관점에서 풀어놓은 이 이야기가 조금은 더 가치를 얻을지도 모르겠다.

출발점은 사랑과 상실이다. 말해두지만 상실은 헤아릴 수 없을 만큼 막대한 느낌이다. 코른골트의 1927년 오페라 〈헬리아네의 기적〉이 2017년 베를린에서 새로 연출한 무대에 올랐다. 이 작품에 수십 년에 걸친 묵살과 조롱이 진짜 있기라도 했냐는 듯 여기저기서 걸작이라는 찬사가 쏟아지자 작곡가의 며느리는 두 가지를 숨기지 못했다. 흐르는 눈물과 "너무 늦은 평가여서 너무도 슬프다"는 속내였다. 아흔세 살 고령의 헬렌 코른골트는 1957년 쓰라린 고통에 부러진 상태로 숨을 거둔 '파파'가 감당해야 했던 세상의 잔혹한 대접을 생생히 기억하고 있었다.

이 책을 읽고 난 독자들에게 여태까지 알려지지 않은 채 잠자고 있는 음악을 듣고 싶은 호기심이 일었으면 하는 바람도 있다. 이 책이 우리 시대의 저널과 지적 논의에서는 눈을 씻고 찾으려야 찾을 수 없는 열띤 논쟁의 촉매가 될 수도 있을 것이다. 지난 세기 음악 양식에 관한 모든 철없는 논의는 과장되었으며 이제 그러한 논의는 종식되었다고 주장하는 음악 평론가도 있을 법하다. 어떤 사람들은 모두가 무시하고 멸시한 음악을 늘 사랑해온 척 기만을 부리기도 한다. 마치 지난 세기에 우리가 무지했던 탓에 현대음악을 향한 부정적인 평가가 광범위하게 형성되었고, 자신들은—그들이 전에 썼던 글들과 취했던 미학적 관점은 부끄럽지도 않은지—우리를 올바른 방향으로 안내하기 위한 존재이기라도 한 듯 거드럭대면서 말이다. 사실 그들이 믿었던 미학 이론은 여전히 목숨줄이 붙어 있으며 '좋은' 음악의 구성 요소가 무엇인지에 관한 담론에 아직도 영향을 미치는 중이다. 2019년 『뉴욕 타임스』는 여러 편의 기사를 할애해 독일의 아방가르드 작곡가 카를 하인츠 슈토크하우젠의 〈헬리콥터 현악 사중주〉를 소개했다. 1995년에 초연되어 일부의 사랑과 또 다른 일부의 조롱을 받은 이 작품은 아직도 몇 인치짜리 신문 칼럼을 통해 진지한 논의가 이루어질 만한 가치가 있다고 여겨지는 셈이다(그렇다, 〈헬리콥터 현악 사중주〉는 네 명의 현악 사중주 단원이 각자 헬리콥터에 올라 비행 중에 연주해야 하는 작품이다).

〈헬리콥터 현악 사중주〉 연주

역사를 다시 쓰는 것과 역사를 되찾는 것은 같지 않다. 로스앤젤레스 필하모닉 오케스트라의 최고 운영 책임자 채드 스미스는 로스앤젤레스 필하모닉이 언제나 망명객 영화음악 작곡가들이 쓴 곡을 연주해왔다고 말한 바 있지만, 악단의 연주 일지를 톺아보면 그의 말이 전혀 사실에 부합하지 않음이 드러난다. 로스앤젤레스 필하모닉은 현지 거주자이자 역시 망명객 신분이었던, 그러나 할리우드를 위해서는 펜을 놀린 바 없는 두 명의 작곡가 쇤베르크와 스트라빈스키에 대해서도 비슷한 태도를 보였다. 로스앤젤레스 필하모닉은 20세기 중반의 어두운 역사를 공개한 베를린 필하모닉과 빈 필하모닉으로부터 한 수 배울 수도 있을 것이다. 지난 세기에 일어난 일에 대해 오늘날의 우리가 직접 책임을 지는 것은 불가능하지만, 우리의 기관과 단체가 실제로 행한 바를 직시하지 않는다면 우리 또한 공범이 되는 셈이다. 음악 평론가 알렉스 로스는 1995년 『뉴욕 타임스』에 "코른골트를 향한 사랑은 언

제나 남들 앞에서 떳떳이 드러내지 못할 은밀한 쾌락이 될 것이다"라
고 썼는데, 진실을 말하고 나면 그 떳떳하지 못한 느낌도 사라질지 모
를 일이다.[2]

영원히 끝날 것 같지 않은 아방가르드를 아무런 의심 없이 받아
들이는 자세는 비단 음악에 국한된 현상만은 아니다. 비교적 최근인
2017년 8월 『뉴욕 타임스』의 여행면 편집자들은 브뤼셀을 추천하며
"[도시 곳곳의] 낙서들, 아방가르드 설치 조형물 [그리고] 개념 예술에
입각한 창조물"을 이유로 꼽았다. 영원한 아방가르드라는 개념은 당
연한 것으로 받아들여지고 있지만—심지어는 도시를 방문할 **이유**마저
된다—1차 대전 이전에 형성된 사조가 100년 이후에 태어난 예술품을
평가하고 존재 이유를 정당화하는 방법론이 될 수 있을는지는 자문해
보아야 한다. 알렉산드르 스크랴빈은 1903년에 착수했으나 끝내 완성
하지 못한 자신의 교향시 〈선행先行〉이 "화성에서 들려오는 나팔 소리"
와 "히말라야 산맥 위에 걸친 구름에 매달린 종소리"로 시작되는 광경
을 상상했다. 헬리콥터는 나중 이야기다.

질문들과 대답 없음

지휘자들은 연주할 음악과 새로운 레퍼토리를 찾아 평생을 보낸
다. 새로운 작품은 늘 태어나고, 따라서 레퍼토리의 풀 역시 나날이 확
장되고 깊어진다. 어떤 지휘자는 스페셜리스트가 되고 또 어떤 지휘
자는 제너럴리스트가 된다. 스페셜리스트는 그들이 천착한 분야 내의

다양한 작품이 지닌 서로 다른 점을 탐구한다. 제너럴리스트는 그들이 부리는 널따란 분야에서 공통분모를 찾으려 한다. 음악은 연속성과 지속성을 표현하는 것이기에 나는 제너럴리스트가 되기로 했다. 제너럴리스트에게도 바퀴의 중심, 즉 클래식 음악의 위대한 고전으로 여겨지는 작품은 불변의 상수다. 대부분 오스트리아, 독일, 이탈리아, 프랑스, 러시아에서 난 작품들이다. 표준 레퍼토리라는 이름으로 알려진 이들 작품은 주로 1710년경부터 1930년경 사이에 쓰였다(물론 세월의 양쪽 경계선 바깥에 존재하는 작품도 소수 있다). 나는 전작 『클래식의 발견』에서 표준 레퍼토리 내부의 현상에 대해 개략적으로 탐구한 바 있기에, 이번 책에서는 사라진 음악의 신비를 탐구하는 것이 논리적인 순서로 보였다. 작가 리치 코언이 『월스트리트 저널』에 기고한 글에서 쓴 것처럼, "대체로 박물관은 무엇을 전시하느냐보다는 무엇을 배제하느냐로 더 많은 이야기를 하는 법"이다.[3] 다른 모든 예술 형태는 20세기와 21세기에 접어들어서도 시대를 초월하는 새로운 걸작을 내놓으며 계속 성장하고 있는데, 왜 클래식 음악의 정전正典은 명맥이 끊기고 말았을까?

핵심 레퍼토리에 속하는 작품뿐만 아니라 생존 작곡가들이 쓴 곡까지 지휘하느라 분주했던 젊은 시절, 설명하기 힘든 무엇인가가 내 머릿속 한구석에 생겨나기 시작했다. 한때 유럽에서 온갖 찬사를 받다가 미국으로 망명해 홀로코스트를 면한 오스트리아-독일 계열의 위대한 작곡가들은 전쟁이 끝난 뒤로도 미국에 거주하며 곡을 썼다. 그들이 미국에서 남긴 음악적 유산만도 유럽에서 일군 바에 뒤지지 않았다. 그들 각각이 미국 시민으로서 눈을 감았다는 사실은 독일인들과 오스트리아인들에게는 '받아들이기 힘든' 대화 주제가 될지언정 미국인들에게는 자부심과 호기심의 원천이 되어야 마땅하다고 생각한다.

2차 대전을 피해 미국으로 망명한 작곡가들이 쓴 음악은 서로 다른 이유로, 어떤 경우에는 아예 대척점에 선 미학적 이유로 외면당하고 있는 건 아닌가 하는 의심이 들었다. 이쪽이든 저쪽이든 결과는 마찬가지였다. '이 음악을 연주하지 말라'가 그것이었으니까. 마치 그들이 유럽을 떠나던 그 순간 무슨 조화라도 일어나 그들의 음악이 가진 고유한 예술적 가치가 감쪽같이 사라진 것만 같았다. 뭔가가 일어난 것만은 사실이었다. 그리고 그 단서들은 진정 불편한 결론으로 나를 이끌어가고 있었다.

THE WAR
ON MUSIC

1

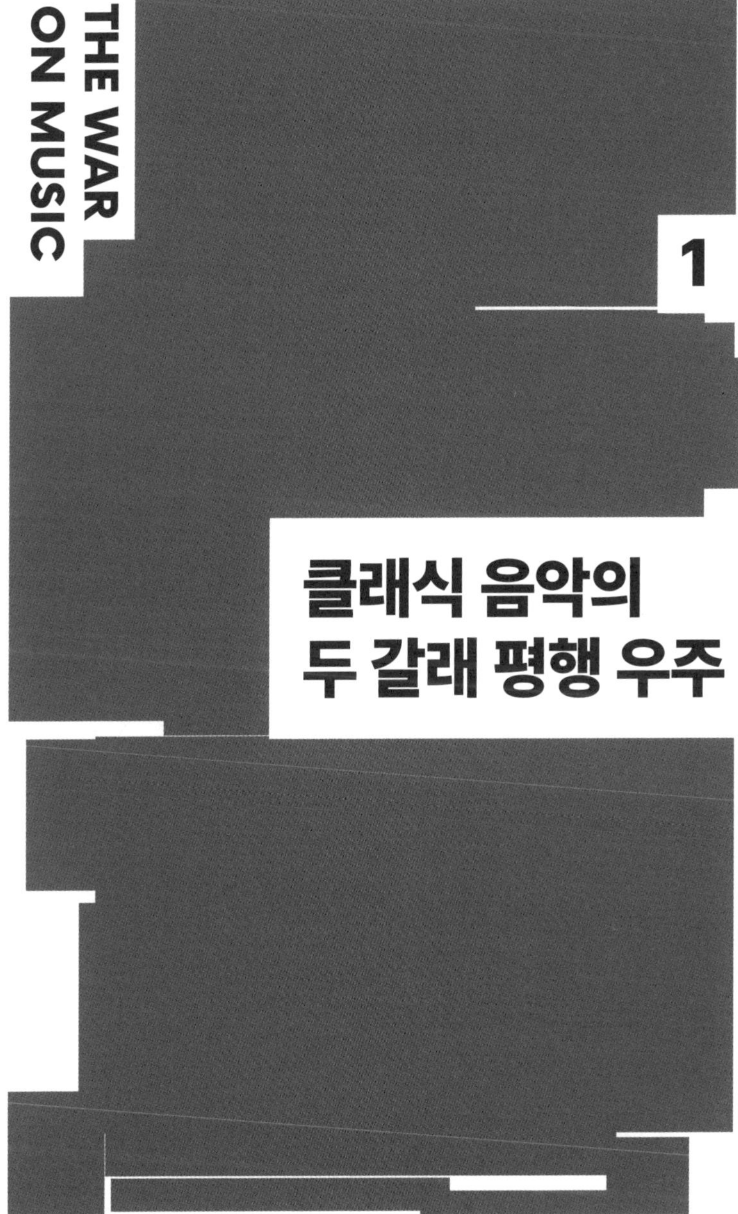
클래식 음악의
두 갈래 평행 우주

최근 유럽으로 향하는 비행기 안에서 나는 노먼 레브레히트가 1997년에 출판한 『누가 클래식 음악을 죽였나?』를 읽고 있었다. 책 표지에 쓰인 대로라면 "스스로 영혼을 팔아버리고 미래마저 저당 잡힌 클래식 음악 예술의 처절한 운명"을 독자들에게 폭로하겠다고 나선 책이었다. 접이식 테이블에 놓인 책을 본 승무원이 웃으며 내게 물었다.

"아직도 그런 걸 쓰는 사람이 있나 보죠?"

질문을 이해하는 데 약간의 시간이 걸렸다. 여전히 '클래식' 음악을 쓰는 사람들이 있냐고 묻는 거겠지?

"어, 그래요." 나는 대답했지만 "어," 하는 순간의 주저는 아주 커다란 문제를 드러내고 있었다. 고맙게도 그녀는 "누가요?"라든가 "왜 나는 한 번도 들어본 적이 없죠?" 같은 추가 질문으로 나를 곤란하게 하지 않았다.

레브레히트의 책이 말하고자 하는 골자는 이렇다. 클래식 음악이

위기에 봉착한 이유는 돈에만 혈안이 되어 예술의 숨통을 조이는 무지한 기업식 정책 때문이라는 것. 레브레히트의 주장을 논의하는 대신 그보다 더 큰 질문을 던져보면 어떨까. 과연 새로운 클래식 음악은 정말로 죽은 걸까?

2020년 코로나 바이러스 팬데믹이 지구를 덮치기 전에도 세계 곳곳의 오케스트라들은 관객 감소, 우하향하는 개인 후원금과 공적 지원금 등의 이유로 어려운 생존 게임을 벌이고 있었다. 2016년 11월 15일 자 『뉴욕 타임스』에는 「공식적인 사실: 이제 많은 오케스트라는 자선단체가 되었다」라는 기사가 실렸다. 미국 오케스트라 연맹의 통계 자료를 인용한 이 기사는 미국의 악단들이 티켓 판매보다 외부 후원금에 더욱 의존하게 되었다며 후원금이 오케스트라를 "지탱하는" 역할을 하고 있다고 전했다. 하지만 똑같은 '위기'는 역사 속에서 되풀이되어 왔다. 1730년대 런던 시민들이 이탈리아 오페라를 향한 관심이 시들해지자 급히 타개책을 마련해야 했던 헨델이 그랬고, 1785년 빈에서 교향곡 열풍이 물러간 이후의 생계를 고심해야 했던 모차르트가 그랬다. 그리고 알렉스 로스가 자신의 저서 『나머지는 소음이다』에서도 썼듯이, 1930년대 "[독일] 대중은 위로부터의 압력이 없으면 클래식 음악을 찾아 듣지 않았다. 대신 그들은 바이마르 공화국 시절부터 미국 대중음악에 매료되어 있었고 나치 치하에서도 미국의 인기 음악을 요구했다."

21세기 첫 사사분기에 클래식 음악을 둘러싼 상황은 단지 예술을 향유하는 주 고객층의 고령화라는 변수에 따른 결과만은 아닐지도 모른다. 낙관적으로 보자면 오늘날 세계에는 19세기보다 훨씬 많은 오케스트라가 운영되고 있고, 중국을 비롯한 여러 나라에서 꾸준히 새로운 악단이 생겨나고 있다. 어쩌면 우리는 그저 재조정의 단계를 지나는 중일 수도 있으며, 다만 그 과정이 전 지구적 보건 위기로 인해 가속화 된 것뿐일지도 모른다. 『워싱턴 포스트』의 음악 평론가 앤 미젯의 지혜로운 글을 빌리자면,

> 오케스트라가 문을 닫으면 사람들은 마치 베토벤과 브람스가 공격을 받기라도 한 듯 반응한다. 이에 반해 어느 식당이 문을 닫거나 자동차 회사가 파산하면 사람들은 안타까운 마음에 한 탄을 할 뿐 이를 음식에 대한 위협이라든가 자동차라는 운송 수단의 멸종 신호로 받아들이지 않는다. … 변화가 늘 좋은 것 은 아닐 테지만 변화는 일어나게 마련이다. 그런데도 클래식 음 악계에는 모든 기관 하나하나가 명맥을 유지할 가치가 있는 양 바라보는 믿음이 있다. 하지만 이 논리를 그대로 따라가다보면 우리의 클래식 음악계는 실제 효용 기한은 지났는데 간신히 목 숨줄만 붙은 옛 기관들로 너저분하고, 새로운 단체가 들어설 자 리는 그 어디에도 없는 모양새가 되고 말 것이다.[1]

2000년대 초반 월트 디즈니 콘서트홀 개관을 앞두고 있던 로스앤젤레스 필하모닉의 최고 경영자 데버라 보다, 음악감독 에사-페카 살로넨, 홀의 설계자 프랭크 게리는 예술적/사업적 파트너십에 기반한 오케스트라의 운영 방향과 미래 유산에 관한 새로운 기틀을 마련했다. 세 사람은 2년간 매주 만나 이야기를 나누며 오케스트라의 새로운 비

전을 창안했다. 새로운 홀이 관객에게 "거실 같은 공간"이 되었으면 좋겠다고 한 게리의 말이 단초가 되었고, 오케스트라의 프로그램은 스탠더드 레퍼토리뿐만 아니라 월드뮤직과 재즈, 존 윌리엄스를 필두로 한 영화음악, 현대음악을 아울렀다.

그럼에도 불구하고 우리 시대 음악 기관들이 처한 전체적인 상황을 낙관하기란 쉽지 않다. 아마존 프라임의 TV 시리즈 〈모차르트 인 더 정글〉에 나온 맛깔나는 대사처럼 "어차피 클래식 음악은 지난 500년간 손해만 보는 장사였다"고 간단히 치부하고 넘어가기는 어렵다는 뜻이다. 미국 내 주요 도시의 오페라단이 하나둘 사라지고 있고, 미국의 역사적인 음악 단체들이 파산을 선언하거나 스스로 폐업을 선택하고 있다. 유럽도 상황이 다르지 않다. 클래식 공연 예술 기관에 지급되던 공공 지원금이 급감했고, 이들의 예술적 유산이 지닌 가치—현미경으로 들여다보아야 눈에 보이는 바이러스가 온 지구를 강타한 작금에 더 절실하게 다가온다—를 올바로 규정할 정부의 책임은 뿌리부터 흔들리고 있다. 현재의 정의에 따른 클래식 음악은, 비록 핵심 레퍼토리는 어떤 공격에도 끄떡없는 듯 보이긴 해도, 더더욱 과거로 사라지는 것만 같다.

이러한 상황을 설명하고 싶은 사람들이 꺼내든 가설은 한둘이 아니다. 물론 이런 상황이 있다는 걸 아예 받아들이지 않는 사람도 있지만 말이다. 2014년 『뉴욕 타임스』는 특집 기사를 통해 오케스트라 시즌 회원의 숫자가 대폭 줄었다고 지적하며 앞으로 수십 년간 이 같은 하향 추세가 이어질 거라고 전망했다. 『뉴욕 타임스』는 현대 사회를 사는 사람들의 생활 습관이 바뀐 것을 원인으로 지목했고, 뉴욕 필하모닉과 로스앤젤레스 필하모닉의 예술 경영진 및 자사의 수석 음악 평론가가 머리를 맞댄 결과라며 몇 가지 해결책을 제안했다. 즉 연주회의 공연 시간을 줄일 것, 기존 공연장이 아닌 장소—이를테면 술집—로 콘서트의 지평을 확대할 것, 단원들이 평상복을 입고 무대에 서도록 허용할 것, 단발성 콘서트 프로그램을 기획할 것(다시 말해 한 번 짠 프로그램으로 며칠 연속 무대를 꾸미는 관행을 지양하라는 뜻인데, 리허설 비용은 늘어나고 연주회 입장 수익은 그만큼 늘어나지 않을 테니 과연 이런 모델이 실행 가능할지부터가 의문이다)이었다. 연주하는 레퍼토리를 **무엇으로** 바꾸어야 할지에 대해서는 아무런 논의가 없었다. 그저 연주 단체의 입장에서 기존 레퍼토리를 달리 포장할 방법에 관한 이야기뿐이었다.

그러는 동안에도 다른 예술 및 엔터테인먼트 분야는 활황을 맞은 것처럼 보였다. 박물관, 재즈 콘서트와 록 콘서트, 연극, 영화, 그리고 무엇보다 스포츠 경기와 (다양한 플랫폼을 통한) TV 프로그램은 21세기 들어 전보다 더 많은 사람들(과 돈)을 끌어들이고 있었다. 예를 들어 보자. 브로드웨이 극장가는 2018년 시즌 동안 사상 최다 관객을 동원하면서 18억 달러라는 역대 최고 수준의 입장 수입을 올렸다. 이를 저열한 상업주의의 결과라고 볼 수만도 없는 것이 그해는 정극, 희극, 뮤지컬이 모두 활약했고 장기 상연작과 신작이 고루 선전했으며 대규모 출연진이 동원된 복잡한 작품부터 단순한 일인극까지 작품의 스펙트럼도 폭넓었던 한 해였다. 미국 내 모든 소도시가 아마추어 및 프로 풋볼 구단과 농구 구단의 시즌 티켓—클래식 음악계의 시즌 회원제와 비슷한 개념이다—을 구하려 안달이다. 수십억 달러 규모의 엔터테인먼트 산업과 압도적인 미디어 영향력의 지원을 등에 업은 국제 축구 리그는 시즌 회원제가 여전한 생존력을 지닌 수익 모델임을 전 세계에 걸쳐 입증하고 있는 가장 강력한 사례다.

클래식 공연 예술을 찾는 관객이 줄어드는 현상에 관해 20세기 후반에 대두된 한 가지 주요한 핑계가 있다(내가 가장 좋아하는 핑계는 '주차가 고달프다'이지만). 유년기에 TV 프로그램 〈세서미 스트리트〉를 보고 자란 요즘 젊은 세대의 집중력 지속 시간이 짧아졌다는 주장이 그것이다. 그러나 이 이론은 젊은 성인들이 『해리 포터』 시리즈나 『반지의 제왕』, (『왕좌의 게임』으로도 알려진) 『얼음과 불의 노래』 같은 소위 '벽돌책'을 읽으며 날밤 새우는 일이 흔히 일어난다는 사실 앞에서 할 말을 잃는다. 그뿐인가. 지금도 사람들은 세 시간이 넘는 영화를 잘도 본다. 과거에는 〈바람과 함께 사라지다〉 〈벤허〉 〈클레오파트라〉 같은 영화들과 함께 특별 장편으로 받아들여졌을 영화가 요즘은 예사롭게 상연된다. 게다가 영화광들은 그것으로도 모자란지 세 시간짜리 영화를 '익스텐디드' 버전*으로 감상하고 '스페셜 피처'**까지 하나하나 챙긴다. '세서미 스트리트 이론'은 사람들이 비디오 게임을 하고 TV 드라마 시리즈를 한꺼번에 몰아보는 데 쓰는 시간도 설명하지 못한다. 그렇다면 집중력 지속 시간이 짧아졌다는 건 원인이 아니라고 결론 내려도 되리라.

이유는 다른 곳에서 찾아야 할 듯하다. 오케스트라들은 2차 대전

* 오리지널 버전에 없는 장면을 추가하거나 디렉터스 컷 등으로 편집한 버전을 말한다.
** DVD나 블루레이에서 제공하는 부가 영상. 삭제된 장면이나 감독과 배우의 인터뷰, 메이킹 필름 등이 들어 있다.

시기와 그 이후에 쓰인 아름답고 이해 가능한 음악들을 탐구하는 대신 우리 부모와 조부모가 즐겼던 해묵은 '고전적' 레퍼토리들—물론 그중 상당수가 우리 문명의 음악 예술을 대표하는 걸작임에는 의문의 여지가 없다—을 연주하는 관행을 고수했다. 생존 작곡가들이 외부 의뢰를 받고 쓰는 작품은 영원히 나이 들지 않는 걸작들 틈바구니에 불편한 자세로 끼인 형국이다. 그렇다 해도 누가 새로운 음악을 장려하는 일에 반기를 들겠는가?[2]

새롭다는 딱지를 단 새로운 음악은 거의 예외 없이 대부분의 사람들이 이해할 수 없을 정도로 몹시 복잡하고 조성을 결여한(때로는 그렇다는 이유로 '아방가르드'라는 부정확한 꼬리표가 붙기도 한다) 음악이다. 새로운 음악은 극소수의 음악 애호가들에게만 소구하며, 이 점을 첨언해야 하지 싶은데, 처음부터 그럴 작정을 하고 쓰인 작품인 경우가 많다.

지금껏 내게 다가와 '현대적'인 음악을 싫어한다고 고백한 이들이 얼마나 많았으며, 현대음악 혐오 현상을 설명해달라고 요청한 이들은 또 얼마나 많았던가? 자주 그들은 현대음악을 이해하는 역량을 갖추지 못했다며 자책한다. 때로 그들은 공연장의 좌석 한가운데에 갇혀 오도 가도 못하게 된 상황에서 꾸짖는 듯 공격적인 음악을 견뎌야 하는 진퇴양난의 공황 상태에 빠진 자신의 처지를 개탄한다. 이러한 현상은 한 세기가 넘도록 되풀이되고 있다. 레오폴드 스토코프스키가 필라델피아 오케스트라의 음악감독이던 시절(1912~1941)에 게재된 어느 기사는 이런 문장으로 시작했다. "어젯밤 아카데미 오브 뮤직은 아수라장이 되었다. 마에스트로 스토코프스키의 현대음악 연주회에 늦게 온 사람들과 견디지 못하고 일찍 자리를 뜨려는 사람들이 한바탕 뒤엉킨 까닭이다.”

한편 오케스트라가 대중이 듣고 **싶어 하는** 현대음악(이를테면 영화 음악이나 비디오 게임 음악)을 연주하는 드문 경우도 있다. 이럴 때 공연 장은 통상 만원사례를 이루고 거기 모인 청중은 열광적인 반응을 보인다. 그럼에도 이들은 클래식 음악을 즐기는 청중과는 별개의 존재로 인식된다. 연주되는 음악 또한 일시적인 흥미의 대상 정도로 폄하되고, 언론도 큰 관심을 보이지 않는 게 보통이다. 그러니 진지한 담론의 주제에서 배제되는 것도 당연하다. 최소한의 리허설(대개의 경우 한 번이 고작이다)만으로 치러지는 이런 연주회에서 공연되는 관현악은 예술품이라기보다는 공산품 정도로 취급당한다. 2000년 베를린의 아메리칸 아카데미에 연구원 자격으로 나와 있던 러시아계 미국인 두 명은 현대음악이라는 주제를 놓고 격분해서는 내게 따지듯 물었다. “왜 지원이 필요치도 않은 음악을 지원합니까?”

상업적 음악은 스스로 돈을 벌 수 있는 음악으로 정의할 수 있다. 베르디와 리하르트 슈트라우스의 모든 오페라, 베토벤과 모차르트의 모든 협주곡은 상업적이다. 말이야 바른 말이지, **모든 음악**은 어떻게든 상업적이다. 성직에 종사하며 숙식을 해결한 수도승들이 작곡한 그레고리오 성가건, 심포니 오케스트라의 위촉으로 작곡된 현대음악 작품이건 말이다. 모차르트는 1781년 아버지에게 보낸 편지에 이렇게 썼다. “믿어주십시오. **제 유일한 목적은 최대한 돈을 많이 버는 것입니다.** 왜냐하면 돈이란 건강 다음으로 좋은 것이니까요.” 요제프 하이든은 니콜라우스 에스테르하지 공의 헝가리 궁전에서 생활하며 공의 가문과 궁정을 위해 음악을 썼다. 리하르트 바그너는 바이에른의 루트비히 2세의 감성과 지성을 사로잡아 그로부터 신축 극장 건설 기금과 생활비 보조에다 거주할 주택까지 받아냈다. 20세기의 작곡가이자 음악 이론가 겸 교수였던 밀턴 배빗은 미국의 여러 대학에 적을 둔 채 전자 음악을 짓고 글을 발표하면서 프리랜서 노릇에 따르기 마련인 주머니 걱정은 조금도 할 필요 없이 안락한 환경에서 활동했다. 다시 말해 바그너와 하이든이 왕자prince들의 도움으로 생계를 해결했다면 배빗은 프린스턴Princeton 대학이 밥벌이를 책임져준 것이다.

대중이 사랑하는 동시대 기악곡이 20세기 후반 클래식 음악계의 최고 유력 인사인 피에르 불레즈의 심원한 예술만큼이나 타당한 표현이 될 수 있을까? 존 윌리엄스나 한스 짐머, 알렉상드르 데스플라, 라민 자와디, 영화 〈조커〉(2019)로 아카데미 음악상을 거머쥔 최초의 여성이 된 힐뒤르 그뷔드나도티르의 인기 관현악을 이미 승인된 인물들의 동아리―조지 벤저민, 토머스 아데스, 카이야 사리아호, 니코 뮬리를 비롯하여 수수료와 상금, 보조금, 전속 예술가 지위 등의 지원 덕택에 자기 목소리를 충분히 내는 클래식 음악 작곡가 무리―안에 받아들일 수 있을까?

만약 여러분의 세계 안에 존재하는 음악의 '종류'가 대중적 음악과 진지한 음악 둘로 나뉜다면, 그리고 이 두 카테고리가 상반된 의미를 지니며 각각의 **품질**을 결정하는 요소로 여기고 있다면, 세상의 그 어떤 언어나 철학에서도 '대중적'과 '진지한'은 서로 반대말이 아니라는 점을 생각해볼 필요가 있다. 언제 어떤 경위로 이러한 고정관념이 자리 잡았는지 궁금하시리라. 그 수수께끼는 나중에 풀기로 하자.

단연코 진지한 음악도 대중적이 될 수 있다. 푸치니의 〈라 보엠〉이 좋은 예다. 베토벤의 〈교향곡 5번〉도 마찬가지다. 라벨의 〈볼레로〉처럼 단순한 음악이 심오한 반응을 끌어내기도 하고, 메시앙의 〈크로노크로미〉처럼 복잡한 음악이 듣는 이들의 흥미를 끌지 못하는 경우도 있다. 클래식 음악도 (프로코피예프의 〈고전 교향곡〉이 그런 것처럼) 재미있고 가벼울 수 있다. 반면 대중적인 작품이 진지한 경우도 있는데 이를테면 로저스와 해머스타인의 뮤지컬 〈회전목마〉, 캔더와 엡의 〈카바레〉, 레너드 번스타인의 〈웨스트사이드 스토리〉, 아나이스 미첼의 〈하데스타운〉이 그런 경우다. 물론 어떤 이들은 이런 작품들이 하찮고 깊이가 부족하다고 깎아내린다.

정치권은 툭하면 진보 대 보수라는 이분법을 우리에게 들이밀지만, 이 역시 서로 상극의 개념은 아니다. 모두가 진보적인 면도 있고 보수적인 면도 있기 때문이다. 문제는 사람들이 무엇을 보존하기를 원하느냐, 그리고 그것을 어떤 방식으로 폭넓게 지원하느냐에 달려 있다. 지난 20세기의 음악을 묘사할 때 '보수적'이라는 단어는 여전히 역행하는 무언가로 여겨지는 반면, '현대적' 그리고 거기에 부속된 모든 단어들—포스트모던, 모더니스트, 실험적—은 괜찮은 것, 적절한 것으로 여겨지고 있다.

그러나 지금이 낮인지 밤인지 묻는 질문 앞에서 세상을 보는 다른 방법을 선택할 수도 있다. 동태적 스펙트럼에 입각한 관점이라고 할까. 동태적 스펙트럼에 따르자면 낮은 언제나 그것의 반대인 밤이 되어가는 중이다. 낮에는 밤이 되어가고 밤에는 낮이 되어간다. 북반구의 겨울은 비록 기온은 떨어질지언정 낮의 길이는 하루하루 길어진다.

예/아니오, 온/오프로 나눠야 하는 이분법적 세계의 난점은 맨해튼 연구소에도 몸담고 있는 뉴욕 대학의 조너선 하이트 교수가 대학과 정체성 정치학에 관한 논평에서 훌륭히 표현한 바 있다. 이는 음악 역시 적용되므로 경청의 가치가 있다. "부족 전쟁과 우리/그들이라는 사고 틀의 방향으로 진화한 젊은 사람들을 모아 그들의 정신을 오로지 이분법으로만 채울 때, 재미있는 일이 일어난다. 그들에게 한쪽은 좋은 쪽이요 반대쪽은 나쁜 쪽이라고 말한다. 부족적 사고 회로의 전원을 올리고 전투를 준비하게 한다. 많은 학생들이 여기에서 짜릿한 흥분을 발견한다. 이는 그들을 의미와 목적의 감각으로 가득 채운다."[3] 2015년 3월 핀란드 태생의 작곡가 겸 지휘자 에사-페카 살로넨은 자신의 멘토 피에르 불레즈에 대해 이렇게 말했다. "젊은이들은 흑 아니면 백의 주장에 이끌린다. 최소한 나는 그랬다. 그리고 불레즈는 흑백 논리의 화신이었다. 그는 '이것은 그르고 저것은 옳다'는 말을 입에 달고 살았다."[4]

모든 경계선은 투과성을 지닌다. 이어지는 드라마에서 주인공으로 활약하게 될 바그너는 작곡이란 "이행부의 예술"이라고 말한 바 있다. 그의 선언을 확장하면 **"생활**의 예술은 이행부의 예술"이기도 한 것이다. 음악과 음악에 대한 반응은 이행의 연속이라는 바그네리안 패러다임에 더 가까우며, 그렇기에 이런저런 이유로 땅에 붙박아놓아서는 곤란하다. (단 하나의 예외가 있다면 늘 변화를 거듭하는 개인적 차원의 이유에 따른 것일 텐데 이에 대해서는 나중에 다시 논하게 될 것이다.)

조지 거슈윈이 1937년 6월 11일 서른여덟의 나이로 급서하자 아르놀트 쇤베르크는 미국 라디오에 출연하여 추도 연설을 했다. 쇤베르크의 감동적인 추도문에는 "그가 위대한 작곡가였음에는 의심의 여지가 없다"는 문장이 포함되어 있었다. 대중성과 진지함의 이분법적 세계관에 따르면 누구든 거슈윈과 쇤베르크 중에 한 사람을 골라야만 한다. 그러나 정작 당사자들도 그러지 않았는데 우리가 왜 그래야 하는가? 쇤베르크의 후기작과 거슈윈의 후기작을 나란히 편성한 연주회 프로그램이 흥미롭지 말라는 법은 없다. 이런 식의 기획은 두 사람이 서로 주고받은 영향—실제로 거슈윈과 쇤베르크는 서로에게 영향을 미쳤다—을 관객이 귀로 듣고 확인할 기회가 될지 모른다.

어쩌면 음악에는 우리 공통의 인간성을 드높이면서 동시에 모두가 각자 다른 존재라는 점을 인식하게 하는 보편적 원칙이 있는 건 아닐까? 정치 논객 데이비드 브룩스는 세상을 이분법적으로 규정하는 행위는 "다양한 요소로 구성된 국가를 갈기갈기 찢어놓을 것"이라는 참으로 옳은 지적을 한 바 있다.[5]

국가가 찢어지는데 음악이라고 버티겠는가.

감정을 잃어버린 세계

클래식 음악은 전쟁과 격동으로 점철된 20세기를 거쳐 21세기에 들어섰다. 그러나 바흐, 헨델, 하이든, 모차르트, 베토벤 이전 시기까지 거슬러 올라가는, 극적 노정路程을 표현하는 예술 음악의 전통은 오랜 세월 늘 변화하며 자연스레 지속해오다가 20세기 들어 민주화된 서구 사회에서 마침내 그 맥이 끊기고 말았다. 클래식 음악은 새로이 규정된 논리를 내걸었으나 정작 동시대 음악은 그 요구에 부응하지 못하고 콘서트홀과 오페라하우스에서 배제되었다. 앞으로 우리는 이런 일이 발생하게 된 이유를 몇 가지 짚어보려 한다. 주로 나치와 이탈리아 파시스트 정권이 강제한 공식 명령과 2차 대전 이후 세계가 이 명령에 어떻게 반응했는지에 관한 복잡한 이야기가 될 것이다.

2차 대전이 끝나자 정부 자금으로 운영되거나 정부 예산의 도움을 받아 활동하는 음악원과 대학 교수, 지휘자와 작곡가, 음악 평론가, 정부 관료, 민간 재단 등은 우리 시대에 적절하고 가치 있는 예술의 구성 요소에 관해 배타적이고 대립적인 정의를 받아들였다. 좋은 뜻에서 한 일이었겠지만 이들의 미적 가치 판단은 예술의 자연스러운 이행 과정에서 나타날 법한 일이라기보다는 일단 제 목숨을 보전하기 위한 정치적 행위에 가까웠다.

폐허가 된 유럽에서 성장한 일군의 창조적인 젊은이들은 이지理智를 도발하는 새롭고 냉정한 음악을 그들의 것으로 껴안았다. 특히 주목해야 할 사실은 이 과정에서 엄청난 이익을 본 이들이 많았다는 점이다. 그들의 젊은 삶은 차갑고 어두운 곳에 있었다. 그 세계는 이해는 불가하지만 영향은 도처에서 느끼지 않을 도리가 없는 전쟁 이후의 삶과 문화를 받아들이기 위해 **새로운** 규칙을 요구했다. 1966년 처음으로 유럽을 방문한 나는 뮌헨 길거리를 걸으며 휠체어와 목발에 의지한 사내들이 너무나 많다는 사실에 충격을 받았다. 도시 곳곳이 파괴의 잔해 더미에 파묻혀 있었고, 요란한 드릴 소리가 마치 '음악'처럼 길거리 여기저기서 들려왔다. 폭격이 멎은 지 20년이 지난 시점이었음에도 말이다.

젊은 유럽인들이 용납하지 못하는 한 가지가 있었으니 바로 감정이었다. 전쟁의 참상은 아름다움을 부적절한 것으로 만들었다. 이들에게 아름다움이란 취약함과 동의어였고 거부되어야 할 싸구려 예술에나 붙는 특질이었다. 아름다움은 죄책감을 동반한 쾌락으로서만 경험될 수 있었다. 서독의 지성적 토대를 구축하는 데 일조하며 엄청난 영향력을 행사했던 독일의 철학자 테오도르 아도르노는 저서 『미학 이론』에서 "협화음보다 불협화음에 더 큰 즐거움이 있다"고 적었다. 두 번의 세계대전을 겪은 세상에는 외상 후의 무감각증이 퍼져 있었다. 감정보다는 복잡한 지적 구조에 의해 지탱되고 정당화되는 새로운 음악적 우주는 혼란스러운 세상 속에서 일정한 예술적 보호막이 되어주었다. 돌이켜 생각해보면 또 다른 결론을 내릴 수도 있다. 즉 이 불협화음의 음악은 가족과 가정과 공동체의 상실을 떠오르게 하며, 어떤 집단을 그들이 저지른 최근의 과오로부터 강제로 떼어내고자 했다. 이러한 음악은 맛은 쓰디쓰지만 일단 몸에 들어가고 나면 유익한 효과를 발휘하는 약초와도 같았다. 다시 말해 이런 음악은 폭격으로 잿더미가 된 쾰른에 새로 지어지고 있던 자기 징벌적 건축물과도 일맥상통하는 구석이 있었다.

전쟁 중에 성년을 맞은 작곡가들, 그리고 그들의 후배들과 후학들은 이러한 입장을 자기 것으로 틀어쥔 채 놓아주지 않았다. 1960년대에 작곡을 배운 사람으로서 말하건대, 이런 음악은 쓰고 짓기가 참 재미있었다. 당시 사회에는 자유와 미래 지향적 분위기가 감돌고 있었고, 그 흐름에 매료된 우리 세대를 자극했다. 우리는 누구보다 총명했다. 수학적 계산, 전자 음향 발진기發振器, '컴퓨터'라 불리는 최신 기계를 사용하여 음악을 쓰는 일은 마치 최고급 삼차원 보드게임을 하는 법을 배우는 것처럼 흥미진진했다. 우리는 매우 명석하고 창의적이었으므로 우리가 지은 음악으로 사람들을 현혹시키고 즐겁게 하고 혼란스럽게 하는 일을 자유자재로 했다. 우리 세대의 음악가들은 상을 탔고, 대학원 학위를 받았으며, 우리가 지은 음악으로 누구보다 높은 점수를 따냈다.

유럽의 젊은 (그리고 자주 분노에 들끓던) 지식인들의 목소리가 후방 지원을 받는 동안 클래식 음악 앙상블들은 '심각한' 20세기 음악의 왕좌 자리에 앉은 과거의 거인들—에이토르 빌라로부스, 하워드 핸슨, 새뮤얼 바버, 잔 카를로 메노티, 에런 코플런드, 파울 힌데미트, 레이프 본 윌리엄스를 비롯한 그 밖에 무수히 많은 이들—에게서 등을 돌리기 시작했다. 1930년 언저리쯤에 보편적으로 위대하다고 인정받는 반열에 오른 이들(다시 말해 우리가 지금도 '고전적'이라고 평가하는 작품을 쓴 사람들)은 각자의 위치를 지켰지만, 그 이후로는 복잡하고 (음악이 더 이상 이야기를 전하거나 자연을 묘사하지 않는) 비非서사적 양식에 입각한 작품을 쓴 이들이 최상위로 부상하여 21세기에 들어서까지 그 위치를 놓치지 않고 있다. 20세기 음악 가운데 불합리하게 평가절하되거나 배제된 작품과 작곡가의 숫자가 상당하다는 사실은 커다란 수수께끼이자 비극이다. 이걸 단순히 시대정신이라는 말로 눙치고 넘어갈 수 있을까, 아니면 다른 이유가 있었던 걸까?

서양 예술 음악의 위대한—그리고 실종된—레퍼토리를 채울 작품을 찾는 이들에게 이 문제는 수수께끼의 일부일 뿐이다. 상을 받고 주요 단체의 위촉으로 탄생한 신작은 저마다 세계 초연 무대를 거친 뒤

앞서 일별한 거인들처럼 사라지고 말았다. 1960년부터 2000년 사이에 쓰인 작품 중에서 의문의 여지 없는 걸작으로 여겨지는 교향악이나 오페라를 몇 점이나 꼽을 수 있는가. 생각해보면 정말 의아한 현상이다. 멀리 갈 것도 없다. 현재 전 세계 클래식 라디오 방송국에서 송출되고 있는 곡이나 스트리밍 서비스에서 재생되고 있는 작품을 생각해보라. 상을 받고 보조금의 뒷배를 얻어 세상에 나온 현대음악은 도무지 찾을 수 없다.

클래식 정전에 생긴 75년이나 지속된 거대한 공백이 우리 시대 관객의 손을 붙잡을 접점을 상실하게 만든 것은 아닐까? 나는 리하르트 슈트라우스, 라흐마니노프, 스트라빈스키, 쿠르트 바일, 시벨리우스, 쇼스타코비치, 프로코피예프, 힌데미트, 코른골트, 버르토크, 쇤베르크, 브리튼이 살아 있던 시절에 태어났다. 그러나 오늘 태어난 아기는 나중에 장성하여 동시대 작곡가로 누구의 이름을 꼽을 수 있을까?

무조성 모더니즘이 콘서트홀에서 공연되는 현대음악을 지배하다시피 한 20세기 후반기에도 현대주의자들의 음악 담론과는 일정한 거리를 두고 자기 스타일대로 음악을 쓰는 작곡가들이 상당했음을 인식하는 것이 중요하다. 이들은 때로는 방어적으로 그저 음악을 썼고, 그럼으로써 우리 시대의 독특한 현상을 창조해냈다. 그 현상이란 바로 동시대 음악의 두 갈래 평행 우주다. 글로는 갑론을박되지만 극소수의 사람을 제외하면 아무도 듣고 싶어 하지 않는 음악이 한 갈래요, 누구도 굳이 글로 주워섬기지 않고 '클래식'이라 여기지도 않지만 사람들이 대체로 듣고 싶어 하는 음악이 다른 한 갈래다.

수백만의 사람들(이들을 '관객'이라 불러야 마땅할 텐데 왠지 모를 이유로 '팬'이라 부르며 격하하는 경우가 많다)이 콘서트홀에서 즐기는 후자의 음악은 19세기 후반부터 21세기까지 이어지는 극음악의 굳건한 연속성을 상징한다. 이런 음악은 커다란 성공을 거둔 작곡가들의 손에서 빚어졌다. 그들은 20세기의 실험과 성취에 관한 빈틈없는 지식을 갖추고 있었지만 그럼에도 극음악을 썼고, 이러한 전통을 계승한 음악 자체를 거부했던 세력의 승인과 동조를 얻는 일에는 좀처럼 관심을 두지 않았다. 이들이 쓴 음악은 '영화음악'이거나 '영화음악 같다'는 말로 표현되곤 하는데, 앞으로 보게 되겠지만 이건 정확한 설명이 되지 못한다.

이 두 세계의 병존 현상에 대한 논의나 토론은 부족한 형편이었다. 어쩌면 이제 논의의 물길을 돌려 20세기 중반 클래식 음악 전통이 장해물을 만난 것일 뿐 단절된 것이 아님을 이해해야 할 때가 왔는지도 모른다.

앞서 언급했듯 예술과 정치는 늘 서로 교차해왔다. 20세기 중반에 양식과 기능에 관한 미학적 판단을 놓고 세계의 권력이 한마디씩 말을 얹었다. 이는 우리가 듣는 음악에 지대한 영향을 미쳤고, 국가기관과 국제기구에 의해 공식 지위를 부여받는 음악의 종류를 결정했다. 20세기 벽두만 해도 아방가르드 음악은 우리의 제도권을 정면으로 충돌하여 전복하려 들었다. 그러나 20세기 후반이 되면 유럽과 미국의 제도권이 나서서 음악 축제나 신작 위촉 따위로 아방가르드를 **위한** 지원책을 마련하는 형국으로 바뀌었다.

이러한 변천사의 한가운데 놓인 음악은 정치적 무기가 되기도 하고 표적이 되기도 했다. 누구도 원하는 이 없는, 빈 콘체르트하우스 전임 감독의 표현을 빌리자면 '불편한 음악', 위대하고 다양한 음악의 거대한 저장고가 50년 이상 종적을 감추었다. 이미 작곡된 음악을 어떻게 없앨 수 있을까? 더 이상 연주해주는 이 없는 그 많은 교향곡의 작곡가들에게는 무슨 일이 있었던 걸까? 왜 우리는 위대한 생존 작곡가의 이름을 쉽사리 나열하지 못하고 절절매야 하나? 100년 전 사람들은 툭 건드리기만 해도 푸치니, 시벨리우스, 스트라빈스키, 라흐마니노프, 슈트라우스, 라벨 등등의 이름을 줄줄 쏟아냈을 텐데 말이다. 오페라라는 예술 형태는 1940년대 이후로도 끊임없이 커다란 성공을 거두고 있음에도 표준 레퍼토리의 반열에 오른 마지막 이탈리아 오페라—푸치니의 〈투란도트〉—의 작곡 시점이 1924년이라는 상황은 어떻게 납득할 수 있을까? 나치가 패망했음에도 불구하고 왜 우리는 히틀러가 금지곡 목록에 올린 음악을 아직도 연주하지 않고 있을까?

2

브람스와 바그너

격동의 20세기 바로 앞에 요하네스 브람스(1833~1897)와 리하르트 바그너(1813~1883)라는 두 명의 독일 작곡가가 지식인들의 대화를 점령하며 각축을 벌인 19세기 말엽이 있었다. 이들 사이의 이른바 경쟁 구도에서 촉발된 미학적 논쟁은 20세기 들어서도 몇 가지 논점으로 되풀이되었다. 이를테면 옛 것(브람스)과 새 것(바그너)의 가치에 관한 논쟁, 회화적 음악(바그너)과 비묘사적 혹은 '절대' 음악(브람스) 사이의 우열, 바그너가 주창한 '미래의 음악' 개념 등이었다.[1]

바그너의 천재성은 '총체예술작품'의 창조를 내다보는 혜안으로 나타났다. 총체예술작품Gesamtkunstwerk이란 음악적 극적 경험의 모든 측면이 단 한 사람—바로 바그너 자신—에 의해 통제되는 작품을 의미했다. 그는 온갖 역경을 이겨내고 1876년에 이 비전을 현실로 실현했다. 독일과 스칸디나비아반도의 고대 신화에 착안하여, 거기에다 자신이 창안한 고古독일어 대본을 붙이고 음악의 살집을 더한 결실인 거대한 4부작 서사시를 완성한 것이다. 이 작품의 공연 무대를 위해 바그너는 당시 세계에서 가장 현대적인 극장의 디자인을 직접 감독했다. 오케스트라가 관객의 시선에 전혀 들어오지 않는 극장이요, 조명을 전례 없는 수준으로 세밀하게 통제하고 완전한 암전도 가능한 극장이었다.

그 극장의 이름이 바로 바이로이트 페스트슈필하우스(축제극장)였다. 이곳에서 바그너는 모든 시각적 요소를 통솔했다. 삼차원이나 이차원 무대 장면뿐만 아니라 가스등, 거즈 천, 연기, 연막, '마법 랜턴' 효과까지 그야말로 최신 무대 기술과 종래에 사용되어오던 전통 기술을 전부 활용했다. 그는 '유도동기'로 알려진 기법을 완벽의 경지로 끌어올렸다. 유도동기(라는 용어는 바그너가 만든 것이 아니지만) 기법은 극의 등장인물, 사물, 상황 등을 표상하는 선율적, 리듬적, 화성적 파편으로, 작품 전체에 걸쳐 되풀이되면서 듣는 이의 '기억을 돕는 주제' 역할을 한다. 바그너는 모든 음악을 연출을 염두에 두고 썼고, 가수들에게 음악과 동작의 완벽한 일치를 요구했다.

독일의 위대한 헬덴 바리톤 한스 호터는 바그너 오페라 배역을 익힐 때 대사와 음악뿐만 아니라 **동작**까지 철저히 훈련받았다. 그래야 모든 것이 일체가 되어 유기적인 근육 기억으로 화할 수 있기 때문이다. 호터는 1989년에 내게 이렇게 말했다. "전쟁이 끝나고 바이로이트가 재개관했을 때 빌란트의 연출하에 보탄 역을 맡았는데요. 당시 가장 어려웠던 점을 꼽자면 노래하면서 창 쓰던 방식을 의식적으로 잊는 것이었습니다." 작곡가의 손자였던 연출가 빌란트 바그너는 1951년부터 그가 사망한 1966년까지 바그너의 작품들을 새롭게 제작하면서 할아버지가 지정한 바 있는 노래와 동작이 한 몸이 된 연출 지침을 따르길 거부했다.

배태부터 완성까지 28년이 걸린—다만 도중에 〈트리스탄과 이졸데〉 〈뉘른베르크의 명가수〉를 쓰느라 일시적으로 중단되기도 했다—초장기 프로젝트이자 전체 작품 공연에 열다섯 시간이 소요되는 대작 〈니벨룽의 반지〉 사이클은 1876년 8월 새로 지은 축제극장에서 초연되었다. 나흘 밤에 걸친 공연을 참관한 관객은 라인강의 황금으로 벼린 마법의 반지를 둘러싼 고대 신화를 낭만적으로 재해석한 이야기를 경험했다. 사랑을 저주하고 훔쳐낸 황금으로 전능한 반지가 만들어진다. 반지를 만든 난쟁이가 반지를 빼앗기며 다시 반지에 저주를 내린다. 누대累代에 걸친 사랑, 거짓, 타협, 저버린 맹세, 신들과 반신半神들, 난쟁이들, 두 거인, 두 마리의 용, 그리고 무엇보다 사악하고 영웅적이기도 한 인간들의 책략이 쌓여 몰락한 신들의 세계. 인간 세계의 가장 위대한 영웅인 지크프리트가 죽고, 한때 보탄을 섬겼던 열두 발키리 중 하나였지만 지크프리트와 혼인하고 인간이 된 브륀힐데는 스스로 화염의 제물이 됨으로써 우주에서 가장 강력한 힘은 다름 아닌 인간의 사랑임을 보여준다. 두 번이나 저주를 받은 반지가 라인강 바닥에 가라앉고 대지가 모든 악을 씻어내자, 극이 전개되는 내내 자애롭게 묘사되어온 자연은 태곳적의 균형 상태를 회복한다.

바그너의 성취는 극음악 역사에서 전례 없는 규모였다. 그의 영향력은 21세기에도 여전히 헤아릴 수 없을 만큼 크다. 바그너는 서양 예술의 모든 요소가 융합한 형태를 기념비적인 규모로 구현하고 있었다. 이러한 융합은 노래로 부르는 시, 시각 디자인, 의상, 동작, 중요한 역사적 의제와 사회적 이슈를 아울렀던 그리스 희곡의 근본 철학에 바탕을 두고 있었다. 그는 또한 오페라의 수많은 관행에 단절을 선언하고 화성 기능을 확장했으며 선율 악절의 길이를 늘인 '무한 선율'을 지향하는 등 여러모로 '미래파적'인 음악을 썼다.

바그너의 적대자로 여겨진 인물이 바로 요하네스 브람스였다. 마치 뉴턴의 운동 제3법칙처럼 역사의 이분법적 모델은 세상 모든 것에 각각에 맞서는 대항자가 있기를 요구하는 것만 같다. 브람스는 자신이 과거에서 음악의 영감을 얻는다는 사실을 공공연히 밝혔다. 미래의 음악을 창조하겠다는 신념과 함께 고대의 이야기를 다시 변주했던 바그너와 달리 브람스는 클래식 음악의 혈통과 유산을 붙들었다. 바그너가 고대 그리스의 철학을 해석하는 동안 브람스는 선배 작곡가들의 육필 악보를 수집했다. 또한 자신의 음악을 현재 진행형의 진화 과정에 있던 동시대 독일 전통에 접붙이기 위해 150년 전 요한 제바스티안 바흐가 완벽의 경지로 끌어올렸으나 19세기 후반에는 누구도 관심을 두지 않던 푸가와 17세기 초반에 탄생한 변주곡 양식인 파사칼리아 같은 음악 형식을 사용했다.

브람스의 선대 음악 형식에 대한 관심과 음악사적 연속성에 대한 탐구는 '음악학'이라는 새로운 학문의 일부가 되었다. 현재 음악학은 대학에서 음악을 전공하는 이들이 최고등 학위인 철학 박사 학위를 받을 수 있는 학문 분야이기도 하다.

몇백 년 동안 작곡가들은 각자의 스승에게 배우며 음악의 길을 닦았다. 그들이 듣는 음악이라고는 모조리 다른 **생존** 작곡가의 음악뿐이었다. 또 하나 중요한 것은 이들이 작곡한 음악의 생명력은 어렵사리 마련한 연주회까지만 이어질 뿐이었고, 작곡가들이 이런 사실을 당연하게 받아들였다는 점이다. 수백 년 동안 작곡가들은 인세를 받지 못했다. 설령 곡을 판다 하더라도 판매 상대는 대중이 아니라 출판업자였다. 이러한 상황은 19세기에 들어 변화하기 시작하지만, 음악은 여전히 한 번 쓰고 버리는 예술 형태로 여겨졌고 관객은 오로지 신곡을 듣는 데에만 익숙해 있었다. 그러나 19세기가 저물 무렵에는 작곡가들이 자기 작품이 공연되는 현장에 임석하지 않고도 연주 수입을 올리는 법을 차츰 깨우치기 시작했다. 이 또한 음악학의 대두와 무관치 않은 현상이다. 무대를 위해 작곡된 옛 음악이 연구의 대상일 뿐만 아니라 작곡가 사후에도 연주되어 수익을 낼 수 있는 가치 있는 예술이라는 공감대가 확산한 덕분이기도 하다.

지극히 간단하게 말하자면, 바그너와 브람스를 각각 음악의 미래와 과거를 상징하는 존재로 여겼다고 할 수 있다. 이 그릇된 이분법이 자리 잡는 데에는 당대 빈의 최고 유력 평론가 에두아르트 한슬리크의 부채질이 결정적이었다. 바그너는 거의 오페라만 쓴 반면 브람스는 오페라 빼고 다 썼다는 사실도 사람들이 두 사람의 과장된 차이를 받아들이는 데 일조했다. 어쨌든 바그너는 음악으로 이야기를 했다. 그의 모든 작품에는 제목이 있었고 장면이 있었다. 브람스는 자신의 모든 작품을 일반 카테고리(교향곡, 사중주 등)와 작품 번호에 따라 발표했고 묘사적 제목은 좀처럼 사용하지 않았다(〈비극적 서곡〉은 드문 예외다). 두 작곡가의 이런 뚜렷한 차별점은 실제 이상으로 부풀려진 미래와 과거 간 전쟁의 불쏘시개가 되었다.

오늘날 관점에서는 한슬리크라는 일개 평론가가 행사한 영향력을 온전히 이해하기 어려울 수도 있다. 몇몇 평론가가 대중의 견해에 영향을 미치는 건 낯선 현상이 아니지만, 그렇더라도 '음악의 도시' 빈이 위대하고 다양한 음악적 소산을 내놓던 당시에 한슬리크가 홀로 끼친 영향력은 압도적인 데가 있다. 프라하에서 태어나 법과 음악을 공부한 한슬리크는 『음악적으로 아름다운 것에 대하여』*를 출판한 1854년부터 사망 시점인 1904년까지 50년 동안 음악계의 우뚝 솟은 거장으로 군림하며 판관 노릇을 자임했다. 그는 반反바그너적 음악 미학을 추종했고 따라서 바그너 추종자들은 그를 보수주의자로 여겼다. 한슬리크의 주장은 다음과 같이 요약할 수 있다. 첫째, 음악의 아름다움은 사람들의 선호 여부와 무관하다. 둘째, 설령 음악이 감정을 일깨운다 하더라도 음악에 감정은 존재하지 않으며 음악은 감정을 **표현조차** 하지 못한다. 셋째, 음악은 소리와 움직임이며 아름다움은 오로지 형식에만 기초한다. 한마디로 음악은 그 어떤 것도 묘사하지 못한다는 주장이었다.

한슬리크는 브람스의 열렬한 옹호자(이자 친우)였다. 또한 바그너와 그의 자칭 '미래의 음악'이 표방하는 과장된 음악을 혐오했다. 한슬리크의 미학적 철학은 고대 그리스인들이 음악을 정의하고 묘사한 바와는 엇길을 걸었다. 그의 목소리는 21세기에도 들려오는데, 한슬리크의 입장을 고수하는 이들은 모름지기 좋은 음악이란 순수한 '절대음악'이며 어떤 방식으로든 이야기를 담은 음악('표제음악')은 절대음악보다 가치가 한참 떨어진다고 믿는다. 아이러니하게도 한슬리크의 반反미래주의적이고 보수적인 철학을 20세기의 모더니스트들이 받아들이고 추종하게 된다. 모더니스트들은 영화음악의 두드러진 특징이자

* 국내에는 『음악적 아름다움에 대하여』(이미경 옮김, 책세상 2018)로 출판되어 있다.

콘서트홀 연주용 작품에도 널리 퍼져 있던 표제음악을 공격하기 위해 한슬리크의 노선을 취했다. 동시에 구스타프 말러의 교향곡도 얼싸안았는데, 정작 말러는 독일 작가이자 음악 평론가 막스 칼베크에게 "베토벤 이후로 내적 표제가 없는 음악은 없다"고 단언했다. 앞으로 계속 보게 되겠지만 20세기는 이와 같은 아이러니로 넘쳐난다.

음악으로 물, 무지개, 거친 폭풍우, 영웅적 행위, 저주, 용, 정신적 사랑, 육체적 사랑, 팔짝대는 개구리 한 마리 등을 묘사했던 바그너는 절대음악 작곡가와 상극의 위치에 놓였다. 반면 기악 앙상블을 위해 곡을 쓰고 자신의 교향곡에 번호만 붙일 뿐 묘사적 제목을 달지 않은 브람스는 음악 그 자체의 위대한 대리인이었다.

사실을 얘기하자면, 브람스는 바그너를 깊이 존경했다. 브람스는 1861년 파리 오페라에서 사용된 바그너의 오페라 〈탄호이저〉 필사 악보를 손에 넣고 싶었다. 이 문제와 관련해 두 천재 음악가가 주고받은 네 통의 편지가 현전現傳한다. 바그너는 악보를 돌려달라고 하면서(표면적으로는 아들 지크프리트에게 주려고 한 물건이었다는 이유를 댔다) 브람스에게는 별 의미가 없는 "단순한 호기심의 대상"일 뿐이라고 짐짓 자신을 낮추었다. 이에 브람스는 자기는 시시한 호기심의 대상은 수집하지 않는다며, 어린 지크프리트는 아비가 남긴 필사 악보가 많을 테지만 동료 작곡가의 간곡한 부탁이니 아무래도 거절할 수 없겠다며 바그너의 악보 반환 요청을 들어주기로 했다. 둘 사이의 서신은 이 지점부터 흥미로워진다. 브람스는 〈탄호이저〉 대신 "혹시 〈뉘른베르크의 명가수〉 악보는 어떠신지?" 하고 되물으며 서신 말미에 "가장 높은 존경과 찬탄을 담아"라고 서명했다.

프랑스의 필경사들이 오케스트라 파트 악보를 제작하기 위해 (함부로) 사용한 필사 악보를 돌려받은 바그너는 브람스에게 감사를 표하고는 아쉽게도 〈뉘른베르크의 명가수〉 악보는 완판되어 수중에 남은 물건이 없다고 알렸다. 대신 바그너는 가죽으로 제본하고 금장金章으로 장식한 〈라인의 황금〉 악보를 사례로 받아주십사 하고 제안했다. 1873년 빈에서 열린 세계 박람회에 전시된 물건이었다. 바그너는 자신의 음악이 "무대 장면 묘사에 급급하다"는 핀잔을 많이 듣는다며 (한슬리크!), 특히 〈라인의 황금〉 때문에 그런 비난을 많이 받았다고 덧붙였다. 그도 그럴 것이 이 작품은 첫 5분간 강물을 묘사하는 음악으로 시작하여 종국에는 무지개다리를 그린 음악으로 마무리되는 음악극이기 때문이다. 바그너는 사람 손을 많이 탄 〈라인의 황금〉 전시용 악보를 브람스에게 보내며 이런 장난스러운 문구를 덧붙였다. "요하네스 브람스 씨에게 못난이 필사 악보 대신 보내는 꽤 괜찮은 대용품. 1875년 6월 27일 바이로이트. 리하르트 바그너." 편지의 말미에는 "당신에게 빚을 진 리하르트 바그너가 가장 높은 존경을 담아 인사를 전합니다"라고 적었다.

네 통 중 마지막 편지에는 세상이 '숙적'으로 여긴 당대 독일의 가장 위대한 두 작곡가가 거룩한 화해에 도달한 순간이 엿보인다. 두 명의 근엄한 군주가 전장에 나란히 서서—그러나 자신의 영역은 한 발도 양보하지 않은 채—서로를 향해 존경을 표했고, 이후 한 세기 동안 이어질 전쟁은 이로써 잠시 진정 국면에 드는 듯 보였다.

1875년 6월 쓰인 이 편지에서 브람스는 바그너가 보낸 악보를 "정말 멋진 선물"이라고 언급한다. 브람스는 〈라인의 황금〉보다 〈발퀴레〉

를 선호한다고 얘기하면서, 바그너가 이를 오해하지 않았으면 좋겠다고 덧붙였다. 1875년이면 아직 '반지 사이클'의 마지막 두 음악극이 초연되기 전이지만 〈트리스탄과 이졸데〉와 〈뉘른베르크의 명가수〉는 완성된 시점이었다. 브람스는 다른 많은 이들이 그랬듯 바그너의 매머드급 프로젝트가 하루빨리 완결되기를 손꼽아 기다렸고, 바이로이트에 건설 중인 새 극장의 개관 이벤트도 기대하고 있었다. 브람스의 편지는 이렇게 이어진다.

> 어쨌든 우리는 당신의 유일무이한 작품이 서서히 모습을 드러내며 생명을 얻는 과정을 목격하는 기묘하고 설레는 경험을 하고 있습니다. 아마 거대한 석상이 발굴되는 과정을 지켜보았던 로마 사람들의 기분이 그랬겠지요. 놀라워하는 우리들의 이의 제기에 마음이 쓰이시겠지만, 자신의 과업을 향한 깊은 확신과 선생의 가공할 창조성이 불러일으키는, 날로 늘어나고 자라나는 존경심에서 위안을 받으시길 빕니다.
>
> 존경하는 선생께 다시 한 번 깊은 감사를 느끼는
> 요스Johs. 브람스가[2]

대대로 믿어온 바가 충격적인 사실과 충돌하는 순간이다. 세계의 이원성에 복잡한 구름이 드리운다. 세상을 반드시 흑백으로 나누어 이해하지 않아도 된다는 사실에 우리는 그저 감사할 뿐이다. 바그너와 브람스를 동시에 사랑해도 되고, 해묵고 미심쩍은 미학 전투에서 반드시 한쪽 손을 들어주지 않아도 된다. 브람스가 바그너의 음악극을 알고 있었고 필시 자비로 구입했을 그의 육필 악보를 모차르트, 하이든, 가브리엘리, 바흐 같은 과거 명장들이 쓴 악보와 나란히 소장하고 있음을 인정했는데 무슨 말이 더 필요하겠는가. 바그너는 편지가 오가던 당시에는 브람스의 음악을 알고 있지 못했던 듯하다. 그러나 차후에 브람스의 교향곡을 총보와 피아노 축약본 형태로 요청했으며, 브람스로부터 받은 편지를 모두 고이 보관했다(그건 브람스도 마찬가지였다). 바그너가 브람스의 교향곡을 받아 공부했다면 그건 〈교향곡 1번〉이 아니었을까? 짐작일 뿐이긴 하지만 말이다.

바그너가 숨을 거둔 1883년 2월, 브람스는 자신의 세 번째 교향곡을 작곡하고 있었다. 듣는 귀가 있는 사람이라면 이 곡에서 바그너의 걸작들이 문득문득 고개를 내미는 인용구를 여럿 들을 수 있을 것이다. 1악장이 끝나기 직전에는 〈트리스탄과 이졸데〉의 끊어진 기억이 침묵 속에 오롯이 등장하고, 감정이 한껏 고양되는 2악장 재현부에서는 〈니벨룽의 반지〉의 사랑 모티프가 뜻밖의 노래처럼 들려온다. 한슬리크가 '순수한' 음악의 본보기로 꼽았던 사람의 작품에서 바그너 음악의 자취가 로마 시대 대리석 조각상처럼 문득문득 고개를 내미는 것이다.

1933년 쇤베르크는 「진보주의자 브람스」라고 제목을 붙인 에세이를 발표했다. "고전주의자이자 학술적 음악가인 브람스가 음악 언어의 영역에서는 위대한 혁신가였으며 사실상 위대한 진보주의자였음을 입증"하기 위한 목적을 분명히 한 글이었다. 서로 적대하는 두 진영 사이의 경계는 이미 흐려지고 있었고, 쇤베르크는 경계 흐리기의 선두 주자였다. 바그너는 미래의 음악을 작곡했을지 모르지만, 브람스는 '진보적인’ 음악을 작곡하고 있었다. 이처럼 브람스를 듣는 새로운 방식은 아방가르드가 저들의 가치를 정당화하는 기치이기도 했다. 마치 브람스를 사랑하는 사람에게 핑계가 필요하기라도 하듯 말이다. 아이러니하게도 쇤베르크는 흑백 논리로 그린 초상화의 피해자가 될 운명이었다. 그러나 그는 그보다 훨씬 흥미롭고 중요한 인물이었다.

바그너와 브람스의 지상紙上 전투가 있은 지 한 세기가 지난 오늘, 우리는 이 두 사람이 실은 서로 비슷한 구석이 많았음을 본다. 두 사람 모두 각자가 지은 새로운 음악을 정당화하고 영감을 찾기 위해 과거를 탐구했다. 바그너는 고대 신화를 뒤적이며 주제를 길어왔고, 고대 그리스 희곡의 극적 절차와 이야기를 전개해나가기 위해 문답 형식을 자주 활용하는 시적 구조도 차용했다. 바그너의 음악극 〈지크프리트〉는 전곡 상연에 네 시간이 걸리는 대작임에도 무대에 두 명 이상이 출연하는 장면이 단 하나도 없는데, 이는 아이스킬로스의 기법에 착안한 것이다. 브람스는 과거 독일의 음악 형식 쪽으로 시선을 두었다. 두 작곡가 모두 하늘 아래 정녕 새로운 것은 없으며 어떤 것도 완벽하게 되풀이되지 못한다는 진리를 깨치고 있었다. 신新과 구舊는 같은 실재의 양면이다. 편리하다는 이유로(그렇기에 자주 오해의 소지를 낳지만) 둘을 구분하여 바라볼 뿐이다.

무엇이 ‘새로운 음악’인가

바그너가 베네치아에서 숨을 거두고 14년 뒤인 1897년 4월 3일,

브람스가 빈에서 세상을 떠났다. 3년 뒤 세계는 20세기로 접어들었다. 20세기는 복잡한 기술을 품은 '현대적'인 세계이자 '미래파'의 세계였다. 미래파는 모호한 사상 체계이면서도 전통에 맞서 실험성을 내세웠고 새로운 것을 더 우월하다고 여겼다. '새롭다'는 것 자체가 정의하기 까다로운 개념이었음에도 말이다.

20세기 이후 새로움을 향한 집착은 모든 예술 작품을 평가하는 수단이 되어 날이 갈수록 중요해졌다. 지금도 현대음악을 평가할 때 흔히 새로움 여부를 따지곤 하는데, 어느 정도는 독일 음악의 미래에 관한 바그너의 이론을 오해한 탓에 그렇게 되어버린 건 아닌가 싶기도 하다. 새로움이라는 기준은 바흐나 모차르트에게는 무의미했을 것이다. 그들은 다음에 어떤 작품을 쓸지에 집중했지 반드시 새로운 작품을 써야 한다는 강박이 없었다. 그들이 쓰는 작품은 **무조건** 새로웠기 때문이다.

유럽은 늘 자기들 내부의 역사와 전통을 기준으로 문화를 사고하고 해석해왔다. 화가들은 부유한 고객이 궁전과 저택에 걸어놓을 수 있도록 본인의 유명 작품을 여러 벌 베껴 그렸다. 이런 작품을 진정한 예술로 보아야 할까, 아니면 새로운 모조품으로 보아야 할까? '복제'와 '위조'라는 용어는 상업에서나 의미를 갖는 것일 텐데, 고유한 예술적 가치가 있는 복제품은 어떻게 봐야 할까? 브란덴부르크문은 베를린을 상징하는 건축물로, 열두 개의 도리스식 기둥이 떠받치고 있는 디자인은 기원전 432년에 지어진 아테네 아크로폴리스로 들어가는 관문을 모방한 것이다. 브란덴부르크문은 1791년에 완공되었다. 그렇다면 브란덴부르크문은 예술품인가, 위조품인가? 아니면 둘 다인가? 영어와 마찬가지로, 독일어로 '예술'은 '쿤스트Kunst'이며 '인위적'은 그 파생어인 '퀸스틀리히künstlich'다.* 진짜 예술, 모조품 예술, 모방품 예술 간의 논쟁은 나치 정권이 '유대계' 독일인들의 음악을 배제하는 독성 강한 이론적 근거가 되었다.

쾰른을 방문한 여행객들이 반드시 찾는 곳이 쾰른 대성당이다. 1248년에 착공되었으나 1473년 공사가 중단되고 이후 400년간 미완성 상태로 남겨졌다가 1842년 공사가 재개되어 1880년에 마침내 완공된 거대한 건물이다. 쾰른 대성당은 파리의 노트르담 대성당(1163~1345)과 비슷한 생김새지만 실은 중세를 바라보는 낭만주의 시대의 **사상**이 자극으로 작용한 비교적 현대적인 건축물이다. 바그너에게 〈반지〉 사이클과 〈뉘른베르크의 명가수〉 〈트리스탄과 이졸데〉 〈파르지팔〉을 짓도록 추동한 것과 같은 시대정신이 쾰른 대성당의 완공을 보게 한 것이다. 2019년 4월 15일 노트르담 대성당에 참혹한 화재가 있고 나서야 비로소 전 세계는 노트르담 대성당 역시 누년累年의 건축적 개입과 수정이 낳은 결과임을 알게 되었다. 일례로 노트르담 대성당을 상징하는 첨탑은 19세기 중반 건축가인 외젠 비올레르뒤크가 설계한 작품이었다.

다시 말해, 오늘날의 쾰른 대성당에는 중세의 음악과 후기 낭만주의 시대의 음악이 병존하고 있으며—괴테가 그러지 않았던가, 건축은 "결빙된 음악"이라고—따라서 이곳을 방문하는 이들은 1360년대 기욤 드 마쇼가 쓴 미사곡과 1883년에 안톤 브루크너가 완성한 〈교향곡

---

* 영어로 '예술'은 '아트(art)', 인위적은 '아티피셜(artificial)'이다.

7번)을 나란히 생각해야 할 일이다. 그래서 묻노니, 쾰른 대성당은 옛 건물인가, 새 건물인가? 진본인가, 싸구려 복제본인가?

쾰른 대성당이 완공되고 한 세대만큼의 세월이 흐르자 세상은 20세기가 되었고 미래파, 입체파, 표현주의, 소용돌이파, 구성주의, 초현실주의 등 수많은 '파'와 '주의'가 유럽을 뒤덮었다. 19세기에 나타난 마르크스주의, 사회주의, 공산주의, 그리고 아마 모든 '주의' 가운데 가장 중요할 무정부주의는 20세기가 전 세계를 집어삼킬 1차 대전을 향해 차근차근 나아가고 있던 시기에도 생명력을 유지했다. 지난 2014년, 1차 대전 발발 100주년을 맞아 다양한 책이 출간되어 정보의 바다에 또 다른 정보를 더했다. 1차 대전의 핵심은 한 문장으로 요약할 수 있다. 세계에서 가장 강력한 힘을 가진 국가들이 세운 제국이 수많은 조약과 해묵은 불화로 얽히고설킨 나머지, 단 하나의 사건, 즉 1914년 6월 28일 일요일 사라예보에서 가브릴로 프린체프라는 열아홉 살 청년의 손에 프란츠 페르디난트 황태자가 암살당한 사건으로 인해 전 세계가 전례 없는 규모의 충돌로 빠져들고 만 것이다.

유럽의 대내전大內戰—많은 사람들은 1차 대전을 이렇게 부른다—은 제국과 왕국을 끝장냈고, 국가의 경계선을 다시 그렸으며, 전쟁에 이겨 강국이 된 나라들을 위해 파이 조각을 새로 잘라주었다. 이를테면 이라크 같은 나라가 그렇게 탄생했는데, 그 과정에서 신생 국가의 국민이 될 사람들에 대한 고려는 전혀 없다시피 했다. 그리고 음악 역시 전쟁 전중후前中後의 국제 질서 재편 과정의 일부가 되었다.

1차 대전의 전조가 감돌던 무렵은 예술계의 활력과 다양성이 광증에 가깝게 치닫던 시기이기도 했다. 다양한 사상이 등장하여 예술과 음악에 관한 열정적 논쟁에 기름을 부었다. 특히 낡은 것을 거부하고 혁파함으로써 새로움을 발견하는 예술 행위를 중시하는 태도가 당시의 지배적 사조였다.

음악 분야에서 새로운 것을 추구하는 행위는 일련의 실험을 통해 음악의 특정 측면을 거부하는 형태를 띠었다. 쇤베르크는 옥타브 내의 열두 음은 그대로 유지하면서 대신 그간 조성 체계에 얽매인 채로 수백 년을 이어져온 음악의 밧줄을 풀어버렸다. 스트라빈스키는 동시에 하나 이상의 조성을 취하는 음악을 쓰기 시작했고, 청자를 혼란스럽게 하는 들쭉날쭉 예상 불가능한 리듬을 가진 음악을 창조했다. 그러나 스트라빈스키는 쇤베르크와 마찬가지로 여전히 서사를 가진 음악, 즉 무대 위에서 하나의 주요 줄거리를 따라가며 이야기가 순차적으로 이어지는 방식의 음악을 썼다. 쇤베르크는 리듬적 발화, 노래, 이따금 등장하는 고함 등 표현을 강조한 발성을 사용했고, 스트라빈스키는 춤과 몸동작에서 이와 비슷한 시도를 했다.

유럽은 매일 수천 종의 신문이 발행되고 매달 여러 종류의 음악 잡지가 발간되는 환경이어서 언론이 논쟁에 불을 붙이고 부채질하기도 그만큼 더 수월했다. 동시에 우리가 이해해야 할 사실은, 당시에는 공연 프로그램을 대중이 결정하고 지원했다는 점이다. 평론은 기립박수나 앙코르 요청 등 관객 반응을 흔히 언급했다. 오페라의 경우 평론 내용의 좋고 나쁨이 아니라 재상연 횟수와 다른 오페라극장에서 제작되는 횟수로 관객 반응을 가늠했다. 그러므로 우리로서는 당시 어떤 작품이 성공을 거두었는지 훨씬 명쾌하게 이해할 수 있다. 지금도 마찬가지지만 그때도 실험적 시도는 언론의 주목은 잔뜩 받을지 몰라도 작품 성공의 척도는 되지 못했다.

1차 대전 직전의 작곡가들은 그들의 선배 세대는 신경 쓰지 않아도 좋았던 존재론적 물음에 골머리를 싸맸다. 음악에 목적이 있는가? 그렇다면 어떤 목적일까? 아리스토텔레스는 음악이 듣는 이를 위로한다고 믿었는데, 어쩌면 음악은 우리를 가르치고 우리가 현실에 안주하는 상태에서 벗어나도록 흔들어 깨워야 하는 것은 아닐까? 어쩌면 음악은 콘서트홀이라는 폐쇄된 환경이 아니라 우리를 둘러싸고 있는 현대 세계의 소리에 귀를 열도록 해야 하는 것이 아닐까? 그나저나 작곡가가 사람들이 듣고 싶은 음악을 써야 할 의무가 있는 것도 아니지 않은가?

당시 사람들 사이에는 지평선 너머에서 **무엇**인가가 다가오고 있다는 집단적 감각이 있었다. 그 시대를 주제로 한 역사학자들의 저작에 언급된 일기와 신문 기사 등을 읽어보면, 또 한 차례의 침공과 습격, 발칸반도에서 벌어진 또 다른 전쟁, 이지러지고 있던 오토만 제국에서 또 한 명의 기독교인이 참수되었다는 소식 등이 타전될 때마다 흥분과 공포가 뒤섞인 분위기가 고조되었다. 어떤 이들은 피할 수 없는 전쟁이 터지고 나면 마침내 사회가 정화될 거라고 보았다. 고대 신화와 옛 역사가 전쟁을 정당화한 방식이 바로 그랬다. 어떤 이들은 폭력의 크레셴도에 몸서리쳤다. 그런가 하면 또 다른 이들은 이 모든 것이 국가 간의 허세적 농간일 뿐이며 유럽이 전쟁에 뒤덮이는 일은 불가능하다고 생각했다. 틀린 생각이었다.

1차 대전의 암운이 드리운 시기, 음악은 그 어두운 구름에 반응하고 흐름에 동참했다. 1차 대전은 수천만의 인명을 앗아간 광란이었으며, 그때까지 전 세계를 문명화하는 위대한 힘을 자임해온 유럽을 나락으로 추락시킨 사건이었다. 유럽은 문화, 그중에서도 특히 음악을 통해 그들의 우수성을 확인해왔다. 그러나 1차 대전을 겪은 사람들은 유럽 음악의 최선봉인 아방가르드 음악을 전쟁의 광기에 동조한 공모자로 여겼다. '서양 음악'이라는 명칭으로 불리는 이유는 오늘날까지도 서양 문명이라고 일컬어지는 문명의 창시자인 고대 그리스인들의 **문헌**에 음악이라는 용어가 처음 등장했기 때문이다. 그렇다면 여기에 이어지는 논리적인 질문은 "무엇의 서쪽인가?"일 것이다. 엄밀히 말해 '서양 음악'이라는 명칭은 음악, 그러니까 모든 음악이 우리가 듣는 바를 모방하려는 인간 욕구의 결과물이라는 사실을 무시하고 있지만, 유럽에서 발전하여 커다란 인기를 얻은 뒤 다시 원산지로 역수출된 음악을 가리키는 용어로 간편하게 사용되고 있다.

유럽에서 발전하고 성장한 클래식 음악은 수천 년 세월에 걸쳐 몸집을 키운 세계 문화의 훌륭한 개요서다. 최초의 인간들이 노래한 토착 음악에서 시작하여 무역, 종교, 전쟁, 그리고 쾌락을 좇는 인간의 호기심과 욕구를 따라 교역로를 타고 전파된 음악이기도 하다. 2000년 전 고대 로마인들은 장장 6500킬로미터의 비단길을 타고 건너온, 머나먼 동쪽의 누에고치에서 난 실로 지은 진귀한 피륙을 구입했다. 비단을 판매한 이들은 짐 꾸러미에 음악도 끼워 들고 왔다. 중국, 페르시아, 인도의 음악, 그리고 동방 유목 부족들의 음악이었다. 로마인들은 실물 화폐를 지불하면서 무형의 사례품도 건넸다. 로마의 음악이 그것으로, 거기에는 고대 그리스인들의 음악과 북아프리카 및 중동을 정복하는 과정에서 로마 내로 편입된 음악이 녹아 있었다. 로마인들의 음악은 사막과 산맥을 건너—4년이 걸리는 길이었다고 한다—누에가 사는 뽕나무가 있는 중국까지 건너갔다.

고대의 음악은 서로 만나고 모방하고 적응하기를 거듭하면서 1000년 뒤에 올 바흐와 바그너가 작곡할 음악은 물론이요 그들이 사용할 악기의 장을 마련했다. 석기 시대에 처음 등장한 피리는 3만 5000년이 흐른 19세기 중반이 되면 현대식 플루트로 거듭난다. 파라오들의 무덤에는 금과 동으로 만든 나팔이 함께 묻혀 있다. 중국 전통음악의 한 옥타브는 유럽 음악과 마찬가지로 열두 개의 음높이로 나뉘는데『브리태니커 백과사전』에 따르면 중국의 열두 음고는 "서양에서 폭넓게 사용되는 고전적인 조율 체계의 하나인 그리스 피타고라스 시스템과 청각적으로 또 비율적으로 같은 관계를 지닌다." 10 대신 12를 하나의 단위로 묶은 고대의 체계는 바빌로니아 사람들이 사용한 황도 십이궁이나 하루 열두 시간 같은 묶음 단위와 연결되어 있다. 그렇다면 우리가 클래식 음악이라고 부르는 것 역시 적응과 동화, 부정확한 모방, 음악을 짓고 듣고 자기 것으로 만들려는 욕망의 산물이리라. 음악에는 우리의 집단적 기억, 인류로서의 특징, 이를 나누고자 하는 본능이 내재해 있다.

고대 그리스 이후로 음악은 문명의 표현으로 여겨졌고, 또한 듣는 이를 **문명화하는** 힘이 있는 것으로 여겨졌다. 파멸적인 1차 대전이 끝난 뒤 음악은 전쟁 발발 전보다 훨씬 더 격정적인 논쟁의 화두가 되었다. 그러나 급한 마음에 서두르기 전에 1차 대전의 전야에 있었던 역사적으로 중요한 두 가지 음악적 사건을 먼저 살펴야 할 것 같다.

3

스트라빈스키와 쇤베르크

20세기 두 번째 10년의 음악사는 두 명의 작곡가, 그리고 그들이 활동한 두 곳의 도시에 집중하는 경향이 있다. 파리의 이고르 스트라빈스키(1882~1971)와 빈의 아르놀트 쇤베르크(1874~1951)가 그들이다. 파리와 빈이 클래식 음악의 양대 중심지가 된 19세기 중반 이래로 세계는 이곳에서 어떤 일이 벌어지고 있는지, 특히 어떤 새롭고 도발적인 사건이 벌어지고 있는지 파악하기 위해 촉각을 곤두세웠다. 쇤베르크와 스트라빈스키가 몇 달 간격으로(1912년 10월 16일과 1913년 5월 29일) 앞서거니 뒤서거니 하며 초연한 작품을 통해 아방가르드의 가장 흥미로운 작곡가로 부상한 것도, 그 이후 진보적인 음악계를 대립하는 두 진영으로 나눈 것도 우연은 아니었다.

프랑스와 오스트리아는 1914년에 발발한 전쟁에서 서로 적국으로 맞서게 되지만, 각각의 수도인 파리와 빈은 이미 국제적인 도시로서 예술가와 작가, 자금을 끌어당기고 있었다. 이 두 도시에서 일어나는 사건은 중요하게 받아들여졌고 세계의 신문이 다루었다. 바꿔 말하면 신문 지면은 어떻게든 채워져야 했고, 이 두 도시에서는 음악과 공연 예술의 최신 동향에 흥미 있는 독자들에게 전달하고 언급할 만한 사건이 상시적으로 벌어지고 있었다.

오케스트라 폭력을 연주하다

1907년 러시아의 쇼맨이자 흥행주요, 스스로를 사기꾼이라 칭한 세르게이 댜길레프는 프랑스 수도 파리가 그때껏 들은 적 없는 러시아 음악으로만 꾸민 다섯 차례의 연주회를 선보였다. 이듬해에는 한 발 더 나아가 아예 러시아 가수와 무용수로 구성된 공연단, 오케스트라, 무대와 의상까지 들고 파리를 찾았다. 이들이 들고 온 모데스트 무소륵스키의 오페라 〈보리스 고두노프〉는 처음으로 러시아 국경을 넘어 공연되었고, 공연의 주역을 맡은 전설적인 베이스 표도르 샬랴핀은 무대 위에서 짜릿한 노래와 연기를 보여주었다. 댜길레프는 1909년에 발레에 집중해 클래식 음악과 극 무대 디자인의 세계를 영원히 바꾸어 놓았다. 파리 시민들에게 러시아는 흡사 현대 세계에 존재하는 반半 중세 사회처럼 시대에 뒤떨어진 곳이었다. 생생한 무대 미술과 디자인이 구현한 극사실주의풍 격정과 선명한 색채, 거기에 더해진 감정적이고 격렬한 춤사위는 프랑스 발레 팬들에게 낯설기 그지없었다. 그 덕분에 댜길레프가 이끄는 발레 뤼스Ballets Russes의 공연은 그냥 지나칠 수 없는 연례행사가 되었다.

파리가 러시아산 이국성에 홀려 있는 동안 프랑스는 러시아와 비밀 조약을 맺고 정치적 행보를 같이하고 있었다. 1894년 두 나라는 독일로부터 서로를 지키기 위해 노불 동맹을 체결했다. 독일은 오스트리아-헝가리 제국과 운명을 같이하고 있었다. 1907년 프랑스 공화국, 러시아 제국, 영국(그레이트브리튼 아일랜드 연합 왕국)은 삼국 협상을 맺고 독일, 오스트리아-헝가리, 이탈리아 왕국이 체결한 삼국 동맹에 맞선 대응 구도를 형성했다.

이러한 정치적 동맹 관계들이 댜길레프의 파리행 수레바퀴에 얼마나 기름칠을 했을지는 미지수다. 다만 이 시기 파리에서 프랑스와 러시아 사이의 우호 관계가 더욱 공고해졌음은 의심의 여지가 없다. 댜길레프가 자신이 파리 사람들의 신경 중추를 건드리고 대박을 치겠구나 하고 깨달은 순간은 1909년 시즌에 찾아왔다. 이집트 여왕의 치명적인 하룻밤 정사를 다룬 단막 발레극 〈클레오파트라〉로 대성공을 거둔 것이다. 레온 박스트가 디자인한 환상적이고 관능적이며 화려한 무대와 의상, 반쯤 벗고 나온 무용수들이 온몸으로 표현하는 동작은 대중을 전율케 했다. 알렉산드르 보로딘의 오페라 〈이고르 공〉의 프랑스 초연 무대도 결정적이었다. 공연의 하이라이트인 '폴로비츠인의 춤'과 반라 상태의 남녀 무용수들이 추는 역동적인 춤이 환기하는 원시 러시아의 분위기, 니콜라스 레리히가 디자인한 무대는 일대 선풍을 일으켰다. 공연이 끝나자 객석에 앉아 있던 관객들이 흥분을 주체하지 못하고 무대 뒤로 연결되는 출입문으로 몰려들었다.

댜길레프는 발레 무대에서 섹스와 폭력이 지니는 상업적 가치를 분명히 인식했고, 극장을 관객으로 채우기 위해 해야 할 일이 무엇인지 알았다. 19세기 발레는 여성의 세계였다(물론 남성이 바라보는 여성의 세계이긴 했지만). 마법처럼 곱디고운 프리마 발레리나는 남성 파트너의 도움을 받아 공기보다도 가벼운 듯한 몸짓을 뽐냈다. 도약했다가 착지하는 모습도 흡사 중력을 거스르는 듯 보였으며, 발가락 하나로 온몸의 균형을 잡았다. 그것이 19세기를 지배한 고전 프랑스-러시아 발레의 우아한 환상의 세계였다. 그런데 이제 발레 뤼스가 등장하자 여성은 성적 포식자가 되었고 남성은 여성의 성적 노예가 되었다.

1910년 댜길레프가 클로드 드뷔시의 10분짜리 교향시 〈목신의 오후 전주곡〉을 발레 무대로 만들면서 발레는 운동성이 강조되고 대놓고 성적인 남성의 게임이 되었다. 댜길레프는 자신의 연인이자 슈퍼스타 발레리노였던 바슬라프 니진스키에게 안무를 맡겼다. 니진스키는 성적으로 흥분한 반인반수 목신牧神을 연기한 자신을 중심으로 이차원적인 발레 무대를 짰다. 옆모습 위주로 표현한, 뚝뚝 끊어지고 우아미라고는 전혀 없는 발레 동작은 마치 고대 그리스 시대에 제작된 도자기나 이집트 문명의 벽화에서 방금 튀어나온 것 같았다. 젊은 드뷔시가 1894년에 쓴 몽환적이고 감각적인 독특한 음악과 길들지 않은 숲속을 묘사한 박스트의 무대 디자인은 여러 면에서 물의를 일으켰다. 우선 안무가 충격적이었다. 음악을 표상하거나 음악에 대응하는 안무가 아니라 음악을 거스르는 안무였던 까닭이다.

의상도 파격이었다. 님프들은 헐렁한 그리스식 슈미즈 드레스를 입고 등장했는데, 빛이 투과되는 옷감이어서 관객은 마치 발가벗은 육체를 보는 것만 같은 착각에 빠졌다. 니진스키의 의상도 볼만했다. 특별히 디자인된 몸에 꼭 붙는 타이츠를 입은 그는 상반신 일부가 드러나 있었고, 척추가 끝나는 지점에는 바짝 선 작은 꼬리가 붙어 있었다. 가발에는 뿔이 돋아나 있었고, 사타구니에는 관객의 시선을 잡아끄는 보라색 포도송이가 달려 있었다. 니진스키는 속옷을 입지 않은 차림이어서 어느 작가의 표현을 빌리자면 "완전히 야한 둥그런 모양rotundités complètement impudiques", 즉 타이츠 속 남성 생식기의 외곽선이 그대로 드러났다고 한다. 사실 한 해 전인 1909년 니진스키는 그간 남성 무용수들이 전통적으로 착용해온 작은 치마를 입지 않았다는 이유로 한 차례 고초를 겪은 바 있었다. 러시아 태후 마마가 객석에 앉아 있는 상트페테르부르크의 〈지젤〉 무대에 올랐다가 해고당한 것이다.

뿌연 불빛에 휩싸인 채 벌거벗은 몸을 내보인 니진스키의 목신은 해거름의 작은 빈터에 모인 반라의 님프들을 보고 흥분했다. 그가 짠 안무의 마지막은 님프 하나가 떨어뜨리고 간 베일 위로 목신이 몸을 수그리고 서서히 베일에 사타구니를 문지르듯 밀착시키는 옆모습으로 처리되었다. 동시에 드뷔시의 섬세한 음악도 조율된 손가락 심벌즈와 하프의 하모닉스가 쨍그랑하는 소리와 함께 마무리되었다. 목신은 입을 벌린 채 등을 구부렸다. 커튼.

난동! 신문 기사! 티켓 판매! 더, 더! 그리고 말할 것도 없이 센세이션, 스캔들, 악명이 뒤따랐다. 런던과 독일 투어가 이어졌다. 니진스키는 공연장에 경찰이 와 있다는 첩보가 있을 때는 공연 끝부분을 '목신의 낮잠'처럼 보이도록 안무 수위를 적당히 조절했다.

이 방정식에서 빠진 게 하나 있었다. 정말로 폭력적이고 정말로 섹슈얼한 것과 보조를 맞출 수 있는 정말로 새로운 음악이었다. 섹슈얼한 분위기를 연출하기 위해 댜길레프는 림스키코르사코프의 1888년

작 〈셰에라자드〉로 눈을 돌렸다. 그가 1910년 무대에 올린 〈셰에라자드〉는 발레 뤼스 역사상 가장 성공적인 공연으로 기록되었다. 림스키코르사코프의 원작을 에로틱하게 강조한 무대가 불러온 인기는 수십 년간 이어졌고, 1936년에는 조지 발란신이 안무를 맡은 브로드웨이 뮤지컬 〈온 유어 토우즈〉의 '제노비아 공주' 발레라는 패러디까지 등장했다. 한편 댜길레프는 1909년 라벨에게 그리스 신화 『다프니스와 클로에』를 원작으로 한 발레곡을 위촉하면서 관능적인 음악이 되도록 해달라고 특별히 주문했다. 그러나 1912년에 완성되어 발레 뤼스에서 초연된 이 작품은 고대 그리스의 사랑 묘사가 온건했다는 이유로 관객의 외면을 받았다. 마지막의 추진력 있는 음악이 흥겨운 군무 대신 떠들썩하게 마시고 노는 바카날에 걸맞은 안무를 입었더라면 이야기는 달랐을지도 모른다.

이를 지켜보며 자기 차례가 오기를 기다리던 인물이 있었으니, 바로 총명하고 공격적인 청년 스트라빈스키였다. 스트라빈스키는 이미 댜길레프를 위해 이국적이지만 이야기에 섹스는 빠진 발레곡 〈불새〉(1910)와 〈페트루슈카〉(1911)를 지은 바 있었다. 드뷔시는 스트라빈스키가 "손에 입맞춤하며 동시에 발을 밟는 종류의 젊은이"라고 말했다. 댜길레프는 그가 속한 시대의 종말을 예언하는 작품을 어디서 구해야 할지 본능적으로 알고 있었다.

니진스키는 더 많은 섹스와 폭력을 갈구하는 파리 대중의 욕망에 완벽하게 반응했다. 스트라빈스키는 어느 날 꿈에서 어떤 상황과 맞닥뜨렸다면서("희생 제물로 선택된 처녀가 죽을 때까지 춤을 추는 이교도의 제례 장면을 보았다") 작곡에 착수하기로 했다. 두 사람은 화가이자 고

고학자인 니콜라스 레리히와 함께 특정 시대와 장소를 표상하는 작품을 창조하게 된다. 그 시대와 장소는 태곳적 러시아라는 **가면**을 쓰기는 했으나 실은 태곳적의 러시아가 아니라 1차 대전을 목전에 둔 시점의 광란이 지배하는, 길들지 않은 잠재의식 속 관음증이 있는 1913년의 파리였다. 이들이 힘을 모아 낳은 작품이 〈봄의 제전〉이다.

〈봄의 제전〉의 스토리는 사실상 춤과 몸짓으로 표현된 그림 연작에 가깝다. 작품의 부제 역시 '토속 러시아의 그림들'이다. 음악은 우리를 원시 러시아로 데리고 간다. 봄의 첫 내음이 끼쳐오며 여러 부족 사이에 성욕과 폭력의 기운을 불러일으킨다. 목관과 금관의 구불구불 비틀린 도입부가 지나면 막이 양쪽으로 갈라지며 한낮의 태양 아래 부족원들이 모습을 나타낸다. 나이 많은 예언자와 춤추는 처녀들이 등장하고, 일군의 남성들이 강제로 처녀들을 데려가는 의식이 행해진다. 봄의 '윤무輪舞', 경쟁 부족 간의 경합(〈웨스트 사이드 스토리〉의 '체육관 댄스'는 여기서 영감을 받았다), 대지의 춤이 이어진다. 막이 내려오며 1부가 끝난다. 다시 막이 오르며 2부가 시작되면 무대는 한밤중이다. '위대한 희생'의 밤이다. 아직 숙녀가 되지 못한 앳된 소녀들이 원을 그리며 신비로운 춤사위를 풀어내고, 조상신들의 초혼 의식이 있은 뒤 장로들이 10대 처녀 한 명을 고른다. 점지를 받은 처녀는 공포에 몸을 떨며 스스로 봄에 바치는 제물이 되어 죽을 때까지 춤을 춘다.

이야기의 배경을 태곳적 외딴곳으로 설정한 것은 당국의 검열을 통과하는 효과적인 방법이었다. 예를 들어 스페인을 무대로 한 오페라 작품을 쓰면 작곡가 입장에서는 골칫거리를 하나 더 는 셈이었는데, 왜냐하면 스페인은 자생적인 오페라 전통조차 변변히 가지지 못한 유럽 문명의 척박한 변경邊境이라 여겨졌기 때문이다. 모차르트의 〈돈 조반니〉, 베토벤의 〈피델리오〉, 베르디의 〈운명의 힘〉, 비제의 〈카르멘〉이 당국의 커다란 반대 없이 무대에 오를 수 있었던 것도 그래서다. 심지어 베르디는 〈가면무도회〉의 무대를 유럽(스웨덴)에서 미국(보스턴)으로 옮기기도 했는데, 종막終幕에서 벌어지는 암살 사건을 향한 관객(과 검열 당국)의 반응을 억누르기 위한 방책이었다.

하지만 관객은 멍청한 존재가 아니다. 비록 검열관들은 관객이 멍청한 양 굴곤 하지만 말이다. 댜길레프가 야심 차게 준비한 〈봄의 제전〉은 원시 러시아를 배경으로 한 작품일지는 몰라도, 피에 굶주린 유럽 대륙이 그토록 간절히 원하던 흥분과 자극이 되기에 조금도 모자람이 없었다. 이른바 '스캔들'이라는 것도 실은 이 작품이 거둔 영예로운 성공의 다른 표현이었다.

극예술과 달리 서양 음악이 폭력을 묘사하는 경우는 드물었다. 고전극 속의 흉악한 행위들은 관객의 시선이 닿지 않는 무대 뒤에서 벌어지곤 했다. 오페라 플롯에는 비극적 살인이 자주 포함되었지만 음악이 살인 행위를 적나라하게 묘사하는 경우는 극히 적었다. 살인은 (헨델의 〈줄리오 체사레〉에서와 같이) 레치타티보 도중에 일어나거나, (모차르트의 〈돈 조반니〉에서와 같이) 단 한 차례의 화음으로 갈음되는 것이 보통이었다. 베르디의 〈가면무도회〉에서 대본을 읽거나 무대에서 일어나는 사건을 보지 않은 채 오로지 음악만 듣고서 왕이 칼에 찔렸다는 것을 알아차릴 사람은 없을 것이다.

이런 관행은 음악적 메타포의 명수였던 바그너의 등장과 함께 변하기 시작했다. 〈탄호이저〉(1845)에서는 (성가 가락을 활용해) 정신적 사랑을 묘사하는 음악을 작곡하고 성애를 묘사하는 음악을 창안했다(막이 오르기 전 서곡에서 음악이 반음계를 따라 맥박을 치며 상승하다가 마침내 절정에 이르는 대목은 음악사에서 시도된 바 없는 혁신이다). 바그너는 1861년 3월 13일 파리 초연을 위해 난교 장면을 추가했다. 이는 당연하게도 대소동을 일으켰고, 공연은 단 3회 만에 강제 중단되었다. 역사학자들은 바그너가 파리 대중이 원하던 발레를 통상적인 관례대로 2막에 배치하지 않고 1막에 두어 사람들의 분노를 샀다고 주장한다. 그것 역시 어느 정도는 사실과 부합하겠지만, 음악의 묘사적 성격과 이를 시각적으로 연출한 선택 또한 참작하지 않을 수 없다. 어쨌거나 바그너는 2막의 노래 경연 대회 장면 앞에 일종의 전주곡처럼 멋진 발레를 배치할 수도 있었다. 그러나 그는 그렇게 하지 않았다.

그보다 7년 전 바그너는 〈라인의 황금〉 대본을 집필하며 종막에 거인 파프너가 형 파졸트를 몽둥이로 때려죽이는 장면을 넣었다. 저음역 현악기의 지원을 업은 팀파니가 사상 초유의 잔인한 연주를 선보이는 세 마디에서 바그너는 다시 한 번 역사를 만들었다. (〈니벨룽의 반지〉에 등장하는 다른 캐릭터들—지크문트, 미메, 지크프리트—역시 무대 위에서 죽음을 맞지만 바그너는 같은 수법을 반복하지 않았다. 바그너의 극작술은 이들의 살해를 단 한 차례 타격으로 재빠르게 표현한다. 따라서 이들의 죽음에는 오케스트라가 표현을 가미할 여지가 사실상 거의 없는 셈이다).

20세기의 첫 10년 동안 클래식 음악, 특히 오페라에서 폭력적인 행위 묘사와 오케스트라를 통한 폭력의 표현이 한층 뚜렷해졌다. 20세기 오페라 중 표준 레퍼토리에 처음으로 이름을 올린 작품은 1900년 1월 14일 로마에서 초연된 푸치니의 〈토스카〉다. 초연 때 일부 평론가들의 조롱을 받기도 했으나 〈토스카〉는 분명 걸작이다. 푸치니의 작품 중 딱 하나만 골라야 한다 해도 최고 오페라라 부르기에 손색이 없다. 이렇게 말할 수 있는 이유는 여럿이다. 우선 극성劇性과 시정詩情의 균형이 완벽하고, 오케스트레이션 또한 눈부시다. 역사적 사건을 바탕으로 한 점, 여인이 오빠/남편/연인의 목숨을 구하기 위해 그녀에게 성적 호의를 요구하는 부패한 공무원/지체 높은 권력자와 상대한다는 원형적 이야기를 활용한 점도 (셰익스피어의 〈자에는 자로〉나 독일의 영화감독 에른스트 루비치가 연출한 〈사느냐 죽느냐〉가 그랬듯이) 매력적이다. 그러나 지금 우리가 하고 있는 논의의 맥락에서 볼 때 〈토스카〉는 민간전승의 20세기식 관점을 미리 내다보게 하는 작품으로, 무엇보다 음악으로 폭력을 묘사하는 능력이 탁월하다는 점이 우선 눈에 들어온다.

폭력은 늘 〈토스카〉의 주변을 서성인다. 역시 나폴레옹의 부패한 세력 확장기를 배경으로 하는 베토벤의 〈피델리오〉와 달리 〈토스카〉는 막이 내리면 그것이 끝임을 모두가 안다. 세 명의 주역이 모두 죽음을 맞기 때문이다. 한 사람은 칼에 찔려 자신이 흘린 피에 숨이 막혀 죽고, 또 한 사람은 총살형을 당하며, 마지막 사람은 성벽 아래로 몸을 던져 스스로 목숨을 끊는다. 그리고 이 모든 일이 관객이 보는 앞에서 벌어진다. 부패한 관리가 체포당하고 부부는 자유를 되찾으며 합창단이 자유와 하느님의 자비에 바치는 마지막 찬가를 부르는 베토벤의 작품과는 무척이나 대조적이다. 미국의 음악학자 조지프 커먼은 〈토스카〉를 가리켜 "추레하고 시시하고 자극적인 선정물"이라고 깎아내렸지만, 이 작품은 추레하지도 시시하지도 않다. 〈토스카〉는 20세기 무대를 흔든 최초의 거대한 음악적 충격파였다.

충격은 〈토스카〉 이후로도 여러 차례 발생했다. 리하르트 슈트라우스 역시 뭔가에 끌린 듯 폭력이 주요소가 되는 두 편의 오페라를 썼다. 바로 〈살로메〉(1905)와 〈엘렉트라〉(1909)다. 슈트라우스는 벌써 (19세기 후반부터) 다수의 교향시를 작곡하며 사물, 인물, 자연 현상 등을 묘사하는 능력을 갈고닦은 터였고, 오페라를 쓰기 시작하기 전부터도 이미 바그너의 후계자로 널리 인정받고 있었다. 〈살로메〉는 세례자 요한의 목이 잘려나가는 소름 끼치는 사건(무대 뒤에서 일어난다)으로 절정에 달한다. 오케스트라는 잘린 목이 땅에 떨어지는 소리를 묘사한다. 곧이어 은쟁반에 놓인 머리가 무대 위로 대령되고, 살로메는 참수된 머리를 어루만지며 세례자 요한의 입술에 입을 맞춘다. 눈앞에서 벌어지는 광기에 경악한 헤롯왕이 딸을 죽이라고 명령한다. 살로메가 로마 병사들의 방패에 눌려 절명하는 동안 클라리넷은 도축 당하는 돼지를 묘사하듯 비명을 지르고, 금관은 팡파르를 연주하며, 타악군은 바그너의 〈라인의 황금〉 중 파졸트의 몽둥이 소리에서 힌트를 얻은 듯한 소리로 병사들의 방패질을 표현한다. 〈토스카〉에서와 마찬가지로 살로메가 숨이 끊어지는 바로 그 순간 커튼이 무대 위로 떨어지듯 내려온다. 관객이 훤히 보는 데서 벌어지는 충격적인 처형 장면을 끝으로 오페라는 마무리된다. 에필로그 따위는 없다.

〈엘렉트라〉의 폭력성은 〈살로메〉와 결이 좀 다르다. 살인을 아트레우스 가문의 죄를 씻는 정화 의식으로 바라보는 소포클레스의 희곡을 원작으로 하고 있기 때문이다. 모든 그리스 희곡이 그러하듯 〈엘렉트라〉에서도 살인은 무대 뒤에서 벌어지지만, 20세기 오케스트라가 묘사하는 잔인함은—그리고 희생자들의 비명은—무대 음악에서는 전례를 찾을 수 없는 수준이었다. 엘렉트라가 관객의 눈앞에서 춤을 추며 죽어갈 때 엘렉트라의 여동생 크리소테미스는 궁전 문을 두드리며 남동생 오레스테스를 부른다. 그러나 부름에 대한 답은 없다. 오로지 타악군이 온 힘을 다해 되풀이해 두드리는 세 음표짜리 리듬 음형이 강조하는 폭력적이리만치 의기양양한 C장조 화음만이 있을 뿐이다. 〈토스카〉가 그랬고 〈살로메〉가 그랬듯 〈엘렉트라〉 역시 결미에 그 어떤 논평도 주해도 없다. 오로지 충격적인 죽음만 있을 뿐이다.

1913년, 〈유희〉 vs. 〈봄의 제전〉

그렇게 이야기는 1913년의 파리로, 그리고 모두가 학수고대하던 댜길레프와 발레 뤼스의 귀환으로 이어진다. 새로운 시즌을 맞아 발레 뤼스는 새로 지은 공연장인 샹젤리제 극장을 본거지로 정했다. 현대적이면서 현저히 '비非프랑스적'(이라고 쓰고 '독일적'이라고 읽는다)으로 여겨진 샹젤리제 극장은 현대 디자인의 최첨단이 반영된 건물이었다. 1913년 시즌에 이곳에서 세계 초연된 두 편의 작품은 날카롭게 양분된 당시 유럽의 심미적 취향을 상징적으로 보여준다. 새로운 시즌의 개막일이었던 1913년 5월 15일 밤에는 드뷔시의 〈유희〉가 공연되었다. 그로부터 정확히 2주가 지난 5월 29일 밤에는 스트라빈스키의 〈봄의 제전〉이 무대에 올랐다. 각각의 초연 무대는 파리 관객들에게 이미 알려져 있던 다른 작품들 속에 섞여들었다(어쩌면 '숨어들었다'가 더 적당한 표현일지도 모르겠지만).

스트라빈스키는 드뷔시를 존경했고 그로부터 인정받고자 했다. 드뷔시는 러시아에서 온 이 젊은이에 대해 확신을 가질 수 없었다. 1910년 〈불새〉 초연을 들은 드뷔시는 "누구든 어떻게든 시작은 해야 하니까"라는 말로 뜨뜻미지근한 평가를 대신했다. 스트라빈스키는 (1908년에 착수한) 오페라 〈나이팅게일〉의 시작 부분에서 프랑스 거장이 구름을 묘사한 수법*을 사실상 그대로 가져다 썼다. 스트라빈스키는 〈봄의 제전〉 피아노 연탄용 악보가 완성되자마자 드뷔시에게 가져가 함께 연주했다. 스트라빈스키가 고음역을 맡았고 드뷔시는 저음역을 초견初見으로 연주했다.

〈유희〉와 〈봄의 제전〉은 같은 무대에서 같은 연주 단체와 지휘자(피에르 몽퇴)에 의해, 같은 안무가(바슬라프 니진스키)의 솜씨로 초연되었다. 그러나 둘의 유사점은 거기서 끝이었다.

'고대 러시아'를 배경으로 한 〈봄의 제전〉과 달리 〈유희〉의 배경은 미래다. 연주가 시작되면 지극히 섬세하고 신비로운 도입 화음과 일련의 이례적인 게임을 예언하는 듯한 외래적 리듬이 교차한다. '외래적'이라는 표현을 쓴 이유는 서구의 음악에서 흔히 들을 수 없는 목금木琴, 서스펜디드 심벌, 탬버린 등의 타악기들이 색채를 더하기 때문이다. 드뷔시의 트레이드마크와도 같은 가볍고 우아한 오케스트라의 '정상적'인 음색이 메기고 비서구적 음향이 장난스럽게 받는 식으로 음악이 이어진다. 음악이 차분히 가라앉으면 커튼이 오르고 해 질 녘의 어느 공원—런던의 베드퍼드 광장을 모델로 했다—이 모습을 드러낸다. 곧

* 드뷔시의 관현악 작품 〈야상곡〉의 첫 악장 '구름'을 가리킨다.

해가 완전히 저물고, 뜻밖의 시각적 이미지가 난입해 드뷔시의 청각적 환경과 무대 디자이너 레온 박스트의 시각적 환경을 뒤흔든다. 무대 오른편에서 갑자기 테니스공이 나타나 포물선을 그리며 하늘을 가로지르고 날아 무대에 떨어져 튀긴 뒤 왼쪽으로 사라지는 것이다. 코끼리 한 부대가 등장했다 해도 이보다 더 충격적일 수는 없을 터였다. 놀라운 장면과 맞닥뜨린 청중은 웃지 않을 수 없었다. 게임이 시작된 것이다.

〈유희〉의 오리지널 시나리오는 테니스복 차림을 한 세 사람(남자 하나와 여자 둘)이 당시 런던 공원에 막 설치된 부자연스러운 가로등 불빛 아래서 희롱 섞인 성적 만남을 가지는 과정을 묘사한다. 피아노용 출판 악보에 인쇄된 설명에 따르자면 〈유희〉의 클라이맥스는 세 사람이 한꺼번에 입을 맞추려는데 갑자기 두 번째 테니스공이 튀어나오는 장면이다. 혼비백산한 세 사람은 어두운 밤 속으로 사라진다. 드뷔시의 음악은 몽환적이면서도 관능적이었다. 그는 바그너의 〈반지〉 사이클에서 가져온 사랑의 모티프를 잡아 늘이고 다른 화음을 붙여 바그너가 원작에서 활용한 어떤 버전보다도 에로틱하고 음험한 음악으로 만들었다. 드뷔시는 폭력을 증오했다. 그는 스트라빈스키를 비롯한 인사들이 곧 닥칠 전쟁이 유럽 문명을 씻어내는 정화제가 되리라고 봤다는 사실에 경악했다. 프랑스의 어느 잡지에 실린 기사에서 스트라빈스키는 전쟁이 좋은 것이 될 수도 있다고 언급했다. 전쟁으로 인해 취약한 요소들이 청소되고 난 사회는 더욱 강해질 거라는 논리였다. 스트라빈스키만 그렇게 생각한 것도 아니다. 어쨌거나 그의 주장은 이탈리아 시인 필리포 토마소 마리네티가 1909년 발표한 『미래파 선언』의 핵심 요체이기도 했다.

한편 〈유희〉와 〈봄의 제전〉의 춤사위를 동시에 짜고 있던 니진스키는 드뷔시만큼이나 폭력이 불편했다. 드뷔시의 음악에 맞춰 안무를 발전시켜가는 과정에서 니진스키의 계획도 극적으로 바뀌었다. 클라이맥스를 성적으로 표현하려 했던 초안을 버린 것이다. 당시의 삽화와 그림, 사진 및 리뷰에 포착된 바에 따르면 실제 클라이맥스는 남성(니진스키)을 가운데 둔 두 여인이 마치 그리스 조각상처럼 서로의 팔을 꼬고 선 좌우 대칭의 모습으로 표현되었다.

클라이맥스 직전에는 세 무용수가 공포에 질려 허둥대는 동작이 이어진다. 세 사람이 함께 왈츠를 추려고 버둥대다가 남자가 바닥에 넘어지는 우스꽝스러운 광경도 있다. 음악은 아마 세 사람의 성적 흥분을 묘사할 요량이었을 것이다. 그러나 완성된 발레에 붙은 음악 속 고조되는 감정은 불길한 예감에 어딘가 삼가는 듯한 기색이 짙다.

두 번째 테니스공은 세 사람의 몹쓸 짓이 탄로 나게 하는 장치라기보다 하늘에서 떨어진 충격적인 그 무엇처럼 보인다. 애초에 니진스키는 무대 속 하늘에서 비행기 사고가 나는 것처럼 연출했으면 좋겠다고 제안했으나 댜길레프를 비롯한 공연 관계자들은 니진스키가 말도 안 되는 미친 생각을 한다고 치부했다.

어쩌면 〈유희〉와 더불어 〈봄의 제전〉 안무까지 준비하고 있었던 것도 한 가지 이유가 되었겠지만, 니진스키는 대단히 예민한 사람이었던 만큼 1918년 종전 후 교전국의 남녀 성비를 1 대 2로 만들 정도로 참혹했던 전쟁의 미래를 미리 내다본 것처럼 보였다. 〈유희〉의 안무 작업을 하던 무렵 그는 런던의 오톨린 모렐 부인의 집에서 많은 시간을 보냈다. 모렐 부인, 저명한 하원 의원인 그녀의 남편, 부인의 연인 버트런드 러셀은 모두 반전주의자였다. 명망가에서 지내면서 니진스키는 화가 버네사 벨과 그녀의 동생 버지니아 울프를 만났고, 발레 뤼스의 1912년 런던 투어 시기에는 양성애자 화가 덩컨 그랜트가 베드퍼드 광장에서 테니스를 치는 모습을 유심히 관찰했다. 아무래도 〈유희〉의 시나리오와 시각적 환경은 니진스키의 이러한 경험들에서 영향을 받았을 것이다.

두 번째 테니스공이 난입하는 발레 장면의 시나리오에는 잔디에 누운 세 젊은이가 화들짝 놀라 겁을 집어먹고 "어둑한 공원의 깊은 곳으로dans les profondeurs du parc nocturne" 달음질친다고 되어 있다. 드뷔시는 도입부의 신비로운 화음을 반복하고 웅얼대는 듯한 음형을 첨가한다. 30초 동안—음악에서는 정말이지 긴 시간이다!—관객은 밤중의 텅 빈 공원을 바라보며 이 두 번째 테니스공은 대체 어디에서 날아온 것인지 궁금해한다(이건 또 다른 '게임'인가? 어디선가 훔쳐보는 사람이 [우리 말고] 또 있는 건가?). 어쩌면 서로에 관해 무언가를 알아버린 세 젊은이가 지금 어둠 속 어딘가에서 무슨 일을 벌이고 있을지 은밀히 상상하는 관객도 있을 것이다.

〈유희〉는 스캔들을 촉발하지는 않았다. 그러나 만약 (대본에 따르면 '비밀을 나누기 위해' 공원에서 만난) 여성 무용수들의 몸동작이 남성과 합의하고 벌이는 성교 모습을 나타내는 것이었더라면 모르긴 몰라도 시끌벅적한 법석이 일어났으리라. 〈목신의 오후〉 속 니진스키의 자위행위와 조금이라도 비슷한 동작이 있었더라면 관객의 기대를 충족하고도 남았을 테고 말이다. 하지만 니진스키는 좌우 대칭 패턴으로 표현된 테니스 경기의 굴절된 동작으로 안무를 짰다. 캄보디아의 의례 형식부터 〈잠자는 숲속의 미녀〉 같은 고전 발레를 참조한 대목까지 폭넓은 영향이 관찰되는 인기 춤 형식—탱고, 왈츠, 투스텝—으로는 다양한 짝지음을 표현했다. 고대 그리스와 이집트 예술에서 받은 영향이 입체파의 방법론과 뒤섞였다.

박스트가 제작한 세트는 흡사 정글 같았다. 나무의 뿌리 부분이 잔뜩 과장되어 위로 똬리를 틀고 있었다. 배경에 그려진 흰색 건물은 정글이 도시 한복판에 있음을 알게 했다. 흰색 건물이 공원을 내려다보고 있는데, 창문 하나가 열린 채로 표현되어 눈에 띄지 않는 누군가—바로 우리!—가 무대를 훔쳐보고 있음을 암시했다. 세 무용수는 모두 흰색 의상을 입었다. 셔츠 앞섶을 풀어헤치고 소매를 걷어붙인 차림의 니진스키는 선홍색 타이와 테니스 바지 위에 두른 허리띠를 뽐내듯 내보였다. 블룸즈버리 그룹'이 지지한 성 유동성과 자유로운 남녀 관계에 관한 발레용 디자인임을 확실히 한 것이다.

중요한 점은 〈유희〉가 관능적인 디자인과 음악의 적임자를 등용함으로써 시끄러운 구설수에 오르는 프로젝트가 될 잠재력이 충만했음에도 불구하고 실제로는 폭력의 경고 선에서 그치고 말았다는 사실이다. 발레 뤼스의 1913년 시즌은 1910년 히트작 〈불새〉의 재공연과 함께 개막되었다. 〈유희〉는 〈불새〉 공연 후 첫 번째 휴식 시간이 끝난 다음 무대에 올랐다. 개막일의 마지막 무대는 댜길레프의 최고 흥행작 〈세에라자드〉가 책임졌다. 압도적인 색채를 자랑하는 위풍당당한 작품 사이에 낀 〈유희〉는 상대적으로 왜소해 보이지 않을 수 없었다. 반짝반짝 빛나는 장신구를 주렁주렁 매달고 공연장을 찾은 관객들은 이 작품의 중요성을 이해하지 못했다. 그렇게 〈유희〉는 음악은 걸작임에도(드뷔시가 완성한 마지막 관현악곡이라는 의미도 있다) 비교적 지명도가 낮은 작품으로 남았다.

2주 뒤 발레 뤼스의 〈봄의 제전〉 초연 무대가 일으킨 커다란 물의는 다양한 기록과 함께 지금까지도 소상히 전해지고 있다. 〈유희〉와 마찬가지로 스트라빈스키의 〈봄의 제전〉 또한 발레 뤼스의 흥행작들 사이에 낀 채로 선보였다. 역사적인 1913년 5월 29일 저녁 공연은 〈레 실피드〉(쇼팽의 피아노 음악을 알렉산드르 글라주노프와 스트라빈스키를 포함한 여러 작곡가가 관현악용으로 편곡한 작품)로 시작되었다. 이어 중간 휴식 시간이 지나고 신작 발레의 격동적인 세계 초연을 위해 오케스트라 피트에 아흔아홉 개의 악기와 이를 부릴 단원들이 들어찼다. 무대 옆 대기 공간에서 〈봄의 제전〉 초연을 바라보던 니진스키는 공연이 끝나자 분장실로 이동해 분홍색 발레복을 착용하고 장미를 핀으로 고정한 다음 얼굴에 분을 바르고 입술에 립스틱을 칠했다. 태어나서 처음 춤을 추는 어린 소녀에게 주어진 한 송이 장미를 형상화한 에로틱한 기억으로 분한 것이다.

〈장미의 정령〉(카를 마리아 폰 베버가 1819년에 쓴 피아노곡을 엑토르 베를리오즈가 1841년에 관현악용으로 편곡한 〈무도에의 권유〉에 맞춰 공연되었다) 다음에는 휴식 없이 곧바로 〈폴로비츠인의 춤〉이 이어졌다. 보로딘의 19세기 작품으로 선율미 덕분에 폭력성이 다소나마 상쇄된, 발레 뤼스의 또 다른 흥행 보증 수표였다. 그날 저녁 〈봄의 제전〉 초연 뒤에 어떤 무용이 무대 위에 올랐는지 주목한 이들은 거의 없었다. 그러나 다만 차후의 공연(파리에서 총 5회 공연이 있었고 런던 공연이 이어졌다)을 찾은 관객들은 첫날과 달리 야유성 휘파람을 불거나 프로그램북을 던지거나 주먹다짐을 벌이는 등의 난동을 부리지 않았다는 점은 짚어야겠다. 둘째 날 공연을 찾은 작가 거트루드 스타인은 약간의 소음이 들려오긴 했으나 '폭동'으로 부를 만한 일은 전혀 일어나지 않았다고 현장 분위기를 전했다. 현전하는 당시 보도를 근거로 판단컨대, 이어진 모든 공연은 조용히 치러졌다. 니진스키는 런던 관객에게 폭력 행위 없이 공연을 마칠 수 있게 해주어 감사드린다는 메시지를 발표했다.

지금까지 〈봄의 제전〉에 대해 쓴 글이 부지기수로 발표되었고, 따라서 그 많고도 많은 이야기를 여기서 다시 반복할 필요는 없을 것이다. 〈유희〉는 미래를 배경으로 했고 반면 〈봄의 제전〉은 태곳적 과거를 배경으로 했지만, 1913년의 유럽을 대변하는 상호 보완적 이미지로 두 작품을 바라보는 것도 가능하다. 그러기에 앞서 두 가지 요점을 짚어야겠다.

먼저 〈봄의 제전〉과 관련된 소동은 이 작품이 지닌 충격적인 예술적 영향력의 반영이라기보다 성공적인 홍보 전략의 산물로 느껴진다. 음악 작품의 세계 초연 현장에서 벌어진 소동은 그다지 낯선 광경이 아니었다. 〈토스카〉(1900년 로마), 〈나비 부인〉(1904년 밀라노), 〈살로메〉(1905년 드레스덴) 모두 초연 현장에는 반대 시위와 갑론을박이 함께 했다. 〈라 트라비아타〉(1853년 베네치아)와 〈카르멘〉(1874년 파리)의 세계 초연 현장도 마찬가지로 악명 높은 사건으로 점철되었다. 1830년 빅토르 위고의 희곡 〈에르나니〉가 코메디 프랑세즈 무대에서 초연되었을 때도 보수적 고전주의자들과 인습 타파를 내세운 신흥 낭만주의자들은 매일 밤 주먹다짐과 폭력 행위를 벌였다.

평상시에는 유럽산 중요 최신작을 1년 이내에—때로는 고작 몇 달 만에—수입하곤 하던 미국이었지만 〈봄의 제전〉이 대서양을 건너기까지는 7년의 세월이 걸렸다. 그나마도 연주회 형식으로 음악만 수입했고, 발레 형태로 제대로 공연되기까지는 다시 5년을 더 기다려야 했다. 이른바 파리 초야의 폭동은 음악보다는 발레 그 자체, 그리고 발레 관객의 기대 수준과 관련된 문제였던 것으로 보인다. 이듬해인 1914년 파리는 카지노 드 파리에서 열린 연주회를 통해(이번에도 지휘는 몽퇴가 맡았다) 다시 한 번 〈봄의 제전〉과 만났는데, 이때는 관객 반응이 무척 좋아서 스트라빈스키는 연주회가 끝나고 사람들의 헹가래를 받으며 거리를 행진했다고 한다(댜길레프는 소요 사태에 대비해 콘서트홀에 경찰이 배치되었다는 소식을 듣고 짜증이 나서는 "우리 꼬마 이고르가 이제는 경호원이 필요한 모양이구만" 하고 말했다고 전한다). 이 이야기가 특별히 가슴 저미는 이유는 〈봄의 제전〉 음악이 찬양한 폭력이 현실화되면서 스트라빈스키를 어깨에 짊어지고 파리 거리를 누볐던 젊은이들 중 상당수가 목숨을 잃고 말았을 거라는 짐작 때문이다.

두 번째는, 〈봄의 제전〉이—'폭동'과는 별도로—특출한 걸작이라는 점이다. 〈토스카〉〈살로메〉〈엘렉트라〉와 마찬가지로 〈봄의 제전〉은 폭력을 당당하게 표현한다. 발레의 결미 부분에서 그녀를 선택한 부족 원로들에 둘러싸인 10대 소녀는 심장이 멎어 혼절할 때까지 춤을 춘다. 원로들이 소녀를 하늘로 번쩍 들어 올리는 그 순간 무대는 암전되고 막이 내린다. 여타 서양 발레 작품이라면 이 지점에 마지막 장면에서 일어난 사건을 정당화할 수 있는 장면을 하나 덧댐 직하다. 〈백조의 호수〉나 〈불새〉의 엔딩처럼 에필로그 장면을 추가해 희생 제물의 영험한 축복을 보여주는 수법이다. 매년 바치는 제의에 대한 보답으로 대지에 다시 생기가 돌고, 나무의 꽃들이 꽃망울을 터뜨리고, 또 다시 과실이 풍성하게 열리는 한 해가 된다는 서사. 대지는 인간이 바친 흠숭에 화답하고 인간들은 모두 모여 춤을 춘다. 막이 내리고, 박수.

하지만 이런 일은 절대 일어나지 않는다! 〈봄의 제전〉은 폭력성이 그저 폭력성인 채로 존재한다. 거기에는 어떤 부연 설명도 붙지 않는다. 수많은 사람이 '대기 중에' 떠다니는 폭력성을 감지하던 시대의 유물이라 할 〈봄의 제전〉은 스트라빈스키의 모자랄 정도로 순진한 철학―사회를 정화하는 기능으로서의 전쟁에 찬성하는―을 드러내는 것은 물론이요, 많은 이들이 인간이라는 부족의 성차별적 행위 중에서도 최악이라 여길 만한 행위를 받아들이고 장려하는 것으로 보일 여지마저 있다.

초연 이후 100년이 넘는 세월이 흐른 지금까지도 〈봄의 제전〉은 스트라빈스키라는 이름값을 굳건히 떠받치고 있다(하지만 그의 작품 중 인기와 연주 빈도가 가장 높은 곡은 감각적이고 다채로운 〈불새〉다). 괜찮다면 나의 개인적 경험을 나누고자 한다. 나는 〈봄의 제전〉을 지휘하는 **동안**의 느낌과 지휘하고 난 **뒤**의 느낌을 생생히 기억한다. 〈봄의 제전〉을 연주하기 위해 지휘자가 되어야 하는 바를 좇다보면, 문명화된 인간으로서 우리가 거부하기 위해 안간힘 쓰는 인간 본성 속 그 무엇과 마주하게 된다. 나는 런던 무대 이후 이 작품이 너무도 두려워져서 다시는 무대에 나가 이 곡을 지휘하는 사람만큼은 되고 싶지 않다고 간절히 빌었다. 그리고, 덧붙여 말하지 않을 수 없는데, 그건 작곡가도 마찬가지였던 것 같다.

그런 작곡가가 또 있었던가? 자신만의 '목소리'를 발견하고 그에 수반되는 세계적 명성을 누리게 되었는데 즉시 그 목소리와 거리를 두고 명성만을 유지하려 노력한 이가 말이다. 〈봄의 제전〉이 음악계에 미친 영향에 관해 무수히 많은 글이 쓰였음에도 불구하고 〈봄의 제전〉 이후 그것과 비슷하게 들리는 작품은 극소수에 불과하다.

〈봄의 제전〉 지휘를 마치고 지휘봉을 내려놓으며 미소 짓는 지휘자는 이 작품의 의미를 몸으로 느끼지 못하는 자다. 슈베르트의 비극적 연가곡집 〈겨울 나그네〉를 완창한 가수가 웃음 짓는 광경을 상상할 수 없는 것과 같은 이치다. 그러나 〈봄의 제전〉은 빠르면 빠를수록 훌륭한 기교의 시험장이 되어버렸다. 덕분에 원시적 행위의 깊숙한 곳으로 향하는 끔찍한 여정이라는 이 작품의 본질적인 정체성은 뒷전이 되고 말았다.

스트라빈스키가 다른 클래식 음악 작곡가들에게 영향을 미친 독보적이고 매혹적인 작곡 **방식**을 창안한 작품이 〈봄의 제전〉이었다는 점은 분명한 사실이다. 음악가가 아닌 이들더러 제대로 듣는 법을 가르쳐주지 않은 상태로 그 방법을 간파해내라고 하는 것은 과도한 요구가 될 것이다. 우선 당장 〈봄의 제전〉은 작곡가가 피아노 앞에 앉아서 쓴 곡임을 분명히 하는 작품이다. 피아노 건반 앞에서 곡을 쓰는 작곡가들은 건반을 누르는 손놀림을 활용한다. 이는 그들이 쓰는 음악을 머릿속 소리가 아니라 실제 소리로 듣게 해준다.

작곡가별로 악상을 얻고 이를 발전시켜나가는 방법은 저마다 다르고 그래서 흥미롭다. 일례로 프로코피예프는 건반의 도움을 전혀 받지 않고 〈고전 교향곡〉을 완성한 것을 자랑으로 여겼다. 푸치니, 드뷔시, 헨델은 건반 앞에 앉아 곡을 썼다. 베를리오즈는 기타를 퉁겨가며 작곡을 했다고 알려져 있다.

〈봄의 제전〉에서 분명히 드러나는 사실은 스트라빈스키가 피아노 앞에 앉아 실험하며 곡을 썼으리라는 점이다. 한 손으로는 '정상적'인 화음을 치면서 동시에 다른 손으로는 다른 조성에 속하는 화음을 치며 말이다. 이건 마치 화학 실험과 비슷한 구석이 있다. 마그네슘 가루는 매우 안정적인 물질이다. 물도 마찬가지다. 그러나 이 두 안정적인 물질을 하나로 섞으면 폭발이 일어난다. 〈봄의 제전〉 도처에서 일어나는 일이 바로 그것이다. 이러한 종류의 화성 운용을 가리키는 전문 용어가 다조성polytonality이다. 〈봄의 제전〉 이후 다조성 작품은 대체로 코믹한 성격을 띠는 경우가 많았다. 선율과 반주가 서로 다른 조성으로 따로 노는 느낌 때문이다. 피아노를 막 배우기 시작한 학생이 조표를 잊거나 낮은음자리표를 높은음자리표로 착각하고 연주하는 것처럼 '틀린 음표'가 난무하는 우스꽝스러운 느낌이 짙다.

〈봄의 제전〉에서 또 하나의 흥미로운 사실은 스트라빈스키가 극도로 짧은 음악 모티프들—'세포'라고 불러도 좋겠다—을 예측할 수 없는 패턴으로 되풀이하는 방식으로 작품의 커다란 덩어리들을 형성했다는 점이다. 나는 이것이 그가 상상한 태곳적 음악의 모습이었다고 믿는다. 새들이 서로를 부르는 울음소리 패턴도 이와 유사하다. 체코 작곡가 레오시 야나체크의 음악이 이런 식으로 구축되어 있다. 운동성이 강하게 느껴지는 버나드 허먼의 〈싸이코〉 영화음악 역시 마찬가지다.

일반 대중이 〈봄의 제전〉이라는 작품을 인식하게 된 건 월트 디즈니 휘하의 예술가들이 작품의 본래 이야기를 벗겨내고 거기에 우주의 시초와 지구의 첫 3억 년 동안의 폭력성이라는 새로운 서사를 부여한 다음이었다(게다가 그들은 이를 고작 30분도 채 되지 않는 시간으로 압축해냈다). 1940년 만화 영화 〈판타지아〉에 스트라빈스키의 음악이 사용된 이후로 〈봄의 제전〉처럼 들리는 음악 작품이 비 온 뒤 대나무 순처럼 솟아났다. 죽순은 비단 콘서트홀뿐만 아니라 프란츠 왁스먼, 버나드 허먼, 제리 골드스미스, 존 윌리엄스 등의 음악을 통해 영화관에도 무성히 자라났다. 브로드웨이 흥행작인 레너드 번스타인의 〈웨스트사이드 스토리〉의 2막 악몽 발레 장면에서 '섬웨어'라는 노랫말에 걸쳐지는 화음과 오케스트레이션은 마초의 폭력성을 이야기한 스트라빈스키의 작품을 참고한 자취가 뚜렷하다.

하지만 정작 스트라빈스키에게 〈봄의 제전〉은 본인이 자초한 막다른 골목이었다. 나는 그 이유가 그가 전쟁에 관한 자신의 견해가 얼마나 잘못되었는지 깨달았고 전쟁을 지지하고 부추긴 책임을 마음속 깊이 이해했기 때문이라고 믿는다. 스트라빈스키는 궁극적으로 자신만의 목소리를 찾았다. 스스로의 독창성을 유지하면서도 남들보다 훨씬 덜 빽빽하고(다시 말해 '덜 시끄럽고 덜 야만스럽고') 더욱 투명한 언어였다(음표들 사이의 거리가 먼 그의 화음은 날이 갈수록 단순해졌다).

〈봄의 제전〉 이후 스트라빈스키는 여러 양식적 '시기'들에 정주했다. 다른 이들의 음악을 현대적으로 재해석한 '과거의 발견' 작업이었다. 〈풀치넬라〉(1920), 〈요정의 입맞춤〉(1928), 〈교향곡 C장조〉(1940), 〈제수알도를 위한 기념비〉(1960) 등 바로크 이전, 바로크 시대, 고전 시대 작곡가들에게 영감을 구하고 그들의 음악을 인용한 작품을 선보였다. 심지어 낭만파 작곡가인 차이콥스키의 희귀 작품을 활용해 '정상적'인 화음에 외래 음표를 불쑥불쑥 끼워 넣어 변형하고—마치 놀이공원 도깨비집 속 오목 볼록 거울에 비친 자신의 모습을 보듯이—전통적인 고전 시대의 리듬을 왜곡하기도 했다. 1918년 이후에 발표된 스트라빈스키의 음악에서는 〈봄의 제전〉이 묘사했던 과잉된 격정이 전혀 보이지 않는다. 종종 신고전주의로 일컬어지는 그의 새로운 음악 언어는 풍자적인 유머, 감정적 거리 두기, 이따금 드러나는 영성靈性을 특징으로 했다. 무엇보다 거기에는 명시적인 폭력성이 빠져 있었다. 그러면서도 〈봄의 제전〉의 메아리와도 같은 복잡한 리듬은 여전했는데, 음악을 감상하는 입장에서는 쉽게 알아차리기 힘들지만 그의 음악을 공연하는 우리 같은 이들에게는 잘 알려진 혹독한 시련이다.

스트라빈스키는 아주 오래 살았고 또 공개된 삶을 살았다. 그는 젊어서부터 지휘봉을 잡았다. 그가 남긴 녹음 유산은 그의 음악에 관한 결정적 해석으로 널리 인정받는다. 논리적으로는 물론 말이 되지만—아무튼 작곡가가 직접 해석자가 되어 자신의 음악을 연주하니까—작곡가 중에는 지휘 실력이 신통찮은 사람도 많고, 무엇보다 자신의 음악에 직접 견해를 밝히는 행위이므로 본인의 작품과 그 의의를 변호하는 입장이 되지 않을 수 없다는 점도 석연찮다.

스트라빈스키는 자기 작품의 지휘자로서 벌이가 괜찮았다. 그는 〈봄의 제전〉을 세 번 녹음했는데(1928, 1940, 1960), 모두 참고할 만한 가치가 충분하다. 스트라빈스키의 지휘 실력은 해를 거듭함에 따라 탄탄해졌고, 오케스트라들도 그의 복잡한 음악을 감당할 능력을 키워갔다. 다만 그는 새로운 녹음을 내놓을 때마다 세상의 변화하는 미적 기준에 맞추기 위해 〈봄의 제전〉이라는 작품을 재정의하는 것처럼 보이기도 했다. 뒤로 갈수록 고집스레 융통성 없는 템포로 점점 더 무심한 듯한 연주를 보여주었다. 감정적인 연상물을 배제하고―'낭만성'을 덜었다고 해도 좋겠다―인간미를 지운 잔혹성을 강조하는 해석으로 기운 것이다.

〈봄의 제전〉은 누가 보더라도 스토리텔링이 있는 작품이다. 당장 작곡가 본인이 꿈에서 본 **광경**에 기반을 둔 작품이라고 했고, 그 서사 역시 **시각** 예술가와 함께 발전시켰으며, 각각의 부분에 소제목까지 달린 작품이 아닌가. 그럼에도 불구하고 스트라빈스키는 초연 후 50년이 지난 시점에 〈봄의 제전〉은 "고대 러시아를 묘사한 엽서 그림이 아니"라고 못을 박았다. '순수한' 음악이 표제음악보다 더 우월하다(한슬리크의 그림자가 느껴지는 이 명제는 한슬리크만큼이나 큰 영향력을 행사하던 독일 철학자 테오도르 아도르노 덕분에 그 수명을 연장했다)는, 1960년대 들어 압도적 지지를 받던 지식인들의 의견에 발맞추어 작품의 생명력을 일신시키기 위한 시도였으리라. 2017년 온라인판 『브리태니커 백과사전』에 따르면 "20세기에는 [클래식 음악에서] 묘사적 작품으로부터 멀어지고자 하는 추세가 일반적이었다." 이 작품을 어떻게 부르고 어떤 방식으로 연주하는지는 자유지만, 〈봄의 제전〉은 위대한 내러티브 발레이며 그 음악은 인간의 폭력적 행위에 관한 거대한 서술이다. 이상, 끝.

〈봄의 제전〉은 화음과 육중한 오케스트레이션으로 야만적 힘을 표현하는 작품이지만, 동시에 예측할 수 없는 리듬 또한 미증유의 충격을 선사했다. 바그너가 에세이 「미래의 예술 작품」(1849)에서 베토벤의 〈교향곡 7번〉을 가리켜 "춤의 신격화"라 일컬을 때만 해도 무용 음악의 안티테제라 부르기에 손색이 없을 이런 발레곡이 탄생하리라는 건 상상조차 하지 못했을 것이다. 모든 음악을 근본적으로 노래이거나 춤이라고 본다면 〈봄의 제전〉은 무용 음악의 발전 과정에 종지부를 찍는 작품이다. 춤의 핵심은 굳건히 흔들리지 않는 템포와 박자일 텐데 이 작품에서는 템포와 박자가 시종일관 뒤틀리며 듣는 우리를 농락하고 도전장을 내민다. 쉽게 말해 다음번 강박強拍이 어디에 올지 예측하는 일이 불가능한 음악이다.

1-2-3, 1-2-3, 1-2-3은 왈츠다. 1-2, 1-2, 1-2는 폴카나 삼바다. 탱고로 시작한 음악은 끝까지 탱고로 남는다. 댄스 밴드는 지휘자가 필요 없다. 밴드 리더의 짧은 카운트다운("자, 하나-둘-셋-넷")에 연주가 시작되고 그것으로 충분하다. 그러나 〈봄의 제전〉에서는 맥박이 워낙 불규칙하여 스트라빈스키조차 피아노로 칠 수는 있었으나 그걸 어떻게 악보에 기록해야 할지 확신할 수 없었다. 아닌 게 아니라 그는 1913년 초연이 있고 난 뒤에도 몇십 년간 이 곡을 악보에 적고 또 고쳐 적기를 반복했다(소리를 바꾸어 적은 게 아니라 머릿속에 있는 소리를 종이 위에 표시하는 방법을 고쳐 적은 것이다). 오늘날까지도 많은 지휘자가 연주를 수월하게 하려고 박자 패턴을 나름대로 고쳐 적는 일이 다반사다.

대체 얼마나 까다롭기에 유난일까? 곡 결미 부분의 박자 패턴을 예시로 보이자면 이렇다. 1& / 1&& / 1&& / 1&& / 1&& / 1& / 1&-2&& / 1&-2&-3& / 1&-2&-3& / 1. 그보다 앞서 '선택된 자에게 바치는 찬양' 부분에서는 네 대의 팀파니, 큰북, 그리고 전체 현악군이 최대 음량으로 열한 차례의 격렬한 타격에 가담한다. 왜 하필이면 열한 번이냐는 궁금증이 들 법도 하다. 이는 11이 둘, 셋, 넷을 단위로 나눌 수 없는 소수素數이기 때문이다. 스트라빈스키는 이 11을 영영 끝날 것 같지 않은 귀를 찢는 반복적 소리가 되게 한다(그리고 사람들이 '음악'이라고 불러 온 것에서 전례를 찾을 수 없는 소리가 되게 한다). 이 부분이 지나면 이런 댄스 패턴(이라고 부를 수 있는지는 의문이지만)이 이어진다. 1&-2&& / 1&-2&& / 1&&-2&&-3&& / 1&-2&& / 1&-2&-3&& … 목숨을 잃게 될 소녀를 점지한 부족원들이 느끼는 황홀감이 이토록 거칠고 광적으로 분출될 거라고 예측할 수 있는 감상자는 아무도 없다. 이 열한 번의 타격은 내 영혼을 뒤흔든다. 나의 일부가 이 폭력적인 살인 행위에 직접 가담하는 것 같은 느낌이 든다. 동시에 내 의식의 또 다른 부분에서는 열한 번을 두드려 맞는 사람이 바로 **나 자신**이라 여기는 괴리가 생긴다. 이는 지휘자의 소임과 정확히 일치한다. 앞서서 음악을 이끄는 동시에 음악의 즉각적인 수용자가 됨으로써 악보에 담긴 에너지를 전달하는 자가 바로 지휘자인 까닭이다. 지휘자에게 가해자인 동시에 피해자가 되어야 하는 이 몇 마디 대목보다 더 끔찍한 순간은 없다.

비록 세계가 1913년 이후로 일련의 '봄의 제전'들을 갖지 못했다 하더라도, 〈봄의 제전〉은 서양 무용 음악에서 여전히 복잡성의 정점에 두기에 조금의 부족함도 없는 작품이다. 베토벤의 〈교향곡 9번〉이 그토록 많은 극적 교향곡을 감화한 것처럼, 1865년 초연된 〈트리스탄과 이졸데〉의 유령이 수많은 오페라와 교향곡을 따라다닌 것처럼 말이다. 〈봄의 제전〉 이후로 훌륭한 무용 음악이 여럿 쓰였지만, 이 작품의 무질서한 리듬 구조에 터럭만큼이라도 버금갈 작품을 꼽으라면 답이 지극히 궁해진다.

〈봄의 제전〉이 폭력적인 오케스트레이션과 복잡한 댄스 리듬으로 유럽을 벼랑 끝으로 몰았다면, 1차 대전 이전의 실험적 음악계는 유럽의 위대한 가곡 전통을 새로운 방향으로 이끌고 있었다. 아방가르드의 역사에서 〈봄의 제전〉이 차지하는 위치는 사실 선율과는 무관했다. 〈봄의 제전〉의 선율이라고 해봤자 주로 러시아 민요에서 딴 단편과 스트라빈스키가 새로 지어낸 것들이었기 때문이다. 성악과 선율 면에서 현상 유지를 거부한 최신 실험의 현장은 파리가 아니라 빈이었다. 그곳에서는 파리만큼이나 종말론적인 사상이 퍼져나가고 있었다. 독자들도 예상하듯 이는 현대음악의 또 다른 진영을 낳았다. 그리고 이 진영에 속한 이들은 스트라빈스키를 키치의 창조자로 일축했다.

〈달에 홀린 피에로〉가 일으킨 센세이션

빈은 서유럽의 동쪽 끝에 위치해 있다는 사실을 기억하는 게 중요하다. 20세기 초 빈은 여러 민족과 영향이 어지러이 혼재한 장소였고, 파리보다 훨씬 다양한 문화의 집결지이자 '비非유럽적'인 곳이었다. 파리에서 사람들은 프랑스어를 썼다. 프랑스어는 외교가의 공식 언어이기도 했다. 반면 오스트리아-헝가리 이중 제국의 수도였던 빈은 공식 언어만도 열한 개였다. 제국은 독일인, 체코인, 몬테네그로인, 폴란드인, 루마니아인, 헝가리인, 이탈리아인, 우크라이나인, 크로아티아인, 슬로바키아인, 세르비아인, 슬로베니아인, 보스니아인, 루테니아인, 헤르체고비나인으로 복작거렸다. 제국의 수도 빈은 파리와 마찬가지로 자석이 철가루를 끌어당기듯 예술가와 지식인을 유인했고 음악, 미술, 철학, 신화, 전통이 한데 뒤섞였다.

1867년 헌법 제정과 오스트리아-헝가리 이중 제국의 확립으로 유대인의 법적 권리가 인정되고 사회 전반에 걸쳐 자유로운 참여와 진출이 가능해졌다. 이에 제국 전역에 흩어져 살던 유대인들이 새로 허락된 자유를 누리기 위해 수도 빈으로 물밀 듯 몰려들었다. 유대인의 숫자가 늘어나면서(1880년에는 빈 인구의 10퍼센트에 달했다) 일반 사업과 여러 직업군에서 그들의 약진과 성공이 두드러졌고, 이는 결국 반유대주의 정서가 형성되는 결과로 이어졌다. 반유대주의는 1938년 3월 12일 나치 독일의 오스트리아 합병과 더불어 마침내 공개적인 목소리를 획득했다.

빈은 지크문트 프로이트의 도시였다. 이곳은 그가 폭력적인 깊은 무의식의 세계를 발견한 장소다. 그뿐만 아니라 표현주의라는 이름으로 알려진 뒤틀린 시각 예술과 시 운동의 중심지였으며, 작곡가 아르놀트 쇤베르크의 출생지이기도 했다.

구스타프 말러와 리하르트 슈트라우스가 모두 높이 평가한 쇤베르크의 초기 음악은 19세기 후반 오스트리아와 독일 낭만주의의 서사시적 규모를 이어받았다. 그러나 "내면의 강박"을 이기지 못했던 쇤베르크는 음악의 진화적 발전 노정에서 발을 뺐고, 1908~1909년 어간의 어느 순간부터 조성을 내던진 음악을 쓰기 시작했다.

그때까지 사실상 모든 클래식 음악 작품은 조성을 지녀왔다. 베토벤의 〈교향곡 5번〉은 "C단조"로 출판되었고, 바흐의 위대한 미사곡은 "B단조 미사"로 부른다. 그러나 쇤베르크는 슈테판 게오르게의 신비시詩에 으뜸 조성도 없고 자연의 근본적인 힘—중력—을 결락한 채 정처 없이 비유적 세계를 떠도는 음악을 붙였다. 그는 이렇게 내디딘 첫걸음에 담긴 함의를 대규모 작품에서도 그대로 유지했고, 궁극적으로 '제2 빈악파'로 알려지게 될 무리의 지도자가 되었다('제2 빈악파'라는 명칭은 한 세기 전의 하이든, 모차르트, 베토벤을 묶어 '빈악파'로 호칭한 점에 착안한 작명이다).

수백 년 세월에 걸쳐 발전한 음악이자 지금도 우리가 매일 듣는 조성 음악은 간단히 말해 '정상적'인 음악이다. 단순한 동요 선율도, 여러분이 사는 나라의 국가國歌도, 비틀스의 노래도, 말러의 거대한 교향곡도, 새로 출시된 비디오 게임에 쓰인 음악도 모두 조성 음악이다. 몇 세기 동안 클래식 음악은 서양 음악의 조성 언어를 확장했고, 그 과정에서 음악 작품은 조성적으로 점점 더 먼 곳을 주유하더라도 끝내는 (필연적으로) 집—으뜸 조성—으로 돌아오는 구조를 취했다. 그런데 20세기가 채 10년도 지나지 않은 시점에 쇤베르크는 탯줄을 자르고 돌아갈 '집'이 없는 음악을 쓰기 시작한 것이다. 화성적인 속박이 완전히 사라진 세계를 항해하는 규칙이 없다는 건 곧 화성적 대혼돈으로 인식될 여지도 충분했다.

기억을 잃은 자에게는 집의 감각이 있을 수 없으므로 기억이 사라지면 집도 사라지는 셈이다. 새로운 음악은 모든 규칙으로부터 자유로웠다. 단 한 가지 규칙이 있긴 했다. 무슨 일이 있어도 **조성 음악처럼 들려선 안 된다**는 규칙이었다. 조성이 없는 음악은 대부분의 사람들에게 청각적으로 인식 가능한 구조가 없는 음악이기도 했다. 구조적 기억이 없으면 감상자는 길을 잃은 느낌이 든다. 음악은 시간을 통해 경험되는 것이며, 감상자가 인식하고 기억함으로써만 이해될 수 있기 때문이다.

　"의도론의 오류"는 예술 작품을 통해 예술가의 의도를 이해하는 일이 가능하다는 관념에 이의를 제기한다. 한편 예술을 예술가가 처한 삶의 상황을 표현한 것으로 이해하는 관점을 경계하는 "전기傳記의 오류"라는 개념도 있다. 과연 음악가는 불행한 처지에서도 '행복한' 음악을 쓰는 존재다. 그러나 음악적 무중력을 향해 용감하게 첫발을 내딛던 당시 쇤베르크가 겪고 있던 삶의 질곡은 필시 그의 음악에 영향을 미쳤을 것이다. 짙은 낭만성을 풍기던 그의 초기작에도 뜻밖의 불협화음이 이따금 모습을 드러내곤 한 것이 사실이기는 하나, 그의 인생에 찾아온 위기는 쇤베르크를 현실 세계에 붙들어놓던 닻줄을 완전히 끊어버렸다. 이런 그에게 무조 음악은 불가피한 선택이었다.

　사건의 전말은 이러하다. 쇤베르크는 1901년 마틸데 쳄린스키*와 결혼해 슬하에 두 자녀를 두었다. 그러나 1908년 마틸데는 젊은 화가 리하르트 게르스틀과 눈이 맞아 가정을 버렸다. 표현주의의 아버지로 여겨지던 게르스틀은 쇤베르크 가족과 같은 건물에 살면서 이웃 일가의 초상화를 그렸다. 또한 쇤베르크의 음악에 깊은 관심을 보였고 작곡가에게 그림 그리는 법을 가르쳐주기도 했다. 마틸데는 결국 정신을 차리고 아이들을 위해 남편에게 돌아왔다. 그런데 1908년 11월 4일 밤, 쇤베르크의 제자들이 마련한 연주회가 진행되던 도중에 사건이 일어났다. 연인으로부터 버림받은 스물다섯 살 청년 화가 게르스틀이 자신의 화방에서 손에 잡히는 물건을 모조리 태운 뒤 옷을 모두 벗은 채

---

* 작곡가 알렉산더 폰 쳄린스키의 누이.

로 스스로 배를 찌르고 목을 맨 것이다. 그뿐 아니었다. 그가 목을 맨 자리 맞은편에는 전신 거울이 있었다. 게르스틀은 자신이 죽어가는 모습을 눈에 담았다. 그것이 그의 마지막 자화상이었다.

이 시기 쇤베르크는 뭔가에 홀린 사람처럼 음악을 썼다. 1909년에는 엄청난 양의 신작을 발표했다. 젊은 연인과의 이별과 정원의 파괴로 끝을 맺는 미숙하고 불완전한 사랑 이야기를 담은, 열다섯 곡으로 구성된 연가곡집 〈공중 정원의 책〉, 〈다섯 개의 관현악 소품〉, 단막 모노드라마 〈기대〉, 〈세 개의 피아노 소품〉을 연달아 펴냈다. 가사가 달린 작품의 경우에는 인간이 간신히 견딜 수 있는—그리고 견딘 뒤 여전히 살아가는—파괴에 관한 노래가 많았다. 〈기대〉의 노랫말도 마찬가지다.

기나긴 길 위에는 아무것도 살지 않는다. … 아무런 소리도 들리지 않는다. … 광막하고 창백한 들판은 죽은 듯 숨결조차 찾을 수 없다. … 지푸라기 하나 움직이지 않는다. … 그런데도 도시에서는 언제나 … 구름 한 점 없고, 하늘을 나는 밤새의 날개가 만드는 그림자도 없다. … 이 테두리 없는 죽음의 창백함 … 나는 좀처럼 더 나아가지 못한다.

쇤베르크는 이러한 새로운 음악을 가리켜 "불협화음의 해방"이라 일컫곤 했다. 그것이 기술적 성취일 뿐이요, 감정적 상황이나 그가 느꼈을 가없는 수치심과는 무관한 일이었다고 얘기하려는 듯 말이다. 공정히 말해 작곡가가 아내의 외도 사실을 언제 알았는지, 또 이 고통스러운 기억을 얼마나 오랫동안 남모르는 비밀로 묻어두었는지는 정확히 알 수 없다. 다만 음악가라는 직업적 관점에서 보았을 때 새로운 음악이 불협화음이라는 요소가 아예 존재하지 않는 세계를 창조했음은 분명했다. 불협화음은 협화음과 조화로운 음악이라는 맥락 속에 존재하던 이전에는 불협화음으로 **불렸다**. 그러나 낮이 없는 밤이 있을 수 없고 시끄러움이 없는 조용함이 있을 수 없는 법, 쇤베르크는 무조 음악을 그 자체만의 완결된 소리 세계이며 그 안에서 불협화음이라는 개념은 작동할 수 없는 것으로 보았다. 다만 복잡한 소리의 파형은 귀를 자극하고 우리 뇌에 정보를 보내며 우리의 호오와 무관하게 실제로 영향을 미친다는 점은 피할 수 없는 사실이다.

1912년 멜로드라마 〈달에 홀린 피에로〉로 획기적 단계에 도달한 쇤베르크는 이미 자신만의 고유한 음악으로 유명 인사가 되어 있었다. 〈달에 홀린 피에로〉는 어릿광대로 분한 여성이 연기를 곁들여 낭독하는 시로, 관객의 시야에는 들어오지 않는 체임버 오케스트라의 반주가 붙는 작품이다. 팬터마임과 코메디아 델라르테commedia dell'arte*에 흔히 등장하는 흰색 분칠을 한 슬픈 얼굴의 광대가 완전 착장을 하고 무대에 올라, 고향을 향한 그리움을 담은 일련의 시를 낭송과 노래—때로는 비명—에 실어 올린다. 광대는 도굴꾼, 신성 모독자, 참수를 앞둔 기결수, 자신의 말 때문에 대중의 십자포화를 받는 시인이 된 환각에 사로잡힌다.

〈달에 홀린 피에로〉의 초연 장소는 빈이 아니라 1차 대전 후 새로

* 16~18세기 이탈리아에서 유행한 즉흥극으로 정형화된 인물들이 등장한다.

운 음악의 중심지로 떠오르게 될 도시인 베를린이었다. 쇤베르크의 신작이 연주되는 곳에서는 어디건 항의 시위가 있었다. 〈봄의 제전〉 세계 초연 때 있었던 유명한 파리 '폭동'이 있기 두 달 전인 1913년 3월 31일 빈의 무지크페라인 대강당에서도 이른바 '스캔들 콘서트'가 있었다. '찰싹 콘서트Watschen-Konzert'라는 별칭으로도 알려진 이날 연주회에서 쇤베르크의 〈실내 교향곡 1번〉, 그의 제자인 안톤 베베른과 알반 베르크의 작품을 듣고 분노한 관객들은 소란을 일으켰다. 원래 말러의 작품으로 마무리될 예정이었던 연주회는 물건이 날아다니고 집기가 부서지는 지경까지 치달으며 끝까지 진행되지 못하고 중도에 파장되고 말았다.

　　새로운 음악을 열렬히 응원하는 이들도 있었다. 분명한 점은 당대의 주요 인사들이 쇤베르크의 음악에 대해 어떤 생각을 갖고 있는지와 관계 없이 어쨌든 〈달에 홀린 피에로〉를 들었다는 사실이다. 스트라빈스키는 〈봄의 제전〉을 쓰던 중에 베를린까지 가서 이 작품을 직접 접했다. 베를린까지 갈 형편이 되지 못해도 괜찮았다. 피에로가 직접 찾아와주었기 때문이다. 베를린의 세계 초연 직후 쇤베르크와 카바레 스타와 소규모 체임버 오케스트라는 빈, 라이프치히, 드레스덴, 프라하, 함부르크, 뒤셀도르프를 포함해 자그마치 열여덟 도시를 방문했다. 이 작품을 다룬 리뷰 기사만도 100건이 넘었다(모든 자료는 빈의 아르놀트 쇤베르크 센터에 차곡차곡 정리되어 있다). 10년 이내에 〈달에 홀린 피에로〉는 런던, 파리, 암스테르담, 브뤼셀, 로마, 베네치아, 밀라노, 바르셀로나 등 유럽 주요 도시를 모두 섭렵했고, 대서양을 건너 뉴욕까지 전해졌다. 작곡가 본인이 직접 지휘한 연주에 더해 헤르만 셰르헨, 다리우스 미요, 레오폴드 스토코프스키, 오토 클렘퍼러, 프리츠 슈티드리, 프리츠 라이너가 지휘봉을 잡았다. 심지어 말러의 미망인 알마는 1923년 빈 자택 연주회까지 마련할 정도로 성의를 보였다. 이날 지휘는 쇤베르크가 맡았는데, 쇤베르크는 말러가 음악적 후계자로 여긴 인물이었기에 더욱 의미가 깊었다.

〈달에 홀린 피에로〉에 대한 당시 평론가들의 반응을 보면, 쇤베르크의 새로운 음악은 처음부터 빈의 아방가르드와 표현주의 예술 운동, 그리고 빈 출신의 또 다른 유대인 지크문트 프로이트 박사의 이론과 맞물려 이해되었던 것 같다. 『베를리너 클라이네 뵈르젠-차이퉁』에 실린 1912년 10월 12일자 무기명 리뷰에는 다음과 같은 간단명료한 평가가 실렸다.

달에 홀린 피에로의 노래들. 미래주의 음악. 칸딘스키 전시회의 등가물. 우리 시대의 슬픈 기록이자, 새로 가치가 매겨진 예술의, 그리고 무력한 부존재不存在의 소망. 음악: 불협화음의 대혼돈; 낭송—화가다운—발작적 비명 혹은 속삭임—분노한 대중의 박수—모든 미래주의자들과 그들의 주변을 어슬렁대는 치들의 요양소, 그것만이 이 새로운 예술에 열린 유일한 길.

쇤베르크는 그의 무조 음악(그리고 곧 이어질 12음 음악)이 아무리 표현력이 뛰어나다 해도 그것이 표현할 수 있는 **바**가 극히 제한적일 수밖에 없음을 알고 있었다. 무조 음악으로 성공한 희극은 한 편도 없다. 12음 기법으로 듣는 이에게 희망을 주는 피날레를 쓰는 건 요원한 일이다. 쇤베르크의 제자 베르크가 쓴 두 편의 오페라 〈보체크〉와 〈룰루〉는 고문과 살인, 정신 착란, 성적 도착, 타락과 모멸에 관한 작품이다.

서양 음악의 빅뱅

1차 대전 발발을 몇 달 앞둔 시점에 서양 클래식 음악은 중대 국면에 도달했다. 춤출 수 없는 발레, 노래할 수 없는 노래가 등장했고, 유럽 문화가 지난 1000년간 가꾸어온 화성 법칙이 모조리 폐기되었다. 두 편의 최첨단 작품이 등장하면서 벌어진 이 상황에 다른 작곡가들은 주목하지 않을 수 없었다. 푸치니, 다리우스 미요, 거슈윈 등 많은 음악가들이 음악의 신세계를 향해 대담하게 도약한 쇤베르크의 작품을 듣기 위해 발걸음을 재촉했다. 스트라빈스키는 쇤베르크를 거부했다. 곧이어 쇤베르크도 스트라빈스키를 거부했다. 10년 뒤 쇤베르크가 12음 기법을 들고 나오자 스트라빈스키는 오스트리아의 경쟁자가 쓰라는 음악은 안 쓰고 화학자 노릇을 하고 있다고 조롱했다. 쇤베르크는 스트라빈스키가 껍데기만 현대적일 뿐 진정한 혁명가는 아니라고 보았다.

의미심장하게도 〈봄의 제전〉과 〈달에 홀린 피에로〉는 (시각적이고 언어적인) 이미지를 통해 이성의 통제를 벗어난 원시성을 재창조하려 시도한 작품이었다. 이를 폭력적인 무대 행위 혹은 인간의 내면 깊은 곳에 있는 어두운 심상으로의 시적 여행으로 표현했다. 〈봄의 제전〉에 명시적으로 나타난 부족적 행위는 〈달에 홀린 피에로〉가 표현한 우리

무의식 속의 집단적 악몽과 묘하게 흡사했다. 문명화된 세계는 저들이 과연 얼마나 문명화되었는지 알아내기 직전이었고, 예술과 음악에서 나타난 새로운 시도는 많은 작가들에게 우리가 누구이고 어디를 향해 가고 있는지를 이해하는 중요한 열쇠가 되었다.

음악사는 밀도와 복잡도가 높아지는 방향으로 흘러온 여정으로 기술되는 것이 일반적이다. 그런 음악사에서 〈달에 홀린 피에로〉와 〈봄의 제전〉은 천문 현상인 빅뱅의 예술적 등가물이었다. 공교롭게도 미국의 천문학자 베스토 슬리퍼가 물리학자들이 빅뱅이라는 이름으로 부르게 될 발견으로 이어진 은하계의 '적색 편이redshift' 현상을 처음으로 관찰한 때가 1912년이었다. 같은 시기인 1912~1913년에 음악적 실험은 화성의 밀도와 리듬의 복잡도 면에서 더 이상 전진할 수 없는 극한을 찍었다. 아니 적어도 대부분의 음악 애호가들이 더는 형식을 인지하거나 아름다움을 발견할 수 없는 지경까지 나아갔다. 그러자 클래식 음악은 걸쭉하게 용융되어 눈앞에 닥친 세계 전쟁의 전조가 되었다. 전쟁은 유럽의 유구한 역사를 통해 이어져온 구조를 파괴했다. 음악은 이 동시 발생적인 사건들에서 다시 비롯되어 20세기 내내 새로운 방향으로 확장해 나아가게 된다.

두 모더니스트 작곡가가 극한의 포화 상태와 예측 불가능성을 달성한 지점을 통과한 이후의 서양 음악을 우리는 어떻게 이해해야 할까? 반음계에 속한 열두 음 전부가 동시에 혹은 순열을 이루어 연주되는 이해 불가능한 복잡성을 우리의 정신과 귀가 경험한 마당에도, 예측 가능한 템포나 박자가 없는 댄스 뮤직이 가능함을 알아버린 마당에도, 우리는 끊임없이 증가하는 복잡성의 이론을 고수해야 하는가?

　1차 대전 직전에 일어난 사건의 연쇄는 한 세기 너머가 지난 지금까지도 음악 취향의 결정권자들—학계, 평단, 주요 기관—이 가치 있다고 여기는 음악의 핵심에 남아 있다. 〈달에 홀린 피에로〉가 신선함으로 세상을 놀라게 한 지 정확히 100년이 지난 2012년, 영국 작곡가 조지 벤저민의 오페라 〈살갗에 쓰인〉이 초연되었다. 트리스탄 전설의 변주로, 바람난 아내를 둔 남자가 아내의 젊은 연인을 살해하고 그의 배를 갈라 심장을 꺼낸 뒤 저녁 찬거리로 아내의 상에 올린다는 내용의 작품이다. 이 오페라는 공개 직후 세계 언론에 의해 걸작 대접을 받았다. 일례로 『워싱턴 포스트』의 앤 미젯은 이렇게 썼다. "간혹 귀에 감기는 선율이 있을 뿐 참으로 다행히도 지나치게 감상적인 선율로 듣는 이를 유혹하려는 시도가 전혀 없다. 플롯의 나사가 조여짐에 따라 텍스처를 잡아 찢어 부드럽고 섬세한 순간을 드러내고는 이어서 악기 음향을 층층이 쌓아올려 급기야 금관이 지배하는 오케스트라가 요란한 비명을 내지른다."[2]

　2016년 토머스 아데스의 무조 오페라 〈학살의 천사〉는 만찬 모임에 초대받은 손님들이 밀실에 갇힌다는 이야기를 담은 루이스 부뉴엘 감독의 동명 영화를 음악화한 작품이다. 귀를 찢는 불협화음과 쾅쾅 두들겨대는 리듬, 성악 음역을 워낙 확장한 나머지 모든 모음이 '아' 소리가 되는 바람에 대본을 읽지 않으면 도무지 이해할 수 없는 텍스트가 특징인 음악이다. 잘츠부르크 페스티벌 현장을 취재한 『로스앤젤레스 타임스』의 음악 평론가 마크 스웨드의 리뷰 기사에는 「올해 가장 중요한 오페라인 〈학살의 천사〉가 스스로 가치를 입증하다」라는 제목이 붙었다.

차세대 물결인 아방가르드에 주어지는 무조건적인 우선권, 지적 관심을 양껏 받는 끊임없는 실험과 재실험을 잠시 차치하면 나머지 음악계의 모습은 어떠한가? 스스로를 '현대'라 칭했으나 실은 새로운 기술의 시대에 꽃피운 낭만 시대였을지도 모를 20세기에 관해 나머지 음악계는 어떤 말을 해줄 수 있을까? 몹시 밀도 높은 음악으로 세계 무대에 입성한 위대한 작곡가들—이를테면 힌데미트, 바일, 프로코피예프, 스트라빈스키, 코플런드, 쇼스타코비치—이 빅뱅의 순간과 일정한 거리를 두고 자기만의 유일무이하고 다재다능하며 효율적이고 성공적인—그리고 표면적으로는 더 단순한—20세기형 목소리를 만들어내려 했다는, 좀 더 도발적인 주장도 해볼 수 있지 않을까? 바일의 초기 무조 음악을 쇤베르크의 초기 무조 음악과 혼동하기 쉽고, 1918년의 버르토크와 1916년의 프로코피예프(양쪽 모두 자신의 젊고 팽팽한 음악 근육을 이완시키면서 실험하고 있던 시절이다)를 서로 헷갈릴 수도 있을 것이다. 하지만 이들이 '모든 것을 가지고픈' 욕망에서 벗어나 사실 예술가에게는 '모든 것'이 별 쓸모가 없다는 진리를 발견하고 자기만의 고유한 목소리를 찾은 이후의 음악은 혼동하고 싶어도 혼동할 수가 없다. 그러나 아방가르드는 이들을 배제하고 진행되었다.

1918년 1차 대전이 막을 내릴 때만 해도 그 누가 예상할 수 있었겠는가. 스트라빈스키와 쇤베르크가 남은 삶의 대부분을 캘리포니아주 로스앤젤레스에서 보내며 묵묵히 (서로와는 조금의 말도 섞지 않은 채!) 음악을 쓰다가 미국 국적자로 눈을 감을 운명이었다는 것을.

나무를 보느라 정신이 팔려 숲 보는 걸 잊어서는 안 된다. 푸치니, 시벨리우스, 슈트라우스, 라벨, 라흐마니노프, 본 윌리엄스, 풀랑크, 프로코피예프, 그 밖의 셀 수 없이 많은 동시대 작곡가들이 사람들을 그토록 흥분하고 격동하게 만드는 게 무엇인지에 호기심을 보이면서도 그와는 무관하게 본인만의 음악을 써내려갔다. 우리가 여전히 콘서트홀과 오페라하우스에서 연주하고 있는 음악이요, 클래식 음악 라디오 방송국과 스트리밍 서비스를 통해 만날 수 있는 음악이다. 우리가 간단히 클래식이라 칭하는 음악 말이다.

THE WAR
ON MUSIC

4

12음 음악의 탄생

1000년간 이어져 내려온 전통을 폐기한다는 건 지극히 혁명적인 생각이었다. 대위법 규칙, 조성 화음의 성부 진행 법칙, 음악원 학생이라면 피해갈 수 없는 푸가 작곡 시험, 강박과 약박의 꾸준한 교차로 이루어지는 리듬의 엄정성, 악보에서 가용 음표(어쨌든 열두 개가 전부고 음표 개수가 늘어나거나 줄어든 건 아니니까)를 제외한 모든 요소를 따지고 드는 규칙 등으로부터 해방될 수 있다는 생각은 마치 더 이상 학교에 다니지 않아도 된다는 말을 들은 학생이 느낄 법한 황홀감을 불러일으켰을 것이다. 어떤 이들에게는 거부할 수 없는 유혹이 된 것도 당연했다.

1914년 여름, 러시아에서 건너온 디자이너, 무용수, 작곡가 집단이 야생적이고 창조적인 예술의 충격파를 던진 곳이었던 프랑스의 수도 파리가 클래식 음악의 우뚝한 중심지이자 아방가르드 작곡가 중에서도 가장 **전위적**이었던 아르놀트 쇤베르크의 나라 오스트리아-독일의 침공을 받았다. 있을 법하지 않았던 사건이 곧 현실이 되었다. 세계의 대부분을 '모든 전쟁을 종식할' 전쟁으로 몰고 갈 거대한 전쟁이 벌어진 것이다. 전쟁에 참전한 전사들은 적국의 **음악**을 금지했다. 이 조치의 의미는 절대 과소평가되어서는 안 된다.

마흔두 살의 쇤베르크는 조국의 군대에 입대했고, 오스트리아-독일이 승리하면 "키치 장사꾼들도 독일의 정신을 우러르고 독일의 신을 모시는 법을 깨우치게 될 것"이라고 속 편히 낙관했다. 그가 말한 키치 장사꾼에는 모리스 라벨, 그리고 현대성의 왕좌를 놓고 자신과 격돌 중인 이고르 스트라빈스키가 포함되었다.

서른아홉 살의 라벨은 키도 작고 몸피도 빈약해 입대가 불가능했다. 어차피 맞는 군복도 없었다. 대신 그는 부상병을 돌보았고, 따로 운전을 배워 '아델라이드'라고 이름 붙인 트럭을 몰고 다니며 믿기 힘든 위험한 상황을 뚫고 프랑스 병사들을 위해 보급품을 실어 날랐다. 라벨은 전쟁 동안 심장 질환이 생겼고 이질에 걸렸으며 탈장 수술을 받았고 불면증에도 시달렸다. 특히 불면증이라는 불청객은 그가 사망하던 1937년까지 곁을 떠나지 않았다.

쉰두 살의 클로드 드뷔시는 이미 암으로 죽어가고 있었음에도 당장 전장에 나가 싸울 수 없음을 원통히 여겼다. "내 나이와 신체 상태로는 기껏해야 담벼락 보초밖에 서지 못한다. … 하지만 승리를 담보하기 위해 대신 두들겨 맞아주어야 할 누군가가 절실히 필요하다면 나는 기꺼이 내 몸뚱이를 바칠 것"이라고 했다. 독일군은 1918년 봄 공격 작전에 대비해 120킬로미터 떨어진 파리까지 커다란 포탄을 날려보낼 수 있는 초대형 공성포를 개발했다. 몸 상태가 너무도 좋지 않아 지하 방공호에 대피하지 못한 드뷔시는 그가 삶과 예술에서 그토록 두려워하던 폭발과 폭력을 들으며 눈을 감았다.

전쟁이 발발하던 해에 레이프 본 윌리엄스는 마흔한 살이었다. 그는 영국군에 자원입대해 프랑스와 살로니카에서 들것을 드는 후송 임무를 수행했다. 야전의 총성에 노출된 탓에 항구적 청력 손실이 생겼으며, 끝내 청력을 완전히 상실하게 된다.

전쟁이 일어나기 전에는 전쟁의 가능성을 그토록 지지했던 서른두 살의 스트라빈스키는 막상 전쟁이 발발하자 입대를 거부했다. 러시아 편도 프랑스 편도 들지 않았다. 그는 아내와 자녀들을 데리고 서둘러 스위스의 제네바호 근처에 있는 별장으로 이동해 거기서 종전을 기다렸다.

1918년 연말이 가까운 무렵 전투는 마침내 끝이 났다. 개전 후 4년이 지난 시점이었다. 로베르 쉬망 유럽 센터의 추산에 따르면, 1차 대전으로 2000만 명이 목숨을 잃었고 2100만 명이 다쳤다.

다음 문장을 읽으면서 방금 읽은 사실을 염두에 두길 바란다. 한때 지나치게 자신만만했던 유럽이, 심오한 음악적 유산을 창조하고 발전시켜온 유럽이 더 이상 전과 같을 수 없는 나락으로 떨어졌다. 전쟁을 견딘 나라들은 각자가 가진 다양한 문화 기관을 활용해 국가적 자존감과 정체성을 북돋우는 정책을 펼쳤다. 그러면서 1차 대전이라는 지극히 어리석었던 근近과거사를 어떻게든 이해하려 노력했다. 전후 어디에서나 눈에 띈 표어였던 '민족 자결'이 국가적 정체성의 표상으로서 예술과 음악에도 적용되었다. 그전에도 음악 양식이 국가나 민족을 표상하긴 했다. 그러나 1차 대전 이후 사상 처음으로 음악이 정치 철학까지 대변하게 된 것이다.

러시아 제국, 독일 제국, 오스트리아-헝가리 제국, 오토만 제국은 사라졌다. '위대한 혁명'으로 알려지게 될 사건의 발생지였던 러시아는 노동의 결실을 평등하게 누릴 권리를 요구하는 노동자들의 전 세계적 혁명으로 기울고 있었다. 이 시기를 이해하는 데 있어 마찬가지로 중요한 사실 하나는, 비록 전쟁은 끝났지만 사실상 전쟁은 끝나지 않았다는 현실이었다. 역사학자 마거릿 맥밀런은 저서 『평화를 끝장낸 전쟁』에서 다음과 같이 썼다.

유럽은 1차 대전의 대가를 여러 방식으로 혹독히 치렀다. 참전 군인들은 심리적 신체적 상흔에서 결코 완전히 회복되지 못했다. 과부와 고아가 넘쳐났고, 워낙 많은 남성이 죽어나갔기에 미혼의 여성들은 신랑감 찾기를 단념해야 했다. 평화가 찾아온 첫해에는 새로운 재앙이 유럽 사회를 덮쳤다. 인플루엔자 팬데믹이 … 세계에서 2000만의 목숨을 앗아간 것이다. 밭을 갈 남자들이 없어져서, 또 식량을 시장으로 실어 나를 운송 네트워크가 붕괴하면서 굶주림이 확산했다. 좌우로 나뉜 극렬분자들이 각자의 목표를 달성하기 위해 물리력을 행사하는 정치적 소요 사태도 문제였다. 한때 유럽에서 가장 부유한 도시 중 하나였던 빈에서는 장티푸스, 콜레라, 구루병, 괴혈병을 앓는 사람이 늘어났다. 적십자사가 완전히 박멸된 것으로 판정 내린 골칫거리들이 다시 돌아온 것이다.[1]

얼마간 클래식 음악과 그 안에 담긴 아방가르드적 요소는 전쟁과의 관계에 직면했다. 한편 대중은 베르사유 조약을 비롯한 다양한 조약들의 여파로 형성된 새로운 세계를 받아들여야 했다. 미국의 권력과 예술이 유럽 문화에 주입된 것도 전쟁이 남긴 흔적 중 하나였다. 한때 왈츠와 폴카와 차르다시가 끊이지 않는 눈부신 문화를 거느렸던 오스트리아-헝가리 제국은 사라지고 이제 그 자리에 저마다의 문화적 과거를 가진, 그러나 정치적 힘은 미약한 개별 국가들이 생겨났다. 전쟁의 주범으로 지목된 독일은 엄청난 규모의 전쟁 배상금을 물어야 했는데, 그렇지 않아도 어려웠던 이 일이 독일산 제품에 부과된 관세 때문에 설상가상으로 더더욱 난망한 일이 되고 말았다.

미국의 음악 문화는 래그타임과 재즈라는 형태로 도처에서 관찰되었다. 영국 철학자 브라이언 매기는 유럽의 게토* 개방이 가져온 막대한 문화적 영향에 대해 설명한 바 있다. 마찬가지로 19세기 흑인 노예들이 해방되면서 1890년대 스콧 조플린의 래그타임을 시작으로 음악적 창조성이 폭발한 현상도 비슷한 관점으로 파악 가능하다. 노예를 부리면서—그것이 이집트 노예건 히브리 노예건 로마 노예건 간에—그들의 거처와 생활까지 통제하다보면 그들 문화의 농축액이 노예를 부리는 쪽의 문화에도 묻어나지 않을 수 없는 게 자명한 이치이리라. 1918년 즈음이 되면 미국 흑인의 음악은 (백인) 대중문화에까지 진입하여 곧 세계를 정복하게 된다.

클래식 작곡가들도 처음에는 이 새로운 대중음악과 흔쾌히 어울

* 유대인 거주 지역.

렸다. 드뷔시, 라벨, 스트라빈스키, 힌데미트, 그리고 나중의 쇼스타코
비치 등이 래그타임에 영감을 받아 쓴 작품들이 바로 그랬다. 1927년
부터는 독일산 '재즈 오페라'가 연달아 발표되었다. 에른스트 크레네
크의 〈조니는 연주한다〉가 포문을 열었고, 막스 브란트의 〈기술자 홉
킨스〉(1929), 에른스트 토흐의 〈부채〉(1930)가 뒤를 이었다. 에르빈 슐
호프의 〈화염〉(1932)과 알반 베르크의 미완성작 〈룰루〉(1935)에는 재
즈 밴드가 등장했다. 그러나 짧은 추파의 시기가 끝나고—게다가 히틀
러의 예술 정책이 내리누르는 압박도 있고 해서—대부분의 클래식 작
곡가들은 대중음악에 등을 돌렸다. 남은 건 조지 거슈윈 정도로 그나
마 그가 있었기에 래그타임과 재즈의 잠재력이 피아노 협주곡(〈랩소디
인 블루〉〈랩소디 인 리벳〉〈협주곡 F장조〉)과 교향시(〈파리의 미국인〉), 오
페라(〈포기와 베스〉)의 땔감이 되던 시절이 있었음을 기억한다.[2]

비록 음악은 정치의 노리개 역할을 했지만 음악을 통제하는 실제
적인 방법은 음악을 연주하지 않는 것뿐이었다. 1917년 뉴욕의 메트
로폴리탄 오페라가 독일 음악과 관련해 내린 결정처럼 말이다. 뉴욕
시민들이 바그너나 베토벤을 들을 길이 막힌다면 거기에 유혹당할 일
도 없지 않겠나 하는 노림이었다. 음악이라는 눈에 보이지 않는 예술
형태는 여권 없이도 손쉽게 국경을 넘나들 수 있다. 미국, 쿠바, 남미로
끌려온 아프리카 노예의 후손들이 만든 음악이 거둔 성공이 뚜렷한 증
거였다. 이들의 음악은 감정에 바로 다가갔고 자유로웠다. 이 전염성
강한 음악을 접한 비非흑인 대중은 너 나 할 것 없이 압도적으로 도취
했고 해방감을 느꼈다. 이는 여전히 유효한 사실이다.

미국 흑인의 음악은 안토닌 드보르자크와 프레드릭 딜리어스가

높이 평가한 '흑인 영가' 시기부터 발전해 래그타임이 되고, 가스펠, 재즈, 로큰롤이 되었으며, 20세기 사사분기에는 힙합이 되었다. 비록 클래식 지상주의에 함몰된 속물들은 이런 음악을 무시하거나 회피해왔지만 말이다. 21세기 첫 10년 동안 도시에 사는 흑인과 남미 이민자들이 느끼는 분노에서 비롯된 힙합 문화와 랩 음악은 세계에서 가장 악독한 독재 정권하에서 생산되는 음악으로도 침윤해 들어갔다. 시리아 랩과 아랍 랩이 그런 경우다. 최근에는 미 국무부의 지원을 받아 우즈베키스탄에서도 힙합 뮤지션들이 활동하고 있다.[3]

전쟁으로 지치고 낙담한 대중이 새로움을 갈구하는 격렬한 시기로 진입한 것은 놀랄 일이 아니다. 그리고 1차 대전 승리에 크게 기여한 미국의 등장 이후 대중음악에서의 새로움이란 곧 미국 음악을 의미했다. 미국의 대중음악은 현실로부터 도피처를 찾는 유럽인들의 욕구를 건드렸다. 또 금기를 깨는 자유롭고 짜릿한 음악이기도 했다. 독일의 역사학자 필리프 블롬은 저서『균열』에서 이렇게 진단했다.

1차 대전 이후 한때 활발했던 입체파 운동은 삽시간에 와해했다. 마치 예술가들은 분열된 몸통과 분해된 자신을 그리는 일에 더 이상 용기도 흥미도 낼 수 없는 사람들이 된 것처럼 보였다. 예술적 조류의 반사경이자 시작점인 피카소는 1918년부터 신고전주의적 화풍의 그림을 그리기 시작했고, 곧 다른 화가들도 이 대열에 동참했다. 같은 해 러시아에서는 청년 세르게이 프로코피예프가 〈고전 교향곡〉을 초연했다. 파리의 장 콕토는 스케치와 무대 디자인에 이와 유사한 간소한 신고전주의적 표현법을 사용하고 있었다. 이고르 스트라빈스키는 〈봄의 제전〉 이후로 요란스러운 현대성을 뒤로 하고 18세기 이탈리아 음악 양식의 온순한 변주를 도모했다. 예술계의 가없는 실험 위로 관보棺褓가 내려 덮였고, 구시대의 포탄 잔해에서 신인新人을 구하여 인간을 다시금 온전하게 하려는 서양의 위대한 프로젝트에 여러 예술가가 합세했다.[4]

라벨은 전쟁이 끝난 뒤 20년 여생 동안 본인이 전쟁 중에 겪었던 바를 되짚는 작품을 여럿 썼다. 〈쿠프랭의 무덤〉은 전사한 동료의 영전에 바치는 피아노 모음곡이며, 전쟁 도중 한쪽 팔을 잃은 어느 부유한 피아니스트*를 위해 쓴 〈왼손을 위한 협주곡〉은 전쟁의 처절한 초상이다. 원래는 '빈'으로 부르려 했다가 제목을 바꾼 교향시 〈라 발스〉는 불협화음의 악몽으로 변해버린 빈 왈츠로 마무리된다. 그런가 하면 끊임없이 되풀이되는 공장의 작업 소리 같은 〈볼레로〉도 있다.

자코모 푸치니는 전쟁 발발 당시 나이가 이미 50대 중반이었지만 그도 전쟁의 정치학을 피해갈 수는 없었다. 그는 〈라 보엠〉〈토스카〉〈나비 부인〉의 막대한 성공을 뒤이을 후속작을 기획하고 있었으나 그럴 운명이 되지 못했다. 푸치니는 메트로폴리탄 오페라의 위촉으로 완성한 〈서부의 아가씨〉를 1910년 뉴욕에서 초연했다. 당대에는 걸작으

* 오스트리아의 피아니스트 파울 비트겐슈타인으로, 철학자 루트비히 비트겐슈타인의 친형이다. 파울 비트겐슈타인을 위해 쓰인 곡으로는 〈왼손을 위한 협주곡〉 외에도 브리튼의 〈왼손과 오케스트라를 위한 오락, 작품21〉, 힌데미트의 〈클라비어무지크, 작품29〉, 코른골트의 〈왼손을 위한 협주곡 C샤프장조, 작품17〉, 프로코피예프의 〈피아노 협주곡 4번, 작품53〉 등이 있다.

로 평가받은 이 작품은 푸치니가 프랑스와 러시아 음악의 최신 경향을 넉넉히 인지하고 있음을 보여주었다.

그러나 푸치니는 오페레타 〈제비〉를 쓰는 과정에서 전쟁의 악다구니 속으로 말려들고 말았다. 작곡 위촉을 빈에서 했다는 이유만으로 독일과 오스트리아의 침공 행위에 동조한다는 혐의를 받은 것이다. 결국 〈제비〉의 초연 장소는 몬테카를로로 변경되었고 작품도 그에 맞춰 개작했다(이 작품은 푸치니의 후기작 중 가장 저조한 초연 성적을 기록했다). 정전 협정 한 달 뒤, 푸치니는 메트로폴리탄 오페라에서 단막 오페라 세 편을 공개했다. 〈삼부작〉은 살인과 간통의 감정적 드라마, 복수와 자살과 구원에 관한 종교적 멜로드라마, 탐욕에 관한 희극으로 구성되었다. 이 세 편의 이야기를 관통하는 공통항은 죽음이다.

스트라빈스키는 작은 규모의 작품을 여럿 썼다. 그중에는 러시아 주제를 활용한 작품도 있었고, 전쟁을 주제로 한 〈병사의 이야기〉도 있었다. 변사, 세 명의 배우, 무용수 하나, 그리고 소규모 기악 앙상블을 위한 〈병사의 이야기〉는 작곡가 본인의 〈봄의 제전〉에 대한 응답이자 조끼 주머니에 들어가는 휴대성을 뽐낸 쇤베르크의 〈달에 홀린 피에로〉를 향한 답가이기도 했다. 초연은 종전 6주 전인 1918년 9월 28일 스위스에서 이루어졌다.

여러 자료에 따르면, 영국군 헨리 탠디 이등병이 제4차 이프르 전투가 끝나고 퇴각하던 어느 독일군 병사를 맞닥뜨린 것이 바로 이날이었다고 한다. 탠디 이등병은 차마 부상병을 죽이지 못하고 그냥 보내주었다. 목숨을 건진 독일 병사는 아돌프 히틀러 일병이었다.

〈병사의 이야기〉는 전쟁이 끝나고 귀향하는 병사의 이야기를 다룬다. 기진맥진한 병사 앞에 나타난 악마는 병사가 가장 아끼는 소지품인 바이올린을 내놓으면 큰 부자로 만들어주겠다며 꼬드긴다. 말할 것도 없이 이 작품은 전쟁에 대한 하나의 대응이지만, 동시에 스트라빈스키의 전쟁 전 신념과 참전을 회피한 이력에 관한 상충된 감정을 표현한 것으로 볼 여지도 있다. 고작 일곱 명의 악기 연주자를 위해 쓰인 〈병사의 이야기〉는 〈봄의 제전〉과 마찬가지로 복잡한 리듬이 전면에 배치된 작품이며, 종결부에 그 어떤 코멘트나 고양감도 없다. 악마가 승리한 것이다.

쇤베르크는 패전한 쪽의 군복을 입고 싸우다가 더 이상 제국의 수도가 아니게 된 빈으로 돌아왔다. 그는 이상적인 연습 및 연주 조건 아래서 복잡하고 도전적인 현대음악을 선보이기 위해 직접 모임을 결성했다. 대중을 향한 호소력에 조금도 기대지 않는 작품을 써보려는 시도였다. 쇤베르크는 이에 이어 '12음 기법'이라는 이름으로 알려진 작곡 기법을 창안했다. '시스템'이라고도 불리는 이 기법 덕분에 쇤베르크의 명성과 악명은 항구히 단단해졌다.

퓰리처상을 받은 작곡가 멜 파월(1923~1998)은 쇤베르크가 전쟁 전에 음악이라는 야수의 고삐를 풀어버렸고, 12음 기법은 이 야수를 어떻게든 다시 줄에 묶어 통제하려 했던 시도였다고 주장했다. 다시 말해 어떤 규칙이나 체계 없이 그야말로 '자유롭게' 날뛰던 비조성 음악의 고삐를 그러잡으려 했다는 것이다. 여기서 조성 음악에 관해 깊게 파고들 필요야 없겠지만, 다만 모든 조성에는 초점이 되는 지점이 둘 있다는 점만은 유념하면 좋겠다. 첫 번째는 으뜸음이다. 으뜸음은 조성의 이름을 부여하는 음이다. C장조의 으뜸음은 C이고, 으뜸화음은 C를 근음根音으로 하는 장조 화음이며, C장조의 음계는 C를 가장 낮은 음으로 하여 계단식으로 쌓아 올린 음계다. 두 번째로 힘이 센 건 음계의 다섯 번째 음으로 보통 딸림음이라고 부른다. C장조 기준으로는 G가 여기에 해당한다. 간단히 세면서 올라가면 된다. C=1, D=2, E=3, F=4, G=5다. 음계 내의 모든 음표는 조성에 따라 보조적 기능과 역할을 띤다. 으뜸음이 G라면 딸림음은 D가 된다.[5]

서양 음악이 꾸려져온 몇백 년 동안 으뜸 조성이라는 고향으로의 회귀는 음악과 음악의 이해에 있어 근본적인 부분이었다. 그러나 돌아갈 고향이 없어진 음악 세계로 발을 내디딘 쇤베르크는 이왕 내친걸음을 더욱 멀리까지 이어가보기로 결심했다. 옥타브 내의 그 어떤 음도 다른 음에 비해 강한 '끌힘'을 가지지 못하는, 즉 열두 음이 모두 절대적으로 동등한 대접을 받는 방법을 창안했다. 그가 제안한 바는 다음과 같다.

1. 옥타브 내의 열두 음에 임의로 순서를 부여하라. C가 1이 되고 F가 2가 되고 A플랫이 3이 되는 식으로 자의적으로 순서를 부여하여 열두 음 전체를 배열하라. 이것이 당신이 쓸 작품의 음렬音列, tone row이 된다. 이 음렬로부터 작품의 모든 음이 선택되는데, 다만 이 선택은 음렬의 순서, 즉 '시리즈series'를 따른다.

2. 완성된 음렬은 기본적으로 네 가지 방식으로 소리낼 수 있다. 음렬 순행형(1번 음부터 12번 음까지), 음렬 역행형(12번 음부터 1번 음까지 거꾸로), 기본 음렬의 전위형(말하자면 기본 음렬을 거울에 비추어 위아래를 뒤집는 식으로 얻은 음렬), 역행형의 전

위형.

3. 음표는 동시에—즉 화음처럼—연주할 수도 있고 선율로 연주될 수도 있으며, 두 방식을 혼합하여 연주하는 것도 가능하다.

4. 음표는 아무 옥타브에 배치해도 무방하나 애초에 지정된 음렬 순서는 반드시 따라야 한다.

이런 식으로 쓴 작품은 특정한 음표의 배열—음렬—을 활용하므로 이 기법을 흔히 '음렬 음악'이라고 부른다.

이러한 규칙을 상당한 수준으로 이해하지 못한다 해도 조성을 거부하고 방종한 길로 향하던 음악을 수상쩍은 눈길로 바라보던 이들이 보인 반응은 쉽게 짐작할 수 있다. 공포를 느끼고 경악한 이들도 있었고, 흥미를 느낀 이들도 있었으며, 제풀에 꺾일 거라며 묵살하고 일축한 이들도 있었다. 이와 반대로 12음 기법에서 약속의 땅, 특히 독일 음악의 이상향을 본 이들도 있었는데, 그들은 열정적인 지지 의사를 보였다. 음렬주의에 입각한 음악은 순수했고 엄정하게 통제되었다. 과거의 낭만주의 음악처럼 들리는 구석이 전혀 없었다. 쇤베르크와 그의 제자들—특히 베르크와 베베른—에게는 깊은 표현을 담고 있는 음악이었다. 제 나름대로는 바그너나 말러처럼 낭만적인 음악이기도 했다. 다만 바그너나 말러처럼 들리는 음악은 절대 아니었다. 아무튼 새로운 것만은 확실했다.

놀랍게도 감상자 입장에서 12음 기법을 채택한 음악과 자유롭게 비조성적인 음악의 차이점을 실제로 변별해내는 건 대단히 힘든 일이다. 다만 12음 기법을 사용하면 화성적 일관성이 보장되며 또한 12음 기법은 그 자체로 음악 작품을 구성할 수 있는 작곡 구조를 만들어낸다. 12음 기법은 그저 기법일 뿐이기 때문에 그것만으로 작품의 우수성과 저열성을 결정하지 못하며 또 그래서도 안 된다. 우리는 베토벤이 매일 어떻게 작곡에 임했는지, 그가 〈교향곡 5번〉 첫 악장을 쓰는 데 얼마나 오랜 시간이 걸렸으며(무척 오랜 시간이 걸렸다!), 마지막 완성품이 유기적이고 인상적이면서도 필연적인 느낌이 들게 하기 위해 작곡 과정에서 얼마나 많은 초안을 폐기하고 매만졌는지에 대해 궁금해할 수 있다. 하지만 결국 듣는 이에게 호소력을 갖고 아니고는 작품 자체의 몫일 수밖에 없다. 음악이 매력적이라면 그 음악을 쓴 인물에 대해 더 알고 싶고, 작곡 과정이 어땠는지 궁금해질지도 모른다. 그러나 어쨌든 첫 단추는 작품에 끌려야 한다는 것이며, 순서가 뒤집히는 경우는 그다지 흔치 않다.

이와 비슷한 시기에 출중한 또 한 명의 빈 태생 작곡가가 태평스럽게도 바그너와 말러, 그리고 멘토였던 리하르트 슈트라우스의 독일 클래식 음악 언어를 이어받고 있었다. 그는 쇤베르크가 지인들 앞에서 선보였던 귀를 긁는 음악의 대안을 제시했다. 그의 이름은 에리히 볼프강 코른골트였다. 코른골트의 음악은 몹시 복잡하면서도 쇤베르크나 베르크의 작품과 달리 불가사의한 고양감을 준다. 아름다운 선율 쓰는 일을 두려워하지 않았던 이 청년은 〈트리스탄과 이졸데〉와 〈파르지팔〉에서 배태된 것만 같은 언어로 음악을 썼고, 아울러 슈트라우스가 1910년 오페라 〈장미의 기사〉에서 그리했듯 빈 오페레타의 정서를 빌리는 데에도 주저함이 없었다. 코른골트의 반음계적 방랑은 늘 지극히 만족스러운 협화음으로 귀결되었다.

양극단에 서 있던 빈 출신의 두 작곡가―쇤베르크와 코른골트―가 모처럼 만난 적이 있었다. 지금까지도 코른골트 가문에서 자주 회자되는 일화다. 이날 만남에서 쇤베르크는 스무 살 이상 어린 코른골트에게 12음 기법의 작동 원리를 가르쳐주었다고 한다. 쇤베르크는 연필을 연필심이 바닥을 향하도록 들고 "만약 이게 기본 음렬이라면" 하고 운을 뗐다. 그런 다음 연필심이 천장을 향하도록 뒤집어 들고 "이게 전위형이 되는 셈일세"라고 말했다. 그러나 작곡 레슨이 끝날 때까지 기다릴 요량이 아니었던 코른골트는 쇤베르크의 말을 가로막고 나섰다. "좋아요, 하지만 쇤베르크 선생, 그걸로 음악을 쓸 순 없잖습니까!" 그러고는 아무 말 없이 피아노로 가서 쇤베르크가 1913년에 출판한 〈여섯 개의 작은 피아노 소품, 작품19〉를 악보도 보지 않은 채로 완벽하게 연주했다. 2019년 코른골트의 아흔다섯 된 며느리는 "아버님의 기억력은 정말 대단했다. 그건 가히 초자연적인 재능이라 부를 만했다"고 말했다.

결국 쇤베르크의 12음 음악을 판단한 판관은 평론가나 전문가 집단이 아니라 대중이었다. 대중은 스트라빈스키의 〈봄의 제전〉 이후의 음악도 판단했다. 대중의 판단 기준은 음악이 어떻게 쓰였느냐가 아니라 어떻게 들리느냐였고, 그 음악을 다시 듣고 싶은지 여부였다.

나중에 알게 된 사실이지만 스트라빈스키 음악의 최대 수혜자들과 쇤베르크의 가장 유명한 제자들은 프랑스인도, 러시아인도, 오스트리아인도 아니었다. 그들은 12음 기법이 창안되던 당시(1921~1923)에 막 걸음마를 뗀 아이들이었다. 파리, 베를린, 빈에서 서쪽으로 수천 킬로미터 떨어진, 누구도 상상하지 못하던 곳에서 자라고 있던 이 아이들은 자기가 장차 '모더니즘의 아버지' 스트라빈스키와 '무조주의의 아버지' 쇤베르크를 만나 그들에게 배우고 영감을 얻을 거라고는 짐작조차 하지 못하고 있었다.

세 명의 독재자가 무대에 오르다

그 무렵 또 다른 사건이 발생해 아이러니한 국면에 기름을 부었다. 이는 끝내 인류의 거대한 비극이요 유럽 문화의 비참한 말로로 이어졌다. 1922년 이탈리아의 왕 비토리오 에마누엘레 3세는 서른아홉 살의 베니토 무솔리니를 이탈리아 역사상 최연소 총리로 임명했다. 이탈리아는 이로부터 3년이 채 지나지 않아 전체주의 국가로 탈바꿈했다. 파시스트 이탈리아는 서방 국가 중 처음으로 러시아의 볼셰비키 지도부를 공식적으로 인정했다. 무솔리니는 이탈리아 문화의 공통분모랍시고 자국의 학생들에게 로마식 경례—팔을 몸 바깥으로 쭉 뻗는—를 강요했다. 처음에 미국은 무솔리니를 이탈리아에 질서와 안정을 가져올 인물로 보고 환영했다. 무솔리니를 본보기로 여긴 히틀러는 무솔리니의 로마식 경례를 전용했고 이는 '나치 거수경례'라는 이름으로 더 잘 알려졌다.

1923년 독일 마르크화의 가치는 전쟁 발발 전과 비교해 1조분의 1로 대폭락했다. 히틀러는 자신의 정당명에 '국가 사회주의'를 더했다. 히틀러는 독일을 손아귀에 넣으려 시도했다가 실패하고 그 죄로 투옥

당하지만, 1933년에는 마침내 독일 총리 자리에 오른다. 이탈리아에서 무솔리니 정권이 시작된 지 11년 뒤의 일이었다.

역시 1922년 블라디미르 레닌은 이오시프 비사리오노비치 주가시빌리를 소비에트 공산당 서기장으로 임명했다. 그러나 강력한 실행자 주가시빌리의 성정은 좀 더 단순한 이름을 선호했다. '철인鐵人'을 의미하는 '스탈린'*이 그것이다. 레닌은 곧 스탈린을 불신하는 쪽으로 바뀌었고, 죽음을 앞두고는 공산당이 집단 지도 체제하에서 운영되기를 희망했다. 그는 1924년 숨을 거두었고, 스탈린은 3년이 채 되지 않아 정부의 전권을 틀어쥐었다. 스탈린의 치세는 그가 사망한 1953년까지 이어지게 된다.[6]

이 세 명의 독재자 모두 음악을 통제했다. 히틀러와 무솔리니는 미국의 여러 측면을 동경했고, 세 사람 모두 할리우드 영화를 좋아해서 집에서는 영화를 틀어놓고 즐기곤 했다. 스탈린이 국빈 만찬을 마치고 돌아와 〈타잔〉 영화를 관람하는 모습, 히틀러가 〈백설 공주와 일곱 난쟁이〉를 뚫어져라 보고 있는 모습을 가만히 머릿속에 그리고 있자면, 환상의 대상을 필요로 했던 독재자의 심리와 흔히 조롱의 대상이 되곤 하는 미국 엔터테인먼트 산업을 향한 그들의 경외감을 곱씹어보게 된다. 한편 무솔리니는 로마에 영화 마을 '치네치타Cinecittà'를 건설해 이탈리아를 영화 제작국 대열에 동참시켰다. 1937년에는 '영화는 가장 훌륭한 무기'라는 모토까지 내걸고 본격적으로 영화 산업을 후원했다. 치네치타는 1945년 임시 수용소로 전락했다가 2차 대전 후 다시 영화

---

* 러시아어 '스탈(stal)'은 '강철'을 의미한다.

스튜디오로 거듭나 페데리코 펠리니의 〈달콤한 인생〉, 할리우드 영화 〈벤허〉와 〈클레오파트라〉의 촬영지로 사용되었다.

세 명의 독재자가 그토록 확고히 믿었던 통제의 신화는 이들 정권이 무너지고 난 뒤 달성된—그리고 되돌릴 수 없이 파괴된—현실과 거듭 충돌하며 그 실체를 드러냈다. 헤아릴 수 없는 비극과 상실이 인내심과 승리감과 뒤섞였다. 그중에서도 특히 아이러니한 사실은 히틀러가 유대인을 몰살하고 그들의 음악을 지워 없애려 시도했고, 그 일이 오히려 유대인이 쓴 음악이 그가 저녁 식사 후 즐기던 매체, 즉 영화를 통해 전 세계로 확산하는 데 이바지했다는 점이다.

이러한 음악사의 중심에 있는 인물이 바로 어디에나 존재하는 것처럼 보이는 작곡가 리하르트 바그너다. 그가 쓴 수치스러운 반유대주의 성명서들이 히틀러를 감화했음은 잘 알려진 사실이다. 바그너 일가가 2차 대전 전부터 바이로이트 페스티벌의 명줄을 붙여놓기 위해 총통에게 알랑방귀를 뀌었다는 것도 오페라 애호가들에게는 익히 알려져 있다. 그러나 바그너의 **음악**이, 끊임없이 변화를 거듭하는 오케스트라의 뼈대 속에서 끝없이 이어지는 선율을 지어낸 그의 막대한 성취가, 서양 음악의 공통 언어가 된 경위는 상대적으로 잘 알려지지 않았다. 더욱 놀라운 사실은 전쟁 기간과 그다음 세기로 넘어가는 동안 바그너의 전통을 공개적으로 이어받아 전 세계에 전파한 유대인 작곡가들이 정작 대가의 인종과 종교에 관한 혐오스러운 사상에 대해서는 침묵으로 일관해왔다는 점이다. 로스앤젤레스에 정착하여 활동하던 작곡가들과 그들의 식솔은 이미 세상 속 반유대주의에 대처하느라 지친 상태였다. 독일 음악의 가장 위대한 천재—게다가 그들이 태어나기 한

참 전에 절명한 천재—가 쓴 에세이 한두 편을 물고 늘어질 여유가 없었다.

그러나 이야기를 성급하게 밀고 나가기에 앞서 먼저 히틀러, 무솔리니, 스탈린이 음악을 통제하기 위해 실제로 어떤 일을 했고, 그 과정에서 승자와 패자는 누구였는지 짚는 게 좋겠다.

5

히틀러, 그리고 내부로부터 생겨난 맹독

영국 철학자 브라이언 매기의 명철하면서도 간결한 분석을 담고 있는 저서 『바그너의 면모들』(1968)에는 「유대인들—특히 음악에서」라는 제목이 붙은 챕터가 있다. 여기서 저자는 유대인이 어떻게든 클래식 음악을 지배하게 될 거라고 믿은 바그너의 인식을 논한다. 매기는 19세기에 시작된 미술, 문학, 과학, 철학, 음악 분야에서 나타난 유대인들의 폭발적 성취라는 현상에 관해 유일무이한 설명을 제공한다. 그는 이것이 유대인이 우수한 인종인가 아닌가의 문제는 아니라고 못 박는다(만약 그랬다면 반유대주의를 거꾸로 뒤집은 역 인종차별주의가 될 것이다). 그는 또한 유대인이 독보적인 지적 전통을 가지고 있었으며 이것이 수 세기를 묵은 뒤 갑자기 개화한 것도 아니라고 설명한다. 대신 매기는 이렇게 쓴다.

근본적인 것들에 있어 독창성은 폐쇄적이고 권위주의적 문화에서는 해롭게 작용한다. 그러한 문화는 기본 전제에 이의를 제기하는 것을 용인하지도 않고 용인할 수도 없기 때문이다. 나폴레옹은 유럽을 정복하면서 게토의 관문을 열기 시작했다. 마침내 게토가 개방되자 유대인들은 … 저들만의 부흥기를 맞았다. 유대인의 부흥기는 (고대 그리스 시대, 르네상스 시대, 유럽의 신교화新敎化 시대와) 굵직굵직한 특징을 공유했다. 이를테면 해방을 달성하고 두세 세대 만에 성취의 절정기를 맞았다는 점, 가장 뛰어난 창조적 천재들과 폐쇄적인 종교적 지적 성취 사이의 단절이 관찰된다는 점, 제도적 편견과 개인적 분노에 맞선 평생의 투쟁이 있다는 점, 종말이 다가오기 전 고도로 조직화된 구조에 국가의 지원이 더해진 거대한 규모의 살육이 벌어졌다는 점이 그것이다.

아마도 바그너는 누구보다 앞서 이러한 미래를 내다보았던 것 같다. 그는 파리 오페라를 장악한 작곡가들—프로망탈 알레비와 자코모 마이어베어로 둘 다 유대인이었다—을 공격했다. 펠릭스 멘델스존(유명한 유대인 가문 출생이었지만 유대교와 무관하게 성장했고 일곱 살 때는 기독교 세례까지 받은)에 대해서는 어마어마한 재능을 가졌다고 칭찬하면서도 깊이라고는 찾을 수 없는 음악가라고 비난했다. 1883년 바그너가 사망했고, 유대인 작곡가 구스타프 말러와 아르놀트 쇤베르크는 20세기 초반 클래식 음악계를 휩쓸 유대계 음악인의 재능이라는 거대한 파도에 올라타게 된다. 유대인의 피를 물려받은 위대한 독일 작곡가, 연주자, 지휘자, 성악가 들은 독일인이—또한 세계가—규정한

'독일' 음악과 마주하게 된다. 1933년 인구 6700만의 독일에는 스스로를 유대인으로 여기는 독일인이 40만 명에 이르렀다.

고도로 수준 높은 문화를 자랑하던 나라가 반유대주의를 천명하면 어떤 일이 일어날까? 게다가 창작을 업으로 하는 계층의 상당 부분이 유대인인 나라라면 말이다. 답은 뻔하지 않겠는가. 문화적 자살이다. 2차 대전이 종식되고 75년이 흘렀지만 독일과 (한때 제3제국에 병합되었던) 오스트리아는 과거의 수준을 회복하지 못하고 있다.

나치가 '퇴폐 미술Entartete Kunst', '퇴폐 음악Entartete Musik'으로 호칭한 예술에 관해 많은 연구와 저술이 이루어져왔다. 독일어 '엔타르테트entartet'는 19세기에 탄생한 신조어로, '엔트ent-'는 무엇으로부터 '멀어진다'는 의미를 품고 있고, '아르트art'는 '유형' 혹은 '종류'를 가리킨다. 이 단어의 원형이 되는 '엔타르퉁Entartung'은 1892년 막스 노르다우가 집필한 동명의 사회 평론서에서 처음 사용되었다. 이 책에서 노르다우는 바그너를 비롯한 예술가들의 방종한 예술 행위를 세기말 사회의 타락상을 보여주는 징후로 꼽으며 공격했다(노르다우의 공격 대상에는 반유대주의도 포함되어 있었다). 이 개념을 나치가 저들의 목적에 맞게 끌어다가 제멋대로 전용한 것이다.

'퇴폐'라는 이 기묘한 단어는 우리의 이해와 기대 범위를 벗어나는 대상이라면 뭐든지 갖다 붙일 수 있다. 묘사하는 대상이 기형이거나 흠결이 있다는 걸 암시함으로써 혐오감을 불러일으킨다. 동시에 참으로 막연한 단어이기도 해서 '지능 발달이 더딘' '꼴이 흉한' '병든' 등의 의미로 마구 확장될 여지도 있다.

미술과 음악을 독일 제국의 통일에 지극히 중요한 역할을 하는 요소로 간주한 나치는 독일인들에게 특정 미술과 음악이 얼마나 역겹고 위험할 수 있는지 소개하는 두 차례의 전시회를 기획했다. 그중 첫 번째는 1937년에 열린 퇴폐 미술 전시회로, 미술관과 개인 소장가에게서 압수한 작품들을 추려 모아 뮌헨을 시작으로 독일과 오스트리아의 여러 도시를 순회했다. 선전부 장관 요제프 괴벨스는 제3제국이 진보적이고 현대적인 이미지로 보이기를 원했지만, 히틀러는 괴벨스의 진언을 무시하고 독일에서 그 어떤 현대 미술도 전시할 수 없도록 방침을 정했다. 나치는 장부 정리만큼은 확실했다. 덕분에 우리는 독일 시민과 여러 기관으로부터 모두 16,558점의 작품이 몰수되었고, 순회 전시회에 200만 명이 넘는 독일인이 다녀갔다는 사실을 알고 있다. 전시 대상으로 선정된 퇴폐 미술품들은 퇴폐의 형태에 따라 '신성에 대한 무례한 조롱' '독일 여성에 대한 모욕' '이상: 백치와 창녀' '유대 인종 영혼의 진면목' 따위의 명칭으로 소분류되었다.

1938년 제3제국은 또 다른 전시회를 기획했다. 바이마르의 극장장 한스 제베루스 치글러가 큐레이터 노릇을 하고 뒤셀도르프를 기점으로 한 전시회의 주제는 퇴폐 음악이었다. 퇴폐 미술 전시회보다 규모는 작았지만 나치가 위험한 것으로 간주하여 금지한 음악에 관한 시각을 공식적으로 천명한 자리였다. 퇴폐 미술 전시회에 전시된 미술 작품은 비사실주의적인 것들로, 왜곡된 시각 이미지와 '타락한' 주제의 작품들이 선정 공개되었던 데 반해, 연주가 금지된 음악 작품에서는 일관된 양식을 찾을 수 없다는 게 난점이었다. 유대인이 쓴 음악과 공산주의자가 쓴 음악이 모두 금지곡 목록에 올랐다. 하지만 유대인들과 공산주의자들은 독일의 여타 작곡가들과 마찬가지로 각자의 민족,

종교나 정치적 신조와 무관하게 온갖 다양한 음악적 양식을 사용해 곡을 쓰고 있었다. 루터교 신자 파울 힌데미트와 로마가톨릭교도 에른스트 크레네크 역시 제3제국 지도층의 심기를 건드렸다는 이유로 국가의 예술에 반하는 적으로 분류되었다.

그러므로 정부로서는 오락가락할 수밖에 없는 저들의 입장을 독일 국민이 납득할 수 있도록 설명해야만 했다. 대학—더 이상 유대인을 교수로 받아들이지 않는 것은 물론이요 유대인이 강단에 서는 것조차 금지했다—의 교직을 유지하고자 했던 음악학자들은 힌데미트, 코른골트, 바일, 쇤베르크의 음악에 내린 저주를 정당화하고 멘델스존과 말러의 음악을 배제하는 결정을 뒷받침하는 학술 논문을 저술하는 일에 꼼꼼한 수고를 마다하지 않았다. 그러나 음악과 관련한 히틀러의 미학적 선언과 발표에서 공통분모를 찾는 일은 쉽지 않았다. 공통분모랄 게 없었기 때문이다.

히틀러는 10대 시절 바그너의 오페라와 사랑에 빠지긴 했으나 우리가 생각하는 것만큼 클래식 음악에 관심이 많진 않았다. 그는 베르디의 〈아이다〉와 오페레타도 즐겼는데, 특히 프란츠 레하르의 〈유쾌한 미망인〉(1905)을 개인적으로 가장 좋아했다고 한다. 레하르는 오스트리아가 제3제국에 병합되고 2년 뒤인 1940년 빈 필하모닉이 〈유쾌한 미망인〉을 무대에 올린다고 하자 장대한 서곡을 새로 지어 붙였다. 히틀러는 독일인들이 자국의 클래식 음악 기관들을 지원하도록 장려하는 일에 강한 흥미가 있음을 표현**해야 함**을 알고 있었지만(히틀러는 명령을 내려 베를린 필하모닉 단원들의 군 복무 의무를 해제해주었고 바이로이트에 있는 바그너의 극장을 보호하는 데에도 각별히 신경을 썼다), 그가 즐긴 건 재미있는 할리우드 영화를 보고 또 보는 일이었다.

독일 유대인 작곡가들의 '퇴폐' 음악

히틀러는 독일다움의 정신을 강화할 필요가 있었다. 그렇게 할 수 있는 한 가지 방법이 바로 모두가 보편적으로 인정하는 독일 클래식 음악의 우수성을 찬양하고 고무하는 것이었다. 그러나 클래식 음악을 찾는 대중의 숫자는 이미 감소 추세였다. 독일인들(을 비롯한 유럽인들)은 더 재미있고 짜릿한 음악에 정신이 팔린 상태였다. 대도시의 카바레와 재즈 클럽, 라디오 방송에서는 1차 대전 이후 유럽인들의 인식 속으로 들어온, 미국이 생산한 혹은 미국으로부터 영향을 받은 음악을 쉽게 접할 수 있었다. 비록 독일인들은 베토벤 연주회에 더 이상 발걸음을 하지 않을지언정 클래식 음악 종주국으로서의 '브랜드'는 여전히 자랑스럽게 여기고 있었다.

나치는 국민의 바람을 정확히 읽기 위해 당시 세계 최선진 기법으로 여겨지던 미국의 여론 조사 방식을 연구했다. 이 일에 결정적으로 공헌한 인물이 바로 스무 살의 엘리자베트 뇔레였다. 뇔레는 1937년 교환 학생 자격으로 베를린을 떠나 미국의 미주리 대학에서 유학했고, 동료 학생들은 그녀를 의심 섞인 눈초리로 바라보았다. 뇔레는 '감마 알파 카이' 여학생 클럽(1920년 미주리 대학에서 창단된 단체로 현재는 존재하지 않는다)의 알파 지부 회원이 되었다. 감마 알파 카이 클럽은 스스로를 '여성을 위한 국립 명예 홍보 협회'로 칭했다.

　　미국 유학을 마치고 조국 독일로 돌아온 뇔레는 1940년 「정치와 언론에 관한 미국의 여론 조사」라는 제목의 논문을 집필했다. 논문이 특히 주목한 것은 1935년 조지 갤럽이 세운 '미국 여론 기관American Institute of Public Opinion'의 기법과 성과였다. 뇔레는 모호한 데이터를 정치적으로 이용하고, 이를 공개한 뒤 다시 여론 조사를 실시해 가짜 데이터가 어떻게 대중의 여론에 영향을 미치는지 보여주려 했다는 비난을 받았다. 뇔레의 논문을 눈여겨본 괴벨스가 그녀에게 일을 맡겼다. 미국에서 배워온, 여론을 읽고 통제하는 방법에 관한 지식과 공공 정책이 제3제국의 미적 의사결정 과정에 편입된 경위였다.[1]

　　1차 대전 이후의 평화 조건을 결정한 베르사유 조약으로 독일이 톡톡히 망신을 당했다는 것은 잘 알려진 사실이다. 어쨌거나 전쟁은 어느 한쪽의 항복이 아니라 양측 사이의 휴전 결정으로 마무리되었다. 그런데도 독일은 전쟁의 유일한 가해자로 취급당했으며 어마어마한 징벌적 조치를 떠안았다. 전쟁의 공식적 종결을 알린 베르사유 조약은 페르디난트 황태자 암살 사건이 발생한 지 정확히 5년 뒤인 1919년 6월 28일에 체결되었다. 이날은 2차 대전의 씨앗이 뿌려진 날이었다. 갚아도 갚아도 끝이 없는 전쟁 배상금, 공개적인 모욕, 이에 따른 국민적 분노가 이때부터 시작되었고, 그것이 곧 독일 국민과 독일 문화의 수호자 히틀러를 가능하게 했기 때문이다. 베르사유궁에서 열린 조약 체결식에 참석한 독일 측 대표에게는 타국 대표와 같은 출입구를 사용하는 일조차 허용되지 않았다. 독일이 전쟁 배상금을 모두 다 갚는 데에는 92년이 걸려 2010년 10월 3일에야 마지막 배상금 지급이 이루어졌다. 2차 대전이 종식된 지 65년 뒤의 일이요, 서독과 동독이 통일을 이루고도 20년이 흐른 뒤의 일이었다.

독일 대중이 클래식 음악을 주도하는 국가라는 난공불락의 지위를 스스로 높이 평가하고 있었다면, 외부로부터 가해지는 수모를 견디면서 동시에 희생양으로 삼을 만한 존재를 내부에서 찾고 있었다면, 새로 집권한 나치에게 음악은 국가적 결속력을 강화하는 데 결정적인 역할을 수행할 수 있는 매력적인 대상으로 다가왔을 것이다.

재즈의 인기가 높긴 했으나 재즈는 풍기 문란이나 방종함이 함께 연상되는 측면이 있었다. 게다가 누가 듣기에도 '외부의 것'이 분명한 사운드의 음악이었다. 그렇기에 재즈는 독일의 음악 유산(독일이라는 국가적 정체성을 은유하는)이 인종적으로 열등하고 위험한 외국인에 의해 공격받고 있다는 느낌을 주는 음악이기도 했다. 재즈는 일종의 불법 약물로, 정부의 조치가 취해져야 할 마약과도 같은 존재였다.

또 다른 맹독은 내부에서 비롯되었다. 독일 유대인들의 음악은 아름답고 희망을 주는 음악을 교묘히 모방함으로써 '진정한 독일 음악'에 침투해 나라를 장악하려 한다는 이유로 정녕코 위험한 것이라 여겨졌다. 한마디로 이들의 음악은 진실성도 없고 출처도 의심쩍다는 소리였다. '방랑하는 유대인들'은 돌아갈 고향이 없는 사람들이었다. 이들은 다른 사람들과 동화함으로써 생존을 이어왔고, 다른 이들의 심오한 작품을 훔치고 거기서 얻는 이득으로 연명해왔으며, 돈을 벌기 위해서라면 뭐든 가리지 않았다. '퇴폐 음악'은 실험적이고 현대적일 수도 있고, 전통적이며 매혹적이고 아름다울 수도 있었다. 퇴폐 음악은 문화적 간통 혹은 문화적 노략질을 범하는 예술가의 인종 때문에라도 파괴되어야 마땅했다.

이는 곧 대중에게 어떤 음악이 유독하고 어떤 음악이 아닌지 **일러주어야 함**을 의미했다. 리하르트 슈트라우스의 1917년 오페라 〈그림자 없는 여인〉에 크게 빚지고 있는 코른골트의 1927년 오페라 〈헬리아네의 기적〉을 듣고서 코른골트의 장대한 성취가 사악하고 공허한 것이라고 누가 짐작이나 할 수 있겠는가. 유대인 작곡가 시그먼드 롬버그(그의 본명은 지크문트 로젠베르크다)가 쓴 선율미 넘치는 빈풍 오페레타 〈학생 왕자〉는 베를린에서 큰 성공을 거두었으나 1933년 공연 금지 명령이 떨어지는 운명을 맞았다.[2]

요한 슈트라우스와 그의 아들인 요한 2세의 음악은 롬버그의 음악과 무척 비슷하게 들리는데, 독일 입장에서 보자면 오스트리아를 제국의 품으로 끌어안은 뒤인 1938년 이후에 이들 부자의 음악을 공격하기란 불가능에 가까운 일이었다. 1899년에 사망한 아들 슈트라우스는 '왈츠의 왕'으로 알려진 거목이다. 차마 〈아름답고 푸른 도나우〉나 〈박쥐 서곡〉 같은 작품을 금지곡 목록에 올릴 수 없었던 나치는 대신 다른 전략을 택했다. 슈트라우스 가문에 존재하는 수많은 유대성을 간단히 지워버린 것이다(심지어 세례 명부를 가위로 잘라버리기까지 했다). 요한 2세가 결혼을 세 차례 했고 그중 두 번은 혼처가 유대인이었음도 절대 언급하지 않았다. 요한 2세의 수양딸은 강제 추방의 공포에 시달리며 살다가 나치의 고위 관료와 결혼했지만, 그럼에도 슈트라우스 가문의 유산과 인세 수입을 전부 포기하겠다는 서약을 해야 했다.

레하르는 유대인 아내와 여러 편의 오페레타를 통해 협업한 대본 작가 프리츠 뢰너-베다(본명은 베드르지흐 뢰비) 중에 한 명의 목숨만 살리는 잔인한 선택을 해야 했다는 이야기를 전쟁이 끝난 뒤에야 비로소 털어놓으며 울먹였다. 그가 선택한 건 아내였다. 뢰너-베다는 아우슈비츠에서 몽둥이에 두들겨 맞아 죽었다.

현대음악과 극음악은 금지곡 목록에 올리기가 어렵지 않았다. 인기가 없기도 했고, 그중 대부분은 대중에게 충격을 주고 도발하는 목적을 띠었기 때문이다. 쇤베르크는 모두가 아는 유대인이었다. 그의 최근작은 불협화음과 불쾌감을 주는 노랫말 등의 이유로 대중의 외면을 받고 있었다. 그와 그의 추종자들(모두가 유대인인 건 아니었다)의 음악을 금한다고 해서 대중이 격렬히 항의하고 나설 일은 없었다. 힌데미트는 유대인이 아니었음에도 날카롭고 도발적인 이야기를 무대 음악 소재로 활용하여 당국의 불편을 샀다. 그가 쓴 오페라 〈성녀 수산나〉(1921)가 좋은 예다. 줄거리는 이렇다. 창밖으로 남녀가 사랑을 나누는 장면을 목격한 수녀가 뭔가에 홀린 듯 수녀원 예배당의 거대한 십자가상을 덮고 있는 장막을 찢는다. 벌거벗은 채 넋이 나간 듯 성적 광분의 상태로 발견된 그녀는 수녀원 안에 산 채로 묻어달라고 청한다. 한편 힌데미트의 1929년 코믹 오페라 〈오늘의 뉴스〉는 욕조에 몸을 담근 소프라노가 도시 상수도 체계의 편리함을 노래한다. 이 작품을 관람한 괴벨스는 단순한 언짢음을 넘어 격분했다. 비록 힌데미트는 자신의 초기작들과 이미 거리를 두기 시작한 상태였지만 〈오늘의 뉴스〉 이후로 독일 잔류는 언감생심의 선택지가 되고 말았다. (이 이야기의 여러 아이러니 중 하나는 힌데미트와 쇤베르크처럼 2차 대전 전에는 급진적이라고 공격받았던 작곡가들이 전쟁이 끝난 다음에는 오히려 보수적이라는 이유로 비판의 대상이 되면서 시류와 무관한 뒷방 늙은이 취급을 받았다는 사실이다.)

‘퇴폐’로 분류된 음악은 여러 양식이 잡동사니처럼 뒤섞인 음악이자 정치적 의제를 관철하기 위해 얼치기 과학, 미학 이론, 유린당한 도덕, 노골적인 거짓을 사용한 음악으로 특징지어졌다. 법의 테두리 바깥으로 밀려난 음악에는 또 한 가지 공통점이 있었으니, 작곡 기법의 뿌리를 독일 전통에 두고 있으며, 작곡가들이 모두 엄격한 독일식 교육을 받았다는 사실이다. 그럼에도 ‘퇴폐’라는 딱지가 붙은 작곡가들은 저마다 다른 ‘목소리’로 언론의 큰 주목을 받고 국제적인 명성을 얻었다.

당시 독일의 생존 작곡가 중 가장 위대한 인물이라는 만장일치의 평가를 받은 리하르트 슈트라우스는 전쟁 중에도 독일을 떠나지 않았다. 그는 1864년에 태어나 1949년에 사망했다.[3] 슈트라우스는 제국 음악국局의 국장 자리를 받아들였다. 제국 음악국은 1933년 나치가 집권하고 얼마 지나지 않아 ‘우수한 독일 음악’을 고취하는 작곡가 길드 역할을 하게 할 목적으로 괴벨스가 설립한 기구였다. 슈트라우스는 이 명예직을 수락한 이유에 대해 “지금부터 독일 음악계가 ⋯ 아마추어와 자리만 탐하는 머저리들에 의해 ‘재편된다’고 하더라도 더 큰 불행을 막고” 뭔가 보람 있는 일을 하기 위해서라고 밝혔다. 그는 자신의 명성과 공식 직위를 이용해 클래식 음악가들이 더 많은 인세를 받을 권리를 위해 싸웠고 저작권 보호 기간을 연장하는 데에도 힘썼다.

비어홀과 카바레용 음악, 독일 오페레타 음악뿐만 아니라 미국에서 건너온 대중음악의 선호도가 높아지는 경향이 뚜렷해지자, 슈트라우스는 ‘진지한’ 독일 음악의 존립을 보장하기 위해 클래식 음악 작곡가들이 더 높은 인세를 받아야 마땅하다고 생각했고, 법안 통과를 통해 원하는 바를 이루어냈다. 이후 모든 음악은 저작권 관리상의 목적으로 '우-무지크'(운터할퉁스무지크Unterhaltungsmusik, 즉 '오락용 음악')와 '에-무지크'(에른스트 무지크Ernste Musik, 즉 '진지한 음악')로 나뉘었다. 진지한 음악과 대중음악의 분할(과 인세 차등)은 법제화되어 세계 곳곳에서 되풀이되었다. 리하르트 슈트라우스가 이끄는 클래식 음악 작곡가들이 시작한 분열 노선은 지금까지도 그대로 이어지고 있다.

슈트라우스는 다른 면에서는 정치에 별로 관심을 두지 않았다. 나치가 상징적인 용도로 이용했던 슈트라우스는 곧 다른 인물로 대체되었다. 그의 아들 프란츠가 유대인과 결혼하면서 슈트라우스의 손주들은 유대인으로 분류되었다. 고령의 작곡가에게 그 말은 곧 비칠 듯 투명하고 순수한 파스텔 빛깔의 오페라나 쓰면서 쓸데없는 분란을 일으키지 않아야 한다는 의미였다. 그는 이미 1935년 유대인 작가 슈테판 츠바이크의 대본에 붙인 〈말 없는 여인〉으로 커다란 위험을 자초한 전력이 있어서 더더욱 삼가고 조심해야 했다.

나치 집권기(1933~1945)에 발표되어 세계적인 성공을 거둔 독일산 클래식 곡은 딱 하나뿐이다. 카를 오르프의 〈카르미나 부라나〉다. 1937년 초연 이후 즉각 히트작이 된 이 작품을 나치는 순수한 독일인에 의해 새롭고 위대한 독일 작품이 작곡되고 있음을 세계만방에 입증하는 사례로서 적극 환영했다. (오르프의 조상 중에 유대인이 있었던 것으로 짐작되지만 피에 섞인 유대인의 혈통이 4분의 1도 되지 않아 눈감아줄 만한 정도였다.) 어떤 면에서 〈카르미나 부라나〉와 2차 대전의 관계는 스트라빈스키의 〈봄의 제전〉과 1차 대전의 관계와 같았다.

거침없는 추진력으로 부족성의 잔혹함을 보여주는 〈카르미나 부라나〉는 〈봄의 제전〉보다 연주하기도 쉽고 이해하기도 쉬운 장점이 있다. 단박에 인식할 수 있는 굵직굵직하고 단순한 화음 덩어리, 반복적인 리듬, 이국적 관능성이 느껴지는 구간들은 예측 불가능하고 길들지 않은 동물 같은 〈봄의 제전〉과 달리 강렬한 음악적 최음제에 가까웠다. 오늘날까지도 〈카르미나 부라나〉는 제3제국 시절 독일 작곡가가 쓴 음악 중 레퍼토리 내로 진입한 유일한 작품으로 남아 있다. 또 다른 위대한 '독일' 작품은 독일 이외의 국가에서 탄생했다. 200여 년의 위대한 클래식 음악 전통이 성공적으로 이식되어 개화한 미국이 가장 두드러졌고, 프랑스와 영국이 이를 거들었다.

6

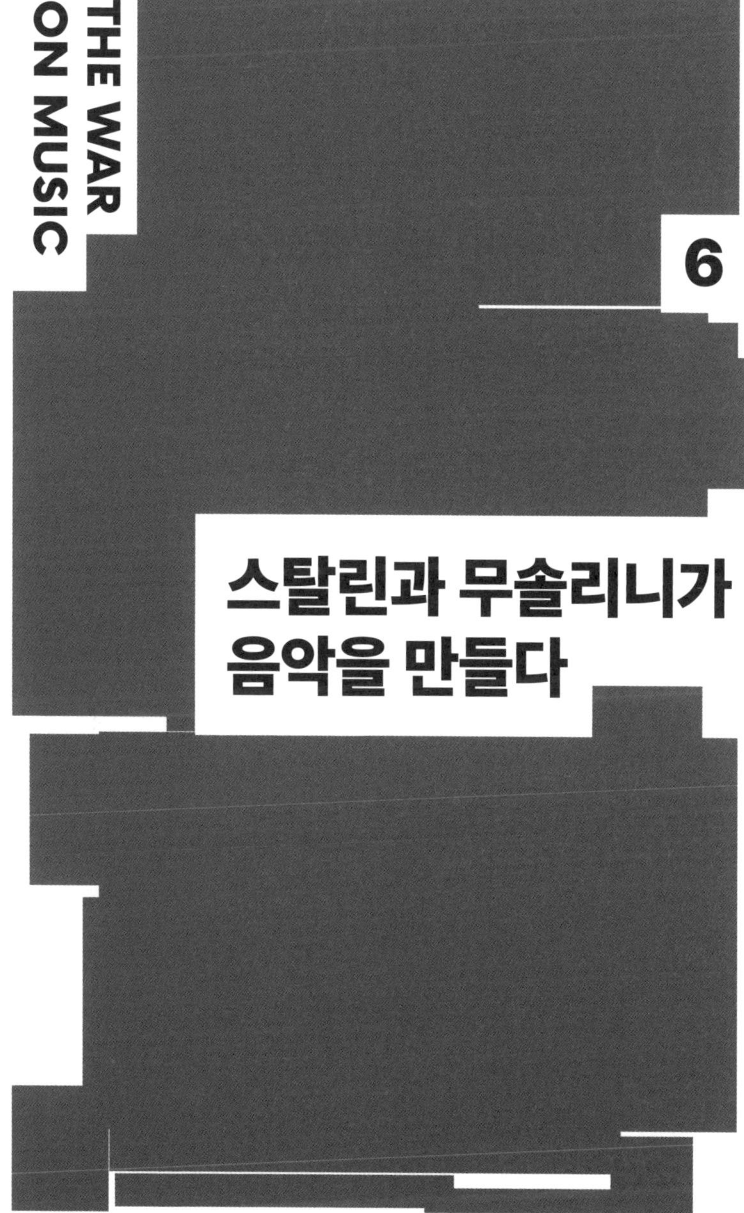

스탈린과 무솔리니가
음악을 만들다

아돌프 히틀러의 독일에는 4700종의 신문이 간행 중이었던 데 반해 이오시프 스탈린이 다스리는 소련과 베니토 무솔리니가 다스리는 이탈리아는 국민들의 문해력이 현저히 낮았다. 하지만 음악은 글을 읽지 못하는 사람도 이해할 수 있었다.

무솔리니와 스탈린은 1920년대에 권력을 잡았고 스탈린의 경우 2차 대전 이후인 1953년까지 권좌에서 내려오지 않았다. 이 둘이 체제를 대표하는 작곡가들과 그들이 쓰는 음악에 미친 영향력은 통치 기간이 가장 짧았던 히틀러와는 사뭇 달랐다. 이들 사이에는 공통점도 있었다. 음악을 통해 정부와 정치 철학, 그리고 그들이 이끄는 국가를 표상하고자 했다는 사실 말이다.

전례가 없는 건 아니었다. 예를 들어 나폴레옹은 군대를 이끌고 큰 도시에 들어가기 전에 새로운 음악이 그의 행렬을 환영해주길 바랐고, 심지어는 정복지 사람들이 프랑스 공화국을 지지하도록 상금을 내건 작곡 경연 대회를 개최하기도 했다. 파리 음악원 감독관들 앞으로 보낸 1797년 10월 17일자 편지에서 나폴레옹은 흡사 고대 그리스인들이 했던 것처럼 다음과 같이 강조했다. "모든 예술 가운데 사람들의 정념에 가장 큰 영향력을 행사하는 예술이 음악이며, 따라서 입법자들이 가장 장려해야 하는 예술 또한 음악입니다. 장인이 만든 음악 작품은 사람들의 감정에 한결같이 호소합니다. 음악은 사람들의 이성을 설득하지만 습관까지는 바꾸지 못하는 도덕에 관한 양서보다 훨씬 큰 영향을 끼칩니다."

히틀러, 무솔리니, 스탈린은 저들의 체제에 공식적인 음향을 부여할 음악 **양식**을 콕 집어 요구했다. 그중에서도 스탈린의 음악 취향은 오랜 세월 소련 작곡가들에게 하나의 상수常數로 존재했다. 히틀러나 무솔리니와 달리 스탈린의 지침은 사후까지 이어져 소비에트 연방이 붕괴한 1991년까지 다양한 수준의 통제력을 발휘했기 때문이다.

소비에트 연방의 공식 음악: 프로코피예프와 쇼스타코비치

2차 대전의 패전국이었던 독일, 이탈리아와 달리 소련 정부는 1932년 스탈린이 수립한 예술 정책을 그대로 유지했다. '사회주의 리얼리즘'이라는 용어로 요약되는 이 정책은 실험적이고 초현대적인 음악을 단호히 배척했다. 당시 소비에트 연방에는 오페라, 발레, 협주곡, 교향곡, 영화음악 분야에서 가리지 않고 활동하는 슈퍼스타 작곡가 두 명이 있었다. 1936년 귀국하여 정착한 세르게이 프로코피예프와 평생 러시아를 떠나지 않은 드미트리 쇼스타코비치였다. 2차 대전 종전 무렵 프로코피예프는 발레곡 〈신데렐라〉(1940~1944)를 탈고한 참이었고, 1942년부터 쓰기 시작한 오페라 〈전쟁과 평화〉에 한창 매달리고 있었다. 세르게이 예이젠시테인의 영화 〈이반 뇌제〉(1944)에 스코어score를 붙인 것도 이 무렵의 일이었고, 대단한 인기를 끈 〈교향곡 5번〉역시 1944년 여름에 완성되었다.

소비에트인들에게 '형식주의'에 기울었다는 혐의는 곧 시베리아로 가는 편도 승차권이나 다름없었다. 문제적 인사들의 음악은 출판, 연주, 방송의 기회를 완전히 박탈당했다. 무솔리니는 보다 유연한 방침을 취했다. 그러나 그 역시 이탈리아의 최첨단 모더니즘—비행기, 근육질의 사내들, 여성 혐오, 기계음을 음악 예술로 바라보는 시각 등—의 예술 철학을 받아들이는가 싶더니 돌연 태도를 바꾸어 이러한 미학이 음악적으로 구현되는 사례를 배척하기 시작했다. 따라서 이탈리아 대중 역시 그의 취향을 따라갈 수밖에 없었다. 히틀러는 쇤베르크가 정립한 체계를 유대인 세력이 독일 문화를 파괴하기 위해 꾸민 음모의 일환으로 바라보았다. 쇤베르크는 오히려 자신의 혁신으로 독일 음악이 강력한 주도권을 쥘 거라 내다보았는데도 말이다. 아무튼 독일, 이탈리아, 러시아는 저마다 다른 이유로 동일한 결론에 도달했다. 이들은 모두 비조성 음악과 12음 음악, 그리고 조금이라도 '실험적'으로 여겨질 기미가 보이는 음악에 재갈을 물렸다. 그만큼 대놓고까지는 아니어도 은근히 애국주의적 음악을 성원했던 미국에서는 에런 코플런드, 윌리엄 슈먼, 월터 피스턴 같은 작곡가들이 사회주의 리얼리즘의 미국판 음악을 썼다(코플런드의 〈애팔래치아의 봄〉이 특히 유명한 사례다). 그러나 앞으로 보게 될 테지만, 2차 대전 이후 냉전 시대에는 이 모든 판도가 뒤집히게 된다.

소비에트 작곡가 연맹의 회원이자 국가의 공인을 받은 작곡가의 명단은 길지만, 프로코피예프와 쇼스타코비치를 제외한 나머지 이들의 음악은 러시아를 포함한 세계 그 어디에서도 좀처럼 연주되지 못하고 있는 형편이다. 드미트리 카발렙스키와 아람 하차투랸의 작품이 간혹 연주되곤 하지만, 사람들에게 발견되기를 기다리는 무수한 작곡가가 지은 수천 시간 분량의 음악에 비하면 빙산의 일각이다. 이들의 음악이 좋은지 아닌지는 일단 러시아 자료 보관소의 지하실을 샅샅이 뒤져 작품을 발굴하고 연주를 해본 다음에야 판단할 수 있는 문제다.

자료 보관소는 러시아 외에도 여러 지역에 퍼져 있다. 소비에트 연방은 러시아를 비롯해 아르메니아, 아제르바이잔, 벨로루시야(지금의 벨라루스), 에스토니아, 조지아, 카자흐스탄, 키르기지아(지금의 키르기스스탄), 라트비아, 리투아니아, 몰다비아(지금의 몰도바), 타지키스탄, 투르크메니스탄, 우크라이나, 우즈베키스탄까지 열다섯 개 국가의 연합체였다. 소비에트 연방을 구성했던 국가의 클래식 음악은 정치적 예술적 이유로 지금까지 거의 알려지지 않은 채로 묻혀 있다. 최근 쇼스타코비치의 친구였던 폴란드 작곡가 미에치스와프 베인베르크(1919~1996)의 음악에 대한 관심이 일고 있는데, 이런 작곡가들이 얼마나 더 많겠는가?

프로코피예프와 쇼스타코비치만 해도 승인과 소멸 사이의 아슬아슬한 줄타기를 그럭저럭 잘 해낸 축에 속한다. 프로코피예프의 젊은 시절 음악은 높은 화성의 밀도로 무조성 음악에 근접했으나 리듬 면에서는 동시대의 스트라빈스키에 비해 예측 가능성이 커 대중의 취향에 부합하는 편이었다. 또한 선율을 빚는 솜씨가 부족해 남들이 쓴 멜로디를 곧잘 활용해야 했던 스트라빈스키와 달리 프로코피예프는 선율적 재능도 출중했다.

스트라빈스키는 가능한 모스크바에서 떨어진 곳으로 서향西向에 서향을 거듭했지만, 프로코피예프는 파리와 미국에서 거둔 성공에도 불구하고 다시 러시아로 돌아가 소비에트의 손아귀 안에서 여생을 보냈다. (스트라빈스키와 프로코피예프가 파리에서 활동하던 1913년만 해도 40년 뒤 프로코피예프가 모스크바에서 스탈린과 같은 날 숨을 거둘 것이며 스트라빈스키는 웨스트 할리우드의 오랜 주민이 될 거라고는 그 누구도 예상하지 못했다.)

프로코피예프는 거칠고 흉포한 초창기 음악으로 이름을 얻었으나 유럽과 미국에서 이런 스타일의 유행이 저물자 한결 단순하고 다가가기 쉬운 양식으로 전환을 꾀했다. 크리스천 사이언스로 개종하면서 음악 양식이 바뀌었다는 추측도 있고, 20세기 초반의 음악 사조를 거부한 많은 청년 음악가들이 그러했듯 프로코피예프 또한 "땡깡 단계"—작곡가 네드 로럼의 표현이다—를 거치고 난 뒤에는 자연스레 화성과 리듬의 포화 상태와 거리를 두었다는 설명도 있다. 그러나 1936년 가족과 함께 소련으로 돌아온 뒤로 양식적 단순화는 절대적인 필수 요건이 되었다. 툭하면 각종 위원회에 불려다니며 조사를 받는 수치스러운 상황 속에서 다른 대안은 가능하지 않았다. 만년에 들어서는 가난 때문에 〈교향곡 7번〉을 새로 고쳐 썼다. 10만 루블에 달하는 스탈린상 수상을 노린 개작이었는데, '행복한 결말'을 붙인 작품이었음에도 수상에는 실패했다. 대신 이 곡은 작곡가 사후 4년 뒤인 1957년에 레닌상을 받았다.

쇼스타코비치의 이야기도 비슷하다. 프로코피예프보다 15년 뒤에 태어나 1975년에 숨을 거둔 쇼스타코비치는 냉전 시대를 본격 체험한 인물이기도 했다. 그런 면에서 쇼스타코비치의 음악적 소출은 1971년에 사망한 스트라빈스키의 역사적 시대를 거울처럼 되비춘다고 할 수 있다. 서방에는 스트라빈스키가, 공산권에는 쇼스타코비치가 각각 러시아 음악의 전형을 대표하는 인물로서 나란히 존재했다는 사실은 정치와 음악에 관한 매혹적인 비교를 가능케 한다.

스트라빈스키는 본인이 원하는 음악은 무엇이든 쓸 '자유'가 있었지만, 현대적이기를 멈추어서는 안 된다는 세상의 기대에 시달렸다. 그는 1913년에 일군 명성을 유지하고 "그것을 뛰어넘으려" 시도한, 영원한 '앙팡 테리블'이었다. 쇼스타코비치는 소비에트 음악의 대표 주자로 거론되는 일이 일상이었지만 사회주의 리얼리즘을 고수하지 않는다는 이유로 끌려 나오다시피 공개 망신을 당한 적이 여러 번이었다. 한 마디로 낙차가 큰 롤러코스터 같은 삶을 강제당했다. 스트라빈스키의 삶 역시 롤러코스터 같았다. 다만 스트라빈스키의 경우 스스로 선택한 롤러코스터였다. 시류를 예민하게 파악하여 신랄하고 재미있는 촌철살인을 던짐으로써(가령 "할리우드에서 도망가는 유일한 방법은 할리우드에 사는 것뿐이다") 언론이 주목하지 않을 수 없게 만들었기 때문이다.

작곡 활동을 시작한 초창기부터 쇼스타코비치는 남다른 유머 감각을 보이곤 했다. 나는 1971년 레오폴드 스토코프스키와 함께 점심을 먹은 적이 있는데, 그때 스토코프스키는 "대혁명 직후" 모스크바의 카바레를 찾았다가 "그 어디에서도 들은 적 없는 재미있는 피아노 음악을 연주하고 있는" 젊은 쇼스타코비치를 만난 이야기를 들려주었다. 펠리니의 영화에 쓰인 니노 로타의 음악처럼, 쇼스타코비치의 음악은 오페라건 교향곡이건 영화음악이건 가리지 않고 결코 서커스에서 멀리 떨어져 있지 않았다. 그러나 환상과 꿈의 전형으로서 서커스 음악을 사용했던 로타와 달리 쇼스타코비치가 불러내는 서커스는 야유와 냉소의 분위기가 짙고 엔터테이너―광대, 곡예사, 춤추는 곰―가 되어야만 하는 신세를 향한 애증의 태도가 서려 있다.

쇼스타코비치의 음악 언어에 있어 대전환은 1934년 초연된 오페라 〈므첸스크의 맥베스 부인〉 이후에 찾아왔다. 이 작품은 20년 전 파리와 빈 무대를 강타한 여러 인습 타파적 작품처럼 레닌그라드에서 일대 선풍을 일으켰다. 〈므첸스크의 맥베스 부인〉 음악은 스트라빈스키가 "원시적으로 사실적"이라고 일축한 표현주의적 음악 제스처를 영리하게 섞어놓은 모양새를 하고 있었고, 정사 장면에서 트롬본의 하향 글리산도를 통해 발기 불능을 표현하는 등 서방의 음악 상징이 사용되었음이 누가 봐도 분명했다. 게다가 대본은 스탈린 정권이 무대 작품으로 절대 용납할 수 없는 내용을 담고 있었다. 불만스러워하는 아내, 유혹, 채찍질과 목조름, 묵직한 촛대로 사람을 패고 쥐약으로 사람을 죽이는 등의 생생한 가정 폭력 장면이 여과 없이 드러났다. 이 점에서만큼은 히틀러와 무솔리니와 스탈린의 생각이―그리고 다른 대부분의 사람들의 생각이―모두 같았을 것이다.

이런 종류의 텍스트는 표현주의적 드라마와 오페라에서 한때 퍽 일상적인 수준으로 받아들여지곤 했다. 근친상간과 살인을 소재로 한 이야기에 음악을 붙인 쿠르트 바일의 오페라 〈주인공〉(1920)이 그랬고, 앞서 말한 힌데미트의 초기 오페라들도 마찬가지였다. 오늘날은 관현악 모음곡 형태로 주로 공연되는 벨러 버르토크의 발레 〈중국의 이상한 관리〉(1926)의 시나리오는 발레 무대에 오른 그 어떤 이야기보다 음란하고 인종차별적이다. 시끌벅적한 도시의 어느 매음굴에서 창녀가 세 명의 건달과 함께 작당하고 손님들을 갈취한 뒤 살해하는 흉계를 꾸민다. 두 번의 허탕 끝에 부자처럼 보이는 신비로운 중국 사내가 세 번째 손님으로 들어온다. 중국 손님이 창녀와 섹스를 시작하려는 바로 그 순간 건달들이 나타나 그를 공격한다. 베개로 얼굴을 덮어 숨을 막히게 하고 녹이 슨 칼로 찌르고 마침내 갈고리에 건 줄로 목을 매단다. 그러나 사내가 좀처럼 죽지 않고 버티자 창녀는 무슨 일이 일어나야만 하는지 비로소 이해한다. 사내는 오르가슴에 도달한 뒤 눈에서 신비로운 녹색 빛을 뿜어내고는 피를 흘리며 숨을 거둔다. 그리고 내려오는 커튼. 히틀러 집권 이전의 바이마르 독일은 무엇이든 용인하는 자유로운 분위기였지만 그때도 버르토크의 〈중국의 이상한 관리〉는 금지곡 목록에 올랐다.

　쇼스타코비치는 소련에서 목숨을 붙이고 살려면 다시는 〈므첸스크의 맥베스 부인〉 같은 작품을 써서는 안 된다는 교훈을 분명히 깨달았다. 그는 발표를 준비 중이던 신작 〈교향곡 4번〉을 즉시 철회했다. 그러고는 새삼 마음을 가다듬고 자신의 가장 유명한 인기작이 될 〈교향곡 5번〉을 쓰기 시작했다. 1937년에 초연된 이 작품은 소비에트 당국자들뿐만 아니라 전 세계 청중의 뜨거운 호응을 받는 개가를 올렸다.

모든 언어가 그렇듯 음악을 통한 이야기에도 고유의 모호성이 따를 수밖에 없다. 특히 음악에 붙인 노랫말이 없는 경우는 더더욱 그러하다. 음악은 비밀을 말할 능력을 갖추고 있다. 몇백 년에 걸쳐 음악을 통한 은유를 이해하는 방법이 널리 형성되어온 덕분이다. 한편 다른 이들이 듣고 단번에 알아채지 못할 음악적 인용을 깊이 심어놓을 수도 있다. 패러디와 풍자의 가능성도 존재한다. 음악은 해석 없이 연주될 수 없고, 연주되는 음악은 그것을 듣는 대중(과 당국)에 의해 다시 한 번 해석된다. 따라서 쇼스타코비치 〈교향곡 5번〉의 득의양양한 피날레는 (1) 진정한 개선가로 해석할 수도 있고, (2) 승리의 천박한 패러디로 해석할 수도 있으며, (3) 앞의 둘을 합한 그 무엇으로 해석할 수도 있다. 다시 말해 윗전의 정치인들과 소비에트 당국자들이 원하는 바를 주는 **동시에** 작곡가 본인의 삶을 구원한 진정한 개선가로 해석할 수도 있다는 뜻이다. 쇼스타코비치는 스탈린보다 더 오래 산 것은 물론이요 니키타 흐루쇼프 서기장의 치세를 지나 레오니트 브레즈네프 서기장 시절에 자신의 침대에서 영면에 들었다. 〈교향곡 5번〉 이후로 열 편의 교향곡을 더 쓴 뒤였다. 그것만으로도 승리라 부르기에 조금의 부족함도 없는 삶이었다.

만약 쇼스타코비치가 〈므첸스크의 맥베스 부인〉 이후 자신의 음악 양식을 바꾸지 않았다면, 음악을 붙일 소재 선택을 달리하지 않았다면, 과연 살아남을 수 있었을까? 아마 힘들었을 것이다. 만일 그가 민주 국가로 도망했더라면, 혹은 소련이 1935년에 붕괴했더라면, 그래서 〈므첸스크의 맥베스 부인〉 같은 작품을 계속해서 쓸 수 있게 되었다면, 우리는 지금도 그의 음악을 연주하고 있을까? 아마 아닐 것이다. 레너드 번스타인은 언젠가 내게 "쇼스티가 쓴 모든 음표는 들을 만한 가치가 있다"고 말한 적이 있다. "[쇼스타코비치가] 쓴 모든 음표"와 프로코피예프의 작품에 담긴 아름다움과 드라마에는 답이 없고 감히 답할 수도 없는 물음이 드리워 있다. 그것은 바로 모더니즘을 거부하고 배척한 과거가 모더니즘을 받아들인 과거에 비해 우리에게 더 많은 걸작을 선사하지 않았겠는가 하는 물음이다. 이는 또한 왜 어떤 예술가는 제약 조건을 극복하는데 다른 이들은 그러지 못하는지 궁금하게 만든다. 위대한 예술가들이 과감하게 해내곤 하는 제약 조건의 극복은 천재성의 증거로 보아야 하나? 그 제약 조건이 바흐의 라이프치히 성 토마스 교회의 자그마한 합창단이 될 수도, 영화의 고정된 타임 코드가 될 수도 있는 것인가? 우리 문명의 주춧돌과도 같은 소중한 걸작이 탄생하기 위해 혹시 천재들에게는 제약 조건이 **필요한** 건 아닐까?

제3제국, 스탈린의 소련, 무솔리니의 파시스트 이탈리아에 대해 이야기하면서 어느 한 나라의 공포가 다른 곳보다 끔찍했다고 함부로 비교해서는 안 된다. 다만 사망자 숫자를 기준으로 하자면 일등은 살인마 스탈린의 몫이지 싶다. 오늘날까지도 추정치는 계속 바뀌고 있지만 스탈린이 살육한 동포의 숫자가 1000만 명에 이른다는 점은 대체로 인정되는 바다. 그러나 예술 형태의 전면적 파괴를 기준으로 하자면 무솔리니가 죽고 난 뒤 이탈리아를 통치한 이들에게 일등의 자리를 주어야 한다. 이탈리아 사람들은 어쨌거나 1598년에 오페라를 발명한 이들이었다. 예술의 형태가 발명될 수 있다는 사실도 진귀하고 게다가 그 생일까지 특정할 수 있는 경우는 더더욱 드물다. 오페라가 바로 그런 예술이다. 2차 대전 후 오페라의 숨통을 끊은 것 역시 이탈리아 사람들이었다는 사실은 어쩌면 적당히 일관적인 전개인지도 모르겠다.

이탈리아 오페라, 부수적 피해자가 되다

푸치니의 〈투란도트〉는 겉으로 보기에는 단순하기 그지없는 동화 같은 이야기를 원작으로 하는 작품임에도 지금까지 몹시 흥미롭고 신비로운 오페라로 자리매김하고 있다. 원작 이야기의 기원은 티무르 황제 사후의 페르시아 지방으로 거슬러 올라간다. 티무르 황제는 칭기즈 칸의 이슬람 몽골 제국 계승과 중국의 원나라 복원이라는 필생의 과제에 실패하고 1405년 숨을 거두었다. ('투란Turan'은 중앙아시아의 어느 지역을 가리키는 페르시아어이며, '도흐타르dokhtar'는 페르시아어로 '딸'을 의미한다.) 〈투란도트〉는 대중적 레퍼토리에 포함된 마지막 이탈리아 오페라다.

1924년 숨을 거둔 푸치니가 미완성 유작으로 남긴 〈투란도트〉의 세계 초연은 1926년 4월 26일 밀라노의 라 스칼라 극장에서 거행되었다. 초연을 맡은 아르투로 토스카니니는 3막 중간에서 지휘봉을 내려놓았다. 푸치니의 육필 악보가 더 이상 나아가지 못하고 끊긴 지점이었다. 이후 공연에서는 푸치니의 스케치를 수습한 프랑코 알파노가 지은 짧은 이중창과 피날레를 덧붙인 완성 판본이 연주되었다. 토스카니니는 공연 시작 전에 연주되던 파시스트 당가黨歌 〈조비네차〉의 지휘를 거부했고, 이에 무솔리니는 온 세상이 주목하는 성대한 이벤트였던 세계 초연에 참석하기로 한 결정을 막판에 뒤집었다.

　　현재 〈투란도트〉는 오페라하우스들이 자주 공연하는 레퍼토리 대접을 받고 있다. 그러나 세계 각국의 초연이 있고 난 뒤 1960년대가 되도록 이 작품은 핵심 레퍼토리로 편입되지 못하고 주변부를 맴돌았다. 그때까지만 해도 푸치니의 명성은 1895년부터 1903년 사이에 탄생한 세 편의 작품, 즉 〈라 보엠〉 〈토스카〉 〈나비 부인〉에 국한되어 있었다. 〈투란도트〉가 핵심 레퍼토리에 진입한 데에는 여러 이유가 있지만 여기서는 굳이 다룰 필요가 없을 것 같다.[1]

　　푸치니는 무솔리니 집권 초기에, 그러니까 '일 두체Il Duce'가 파시스트 국가의 확고 불변한 독재자 자리에 오르기 전에 숨을 거두었다. 1920년대 초 이탈리아 오페라는 눈부신 시기를 지나고 있었다. 여러 작곡가가 뛰어난 가창은 물론이요 음악 드라마의 동등한 파트너가 된 오케스트라의 힘을 적극 활용하여 저마다 독창적이고 빛나는 방법으로 이야기를 전달했다. 이전까지 이탈리아 오페라는 교향적 요소가 두드러지는 오케스트라를 좀처럼 스토리텔링의 일부로 활용하지 않았다. 이는 오케스트라를 근본 요소로 여긴 독일 낭만파 오페라와 이탈리아 오페라가 차별되는 지점이기도 했다. 그런데 푸치니는 이탈리아 오페라에 바그너의 관현악 음화音畫를 끌어들였다. 그러면서도 아름답고 기억에 남는 선율에 의존하는 이탈리아 오페라 본연의 속성을 유지했다.

　　일반적으로 사람들은 20세기 초부터 1945년까지의 이탈리아 오페라를 '베리스모'와 '포스트-베리스모'로 분류해왔다. '포스트-베리스모'라는 명칭에는, 그 유파에 속하는 음악은 우리가 관심을 가질 가치가 없는 작품이라는 함의가 깔려 있다. '베리스모'는 거칠게 옮기자면

'사실주의' 정도의 뜻을 지닌다('진실하다'는 의미의 '베로vero'에서 파생된 단어다). 베리스모 오페라는 격정적인 상황에 휘말린 보통 사람들—왕이나 여왕이 아니라—을 주인공으로 하며 대체로 죽음으로 종결되는 어두운 이야기를 다룬다. 베리스모 오페라는 1920년을 전후로 쇠퇴기에 접어든 것으로 간주되며, 다소 모호한 이 시점 이후에 쓰인 오페라들은 포스트-베리스모 혹은 때로 '후기 낭만파'나 '신낭만파'라는 딱지가 붙곤 한다. 역사적 정치적 의미를 살린 명칭을 쓰자면 '전前파시스트' 혹은 '파시스트' 시대라고 해도 틀리지 않는다.

20세기에 활동한 이탈리아 오페라 작곡가들 가운데 가장 성공한 이들의 명단을 간추리면 다음과 같다. 대부분이 파시스트 시대와 그 이후에 활동했다는 것을 알 수 있다. 이들이 완성한 오페라 작품의 수도 나란히 표시했으니 참고하기 바란다(그중 대다수가 당대에는 갈채를 받으며 공연되었다).

이탈로 몬테메치(1875~1952), 8편.

프랑코 알파노(1875~1954), 12편.

리카르도 찬도나이(1883~1944), 13편.

에르만노 볼프-페라리(1876~1948), 15편.

피에트로 마스카니(1863~1945), 15편.

움베르토 조르다노(1867~1948), 13편.

오토리노 레스피기(1879~1936), 9편.

니노 로타(1911~1979), 11편(거기에 더해 〈대부〉와 〈대부 2〉를 포함한 150편의 영화음악).

이탈리아에서 태어나 미국에서 교육받은 잔 카를로 메노티 (1911~2007)는 놀랍게도 자그마치 스물여섯 편의 오페라를 썼다. 그중 에는 퓰리처상을 받은 작품이 둘이나 있고, 〈아말과 밤의 방문객들〉은 TV 방송용으로 쓰인 최초의 오페라로, 역사상 그 어떤 오페라보다 더 많은 사람이 관람한 작품으로 기록되어 있다.

물론 이들 작품의 자생력이 얼마나 강했을지 알 방법은 없다. 1930년대 발성영화가 도입되면서 이탈리아 대중은 이미 오페라로부 터 등을 돌리고 있었다(같은 시기 독일에서도 클래식 음악에 대한 관심이 시들해지고 있었다). 그러나 악보를 들여다보고 당시 공연들의 해적판 녹음을 듣다보면 한 가지 분명해지는 사실이 있다. 바로 이들 오페라 가 모두 '노래한다'는 점이다. 베리스모라는 단순한 범주 구분을 거부 하는 이 작품들은 위대한 문학 작품 원작에 눈부신 오케스트레이션을 곁들인 이야기를 들려준다. 레스피기의 〈로마의 소나무〉 같은 관현악 곡에 사람의 목소리가 붙는다고 생각해보라.

꼭 지적하고 넘어가야 할 사실이 있다. 무솔리니는 특히 건축과 음 악을 통해 상상 속 로마 제국을 되살림으로써 애국심을 고취하려 했 다. 그리고 레스피기는 그런 지도자의 열망에 부응하는 작곡가였다. 파시스트들은 1920년대의 이탈리아인을 하나로 묶을 수 있는 광범위 한 문화적 공통분모는 하나뿐이라고 보았다. 군사력을 앞세워 세계를 정복함으로써 문명과 문화를 전파한 고대 로마. 1924년작 〈로마의 소 나무〉의 종악장 '아피아 가도의 소나무'는 개선 행진하는 로마 군단을 압도적인 음악으로 묘사한 흥분된 피날레 대목이 특히 유명한데, 이는 바로 강력한 이탈리아를 꿈꾸었던 파시스트들의 열망에 정확히 부합하는 음악이기도 했다. 레스피기는 파시스트당에 입당하지는 않았다. 그러나 학자이자 작가인 하비 색스가 정확히 지적한 것처럼, 그럴 필요가 없어서 입당하지 않은 것이지 다른 이유가 있었던 건 아니었다. 그는 이미 무솔리니가 원하는 바에 정확히 맞춘 음악을 쓰고 있었다. 이 시기에 탄생한 이탈리아산 관현악 레퍼토리 가운데 지금까지도 연주되는 작품은 〈로마의 소나무〉와 그 짝꿍 작품인 〈로마의 분수〉 외에 그리 흔치 않다.[2]

이탈리아의 오페라 작곡가—물론 목록은 이들 외에도 길다—들이 쓴 음악은 이탈리아의 오페라하우스를 비롯해 유럽 전역에서 연주되었고 라디오 전파도 자주 탔다. 이탈리아에도 소수의 미래주의자가 소음과 기계음을 가지고 놀던 20세기 첫 10년의 짧은 시기가 있긴 했다. 그러나 1920년대부터 이탈리아는 프랑스와 러시아의 아방가르드 추종자들 및 독일-오스트리아의 음렬주의자들의 치열한 미학 전쟁에 참전하지 않는 쪽을 택했다. 20세기 전반기의 이탈리아인들은 지적인 자극이 되는 통 큰 그랜드 오페라를 원했고, 메노티와 로타를 비롯한 이들은 20세기가 반환점을 돈 다음에도 같은 노선을 유지했다.

1999년 3월 7일 메노티가 자신의 뉴욕 아파트에서 했던 인터뷰 기사를 읽어보면 이 시기의 작품들이 현재 오페라하우스에서 사실상 씨가 말라버린 이유를 이해하는 열쇠를 찾을 수 있다. 당시 여든일곱 살의 메노티는 고령이 무색하게 선명하고 도발적인 시각을 던진다.

메노티는 1928년부터 필라델피아[에 있는 커티스 음악원]에서 공부했다. 이탈리아에 있는 음악원들은 영 시원찮다 여기는 마에스트로 토스카니니의 권유가 있었기 때문이다. 이렇게 메노티는 이탈리아인인 동시에 아웃사이더로서의 삶을 시작했다. 미국에서 그는 브람스와 차이콥스키의 음악을 접했다.

"밀라노에서는 푸치니, 마스카니, 베토벤밖에 듣지 못했습니다. 오케스트라의 수준도 썩 훌륭하지 않았어요. 그랬던 내가 열여섯 살이 되어서 필라델피아 오케스트라의 연주를 들었던 겁니다! 또 나는 이탈리아에서는 사실상 전혀 알려지지 않았던 슈베르트의 음악도 이곳 미국에서 배웠습니다."

1940년대 초에 메노티는 메트로폴리탄 오페라하우스에서 두 편의 오페라를 상연한, 세계에서 가장 중요한 이탈리아 태생의 젊은 오페라 작곡가가 되어 있었다. 고국의 초청을 받고 이탈리아를 방문한 그는 파시스트 당원이 되어달라는 문화부 장관의 부탁을 거절했다. 전쟁이 끝난 뒤 공산주의가 유행처럼 번져나갔고(메노티는 "심지어 비스콘티 감독도 공산주의자였다니까요"라며 믿을 수 없다는 듯 말한다) 너 나 할 것 없이 12음 음악에 매달렸지만, 그의 음악은 갑자기 미국발 제국주의의 산물이 되어 [공산주의자였던] 루이지 노노와 클라우디오 아바도의 멸시를 받았다.

"참 서글펐던 것이, 레니[번스타인]와 [파우스토] 클레바와 내가 높은 점수를 준 덕분에 아바도가 미트로폴로스 지휘상을 수상한 게 고작 2년 전의 일이었거든요." 메노티는 얄궂었던 그때의 일을 말하며 실망감이 가득한 표정이 된다.

퓰리처상 수상작이자 전체주의 국가에 관한 내용을 다룬 그의 오페라 〈영사〉가 피렌체 5월 음악제에서 공연되던 당시 벌어진 소동은 이제 역사의 일부가 되었다. 역시 음악제에 참가 중이던 노노는 메노티의 오페라가 5월 음악제에서 공연되는 걸 용납할 수 없다며 동료 예술가들에게 단체 행동을 촉구하는 공개서한을 보냈다. 그러나 합창단과 오케스트라 단원들이 메노티의 작품을 지지하고 나서면서 오히려 노노가 자신의 작품을 내리는 쪽으로 결론이 났다. "믿을 수 있을지 모르겠지만, 노노의 오페라 제목이 뭐였는지 아십니까? 〈불관용〉이었답니다!" 이렇게 말하는 메노티의 목소리에 안타까움이 묻어났다.[3]

2차 대전 기간과 전후戰後 이탈리아 클래식 음악에 어떤 일이 일어났는지 가늠할 수 있는 실마리를 메노티의 인터뷰에서 얻을 수 있다. 앞에서 언급한 작곡가들은 대부분 파시스트당의 당원이었다. 이탈리아 파시즘은 일반 민중의 국수주의에, 지성보다 감정에, 전통을 향한 존경심에 기반을 둔 전체주의 사상이었다. 무솔리니는 1932년에 출판한 에세이 『파시즘의 신조』에서 이렇게 주장했다. "그러므로, 파시스트에게는 모든 것이 국가로 통한다. 국가의 테두리 바깥에서는 인간적이거나 정신적인 그 어떤 것도 존재할 수 없으며 또한 아무런 가치도 지니지 못한다."

이탈리아의 모든 오페라하우스, 출판사, 라디오 방송국—작곡가와 그들의 음악을 지원하는 일에 연관된 모든 것들—은 따라서 국가와 연결되었다. 1998년 메노티는 나와의 대화 중에 파시스트당 가입 문제에 관해 이야기하며 자신의 옷깃을 가리켰다. 듣자 하니 이탈리아 문화부 장관은 "이 핀만 달아주시면 그걸로 충분합니다" 하고 말했다고 한다. 옷깃 핀은 메노티가 무솔리니와 이탈리아 정부를 지지한다는 사실을 세계만방에 알리는 역할을 하게 될 터였다. 토스카니니가 그랬듯 메노티도 그 제안을 거절했다.

아침에 일어나 에스프레소를 마시고 점심으로는 파스타를 먹으며 일하고 살았던 모든 작곡가들, 오페라 위촉을 받고 위촉작을 무대에 올릴 수 있었던 모든 작곡가들은 파시스트당의 당원이 되거나 최소한 사실상의 지지자가 되어야 했다.

그러나 이탈리아 작곡가 모두가 그랬던 건 아니다. 예를 들어 몬테메치는 1939년 이탈리아를 떠나 남부 캘리포니아에 살다가 전쟁이 끝난 다음 고국에 돌아갔다. 일곱 편의 오페라와 다수의 교향악 및 기악곡을 쓴 마리오 카스텔누오보-테데스코(1895~1968)는 1492년에 스페인에서 쫓겨난 이후로 은행업을 하며 부를 쌓은 유대인 가문 태생이었다. 가톨릭을 믿으며 파시스트당에 몸담은 동료들과 달리 카스텔누오보-테데스코의 음악은 1938년부터 모조리 금지곡 목록에 올랐다. 이탈리아인은 아리아인이며 유대인은 아리아인이 아니므로 그 어떤 유대인도 이탈리아인이 될 수 없다고 못 박은 무솔리니의 '인종 성명서'가 발표된 해였다. 아들 피에트로를 그간 멀쩡히 다니고 있던 공립학교에 등교시키는 것도 어려워지자 카스텔누오보-테데스코는 조국을 떠나기로 결심했다. 사랑하는 조국을 떠나야 했던 상실감을 안고도 그는 꾸준히 곡을 썼다. 카스텔누오보-테데스코는 멘토이자 스승이었던 작곡가 일데브란도 피체티에게 보낸 편지에서 "이 나라와 나의 부모님과 수많은 소중한 친구들을 떠나야 하는… 이 마음이 얼마나 아픈지 이루 말로 다 할 수 없습니다!" 하고 토로했다.[4] 할리우드에서 후학을 기른 그의 문하 출신 중에는 앙드레 프레빈, 헨리 맨시니, 제리 골드스미스, 존 윌리엄스가 있고, 프랭크 시나트라의 위대한 편곡자였던 넬슨 리들 역시 카스텔누오보-테데스코의 가르침을 받았다. 그러니 무솔리니의 인종법은 미국에게 마리오 카스텔누오보-테데스코라는 선물을 안긴 셈이다. 물론 이탈리아도 피렌체에 살던 유대인 일가 하나를 내쫓았으니 속이야 시원했겠지만 말이다.

오페라와 2차 대전은 이탈리아인들의 저녁 식사 자리나 이탈리아 오페라하우스들의 예술 계획 회의 자리에서 감히 입에 담기 어려운 화제다. 이탈리아 사람들은 그들의 오페라를 사랑한다. 독일인들에게 베토벤, 브람스, 바그너가 그러하듯 이탈리아인들에게 오페라는 무궁한 국가적 자긍심의 원천이다. 그리하여 그들은 2차 대전이 파국으로 끝난 후 한 가지 암묵적 합의에 도달했다. 푸치니를 시기의 경계선으로 하여 그때까지의 작품은 모두 간직하고 푸치니 이후로 쓰인 작품 중에 파시스트 망상의 냄새가 짙은 작품은 모조리 폐기 처분하기로 한 것이다.

하비 색스가 1987년에 내놓은 『파시스트 이탈리아의 음악』은 아직 이탈리아어로 번역 출간되지 않은 반면 그의 2017년 저서 『토스카니니: 양심의 음악가』는 이탈리아 독자들과 만났다. 파시스트 로마를 배경으로 〈토스카〉를 연출한 무대가 수년간 여럿 있었다. 썩 잘 맞아떨어지는 연출이기는 하지만, 푸치니가 파시스트의 전면적 집권 직전인 1924년에 사망함으로써 1945년 이후 숙청 명단에 이름이 오르는 신세가 되는 걸 아슬아슬하게 모면했다는 역사의 아이러니를 아는 사람은 많지 않다. 이탈리아 사람들에게 파시스트 시절은 자긍심의 원천일 수 없다. 무솔리니가 품었던 환상의 요체가 이탈리아의 자긍심이요 조국의 옛 영광을 복원하자는 것이었음에도 말이다.

그러나 파시스트들의 폭력과 인종주의, 1943년 전쟁을 그만두고자 했던 이탈리아에 가해진 나치의 복수, 끝내 패전국의 멍에를 쓴 뒤에 겪게 된 수치와 기근 때문에라도 새로 들어선 이탈리아 정권은 파시스트와 관련된 모든 것과 거리를 두지 않을 수 없었다. 살아남은 공산주의자들은 감옥에서 풀려나 강력한 문화 권력이 되었다. 이탈리아 공산당의 창설자로 종전이 오기 전에 옥사한 안토니오 그람시는 젊은 시절 토리노 대학에서 공부했다. 이때는 피아트와 란치아 같은 대형 자동차 회사들이 시칠리아를 비롯한 여러 지역에서 가난한 문맹 노동자들을 공장으로 끌어들이던 시절이었다. 그람시는 공산주의자들이 집중해야 할 분야를 분명히 했다. 교육, 법학, 그리고 예술이었다. 그렇게 공산주의자들은 정적政敵들—이미 불법 단체가 된 기독교민주당, 사회주의자들, 개혁당 세력—과 손을 잡고 파시즘이라는 악취가 진동하는 오페라하우스들을 청소해나가기 시작했다. 고대 로마와 이탈리아 문화의 영광을 그린 격정적이고 장대한 모든 음악이, 이탈리아인들을 웃게 하고 울게 하고 자긍심으로 부풀어 오르게 했던 이야기와 전통의 집합체가, 무솔리니의 이름이 묻어 어리석음이라는 냄새가 나고 맛이 돈다 하여 사실상 하룻밤 사이에 집단 금언령禁言令이라도 선고받은 듯 입을 다물어야 했다.

1943년 이후로는 자신이 파시스트였음을 인정하는 이들을 찾기 힘들었다. 그해 국왕은 무솔리니를 파면했으며, 이탈리아는 정전 협정에 서명했다. 전쟁이 끝났다고 믿어버린 순진한 이탈리아인들은 거리로 쏟아져나와 환호했고 일 두체의 사진을 창밖으로 내던졌다. 그러나 이들이 모르는 사실이 있었다. 이탈리아 정부는 벌써 조용히 로마를 빠져나간 뒤였다. 연합국이 늑장을 부리는 사이 나치가 먼저 로마에 도착했다. 나치는 이후 몇 달간 추산치 100만 명의 이탈리아인을 체포해 집단 수용소나 탄광으로 보냈고 광장에서 목매달아 공개 처형했다.

음악의 뉴노멀을 확립하기 위해 전후 이탈리아가 취한 조치는 독일이나 오스트리아가 했던 것과 크게 다르지 않았다. 파시스트와 대체로 무관했던 '예전'에 활동한 마지막 이탈리아 작곡가 푸치니를 소환한 것이다. 1924년 11월 29일 브뤼셀의 수술대 위에서 숨을 거둔 푸치니는 생전에 무솔리니를 두 차례 만났고 파시스트당의 노선에 찬동하는 편지를 몇 통 쓰긴 했지만, 다행히도 이 모든 행위가 무솔리니가 일인 독재자로 등극하기 전에 이루어진 일이어서 아슬아슬하게 세이프 판정을 받았다. 만약 푸치니가 후두암에 걸리지 않고 10년을 더 살았더라면, 그래서 파시스트 정권을 대표하는 공식 작곡가가 되었더라면—이 운명은 결국 마스카니에게 짊어지워졌다—어떤 일이 일어났을지 궁금해지기도 한다. 만일 그가 1940년대까지 살았다면 이 책에서도 푸치니의 오페라를 '발굴'해내는 일이 옳은지 아닌지를 따지고 있지 않겠는가? 어쩌면 그는 젊은 시절 명성만으로도 현재 오페라하우스들의 레퍼토리에 한 자리를 당당히 차지했을지 모를 일이다. 그러나 당시로서는 실험적 요법이었던 방사능 치료를 받다가 생을 마감한 덕분에 푸치니는 그의 동시대 작곡가들이 겪어야 했던 수치스러운 운명을 피해갈 수 있었다.

파시스트 정권 기간에 작곡된 모든 이탈리아 오페라를 추방한 마당에—그리고 거기에는 전쟁 이후까지 생존한 작곡가들이 1922년 이전에 쓴 작품들도 포함되었다—무엇인가는 이탈리아의 여러 오케스트라와 오페라하우스들이 따를 만한 새로운 음악의 '원천'이 되어야만 했다. 그것은 '오페라'라 불리는 예술 형태가 창안된 이후 300년 넘도록 유구히 이어지고 있던 선율과 정열의 흐름을 닮은 구석이 조금이라도 있어서는 곤란했다.

하지만 이탈리아로서는 파시스트 시대에 연루된 작곡가들이 쓴 오페라를 연주할 수 없다면 어떤 새로운 음악을 연주할 수 있단 말인가? 게다가 수백 년 동안 연주해온 옛 음악도 외면해야 하는 상황에서 말이다. (그리고 독일은, 그리고 과거의 오스트리아-헝가리 제국은 어떤 운명을 앞두고 있었을까?)

이에 대한 대답은 그렇지 않아도 복잡했을 터인데 국가 간의 적의가 물러가고 난 지 몇 달도 되지 않아 새로운 사건이 벌어지며 더더욱 복잡하게 꼬이고 말았다. 새로운 전쟁, 이른바 '냉전' 구도가 형성되며 음악은 다시 한 번 정치라는 체스판의 졸 신세로 전락하고 만다. 두 진영의 체스 게임은 상대를 때리고 모욕 주는 게임이자 맹렬한 분노의 게임이요 재건의 게임이기도 했다. 새로운 체스판에서는 어제의 패자가 하룻밤 사이에 승자와 나란히 서는 일도 일어났다. 전쟁이 마무리 국면에 들어가고 연합국 측의 승리가 임박한 무렵, 미국 정부 입장에서는 최대한 이른 시일 내로 어제의 적국을 강력한 우방국으로 만들어야 할 필요성이 대두되었다. 추축국을 물리치는 과정에서 미국의 필수 동맹국이었던 소련이 미국에게 나치와 이탈리아 파시스트보다 훨씬 더 큰 위협으로 떠오를 정도로 정세가 급변했다. 러시아인들은 연합국

가운데 자신들이 감당해야 했던 희생이 가장 컸다고 여기고 있었다. 미국의 인명 피해는 40만 5000명이었던 데 반해 소비에트 연방의 희생자 숫자는 2700만 명에 이르렀다. 새로운 전쟁은 기독교 서방과 무자비한 무신론 동방 간의 대결이었고, 러시아는 유구한 유럽의 유산을 이어받은 국가가 아니라 서구 문명을 모조리 파괴하고자 달려드는 영혼 없는 괴물로 규정되었다.

다시 한 번 음악이 전장으로 불려 나왔다. 새로운 갑옷을 입은 음악에게 더 이상 서로 다른 인종을 표현하지 않는 음악 언어를 사용하여 자유를 사랑하는 모든 이들을 하나로 모을 책무가 주어졌다. 그 이후로 프랑스, 독일, 이탈리아, 영국, 미국의 지식인들은 같은 음악 언어를 사용했고, 같은 문법을 공유했으며, 표현의 자유를 기치로 내걸고 야만스러운 이교도 슬라브족을 궤멸시키는 일에 앞장섰다. 음악을 듣고 아니고는 더 이상 중요한 문제가 아니었다.

7

영화음악, 20세기 클래식 음악의 새로운 출구

20세기 초반의 여러 음악적 실험에 관심이 쏠려 있는 동안 2차 대전 중에 또 다른 사건이 일어났다. 음악적 전통과 단절하기 위한 소수 작곡가들의 노력에도 불구하고 그 사건은 뜻하지 않게 수천 년간 이어져온 음악 발전의 연속성을 유지하는 역할을 하고 말았다.

히틀러로 인해 1933년 이후 유대인 작곡가들과 음악가들은 독일에서 일하기가 도무지 불가능해졌다. 선전부 장관 요제프 괴벨스는—바그너를 영감의 주요 원천으로 삼아—"위대한 독일 음악"을 진흥할 새로운 방법을 꾀하고 있었다. 독일과 확장 일로의 제3제국에 살던 유대인 작곡가들이 운신할 수 있는 활동 폭이 빠르게 좁아들었다. 반면 동시에 거대한 바그너적 스케일의 극적 관현악을 쓸 작곡가를 시급히 필요로 하는 새로운 매체가 나타나면서 그들 앞에 또 다른 문이 열리고 있었다. 바로 할리우드의 유성영화였다.

바그너의 이론이 승리하다

19세기의 바그너가 꿈꾸었던, 즉 섬세한 감정과 장대한 스케일을 동시에 담은, 무대 디자인의 한계를 넘어 음악과 동작이 완벽하게 일치하는 음악극은 20세기 들어 캘리포니아 로스앤젤레스에서 현실이 되어가고 있었다. 물론 영화에서는 바그너가 추구했던 음악과 이미지 사이의 균형을 바꾸어놓게 될 것이었다. 1933년 미국의 기술자들은 유성영화에 오케스트라 음악을 붙이는 도전 과제를 해결했는데, 이로써 바그너가 남긴 가장 까다로운 무대 요건의 달성이 가능해졌다.

한편 바그너의 연출 지시는 감정의 섬세한 상호 작용처럼 보이기도 한다. 영화 대본과 비슷하다고도 볼 수 있는데, 〈발퀴레〉 1막 2장의 마지막 부분이 좋은 예다.

지글린데는 결정을 내리지 못한 채 생각에 잠겨 잠시 가만히 서 있다. [음악 8마디] 그녀는 머뭇거리며 몸을 돌려 창고 쪽으로 발걸음을 옮긴다. [음악 8마디] 거기서 다시 멈추고 얼굴을 반쯤 돌린 채 생각에 잠긴다. [음악 12마디] 이윽고 지글린데는 조용히 마음을 정하고 찬장을 열어 뿔잔을 채운 뒤 상자에 담겨 있던 향신료를 흔들어 뿌린다. [음악 6마디] 그녀는 자신을 뚫어져라 보고 있던 지크문트를 향해 시선을 던진다. [음악 4마디] 지글린데는 그런 그들을 바라보는 훈딩의 존재를 알아차리고는 황급히 침실로 향한다. [음악 2마디] 침실로 향하는 계단에서 그녀는 다시 한 번 지크문트를 향해 그윽한 시선을 던지고는 집요하고 분명한 의도를 담아 물푸레나무 밑동의 특정 지점을 바라본다. [음악 12마디] 훈딩은 폭력적인 동작으로 그녀를 몰아낸다. [음악 2마디] 마지막으로 지크문트를 바라보며 지글린데는 침실로 들어가서 문을 닫는다. [음악 4마디]

의미심장하게도 이 장면이 강조하는 음악적 요소는 슬픔, 사랑, 마법의 검, 지글린데의 남편인 훈딩과 연관된 모티프들이다. 연출 지시는 가수들이 노래하지 **않을** 때 작곡가가 그들에게 무엇을 기대했는지—어디를 볼지, 어떻게 서 있을지, 어떻게 들을지—를 정확히 주지시킨다. 그러나 동시에 바그너가 머릿속에 그린 요구 사항은 150년이 지난 후에야 비로소 실현 가능했던 종류의 것이기도 하다. 〈지크프리트〉 3막의 종장으로 넘어가는 이행부를 보자.

그[지크프리트]는 일격으로 창을 두 조각낸다. 창에서 일어난 불꽃은 바위 꼭대기를 향해 솟아오르고, 흐릿하던 불길이 점점 밝아져 눈에 보이는 화염이 된다. 일격에 맞추어 요란한 천둥소리가 들렸다가 금세 사그라든다. 창 조각이 방랑자의 발치에 떨어진다. 그는 조용히 창 조각들을 집어 든다. 점점 밝아지며 아래로 가라앉는 구름이 지크프리트의 눈에 들어온다. 그는 뿔피리를 입에 대고 바위 꼭대기에서 아래로 흘러 내려와 무대를 덮은 화염의 물결에 몸을 던진다. 시야에서 사라진 지크프리트가 산꼭대기 쪽으로 멀어져 가는 것처럼 보인다.

영화는 19세기 말에 발명되었지만 20세기 초에 이루어진 기술 발전은 이 진귀한 물건을 혁명적인 예술 형태로 끌어올렸다. 이미 무성 영화 시절부터 음악은 영화 관람이라는 경험의 일부였다. 음악은 영사기가 돌아가는 소리를 감추는 역할을 함과 동시에 은막 위의 시각적 스토리텔링이 자연스러워 보이게 하는 신묘한 능력이 있었다. 또한 여러 시점에서 잘라 붙여 편집한 장면의 이음매를 사라지게 만드는 힘이 있었다.

1차 대전 기간 미국의 전화 회사 에이티앤티와 산하 제조사 웨스턴 일렉트릭은 진공관 증폭기와 뿔 모양의 전자 확성기를 사용하는 레코딩 및 사운드 프로덕션 시스템을 개발하는 데 성공했다. 녹음된 음악과 음향을 대형 극장에서 들을 수 있게 된 건 바로 이 기술 덕분이었다. 전쟁이 끝나고 여러 회사가 저마다의 방식으로 기술을 개선해나갔다. 1930년에는 모든 영화 제작사가 유성영화를 제작했다. 작곡가 맥스 스타이너(1888~1971)는 1933년 〈킹콩〉의 개봉으로 심지어 가장 보수적인 영화 제작자들조차도 납득할 만한 사례를 제시했다. 누가 봐도 가짜임이 분명한 모형 원숭이 인형을 주인공으로 한 유치한 영화라도 본격적인 교향악 스코어가 더해지면 수백만 관객을 사로잡는 무시무시한 판타지로 탈바꿈할 수 있고, 막대한 흥행 수익을 거둘 수 있음을 보여준 것이다. 한편 뿔 모양의 확성기는 전 세계의 대형 정치 집회에서도 중요한 요소로 자리 잡아, 권력을 추구하는 자들의 음성을 수천 민중에게 전달하게 된다.

젊은 작곡가들에게 이는 양식이 아닌 기술에 바탕을 둔 또 하나의 아방가르드가 되었다. 연주와 기능이 결합되어 항구히 하나로 고정된 음악을 쓸 수 있게 된 것으로, 전에는 한 번도 없었던 일이었다. 음악은 언제나 해석하는 연주자에게 기대어야 하는 존재였다. 조성과 리듬상의 실험을 새로운 음악의 최첨단으로 여기는 이들이 있었던 반면, 또 어떤 이들은 유성영화 속 음악과 드라마를 창조해내는 새로운 방식에서 더 큰 흥분을 느꼈다. 헬렌 코른골트는 통제력이 중요한 요소였다고 말한다. 2020년 시아버지에 대해 언급하는 자리에서 그녀는 이렇게 회고했다. "아버님께서는 마에스트로였고, 집 안의 모든 것을 통제하셨어요. 가정부가 청소와 정리를 마친 음악실에 들어가 모든 물건의 위치를 본인이 원하는 대로 바꾸셨지요. 영화 작업을 하실 때도 음악과 연주를 직접 꼼꼼히 감독하셨어요."

빈의 부유한 유대인 가정에서 태어난 스타이너는 바그너가 〈니벨룽의 반지〉에서 완벽의 경지로 끌어올린 작곡 기법이 오스트리아-독일계 작곡가와 그들의 미국 제자들에 의해 계승되었음을 입증한 인물이다. 이들은 모두—사실상 거의 예외가 없다고 해도 될 정도로—제3제국에 의해 유대인으로 규정되었다. 그러나 대부분이 유대교 교회당과는 무관한 비종교적 삶을 살았고, 일부는 아예 기독교로 개종한 가정에서 성장하기도 했다. 흔히 인용되곤 하는 말마따나 "우리는 우리가 독일 사람인 줄 알았다. 그런 우리를 유대인으로 만든 건 히틀러"였던 셈이다. 할리우드 유성영화를 위한 음악을 쓴 1세대 작곡가들은 히틀러가 불법 음악의 생산자로 위험인물 명단에 올린 '퇴폐 음악가들'이었다.

작곡가들에게 영화음악 쓰는 일은 음악계로 진입하는 계기로 여겨질지언정 이류 직업으로 간주되지는 않았다. 영화 스튜디오는 새로운 음악을 의뢰하는 또 하나의 에이전트일 뿐이었다. 예를 들어 소련에서 영화음악은 그 음악을 쓴 사람의 수준이 낮음을 보여주는 지표가 아니었다. 프로코피예프와 쇼스타코비치의 음악이 훌륭한 증거다. 영국에서는 아서 블리스나 윌리엄 월턴 같은 작곡가들이 쓴 영화음악을 그들의 교향곡이나 협주곡만큼이나 전폭적으로 받아들였다. 블리스는 1953년 여왕의 음악 선생으로 임명되었다. 월턴은 1937년 조지 6세의 대관식과 1953년 엘리자베스 2세의 대관식 행진곡을 썼다. 앞으로 보게 되겠지만 종전 이후 할리우드 영화음악이 본질적으로 저열하다는 세상의 판단이 내려졌고, 2차 대전을 피해 미국으로 망명하여 할리우드에서 성공한 작곡가들만이 영화라는 매체와의 연루로 인해―그리고 그 분야에서 거둔 어마어마한 성공으로 인해―저들의 '진지한' 명성이 파괴되는 경험을 했다(반면 소련 영화, 영국 영화, 이탈리아 영화, 프랑스 영화에 사용될 음악을 쓰는 건 번듯한 행위로 간주되었다).

할리우드의 작곡가들

20세기 동안 영화는 세계적인 현상이 되었다. 영화는 전통적인 형식은 물론 새롭게 떠오르는 시각적 청각적 기술 그리고 궁극적으로는 몰입형 기술을 활용하여 여러 분야가 협력함으로써 이야기를 전달하는 매체였다. 과거 작곡가들이 교회와 극장에서, 날로 커지는 도시들에 생겨나는 콘서트홀과 대형 오페라하우스에서 생계를 찾았듯이, 20세기에 영화는 음악의 새로운 원천이 되었다. 젊고 창의적인 에너지가 전통적인 클래식 음악의 현장에서 빠져나와 영화를 위해 일하거나 영화의 공동 창조자가 되는 현상이 일어난 것도 당연했다. 또 하나 중요한 사실은 영화관을 찾지 않는 사람이 없었다는 점이다. 영화관은 클래식 음악광부터 콘서트나 오페라와는 담을 쌓고 살아온 이들까지 수많은 사람들로 늘 북적였다.

영화는 1890년대에 사진가, 화학자, 발명가의 천재성에 힘입어 현실이 되었다. 새로운 발명품이 일반 대중과 처음으로 만난 것은 그 이름도 참으로 적절한 오귀스트 뤼미에르와 루이 뤼미에르* 형제가 제작한 열 편의 짧은 영상이 파리에서 상영된 1895년 12월 28일의 일이었다. 이후 영화에 이야기를 담을 수 있게 되면서 음악이 붙기 시작했다. 음악은 피아노나 오르간 연주로 더해졌고, 때로 오케스트라가 동원되기도 했다. 1920년대 후반부터는 아예 영상에 맞춰 음악을 녹음했다. 그 이래로 영화음악은 계속 그 자리에 남았다.

초창기 영화음악은 즉흥으로 연주되었다. 클래식 음악 선율을 여러 감정에 따라 분류하여 정리한 악보 책이 판매되었으며, 피아니스트들과 오르가니스트들은 이렇게 새로 생긴 시장에서 일자리를 구했다. 머지않아 음악가들은 중요한 '무성'영화를 위해 그 영화에만 맞춘 오리지널 스코어를 작곡하기 시작했다.

유럽과 미국의 위대한 극장들에는 과거의 무대 전통이 여전히 살아 숨 쉬고 있었다. 하지만 이 새로운 매체는 어두운 방, 스크린, 전기만 있으면 어디서나 이야기를 펼쳐 보일 수 있었고 동시에 이전 예술에서는 경험할 수 없었던 친밀함과 장엄함을 구현할 막대한 잠재력을

* 뤼미에르(Lumière)는 '빛'이라는 뜻이다.

지니고 있었다. 카미유 생상스, 피에트로 마스카니, 리하르트 슈트라우스 등 영화를 위해 음악을 쓴 유명 작곡가 가운데 오페라 작곡가가 많았던 것도 생각해보면 당연한 일이었다.

영화는 신기하고 짜릿한 예술이었다. 영화의 등장과 비슷한 시기에 실험적인 음악의 가능성이 젊은 작곡가들을 유인하고 있었지만, 영화라는 새로운 매체를 위해 음악을 쓴다는 것 역시 그에 못지않은 전율을 동반했다. 영화음악은 재능 있는 작곡가들에게 벅찬 과제와 무한한 가능성을 동시에 선사했다. 실험적인 음악이 수백 명의 회원이 전부인 프라이빗 클럽용 작품이라면, 영화음악은 전 세계를 대상으로 엄청난 숫자의 청중에게 다가갈 잠재력이 있었다.

영화음악은 20세기 클래식 음악이라는 퍼즐을 맞추는 데 있어 빠질 수 없는 조각이다. '영화movie'라는 단어에 연상되는 근거 없는 경멸적 어감을 피하고 싶다면 시네마cinema를 위한 음악이라고 바꿔 불러도 무방하다. 기술의 발전으로 1930년대 초부터 음악과 이미지, 노래와 대사를 동기화하는 게 가능해지면서 유럽의, 그리고 그보다는 적은 숫자지만 미국의, 내로라하는 음악원에서 훈련받은 이들이 영화음악을 쓰는 사례가 늘어났다. 젊은 작곡가들에게 영화가 근사한 도약대였던 셈이다.

우리의 흥미를 끄는 건 영화음악이 다른 음악과 구별되는 지점이라기보다 영화음악이 모든 음악의 핵심과 어떻게 연결되는가 하는 점이다. 영화음악을 하나의 장르로서 따로 기술하는 건 그다지 유용하지 않다. 영화는 그저 음악을 전달하는 체계일 뿐이며 영화가 전달하는 음악은 음악 그 자체만큼이나 다양하기 때문이다. 본래 의도된 연주 장소―콘서트홀, 오페라하우스, 극장―에 따라 음악을 범주화한다면 영화음악도 별도의 독립체로 인정할 수 있을지 모른다. 그러나 이런 방식으로 음악을 나누다보면 거슈윈의 〈포기와 베스〉는 오페라인지 뮤지컬인지, 스트라빈스키의 〈봄의 제전〉은 발레 음악인지 아닌지, 멘델스존의 극 부수 음악 〈한여름 밤의 꿈〉을 콘서트홀에서 듣는 것이 온당한지와 같은 골치 아픈 논쟁에 발을 담그게 된다.

20세기가 새로운 클래식 음악에서 현대성의 엄격한 규정 요건을 두고 갑론을박을 벌이는 동안 많은 작곡가들은 상업 영화라는 지극히 뜻밖의 장소에서 예술적 자유를 찾았다. 영상과의 타이밍 일치가 까다롭고 여러 관리자와 물주의 눈치를 봐야 하는 일이긴 하지만(그리고 고용 안정성도 전혀 없지만), 수많은 음악가가 영화판에서 편안함을 느꼈고 지금도 그러하다. 작곡가로서는 언론의 혹평을 걱정하지 않아도 된다는 것도 이점이다. 영화음악은 진중한 음악을 평론하는 이들의 눈에 쉽사리 들어오지 않기 때문이다. 영화음악가로서 명예와 악평을 걱정해야 하는 자리는 매년 한 차례 열리는 아카데미 시상식 정도다. 그 정도를 제외하면 영화음악 작곡가는 상대적으로 익명성을 보장받으며 일할 수 있다. 악보, 콘서트 프로그램, 음반에 이름이 대문짝만하게 실리는 현대음악 작곡가들과는 꽤나 다른 삶이라고 하겠다.

이른바 '할리우드' 음악이라 불리곤 하는 영화음악은 유성영화가 발명되던 시기에 쓰이던, 즉 1920년대 후반부터 1930년대까지 클래식 오케스트라 음악의 특정 양식을 가리키는 말이기도 하다. 이 무렵 리하르트 슈트라우스는 여전히 현역으로 활동하며 듣기 좋고 복잡한 오페라를 쓰고 있었고, 그 밖에도 코른골트, 라흐마니노프, 푸치니, 프로코피예프, 레스피기를 위시한 이탈리아, 러시아, 독일, 오스트리아 출신 작곡가들이 교향악과 오페라를 생산해내고 있었다. 이들 유럽인의 음악 양식은 할리우드로 직수입되었다. 당시 연주회를 찾은 관객들에게는 모두가 **그저 음악**일 뿐 양쪽의 구분이 무의미했을 것이다. 유럽, 러시아, 미국의 음악원에서 가르치던 내용이 바탕이 된 음악이었고, 양식으로서도 특별히 독특하거나 색다를 것이 없었다. 모름지기 양식이란 것이 그러하듯, 특별하게 여겨져야 하는 것은 예술가가 주어진 양식으로 무엇을 하는가이다. 양식을 비틀거나 균형을 잡고, 모종의 방식으로 독특하게 만들고, 내재한 제약을 뛰어넘음으로써 그 양식이 해야 하는 바를 하게 하는 것이 핵심이다.

이 이야기에서 마찬가지로 중요한 사실은 유럽에서 훈련받은 1세대 할리우드 작곡가들의 음악은 지극히 낭만적이었던 데 반해 그들의 노화와 함께 전면에 등장한, 미국에서 태어나고 미국에서 배운―그러나 여전히 유럽의 우상들을 멘토로 섬긴―작곡가들의 음악은 이전 세대와 달리 군살을 쫙 뺀 양식으로 변천했다는 점이다. 몇 명만 추려보자. 엘머 번스틴*은 에런 코플런드와 로저 세션스와 헨리에타 미켈슨(줄리아드)에게 배웠다. 제리 골드스미스**는 로자 미클로시와 마리

---

* 엘머 번스틴(1922~2004). 미국의 영화음악 작곡가. 50년 넘게 활동하며 150편이 넘는 영화, 80편이 넘는 TV 시리즈의 음악을 담당했다. 〈십계〉 〈황야의 7인〉 〈알라바마 이야기〉 〈나의 왼발〉 〈고스트 버스터즈〉 등이 특히 유명하다. 1968년 줄리 앤드루스가 주연한 〈모던 밀리〉로 아카데미 음악상을 받았다.
** 제리 골드스미스(1929~2004). 미국의 영화음악 작곡가. 〈스타트렉〉 〈혹성탈출〉 〈빠삐용〉 〈에이리언〉 〈원초적 본능〉 〈에어 포스 원〉 〈LA 컨피덴셜〉 등의 유명작을 포함해 수많은 영화와 TV 시리즈의 음악을 썼다. 1977년 〈오멘〉으로 아카데미 음악상을 받았다.

오 카스텔누오보-테데스코(남캘리포니아 대학)를 스승으로 모셨다. 버나드 허먼*은 뉴욕 대학과 줄리아드를 다녔고, 알렉스 노스**는 커티스, 줄리아드, 모스크바 음악원에서 수학했으며, 레너드 로즌먼***은 쇤베르크, 세션스, 루이지 달라피콜라의 가르침을 받았다. 한편 영화음악계의 원로들 역시 제 나름대로 새로운 환경에 적응하고 녹음과 방송, 동료들을 통해 듣는 음악—월드 뮤직('민족' 음악), 대중음악, 재즈, 콘서트 음악, 아방가르드 음악—에 반응해가며 통상적인 방법에 따라 진화했다.

어떤 작곡가들은 콘서트용 음악과 영화음악이 양식적으로 구분된다는 개념을 받아들였다. 존 윌리엄스의 팬들에게는 매우 놀라운 일이지만, 그의 협주곡 작품에는 그가 가진 영화음악가 DNA가 잘 보이지 않는다. 연주회용 음악에서 윌리엄스는 그의 인기 만점 영화음악에 차고 넘치는 선율의 재능을 도무지 찾을 길 없는 무정형의 비조성적 언어를 구사한다. 엔니오 모리코네 역시 비슷한 견해를 가졌다. 모리코네는 자신의 음악을 직접 지휘하는 연주회마다 전반부에는 실험적인 아방가르드 작품을 배치하고 후반부에는 인기 영화음악에서 추린 선

* 버나드 허먼(1911~1975). 미국의 영화음악 작곡가. 젊은 시절인 1941년 〈악마와 다니엘 웹스터〉로 아카데미 음악상을 수상했고, 이후 앨프리드 히치콕 감독과 자주 호흡을 맞추며 〈나는 비밀을 알고 있다〉〈현기증〉〈북북서로 진로를 돌려라〉〈싸이코〉 등의 음악을 맡았다. 마틴 스코세이지 감독의 걸작 〈택시 드라이버〉는 버나드 허먼의 유작이다.
** 알렉스 노스(1910~1991). 미국의 영화음악 작곡가. 엘리아 카잔 감독의 〈욕망이라는 이름의 전차〉〈혁명아 자파타〉의 음악을 담당했으며, 그 밖에도 〈스파르타쿠스〉〈클레오파트라〉〈누가 버지니아 울프를 두려워하랴〉의 음악을 맡았다. 노스는 모두 열다섯 차례 아카데미 음악상 후보에 올랐지만 한 번도 수상하지 못했다.
*** 레너드 로즌먼(1924~2008). 미국의 영화음악 작곡가. 〈에덴의 동쪽〉〈이유 없는 반항〉의 음악을 썼다.

곡을 마련하곤 했다. 눈치 빠른 사람들은 인터미션이 끝난 다음에 공연장에 도착하기 시작했다. 나는 모리코네에게 서로 상이한 두 가지 양식으로 곡을 쓰는 이유를 물어본 적이 있는데, 그는 "각각의 장르를 존중하기 때문"이라고 답했다. 다시 말해 콘서트용 음악(혹은 어떤 것에 '대한' 음악이 아닌 '절대음악')은 비조성 음악이어야 하고, 영화음악은 이야기를 전하고 시간과 장소를 묘사하는 일을 도울 수 있도록 거창한 선율과 극적 전개를 기초로 하는 것이 마땅하다는 견해였다.

모름지기 극음악은 그 양식(혹은 음악 언어 자체)이 충분한 다양성과 유연성을 가지고 있어서, 여러 종류의 이야기를 전달하고 듣는 이에게 복잡한 감정적 여정을 마련해줄 수 있는가의 여부로 음악의 생존능력을 판단한다. 유럽에서 발전된 음악은 뭔가를 **표현**하는 능력이 남다르다. 음악은 감정 상태를 묘사했다. 예를 들어 1600년경 발간된 새로운 음악 악보집들은 거의 예외 없이 서문으로 시작되었는데, 서문에는 클라우디오 몬테베르디나 줄리오 카치니 같은 작곡가들이 음악과 시를 통해 감정을 표현하는 최상의 방법에 대해 열정적으로 주장한 내용이 담겨 있었다. 유럽 음악은 한 번도 중립적인 청각적 캔버스였던 적이 없다. 고대 그리스 사람들 역시 음악의 이러한 본질적 면모에 관한 글을 남긴 바 있다. 그로부터 많은 세월이 흐른 뒤로도 유럽의 청중은 하이든의 신작 교향곡을 듣고서 그들이 거기서 '본 바'에 따라 작품에 별칭을 붙였다. '암탉' '시계' 같은 명칭이 붙은 교향곡은 그렇게 탄생한 것이다.

기악곡의 묘사성이 높아짐에 따라 작곡가들은 음악을 통해 공개적으로 '이야기를 하고', 관객보다 선수를 쳐 아예 작품에 특정 제목을 붙이기 시작했다. 19세기 들어 엑토르 베를리오즈는 극적 교향곡을 지었고, 프란츠 리스트는 이야기를 담은 단악장의 독자적 작품을 가리키는 신조어를 고안해냈다. 리스트의 '교향시'는 언어나 장면, 극장 없이도 이야기를 전달할 수 있는 음악의 능력을 잘 보여주는 사례였다. 극장은 음악을 듣는 청중의 마음속에 있었다.

교향악, 오페라, 발레 외에도 대사 중심의 연극에 음악을 붙이는 클래식 음악의 전통이 있었다. 하이든 시대까지 거슬러 올라가는 이러한 작품들은 오페라처럼 서곡으로 문을 열었다. 음악은 무대 전환에 반주를 붙이고 특정한 분위기를 빚어냈으며 대사 아래로 깔리기도 했다. 이런 음악은 멜로드라마라고 불렸다.

희극, 비극, 서사시, 대화극을 위한 음악을 쓴 사람은 한둘이 아니다. 우리가 이름을 아는 주요 클래식 작곡가 모두가 여기에 해당한다 해도 지나치지 않은데, 이를테면 하이든, 슈베르트, 베토벤, 차이콥스키, 리하르트 슈트라우스, 코른골트, 프로코피예프, 시벨리우스, 쇼스타코비치, 드뷔시가 포함된다. 1948년 피에르 불레즈는 시인 르네 샤르가 쓴 라디오 희곡에 음악을 붙이기도 했다. 멘델스존의 〈한여름 밤의 꿈〉, 베토벤의 〈에그몬트〉, 슈베르트의 〈로자문데〉는 일반 콘서트홀 무대에 올리라고 쓴 작품이 아니지만, 현재 우리는 (주로 서곡만 떼어서) 콘서트홀에서 만나고 있다.

영화를 위한 극적인 음악이 이런 사례들과 차별되는 지점은, 20세기 전반기에 발전한 이른바 전자음악의 경우와 마찬가지로, 작품과 연주가 한 몸을 이룬다는 사실에서 찾을 수 있다. 작곡가는 시각적 행위가 일어나는 바로 그 순간에 정확히 맞춰 감정을 조각해내는 천재성을 발휘했다. 이러한 면모가 영화에만 있는 고유한 특성은 아니었다. 처음부터 끝까지 안무와 음악이 한 몸처럼 움직이는 발레라는 장르가 있고, 앞서 언급했듯 바그너 오페라의 가수들은 악보에 묘사된 특정한 음악적 동작에 정확히 맞추어 움직이도록—음악과 동작이 완전히 하나가 되도록—요구받았다. 그러나 영화라는 매체에서 음악을 완벽하게 통제할 수 있게 되면서 반복 가능한 최적의 결과를 달성하는 일이 가능해졌다. 이상적인 시각적 배경을 두고 연기 및 연출과 음악이 손을 잡은 것이다.

해를 거듭할수록 영화 제작 기술이 개선되었고 그에 따른 도전도 거세졌지만, 그에 상응하는 보상 역시 더욱 커졌다. 코른골트처럼 수학적 능력이 뛰어난 작곡가들은 특정 템포로 진행되는 음악과 1초에 24프레임의 속도로 촬영되는 영화를 나란히 놓고 악보의 마디 수를 정확히 계산해가며 음악을 붙이는 재미를 느낄 수 있었다. 12음 음악의 작곡법에 사용되는 산술적 수학적 적용에 이끌린 작곡가들이 있었던 것처럼, 영화음악 작곡가들은 시간과 목적의 엄격한 주형鑄型에 맞춰 곡을 쓰는 데서 순수한 재미를 느끼곤 했다. 위대한 작곡가는 그들에게 제기되는 제약 조건을 충족하고 끝내 이를 넘어서서 음악이 유기적이고 필연적으로 들리도록 만들 수 있는 능력을 지니는 법이다.[1]

동시 녹음이 도입된 초창기(1927~1932)만 해도 할리우드의 경영진과 감독들은 노래와 춤이 있는 영화에서 음악의 쓰임새를 찾을 뿐이었다. 영화 스튜디오들은 브로드웨이에서 작곡가, 작사가, 편곡자를 스카우트했다. 리처드 로저스, 로렌즈 하트, 조지 거슈윈과 아이라 거슈윈 형제, 콜 포터, 제롬 컨, 오스카 해머스타인 2세, 어빙 벌린이 그렇게 미국 서부의 부름을 받았다.

　그러나 영화사 대부분은 극적 장면의 대사 아래로 배경 음악을 깐다는 생각은 하지 못했다. 오케스트라 음악이 배우들의 대사와 각축을 벌이면 공연히 관객을 혼란하게 할 거라 걱정했던 까닭이다. 화면에 사막이나 바다가 나오고 있는데 카메라의 시선이 닿지 않는 곳에서 오케스트라가 연주하고 있을 이유가 대체 뭐란 말인가? 할리우드 스튜디오의 중역 가운데 피트 오케스트라의 연주가 곁들여진 연극 공연을 경험한 이들이 얼마나 되는지는 모르겠지만, 일부가 그런 경험을 했다손 치더라도 '리얼리즘'이 강조되는 은막의 예술에서 음악은 극의 전달에 혼돈만 더할 뿐이라는 결론으로 귀결되었을 것이다.

　1932년 영화감독 데이비드 O. 셀즈닉은 RKO 픽처스의 음악감독을 맡고 있던 작곡가 맥스 스타이너에게 극영화에 배경 음악을 붙이는 실험을 해보라고 제안한다. 당시 유명세를 누리던 미국 작가 패니 허스트가 쓴 이야기 「밤의 종」을 원작으로 한 영화였다. 빈에서 나고 자란 스타이너는 대사에 더 큰 의미를 부여하는 음악의 힘을 몸소 겪어 알고 있었다. 게다가 바그너의 장대한 서사 오페라에서 음악이 작동하는 원리, 장시간에 걸쳐 기억과 음악적 모티프가 이야기를 전달하는 방식에 관한 바그너의 이론에 대해서도 잘 알고 있었다. 스타이너는 서사극과 위대한 교향곡의 세계에서 성장했고, 그의 할아버지가 무대에 올린 요한 슈트라우스 2세의 오페레타를 포함한 눈부신 연주를 통해 당대의 음악을 접하며 자랐다. 코른골트가 그랬듯, 젊은 시절의 스타이너도 '양쪽'의 슈트라우스—리하르트와 요한 2세(하지만 이 둘은 친족은 아니다)—와 모두 친숙했다. 그는 "모두가 춤추고! 모두가 노래하는!” 뮤지컬에만 음악 사용을 한정 짓지 말고, 극영화에도 배경 음악을 붙이도록 허락해달라고 RKO 경영진을 설득했지만 번번이 뜻을 이루지 못했다.

스타이너의 요청을 외면해오던 RKO 경영진의 기조는 1931년 11월 데이비드 O. 셀즈닉이 스튜디오 책임자로 임명되면서 바뀌기 시작한다. 셀즈닉은 스타이너와 생각이 통하는 사람이었다. 『맥스 스타이너의 음악』의 저자인 스티븐 C. 스미스에 따르면[2] 셀즈닉은 어린 시절 오케스트라 음악이 곁들여진 무성영화를 관람하는 걸 좋아했다. 그가 스튜디오의 수장이 되고 처음으로 추진한 영화가 바로 앞서 언급한 허스트의 작품이었다. 의미심장하게도 허스트의 「밤의 종」은 영화화되며 〈육백만의 교향곡〉이라는 제목을 달았고, 대본 상단에는 ‘영화 전체에 교향악을 배경 음악으로 깔 것’이라는 지시 사항이 명기되어 있었다. 대사, 시각적 이미지, 음악이 영화에서 만나 힘을 합친 것은 역사적으로 전례가 없는 일이었다. 대본 곳곳에는 상상을 현실로 바꿀 문장이 적혀 있었다. 이를테면 이렇게 말이다. “펠릭스는 태양빛 아래 서 있다. … 빛을 향해 고개를 들어 바라보는 그의 모습은 다시 태어난 사내의 모습 바로 그것이며, 이때 배경 음악은 절정의 피날레를 향해 상승한다.”

스타이너는 하루치 촬영분이 들어올 때마다 거기에 맞춰 음악을 쓰는 방식으로 작업했다. 이 경험이 그의 삶을 바꾸었고, 보기에 따라서는 교향악의 미래까지 영원히 바꾸었다고도 할 수 있다. 오로지 흥행을 노린 멜로드라마인 〈육백만의 교향곡〉은 맨해튼 로어 이스트 사이드의 게토 동네에 사는 가족을 저버리고 파크 애비뉴의 부자와 유명인을 상대하는 성공한 의사가 된 젊은 유대인을 주인공으로 하는 작품이다. 주인공의 아버지가 뇌종양에 걸려 긴급 수술이 필요하자, 어머니는 아들에게 부디 아버지의 병을 고쳐달라고 간원한다("나한테 그런 일을 시키지 마세요, 엄마!"). 주인공은 고집을 꺾고 수술칼을 잡기로 하지만("신께서 네 손가락을 인도하실 거야, 내 아들아!"), 아버지는 수술대 위에서 숨을 거두고 만다. 메스와 혈압 측정기, 갈 곳 잃고 우왕좌왕하는 시선들이 교차하는 가운데 그레고리 라토프가 절명하는 장면은 영화에 음악을 사용하는 것이 마땅한 일임을 예증한다. 음악과 침묵은 영화관을 찾은 관객의 이목을 사로잡았고, 세계가 이를 인지했다.[3]

1933년 히틀러가 독일 총통에 오르기 몇 달 전에 개봉된 〈육백만의 교향곡〉은 평단의 압도적 찬사를 받았다. 스타이너의 배경 음악에 주목한 시선도 많았다. 셀즈닉은 다음 영화 〈천국의 새〉 작업에 들어가며 스타이너에게 "첫 번째 프레임부터 마지막 프레임까지 영화 전체에 음악이 쓰인다고 생각하고 작업해달라"고 주문했다. 스미스의 계산에 따르면 "82분짜리 영화에서 음악이 쓰이지 않은 부분은 2분뿐"이었다.

곧 할리우드의 스튜디오들은 독자적인 음악 부서를 신설하고 확장하는 일에 앞다투어 뛰어들었다. 스튜디오마다 전속 심포니 오케스트라를 거느릴 정도로 경쟁이 치열했다. 1940년에 워너 브러더스는 그해 52주 동안 50편의 영화를 개봉했고, 이 영화들에는 모두 새로운 음악이 붙었다. 유럽이 전쟁의 화마에 빠져들면서 할리우드에서 활동하던 작곡가들은 유럽에 남은 가족들을 탈출시키기 위해 동분서주했다. 망명 작곡가들은 태양빛과 오렌지 과수원의 향기로 가득한 신대륙에서 음악―독일 음악―을 썼다.

　스타이너는 300편이 넘는 오케스트라 필름 스코어를 작곡했다. 그중에는 고작 몇 분이면 끝나는 음악에서부터(메인타이틀, 이행부 몇 곡, 엔딩 타이틀) 한 시간이 넘는 분량의 음악도 있었다(1939년의 〈바람과 함께 사라지다〉는 세 시간이 넘었다. 〈라인의 황금〉보다도 길었던 셈이다). 스타이너는 자신이 종사하는 예술의 원천이 무엇인지 누구보다 잘 알고 있었다. "영화음악이라는 사상의 실마리는 바그너로부터 비롯되었다. 만약 바그너가 20세기에 태어났더라면 제일가는 영화음악 작곡가가 되었을 게 분명하다."

　바그너가 지크프리트를 위한 모티프와 그의 검을 위한 모티프를 지었듯, 스타이너는 타라와 유모와 멜라니를 위한 유일무이한 모티프를 썼다. 스타이너는 관객의 기억을 활용하여 시간 감각, 추억, 연민 등을 창조하는 법을 정확히 알고 있었다. 마치 바그너가 〈신들의 황혼〉의 지크프리트를 위한 장송곡에서 무수한 음악적 인용을 사용한 것처럼 말이다.

　예를 들어보자. 스타이너는 〈바람과 함께 사라지다〉의 메인타이틀 첫머리에서 '타라의 주제'를 처음으로 공개한다. '바람과 함께 사라지다Gone with the Wind'라는 영화 제목이 화면 오른쪽에서 나타나 왼쪽으로 지나가고, 영화 제목의 음절 리듬에 맞춘 '타라의 주제' 선율이 관객의 뇌리에 각인된다. 약 10분 뒤, 스칼렛 오하라의 아버지 제럴드가 딸에게 타라 농장과 타라 땅의 중요성을 이야기한다. 오프닝에 등장했다가 영화가 시작되고 처음으로 되돌아온 선율은 잉글리시 호른에 의해 연주되면서 제럴드의 이야기 아래로 깔린다. 그의 이야기가 끝나면 풀 오케스트라가 영웅적인 선율을 20초간 연주하고, 동시에 카메라는 뒤로 물러나면서 푸릇푸릇한 대지에 둘러싸인 우람한 참나무 곁에 선 부녀의 실루엣을 비춘다. 바그너가 등장인물이 노래를 마친 **뒤에도** 자신의 거창한 메시지를 설파하듯이, 오케스트라가 연주하는 타라의 주제는 스칼렛의 아버지가 품은 정서를 그대로 이어받아 표현한다.

그 뒤로 한 시간 이상 자취를 감춘 타라의 주제는 남북전쟁의 참상이 지나간 다음 스칼렛이 고향으로 돌아온 장면에서 재등장한다. 기본적인 음악적 팔레트는 복잡하고 침울한 바그너 음악풍의 반음계적 색채를 유지하는 가운데, 다시 한 번 잉글리시 호른의 구슬픈 소리와 짝지어진 주제 선율의 작은 토막들이 전쟁 이전 행복했던 시절의 선율적 기억들과 번갈아든다. 스칼렛의 어머니는 숨을 거두었고, 타라는 약탈당했으며, 스칼렛의 아버지는 조용히 미쳐버렸다. 스칼렛이 슬픔을 딛고 무엇이든 하겠다는 결의를 다질 때("하느님께 맹세컨대 다시는 배곯지 않겠다!") 한 시간 반 전 메인타이틀에서 들었던 주제 선율이 그대로 다시 돌아온다. 스타이너가 바그너의 원칙을 활용하여 거둔 효과는 정말로 짜릿하며 영화 전반부를 웅대하게 일단락 짓는 역할을 훌륭히 수행한다.

다른 영화음악 작곡가들은 에롤 플린이 연기한 로빈 후드를 위해, 〈스펠바운드〉의 그레고리 펙이 지닌 심리적 증세를 표현하기 위해, 보리스 칼로프가 연기한 괴수 프랑켄슈타인과 그의 신부(엘자 랜체스터)를 위해, 〈선셋 대로〉의 글로리아 스완슨이 연기한 한물간 은막의 스타를 위해 저마다 독특한 음악을 지어냈다. 스타이너를 비롯한 유럽 출신의 동시대 음악가들은 바그너가 오페라하우스에서 가다듬은, 음악과 동작을 일치시키는 기법의 효율성을 직접 경험한 세대였다. 그들은 바그너의 기법을 각자의 스코어링 작업에 적용했다. 비록 작품에 등장하는 배우들은 노래가 아닌 대사를 주고받았지만 큰 틀에서는 다를 것이 없었다. 빈에서 다섯 편의 오페라를 쓰고 미국으로 건너온 코른골트는 워너 브러더스가 의뢰한 영화음악 작업을 "노래 없는 오페라"라고 일컬었고, 푸치니의 〈토스카〉를 가리켜서는 "지금껏 쓰인 것 중 가장 위대한 필름 스코어"라 언급했다.

이런 의미에서 볼 때, 극음악에서 응집력을 창조해낸 바그너는 영화음악의 직계 선조로 볼 수 있다. 스타이너가 의미한 바 역시 바로 이것이었다. 즉 모든 신체적 동작과 장면의 요구를 사운드 및 이미지와 동시적으로 구현함으로써 음악은 분위기를 설정할 수 있고 캐릭터를 규정할 수도 있으며, 기나긴 물리적 감정적 시간에 걸쳐 전달되는 이야기 전개의 구조를 드러내는 역할을 할 수도 있다는 것이었다.

그리하여 1933년부터—드라마와 오페라에 관현악을 입히는 독일의 전통에 힘입어—새로운 교향악을 요구하는 하나의 산업 전체가 고개를 들기 시작했다. 유럽에서 훈련받은 유대인 신동들은 미국의 부름을 듣고는 고향에서 수천 킬로미터 떨어진 낯선 나라에서 자신과 직계 가족의 생존을 위한 도전을 감행해보기로 했다.

– 헝가리 부다페스트에서 태어난 로자 미클로시는 글 읽는 법을 배우기 전에 악보 읽는 법부터 깨우친 신동이자 까다롭기로 유명한 라이프치히 음악원에서 전 과목 최고 학점을 받은 우등생이었다. 로자는 도미한 이후 연주회용 관현악과 실내악뿐만

아니라 〈스펠바운드〉 〈이중 배상〉 〈벤허〉 〈엘 시드〉 등 98편의 영화음악을 작곡했다.

– 독일에서 태어난 프란츠 왁스먼은 드레스덴에서 엄격한 음악 훈련을 받았고, 졸업 후 베를린의 은행에 취직해 생계를 해결하면서 동시에 재즈 클럽 뮤지션으로 부업을 뛰었다. 스물일곱의 나이에 친구 빌리 와일더와 함께 유럽을 떠나 미국으로 이주했고, 1935년에는 〈프랑켄슈타인의 신부〉의 영화음악을 작곡했다. 즉각 유니버설 스튜디오의 음악 총책임자로 임명된 왁스먼은 2년 연속 아카데미상 수상의 영예를 안긴 〈선셋 대로〉와 〈젊은이의 양지〉를 포함하여 도합 150편의 영화음악을 작업했다. 왁스먼은 말러와 리하르트 슈트라우스의 화성 세계에 재즈를 접붙이는 능력을 발휘했고, 덕분에 〈이창〉의 그레이스 켈리, 〈필라델피아 스토리〉의 캐서린 헵번, 〈젊은이의 양지〉의 엘리자베스 테일러를 음악으로 묘사하는 일의 적임자로 낙점받을 수 있었다.

– 러시아에는 영재 디미트리 티옴킨이 있었다. 그는 상트페테르부르크에서 블라디미르 호로비츠의 스승 펠릭스 블루멘펠트에게 피아노를, 쇼스타코비치의 스승이자 프로코피예프의 멘토였던 러시아 최고의 작곡 교수 알렉산드르 글라주노프에게 작곡을 배우던 도중에 미국 대중음악에 눈을 떴다. 어느 날 밤, 열일곱 살의 티옴킨은 캠퍼스 바깥에서 학우들과 모여 놀다가

우연히 잡지에 실린 미국 노래 한 곡과 만나게 된다. 어빙 벌린의 1911년 히트곡 〈알렉산더의 래그타임 밴드〉였다. 티옴킨은 이 신선하고 활력 넘치는 음악의 원천을 향해 러시아를 벗어날 길을 찾아야 함을 직감했다(한편 역시 러시아 태생의 벌린은 시베리아에서 태어나 다섯 살 되던 해인 1893년 뉴욕으로 건너온 송라이터였다. 원래 이름은 이스라엘 베일린이지만, 음악 출판사와 통화 도중 상대가 이름을 잘못 알아들은 바람에 어빙 벌린이라는 이름으로 굳어져버렸다). 러시아를 떠난 티옴킨은 베를린에서 이탈리아 출신의 미래파 작곡가이자 위대한 작곡 교사인 페루초 부소니에게 배웠고, 1928년 파리 오페라 극장에서는 조지 거슈윈의 〈피아노 협주곡〉 유럽 초연에서 독주를 맡았다(이때 객석에는 거슈윈도 자리해 있었다). 1933년 〈이상한 나라의 앨리스〉 영화음악으로 할리우드에 본격 데뷔한 티옴킨은 평생 네 차례 아카데미상을 받는다(노미네이트는 22회). 또 다른 슬라브 혈통의 미국 유대인 에런 코플런드(그의 양친은 리투아니아 출신이다)가 뉴욕 무대를 위해 〈로데오〉나 〈빌리 더 키드〉 같은 '가짜' 카우보이 발레를 쓰는 동안, 러시아 출신의 유대인 티옴킨은 미국 서부에서 〈붉은 강〉의 존 웨인과 〈하이 눈〉, TV 시리즈 〈로하이드〉 같은 작품을 위해 '가짜' 카우보이 음악을 쓰고 있었다는 아이러니한 병립 구조는 사람들에게 잘 알려져 있지 않다. 러시아 사람이므로 경험이 없을 텐데도 미국 서부의 광대한 공간을 떠오르게 하는 음악을 어쩌면 그리도 잘 쓰냐는 질문에 "초원이면 다 같은 초원이지 뭐 별다를 것 있나" 하고 대답했다는 일화는 유명하다.

– 폴란드도 신동 하나를 미국에 보냈다. 브로니스와프 카페르는 바르샤바 음악원에서 작곡을 공부했고, 베를린에서 만난 오스트리아 태생의 친구 발터 유르만과 함께 미국으로 건너와 영화 〈샌프란시스코(당신의 골든게이트를 열어주오)〉의 주제가, 막스 형제의 영화 〈오페라의 밤〉과 〈경마장의 하루〉의 주제가를 썼다. 카페르는 뮤지컬 영화 〈릴리〉로 아카데미 음악상을 받았고, 〈바운티 호의 반란〉 〈앤티 맘〉 등의 영화음악을 맡았다.

– 빈에서는 아마도 지금까지 거명한 이들 가운데 가장 유명하다 해도 과히 틀리지 않을 에리히 볼프강 코른골트를 미국으로 보냈다. 유성영화라는 새로운 매체에 매료된 코른골트는 한 해의 절반은 빈에서 보내며 연주회용 작품과 극음악을 쓰고—동시에 독일에서는 그의 음악이 금지곡 목록에 오르고 있었지만—겨울은 할리우드에서 나는 생활을 한동안 유지했다. 만성 폐질환을 앓았던 차남 게오르크의 건강에 미국 서부의 따뜻한 날씨가 도움이 되는 듯했기 때문이기도 했다. 1938년 로스앤젤레스에 머물던 코른골트는 히틀러가 오스트리아 총리 쿠르트 슈슈니크를 만난 자리에서 정권을 오스트리아 나치당에 이양하라는 최후통첩과 함께 독일의 오스트리아 합병(안슐루스)이 불가피한 수순임을 통지했다는 소식을 접한다. 코른골트의 가족은 다시는 집으로 돌아갈 수 없게 되었음을 깨달았다. 이제

남은 문제는 국경이 봉쇄되기 전에 연로한 부모님과 장남 에른스트를 무사히 빼내오는 일이었다. 에른스트와 그의 조부모는 빈을 빠져나가는 마지막 기차에 몸을 실었는데, 워낙 콩나물시루 같은 기차간이라 10대 소년 에른스트는 나치 병사의 무릎에 앉아 갔다고 한다. 무사히 미국에 도착한 에른스트는 로스앤젤레스에 있는 노스 할리우드 고등학교에 다니며 최우수 학생으로 선정되어 졸업생 대표로 고별사를 하는 영광을 누렸고, 졸업 후에는 해병대에 자원입대했다.

유럽 최고 수준의 음악원들에서 최고 성적을 기록한 유대인 작곡가들은 오랜 시간 동안 이어지는 뮤직 드라마와 코미디에서 기억이 차지하는 힘을 발견한 바그너의 업적과 그의 라이트모티프 기법을 전적으로 활용하게 된다. 얄궂은 아이러니는, 이 유대인 음악가들이 오페라와는 인연이 없는 대중에게도 바그너의 미학을 접할 기회를 제공했고, 아울러 전 세계를 대상으로 유럽의 클래식 음악—그리고 그 상징과 어휘—을 '가르쳤다'는 점이다. 스타이너가 〈바람과 함께 사라지다〉에 붙인 음악은 이따금 미국 남부의 유명 인기 선율이 인용된 바그너적 교향시와 진배없다는 사실을 그 누구도 부정하지 못한다. 사람들은 영화음악을 그저 음악으로 들었다. 언젠가 레너드 번스타인이 말했듯이, "실내악, 교향곡, 오페라만 썼더라면 인연을 맺지 못했을 수백만의 사람들이 그들의 음악을 들었다."[4]

보는 음악, 보이는 음악

당연한 말이지만 바그너와 바그너주의는 진공 상태에서 불쑥 솟아나지 않았다. 고대 그리스의 선조들이 남긴 글들로 짐작해볼 때 음악은 언제나 서사를 담으려는 성향을 지니고 있었고, 물리적 대상이나 감정, 다른 감각들과 연결될 수 있는 능력을 갖추고 있었다. 영화가 발명되기 전의 작곡가들은 딱히 무대용 음악을 쓰지 않는 경우에도 감상자가 그들의 음악을 서사적으로 이해하고 경험하리라 기대했을까? 만약 그랬다면 일반적으로 받아들여지는 해석이 있었을까, 아니면 각자가 개인적인 해석을 들고 나왔을까, 혹은 양쪽 모두였을까? 독일의 음악학자 아노 뭉겐은 유럽과 미국의 "영화 등장 이전의 음악"을 파고드는 선두급 학자다. 뭉겐은 19세기 사람들이 기악곡과 시각적 이미지를 연결하여 이해했음을 짐작케 하는 당시의 서적과 신문 광고 등을 연구하여 발표한 바 있다.[5]

예를 들어 1812년 빈의 궁정 극장에서 초연된 베토벤의 〈피아노 협주곡 5번〉에는 두 편의 활인화活人畵*가 곁들여졌다. (혹은 반대로 두 편의 활인화에 베토벤의 〈피아노 협주곡 5번〉이 곁들여진 것으로 봐야 할까?) 피아노 독주는 베토벤의 제자 카를 체르니가 맡았다. 베토벤도 물론 초연 현장에 임석해 있었다. 첫 번째 악장에서는 라파엘로의 〈솔로몬 왕을 알현하는 시바 여왕〉이 정지 동작으로 구현되었고, 이어서 니

---

* 타블로 비방(tableau vivant). 살아 있는 사람이 분장하여 정지된 모습으로 명화나 역사적 장면을 연출하는 기법.

콜라 푸생의 〈기절하는 에스더〉가 재현되었다. 음악과 이미지가 동시에 공연되었는지는 확언할 수 없지만, 음악이 시각 예술을 액자 틀처럼 둘렀다는 사실은 베토벤의 음악이 당대의 사람들에게 어떤 정서를 불러일으켰는지 이해하는 중요한 열쇠가 된다. 베토벤의 〈피아노 협주곡 5번〉은 1악장 다음에 잠깐의 휴지가 있고, 2악장과 3악장은 중단 없이 연이어 연주된다. 따라서 짐작해볼 수 있는 바는 라파엘로와 푸생의 활인화는 연주 **도중에** 구현되었고 1악장과 2악장 사이의 틈을 활용해 무대를 재정비하지 않았을까 하는 가능성이다.

1870년까지 뒤셀도르프에서, 부퍼탈에서, 그리고 런던에서 베토벤의 교향곡을 시각적으로 표현하고자 하는 시도가 여러 차례 있었다(이로부터 70년 뒤 월트 디즈니가―'순수주의자들'의 조롱에도 아랑곳하지 않고―〈판타지아〉에서 베토벤의 〈전원 교향곡〉을 가지고 했던 일이 사실상 이와 거의 다름없었음을 기억하기 바란다). 활인화에 붙일 목적으로 곡을 아예 새로 쓴 작곡가도 많았는데, 오토 니콜라이, 파니 멘델스존, 자코모 마이어베어, 레오시 야나체크, 잔 시벨리우스, 리하르트 슈트라우스 등을 꼽을 수 있다. 슈트라우스가 1892년 작곡한 〈축하 음악: 살아 있는 그림들〉은 카를 알렉산더 대공의 금혼식을 기념하기 위한 활인화의 반주 음악으로 사용되었고, 슈트라우스는 이 작품을 5년 뒤인 1897년 연주회 무대에 따로 올림으로써 음악은 이미지가 있건 없건 무방하다는 본인의 견해를 직접 시연했다. 〈축하 음악: 살아 있는 그림들〉의 일부는 슈트라우스의 동명 오페라를 원작으로 한 1925년 무성영화 〈장미의 기사〉에 붙인 음악에 재활용되기까지 했다. 슈트라우스는 이 모든 여정을 통해 음악이 지닌 기능과 목적의 유동성을 직접 보여준 셈이다.

　19세기 초 대도시 거주민들과 궁정 인사들 사이에서 인기를 끈 오락거리는 '디오라마diorama'였다. 상상 속 공간을 그린 그림을 걸고 조명을 어둡게 한 다음 음향과 음악을 곁들인 상태로 감상하는 시각 중심의 오락이었다. 사람들은 오케스트라의 연주를 들으며 알프스산맥의 빙하 그림을 감상한다든가, 오르간 음악이 연주되는 가운데 대성당 내부를 그린 그림을 감상하곤 했다. 한편, 움직이는 파노라마인 '플레오라마pleorama'도 있었다. 감상자는 정지된 배에 타고 양쪽으로 배치된 두루마리 그림이 서로 보조를 맞춰 펼쳐지면서, 이를테면 흡사 배를 타고 라인강을 따라 내려가며 경치를 감상하는 것 같은 느낌이 들게 하는 오락거리였다. 플레오라마에는 프렌치 호른의 신호 소리 반주가 붙곤 했다. 〈신들의 황혼〉 중 '지크프리트의 라인 여행'을 쓰던 바그너는 플레오라마라는 소리와 영상이 결합된 오락거리의 존재를 알고 있었음이 틀림없다.

　이러한 종류의 오락거리는 현재에도 경험할 수 있다. 디즈니랜드의 탈것으로 유명한 '스타 투어스—모험은 계속된다'가 플레오라마의 첨단 형태이며, 캘리포니아 디즈니랜드에서 남쪽으로 내려가면 금세 나오는 라구나 비치에서는 매년 '패전트 오브 더 마스터스Pageant of the Masters'라고 하여 오케스트라가 연주하는 라이브 음악에 맞춘 활인화 행렬이 장관을 이룬다. 디즈니 놀이공원이라면 질색을 하는 사람들이나 가장행렬을 남부 캘리포니아가 낳은 키치 문화의 산물로 오해하는 사람들이라면 1933년 미국 서부에 이식된 유럽의 이 유구한 전통이 눈에 들어오지 않을 것이다. 그러나 이것이 키치라면 역사가 깊은 유럽의 키치라고 불러야 마땅하며, 역사가 깊은 유럽의 키치는 다른 말로 하면 유럽의 전통문화이기도 하다.

더욱 중요한 사실은 19세기 유럽인들이 '**그림**picture'이라는 단어를 어떻게 정의했는가이다. 그림은 단순한 시각적 현상만이 아니었다. 그림은 색채와 시점뿐만 아니라 음향과 후각까지 다양한 수단을 동원하여 빚어내는 상상력의 산물이었다. 그러므로 19세기 유럽인들은 베토벤의 교향곡을 경험하면서 동시에 그림을 **들었을** 가능성을 배제할 수 없다. 마찬가지로 중요한 사실은 그것이 베토벤이 의도한 바였을 수도 있다는 점이다.

〈전원 교향곡〉(1808)은 베토벤이 이러한 의도를 드러내놓고 천명한 작품이었다. (비발디 역시 1717년경에 쓴 〈사계〉에서 그와 비슷한 일을 시도한 바 있다.) 베토벤은 악장 각각에 시각적 묘사 어구를 부여함으로써 교향곡 형식의 파격을 꾀했다(그는 바로 전작前作인 〈교향곡 5번〉에서 동일한 리듬 모티프로 곡 전체를 통일하여 악장 간의 벽을 깨는 음악 구조의 혁신을 도모했고, 〈교향곡 9번〉에서는 사람의 목소리를 더함으로써 분명한 시적 이미지를 통해 음악에 내재된 의미를 보강하기를 꾀했다).

19세기 중반에는 슈만의 〈교향곡 2번〉을 한 편의 소설처럼 묘사한 글이 여럿 있었다. 말하자면 단어들로 구성된 소설이 아니라 느낌에 기반한 소설(이를 독일어로 '감정소설Gefühlsnovelle'이라고 불렀다)이었던 셈이다. 그러므로 뭉겐의 중요한 선구적 작업을 본받은 음악학자들이 서양 문화사에 존재한 모든 음악이 묘사적이요 서사적이라고 결론 내릴지도 모를 일이다. 왜냐하면 사람들은 교향곡, 소나타, 현악 사중주를 들을 때마다 감정적이고 회화적인 일련의 이미지들을 떠올렸을 것이 분명하기 때문이다. 지금은 은퇴한 오페라 코치 겸 반주자인 수산나 렘베르스카야는 키이우 음악원 재학 시절에 피아노 지도 교수가 피아노 소나타를 가르칠 때마다 "스스로 이야기를 만들어 붙일 것"을 주문했다고 기억한다. 그래야 실제로 곡을 연주할 때 뭔가 "들려주고 싶은" 개인적 서사가 생긴다면서 말이다.

그렇다면 영화음악이 영화의 시각적 극적 요소에 대한 음악적 반응이라기보다, 아예 영화가 음악을 듣는 사람들이 벌써부터 머릿속으로 하고 있던 바를 표현한 것이라고 볼 여지도 있다. 말러의 〈교향곡 3번〉을 지휘하는 특권을 누린 적이 있는 사람이라면 반드시 공감하지 싶을 지점이 하나 있다. 1악장 발전부가 끝나고 재현부가 시작되는 순간, 작은북 부대가 연주하는 행진곡 리듬이 마치 저 멀리 물러나듯 잦아들고 갑자기 여덟 대의 프렌치 호른이 합심하여 포르티시모의 강세로 터뜨리는 제1주제가 전혀 다른 템포로 등장한다. 이 지점에서는 흡사 무언가가 "보이는 것만 같은" 느낌이 들지 않을 수 없다. '크로스 페이드'라는 영화 용어가 떠오르는 대목이지만, 말러가 이 곡을 쓴 1895년 무렵은 영화가 발명된 지 얼마 안 된 시점이었으므로 이를 시각적으로 구현하기란 아직은 역부족이었다.

'그림'이라는 단어의 의미를 이렇게 새롭게 이해하고 나면 〈라 보엠〉(1896)의 네 막을 가리키는 용어를 따로 선택한 푸치니의 천재성을 새삼 실감하게 된다. "보헤미안[즉 가난한 고학생]의 삶을 묘사한 짧은 장면들"을 기록한 책을 원작으로 하는 이 작품을 구성하는 네 개의 막을 푸치니는 '콰드로quadro', 즉 '그림'이라고 불렀다. '콰드로 테르초'(3막)의 막이 내리는 부분에서 푸치니는 커튼을 45초 동안 서서히 내리라고 지시했다(보통 커튼이 내려오는 데 걸리는 시간은 5초 남짓이다). 무대에는 미미와 로돌포뿐이고, 눈이 내리기 시작한 참이다. 미미는 "겨울이 영원히 끝나지 않았으면!" 하고 노래한다. 커튼이 서서히 내려오기 시작하고, 재회한 두 연인은 노래를 이어간다. 일반적으로 19세기의 오페라하우스에서 사용된 커튼은 기요틴처럼 위에서 아래로 꽂듯이 내려오지 않고 위에서 내려오며 동시에 좌우에서 좁아드는 방식이었다. 그러므로 점차 내려오며 좁아지는 막을 객석 쪽에서 보면 갈수록 작아지는 프레임이 생기는 셈이었다. 다시 말해 푸치니는 영화가 없던 시절 클로즈업과 가장 가까운 효과를 거둘 수 있는 기법을 주문한 것이다. 커튼 조작을 담당하는 무대 뒤 일꾼들은 말할 수 없이 무거운 커튼을 내리고 좁히는 고된 일을 해야 했고, 게다가 3막의 마지막 화음—빠-밤—에 맞춰 커튼의 끝이 무대 중앙에서 정확히 만나도록 가능해야 했다.[6]

뤼미에르 형제가 자신들이 발명한 영사기를 들고 봄베이(현재의 뭄바이), 런던, 몬트리올, 뉴욕, 부에노스아이레스를 순회하던 시기는 말러, 드뷔시, 시벨리우스, 푸치니, 슈트라우스가 한창 현역으로 활동하던 때였다. 클래식 음악과 이를 듣는 이들의 마음속에 생겨나는 움직이는 영상은 곧 유럽 클래식 음악의 언어를 콘서트홀과 오페라하우스를 벗어나 세계 곳곳에 알릴 새로운 시각 매체와 손잡는다.

한 세대만큼의 세월이 흐르면 세상은 두 번째 세계대전을 향해 되돌릴 수 없는 발걸음을 내디딘다. 독일의 수상으로 새로 임명된 아돌프 히틀러는 자신의 베를린 집무실과 베르히테스가덴의 별장에 최신 영사 설비를 설치하고, 할리우드에서 공수된 따끈따끈한 영화들을 즐기게 된다. 미국과 독일은 아직 전쟁에 들어가기 전이었고, 할리우드의 스튜디오들에서는 수천 명에 달하는 유럽 출신 직원들이 자사의 영화를 홍보하고 보급하는 일에 열을 올리고 있었다. 늦은 밤 히틀러가 유대인 맥스 스타이너가 음악을 쓴 〈킹콩〉을 감상하는 동안,[7] 스탈린은 프로코피예프를 시켜 소비에트의 위대한 영화들에 곡을 붙이도록 했고, 무솔리니는 1937년 로마에 '영화의 도시'(치네치타)라는 세계에서 가장 거대한 영화 스튜디오를 건설했다.

8

새로운 전쟁,
낡은 아방가르드

1945년 세계가 총칼을 내려놓고 난 뒤, 유럽과 미국 클래식 음악계의 리더와 큐레이터 그리고 어떤 작품을 위촉하고 무대에 올려야 할지, 대중이 들어야 할 음악이 무엇인지를 결정하는 이들은 이런 반복되는 질문을 마주했다. "여기서 어디로 나아가야 할 것인가?" 이 질문에는 "지금까지 우리가 서 있던 곳은 어디였나?"라는 질문이 함축되어 있었다.

음악이 정치 이데올로기의 상징적 표상으로 동원된 격변기가 지나자 이 질문에 답하기는 더더욱 까다로워졌다. 이번의 질문은 전쟁 중과 전쟁 후에 **모두**가 보여주었던 행위 및 정체성, 그 여파와 연관되어 있기에 피해갈 수 있는 사람이 없었다. 정치인이건 사업체를 거느린 기업인이건 어디서나 만날 수 있는 장삼이사건 간에, 또한 그들이 연주회와 오페라 공연장을 드나들었건 아니건 간에 모두 마찬가지였다. 그건 결코 사소하게 취급할 수 있는 질문이 아니었다. 새로이 해방을 맞은 국가들의 정부는 공공 자금을 투입해 오케스트라와 오페라하우스, 라디오 방송국을 재건했다. 중요한 건 과거에 우리가 누구였는지, 혹은 어떤 존재가 되고자 했는지가 아니라 현재 우리가 누구인지였다. 1946년 베를린에 사는 독일인들은 스스로에게 어떤 음악을 허용했을까? 패전국 이탈리아가 로마에서 새로운 헌법을 제정하던 당시, 라 스칼라 극장은 밀라노 시민들에게 어떤 오페라를 선사할 수 있었을까?

1차 대전의 발발과 종전 시점에 이르기까지 무엇이 예술 음악을 구성하는지를 놓고—다양한 아방가르드 운동을 포함하여—격렬한 논쟁과 방향 제시가 있었으나, 그럼에도 보편적으로 받아들여지는 새로운 레퍼토리를 갖지 못한 채 커다란 구멍이 생기고 말았음은 앞서 설명했다. 게다가 일반 대중이 원하는 종류의 클래식 음악—비아방가르드 계열의 이탈리아 오페라나 망명 작곡가들이 쓴 교향곡 등—은 차라리 잊는 게 나은 과거를 떠올리게 하는 고통스러운 기억의 잔재였다. 독일과 이탈리아의 음악 평론가와 학계 인사를 포함한 유럽의 지식인들은 발등에 불이 떨어졌다. 과거의 강의, 연설, 학술지 등에서 지껄여 놓은 바들을 변명하고 합리화해야 했다.

제3제국 시절 학계 내에서 자리를 보전했던 대학교수들은 '퇴폐' 작곡가들을 향해 일관된 태도를 유지할 새로운 방법을 찾아냈다. 전후 지적 평론계를 이끌고 있던 독일인들은 힌데미트, 코른골트, 바일, 쇤베르크가 미국으로 건너간 뒤 쓴 음악을 모조리 거부하는 방식으로 여전히 박동 중이던 그들의 음악 유산을 콘서트홀에서 사실상 적출했다. 그것은 최후의 일격과도 같았다. 패전의 수모를 겪은 이들의 끓는 감정이 한 세대 분량의 음악을 송두리째 제거했다. 일격은 누구보다 권위 있는 '전문가'의 목소리라는 지원 사격을 받았다. 전쟁에서 이긴 자들은 새로운 적으로 떠오른 소비에트 공산주의와의 또 다른 일전을 치르기 위해 패전국의 지원을 업어야 했고 따라서 전문가들의 목소리에 귀를 기울였다.

해결책은 대중과 대중을 이끄는 지도자들 간의 암묵적 합의라는 간단한 형태로 떠올랐다. **그 무엇도** 연주하지 말라는 것. 나치의 음악과 나치가 금지한 퇴폐 음악이 나란히 불편한 음악이라는 하나의 간편한 카테고리로 묶였다. 난처한 상황이었다. 더군다나 바일, 힌데미트, 코른골트, 쇤베르크 모두 유럽과 나누어야 마땅한 우수한 음악을 쓰지 않았던가? 유럽은 과연 그들의 음악에 귀를 열어줄 것인가? 이탈리아도 상황은 비슷했다. 조국을 '버리고' 미국에서 생존하기를 택한 작곡가들의 음악뿐만 아니라 한때 기세등등하다가 이제는 입지가 좁아진 작곡가들의 음악까지 나란히 폐기 수순에 들어갔다. 피체티와 메노티가, 마스카니와 카스텔누오보-테데스코가 도매금으로 묶였다. 음악이라는 바다를 저인망 그물이 훑고 지나갔고, 세상은 듣지 않는 쪽이 속편한 음악을 모두 걸러 치워버렸다. 이러한 작업이 어떠한 경위와 방법으로 이루어졌는지, 또 지금도 이루어지고 있는지는 탐구할 만한 가치가 있는 주제다.

늘 그랬듯 무엇을 듣고 싶은지 결정하는 주체는 청중이요 대중이다. 라디오와 축음기, 유성영화(그리고 노래가 곁들여진 영화)의 도래와 함께 음악의 민주화도 따라왔다. 유럽은 전쟁 전에 즐기던 클래식 레퍼토리를 다시 듣고 싶은 마음이 절실했다. 다소 때가 묻은 연주자들도 대체로 묵인 내지 용인되었다. 곧 새로운 해석자들이 등장했고, 신기술은 옛 걸작들을 새롭게 발견하게 해주었다. 이로서 전쟁 전 음악을 연주하는 일은 근년의 복잡한 사건과 안전거리를 둘 수 있었다. 베를린과 밀라노의 시즌 개막 무대로 베토벤의 〈교향곡 9번〉과 새롭게 제작한 베르디의 〈아이다〉 공연이 낙점되는 일이 가능했고, 화려한 영화배우들, 패션모델들, 일반 청중, 기자들과 함께 모습을 나타낸 이탈리아 공화국의 대통령과 밀라노 시장, 크루프 사와 메르세데스 사의 최고 경영자들이 최근의 전쟁에 대해서는 일언반구도 하지 않은 채 스리슬쩍 넘어가는 일이 가능했다.

그러나 바그너만큼은 넘어가기 힘든 난제였다. 바이로이트에는 바그너의 영국 태생 며느리 비니프레트가 있었다. 아돌프 히틀러와 흔쾌히 어울리며 그가 제공한 지원으로 바그너 페스티벌을 꾸려간 전력에 대해 사과는커녕 내가 뭘 잘못했느냐며 오히려 고개를 뻣뻣이 드는 인물이었다. 바그너의 손자 둘과 손녀 하나는 1876년 할아버지의 까다로운 요구에 맞추어 건설된 오페라하우스에서 거장의 오페라를 다시 만나길 갈망하는 대중의 눈과 귀에서 최근의 역사를 지울 방법을—주둔국 미국의 감독하에—찾아야 했다.

나치에 찬동한 어머니가 여전히 살아 있었음에도 불구하고, 프리델린트 바그너와 그의 한 살 터울 오빠 빌란트, 한 살 동생 볼프강에게는 전후 바이로이트 페스티벌을 운영할 법적 권한과 책임이 주어졌다. 빌란트와 볼프강에게는 각각 33퍼센트의 지분이 주어졌고, 프리델린트는 34퍼센트를 받았다. 프리델린트가 1퍼센트를 더 받은 것은 1940년에 독일을 떠나 런던에서 히틀러를 규탄하는 방송 연설을 한 점을 평가한 상징적 조치였다. (연설에서 프리델린트는 "만약 히틀러가 내 할아버지의 오페라를 정말로 이해한다면 그 작품들 역시 금지곡 목록에 올려야 할 것"이라고 목소리를 높였다.) 프리델린트는 아르투로 토스카니니의 도움으로 미국 땅을 밟았고 미국 시민이 되었다. 1951년에 문을 연 '새로운 바이로이트'에서 프리델린트는 상당수의 미국인을 포함한 젊은 예술가를 위한 학교를 운영했다. 그녀의 노력으로 가까운 과거가 남긴 아픔의 일부가 씻어졌다.

빌란트와 볼프강은 조금 더 중대한 일을 맡았다. 빌란트는 동생 볼프강과 함께 공연 제작의 감독과 운영을 이끌었고, 볼프강은 여기에 더해 페스티벌의 행정과 사무 전반을 책임졌다. 19세기 당시의 디자인 전통을 고수한 낡은 무대그림들은 전쟁 중에 파손되기도 했거니와 온전히 남은 게 있다 하더라도 나치 시대에 사용된 찝찝한 기억이 있으므로 폐기되어야 마땅했다. 형제는 무대그림을 버리는 데 그치지 않고 기존의 연출도 폐기했다. 건축을 전공한 빌란트는 전쟁 전 유럽의 미래파 건축가들의 작업에서 영감을 받아 완만한 곡선 형태의 거대한 무대 위에 시간을 초월한 듯한 황량한 이미지를 펼쳐 보였다. 객석을 향해 살짝 기운 타원형의 무대 공간은 마치 우주를 유영하는 듯 신비로웠다. 바그너 가문은 무대그림에 투자할 만큼 자금 사정이 넉넉하지 못했고, 따라서 가진 자원 전부를 최첨단 수준의 조명 및 영사 기술에 집중했다.

엄청난 재능을 지닌 연출가였던 빌란트는 음악과 일치된 동작을 주문한 할아버지의 연출 지침에도 등을 돌렸다. 원반 모양의 무대 위에 선 가수들은 삼차원 지형지물이나 소품의 도움 없이 그때그때 각자의 위치를 판단하고 연기해야 했다. 1965년 〈신들의 황혼〉 무대에서 브륀힐데가 여동생 발트라우테와 함께 등장하는 장면은 서로가 서로의 동작을 받아 대응하는 식으로 연기하는 바람에 일종의 스모 경기처럼 보이기도 했다. 유명한 '발키리의 말타기' 장면은 여덟 명의 반신반인이 각자 자리에 선 채로 위치를 유지하고, 대신 스무 대 이상의 프로젝터를 동원해 놀랍고 현기증 나는 구름 모양을 영사함으로써 하늘이 움직이는 것 같은 효과를 자아냈다.

재개관 이후 페스티벌의 지휘봉은 나치를 위해 연주했던 이들—한스 크나퍼츠부슈, 카를 뵘, 헤르베르트 폰 카라얀—에게 주어졌다. 해석 면에서 바그너까지 그 연원을 거슬러 올라갈 수 있는 지휘자들이었다. 바이로이트 축제극장의 재개관 기념 공연은 1951년 7월 29일에 있었다. 공연 프로그램은 지극히 안전한 선택으로 구성되었다. 그들이 선정한 작품은 베토벤의 〈교향곡 9번〉, 지휘자는 히틀러가 가장 아낀 마에스트로이자 청중의 넋을 빼놓는 것으로 유명한 빌헬름 푸르트벵글러였다. 재개관을 기념하던 그해 빌란트는 급진적인 연출의 〈파르지팔〉을 무대에 올렸다. 이 작품은 빌란트가 사망한 1966년까지 바이로이트의 레퍼토리로 꾸준히 반복 공연되었다. 1951년의 〈파르지팔〉은 크나퍼츠부슈가 지휘했으나, 1966년의 〈파르지팔〉은 전후 유럽 아방가르드의 기수 피에르 불레즈가 이끌었다.

1966년 무렵 불레즈는 2차 대전의 잔해 속에서 등장한 음악가 가운데 가장 자기주장이 뚜렷하고 영향력이 큰—보기에 따라서는 치명적이라고도 할 수 있는—인물이 되어 있었다. 불레즈는 작곡가이자 여론 형성자로서 현대음악제나 강연장에 등장함으로써, 또한 이따금 지극히 선동적인 글을 기고함으로써 유럽의 교조적 음렬주의자 집단을 대변하는 지성이요, 극렬 현대주의자로 자리매김한 상태였다. 그런 그에게 바그너의 낭만파 음악을 지휘할 책무가 주어진 것이다. 빌란트는 새로운 바이로이트에 관한 자신의 구상에 부합하는 해석의 적임자를 구했다며 공개적으로 만족감을 표했다.

불레즈는 바그너가 창안한, 마치 밀물과 썰물처럼 서사와 감정의 흐름에 맞춘 극적 표현을 중시했던 연주 전통을 바이로이트에서 깨끗이 지웠고, 대신 악보를 냉철하고 꼼꼼하게 분석한 해석을 견지했다. 1974년 어느 기자가, 바이로이트가 옛날부터 사용하던 오케스트라 파트 악보를 여전히 사용하는지, 그렇다면 거기에 과거 선배들이 기록해 놓은 메모 사항들이 그대로 적혀 있는지 묻자, 불레즈는 놀라긴 했지만 시큰둥한 표정으로 "아니오, 옛날 파트보는 이제 사용하지 않습니다. 모두 새 악보로 교체했습니다" 하고 대답했다. 그렇게 바이로이트도 비非나치화되었다. 전통에 갇힌 독일인들은 (어두운 극장 구석에서) 때로 야유를 보내고도 처벌받지 않았고, 급진적인 현대주의자들에게는 자기들이 보고 들은 것에 환호할 허가가 떨어졌다. 빌란트가 사망하기 전까지 바그네리안들에게 바이로이트만큼 짜릿한 곳은 없었다. 겉으로 보기에는 모두의 필요를 충족하는 곳처럼 비치기도 했다.

한편 대중적인 음악 형식—댄스홀과 재즈 클럽 빅 밴드의 공연 현장을 담은 방송 자료나 실황 녹음—은 선율이 매력적이고 신나고 기억에 남고 유쾌한 음악을 갈구하던 유럽인과 미국인의 욕구를 충족해주었다. 바그너의 이론을 추종하며 영화음악을 짓던 미국인들은 교향곡 악보도 공급했다. 관객은 이들이 이민자 출신이라는 사실을 거의 알지 못했다. 어차피 미국에는 성씨의 종류가 워낙 많았기 때문이다. 헨리 폰다, 캐서린 헵번, 케리 그랜트가 주연한 영화에 흐르던 음악을 작곡한 프란츠 왁스먼의 본명이 사실은 프란츠 박스만이라는 사실은 누구도 짐작하지 못했을 것이다.

종전 무렵, 앞에서 언급한 오스트리아-독일 음악의 네 거인이 각자 새로운 작품을 썼다. 로스앤젤레스의 쇤베르크는 12음 기법에서 한 발도 양보하지 않은 작품을 고집하면서도 이따금 조성을 채택한 아름답고도 복잡한 작품을 쓰는 모험을 감행했다. 〈바이올린 협주곡〉 〈피아노 협주곡〉 〈오케스트라를 위한 변주곡〉 〈실내 교향곡〉 〈현악 오케스트라를 위한 모음곡〉이 여기에 해당한다. 코네티컷주 뉴헤이븐에서는 힌데미트가 다섯 편의 교향곡, 두 편의 오페라, 대규모 레퀴엠 미사곡, 다수의 실내악곡과 소나타를 완성한 뒤였다. 로스앤젤레스의 코른골트는 워너 브러더스 영화사 측에 제공한 영화음악만도 열두 편이 넘었다. 시간 분량으로 치면 서른 시간이 넘는 교향악이었다. 히틀러가 사망하자 코른골트는 〈바이올린 협주곡〉과 4악장 구성의 〈교향적 세레나데〉, 장대한 〈교향곡 F샤프장조〉 등 연주회용 음악을 발표했다. 뉴욕에는 바일이 있었다. 바일은 대규모 성서극, 한 편의 오페라, 다섯 편의 뮤지컬, 라디오를 위한 오페라, 행사용 음악, 예술가곡을 생산했다. 그의 브로드웨이 뮤지컬은 아파르트헤이트, 정신질환, 연령 차별, 전쟁, 미국 내의 인종 차별, 성 문제를 대하는 위선적 태도 같은 중요한 정치적 사회적 주제를 다루었다. 독일 음악은 미국에서도 썩 잘 해나가고 있었다.

전후 유럽과 미국의 클래식 음악계가 나아갈 길이 오로지 '모더니즘'뿐이라는 주장은 그간 계속해서 음악을 써오던 작곡가들이나 점점 강해지는 시대의 압력에 순응해 기존의 양식에 변화를 줄 의향도 능력도 없는 작곡가들에게는 받아들여지지 않았다. 물론 그들의 음악도 제 나름으로는 변화했다. 그들은 성공과 실패를 가늠하는 판관의 역할을 대중의 몫으로 남겨두었다. 19세기에 주세페 베르디가 그러했듯 말이다. 베르디는 관객의 호응도로 자기 오페라의 성패를 판단했고, 최신작을 이해하지 못한다고 관객을 탓한 적이 단 한 번도 없다. 바그너가 오페라와 드라마, 예술과 혁명, 음악의 미래 등의 주제에 관해 자기 생각을 담은 책과 에세이를 출판한 이후 어느 기자가 베르디에게 물었다. 그에게도 극장에 관한 이론이 있느냐고. 마에스트로는 이렇게 대답했다. "없습니다. 극장은 만원사례를 이루어야 합니다. 그뿐입니다."

20세기는 대중가요, 특히 사랑 노래의 황금기였다. 사랑 노래의 출처는 대부분 미국이었다. 이른바 낭만파의 시대였다는 19세기와 구분하기 위해 '현대적'이라는 형용사를 달고 살다시피 한 100년 세월이었던 20세기는 사랑—그리고 사랑과 함께 따라온 다른 강렬한 감정들—의 격정적인 분출을 목격했다.

그러나 '현대적'이라 칭할 수 있는 음악 양식을 찾아야 한다는 과제는 여전히 남아 있었다. 이 관념은, 새로이 민주화된 서유럽과 해방자 미국을 **고등 예술** 음악으로 **표상**하길 원했던 이들에게 의미가 있는 일이었다. 민주화된 유럽을 건설할 자금과 그래야만 할 정치적 목적이 있던 미국인으로 논의를 국한하자면, 음악이 엄격히 규정된 표현의 자유 개념을 예증하고 그럼으로써 아방가르드 음악 언어를 대놓고 배척하는 소비에트의 공식 노선과 차별화를 꾀하는 것이 하나의 해결책이 될 법했다. 유럽과 미국에서 최근에 쓰인 (대단히 매력적인) 음악과 비슷하게 들리는 일과 **거리를 둘 수 있는** 자유는 부모 세대가 일으킨 전쟁에서 살아남은 젊은 세대에게도 마찬가지로 중요했다. 이들 모두가 전쟁의 폭력과 박탈의 죄 없는 희생자였고, 좀 더 근원적으로는 저들이 애초부터 거의 이해하지 못한 재앙이 가져다준 치욕적인 상실의 피해자였다.

서방이 공식적으로 지지하는 새로운 클래식 음악은 어떤 것이어야 할까? 누구의 목소리로 미국과 영국의 콘서트홀과 오페라하우스를 채워야 마땅할까? 미국 정부와 미국의 민간 재단들로부터 받은 자금으로 새로운 예술과 음악을 지원하던 서유럽 대륙의 공연장을 찾은 청중은 어떤 음악을 만나는 게 온당할까? 연합국 측은 피폐해진 독일의 문화적 기반 시설을 재건해주기로 이미 약속한 상태였다. 1945년에 독일, 프랑스, 이탈리아, 덴마크, 영국 등의 방송국 오케스트라들은 어떤 음악을 연주해야 할까? 1955년에는? 1965년에는? 좌우지간 유럽 재건 비용의 대부분이 미국의 호주머니에서 나왔다. 돌이켜 생각하면 아이러니한 측면이 있다. 모든 새로운 음악이 보편적으로 승인된 공통 언어를 사용해야 한다는 발상은 전체주의적일뿐더러, 이를 추진하고 촉진하는 주체가 전체주의와 맞서 싸운 이들이라고 생각하면 더더욱 그랬다.

스탈린의 소비에트 연방은 현대음악 관련 정책을 하나로 유지했다. 러시아 역시 전승국 중 하나였다. 이탈리아, 프랑스, 독일어권 국가들은 그들 앞에 커다란─그리고 복잡한─과제를 앞두고 있었다.

해결책이 떠오르다: 돌아온 아방가르드

아방가르드는 원래 군사 용어다. 아방가르드는 전위前衛라는 의미로, 본대나 후위에 앞서 전진하며 적을 수색하는 임무를 맡는 고도로 훈련된 병사 집단을 일컫는다. 하지만 예술의 관점에서 아방가르드의 뜻을 검색하면 서로가 서로를 정면으로 들이받는 정의들 속에서 헤매기 십상이다.

1900년대 초반 시작되어 1909년 마리네티의 『미래파 선언』을 통해 행동 강령으로 명문화되고 본격화된 아방가르드 운동은 자본주의와 대중을 상대로 한 대물량 시장을 향한 증오를 땔감으로 삼았던 면이 있다. 그 결과 아방가르드 운동을 추종하는 예술가들은 다른 예술가와 대중(본대와 후위)에게 끼치는 영향을 기쁘게 받아들이는 대신 영향력이라는 것을 아예 통째로 부정하기에 이른다(그런 일이 가능한지는 의문이다). 여기에 더해 아방가르드 예술가들은 본인들이 영향을 미쳤을**지도 모르는** 여타 예술을 모두 독창성 없는 파생 예술이요 따라서 모조 예술, 키치 예술로 정의했다.

아방가르드는 미래주의 개념으로부터 비롯되었고—미래주의에 따르면 새로운 것이 낡은 것보다 늘 더 좋다—아방가르드 신념의 핵심에는 예술과 음악의 주류 개념 전반에 대한 반대가 자리하고 있었다. 그렇게 아방가르드의 외적 현현顯顯, 그러니까 아방가르드의 목소리가 받아들여지고 나면 그 목소리는 더 이상 진실하지 않은 것으로 외면당하거나 폄하당했다. 꽁꽁 싸맨 비밀과도 같은 정의에 따르면 아방가르드는 더 이상 존재하지 않기에 그 누구도 가입할 수 없는 클럽의 수뇌

부들 손안에만 존재하는 예술이었다. 물론 이러한 철학의 순환 논리는 누군가 새로움과 낡음을 정의하려 들면 백일하에 드러나게 마련이었다.

'외설적obscene'이라는 단어의 어원은 '무대 뒤'를 의미하는 라틴어 '옵스케나obscena'다. 고대 그리스인과 로마인이 규정한, 극장이라는 성스러운 제단은 관객이 보기에 부적절한 특정 행위들은 결코 허용하지 않았다. 불쾌한 행위를 수반한 이야기를 전달해야 하는 딜레마를 해결하기 위해 그리스인은 '전령'이라는 역할을 창안했다. 전령은 이를테면 "왕비가 목을 매셨다" 같은 소식을 전달하는 자였다. 전령이 전한 소식을 들은 관객은 왕비가 목을 매는 광경을 실제로 보지 않고 머릿속으로 상상하게 된다.

아방가르드 예술은 사회가 무엇을 예술로 받아들이는지, 무엇을 접하면 눈살을 찌푸리는지에 관한 인식의 경계를 잡아당기고 비틀기를 좋아한다. 예를 들어보자. 2014년 뉴욕에서는 댄 콜런이라는 화가가 그린 작품 네 점이 54만 5000달러에 판매되었다. 네 점 모두 흰색 캔버스에 비둘기 똥을 떨어뜨린 작품이었다. 2017년 빈과 런던시 당국은 표현주의 화가 에곤 실레(1890~1918)의 노골적이고 에로틱한 그림을 주제로 한 회고전의 시내버스 광고를 금지했다.

1960년대 서유럽과 미국의 예술계가 1차 대전 이전의 아방가르드를 받아들이자 작곡가들은 아방가르드의 생성 원칙을 논리적으로 확장하여, 혹자가 보기에는 불합리하다고도 할 법한 결론에 도달했다. 가령 어떤 작곡가가 앞의 몇 단락에서 읽은 바를 달성한 새로운 음악 작품을 상상하는 데 오랜 시간을 쏟을 수도 있다. 그다음 아방가르드의 논리를 그대로 따르자면, 이들 작품을 실제로 작곡하거나 연주하는 대신 이들 작품에 **관한** 책을 쓰는 것이 더 적절하다고 결론을 지을 수도 있다. 그렇게 일종의 조리법 책자의 개요를 잡고 나면 굳이 이 음악/해프닝/설치/행위 예술의 설명서를 집필하거나 출판하는 일이 무의미하다고 생각할 수도 있다. 왜냐하면 그때는 이미 기획 단계에서 그 예술의 목적이 달성된 다음일 것이며, 예술가의 두뇌에서 경험된 다음일 것이기 때문이다.[1]

간단히 말해, 사람들이 아방가르드라는 용어를 통해 대체로 이해하는 바는 다음의 몇 가지 핵심 특징을 아우른다.

– 아방가르드는 세상이 받아들이는 판단에 도전한다.
– 아방가르드는 급진적인 변화를 가져오길 원한다는 점에서 혁명적이다.
– 아방가르드는 존재만으로 우리에게 기존의 조건을 다시 생각하게 한다.
– 아방가르드는 활기차고 흥미진진하며 새로워서 지성과 젊음에 연결된 것으로 인식된다.

이러한 특징이 있는 아방가르드는 1차 대전과 대공황 시기까지 대체로 몸을 낮추고 있다가 1945년 이후 본격적으로 기세를 올려 유럽과 미국의 음악적 사고와 언어에 꾸준히 스며들었다. 특히 아방가르드는 아방가르드 클럽에 가입하려 시도한 외부인에게 가장 극적이고 명시적인 영향력을 발휘했다. 이들은 똑똑하고 논리 정연하며 때로는 약물의 자극을 받은 사람들로, 영원한 새로움과 젊음이라는 개념을 끊임없이 유지하고 다른 것들과 분리하겠다고 결의한 이들이었다. 결국 새로움이란 다른 것과 구별되는 독자성이 필수일 테니 말이다. 이는 '컨템포러리 뮤직'이라는 어구가 '동시대 음악'이라는 표현보다 훨씬 좁은 의미로 쓰이는 현상도 설명한다. 컨템포러리 뮤직은 일반적으로 최선두에 선 예술 운동의 일부로 여겨지는 음악에만 적용된다.

그러므로 컨템포러리 뮤직 콘서트는 20세기에 쓰인 조성 음악을 포함할 수 없었다. 조성 음악은 데이터 뱅크에서 애초부터 배제된 음악이기 때문이다. 앙드레 프레빈은 불레즈가 자신이 음악감독으로 있던 뉴욕 필하모닉(1971~1977)을 "쇼스타코비치로부터 보호하겠다"고 말하는 걸 들은 적이 있다고 했다. 불레즈의 선언을 들은 프레빈이 깜짝 놀라 "농담이지, 피에르?" 하고 반문했지만, 불레즈는 싱거운 농담이나 하는 사람이 아니었다. 아방가르드 작곡가들과 그 지지자들이 가지지 못한 한 가지 미덕은 자기들이 추구하는 예술에 관한 유머 감각이었다. 그들의 예술은 전투적이고 공격적인 선언들로 점철되어 있었다.

딱 한 명의 예외를 꼽자면 험프리 설(1915~1982)이 있다. 영국인인 설은 쇤베르크가 빈에서 가르친 제자 중 가장 금욕적인 인물이었던 안톤 베베른 밑에서 작곡을 공부했고, 전쟁이 끝난 후 BBC를 통해 음렬주의 작품을 홍보했으며, 1947년부터 1949년까지 국제 컨템포러리 뮤직 협회장을 지냈다. 많은 이들을 흥분케 한―그리고 그보다 더 많은 이들을 분노케 한―콘서트에서 전후 유럽 아방가르드 작곡가들이 한창 떠받들어지던 중이던 1958년, 베를린 태생의 풍자 작가 겸 만화가

게라르트 호프눙이 기획한 연주회가 열렸다. 이때 두각을 나타낸 인물이 바로 설이다. 무엇보다 유쾌한 작품은 〈풍크트 콘트라풍크트〉라는 제목의 발칙한 12음 음악 패러디였다.

런던 로열 페스티벌 홀을 채운 왁자한 웃음과 풍자 속에서 전쟁이 끝나고 고작 10년 남짓 만에 대륙발 음악의 득세를 허용한 상황에 대한 영국인들의 걱정을 읽을 수 있다. 영국인들은 종전 이후 독일 음악가들을 용서하고 환영하는 입장을 취했으며, 조성을 탈피한 음악을 쓰는 젊은 장인들이 무슨 일을 하는지, 거기서 어떤 교훈을 취해 영국의 동료들에게 가르칠 수 있을지에 깊은 관심을 보였다. 〈풍크트 콘트라풍크트〉를 '영국 초연'하는 가상의 작곡가는 브루노 하인츠 야야였다. 브루노 마데르나, 카를하인츠 슈토크하우젠, 루이지 노노의 이름을 누더기처럼 이어붙인 작명이었다. 이들 모두가 당시 살아 있던 아방가르드 작곡가였음은 물론이다. 독일어 억양이 진하게 느껴지는 두 명의 '교수들'(호프눙 본인과 작가 존 에이미스)은 이렇게 강의를 시작했다.

음악은 아르놀트 쇤베르크가 음렬을 발명하면서 시작되었습니다. [웃음] 12음 기법 이전의 음악은 완전 혼돈이었어요! 하이든, 모차르트, 베토벤, 이자들은 모두 얄팍한 음악가들입니다. 쉬워빠진 음악을 쓰는 치들! 아니면 '잔뜩 쳐댄 휘핑크림 같은' 음악이라고 해도 좋겠고요. …
야야의 음악을 영국에서 연주하자니 당장 문제가 있습니다. 여기 사람들은 퍽 정돈이 되어 있지 않기 때문입니다. 당신들은 전기 기계 장비가 없잖아요.

독일에서는 다릅니다. 독일에서는 자부심을 가진 젊은 작곡가라면 누구 할 것 없이 펜과 굽쇠소리forking tune*뿐만 아니라 [박수] … 기계식 계산자와 스패너를 지참하고 다닙니다.

오선보는 시대에 뒤처진 물건입니다. 이제는 모눈종이가 필수입니다. 그리고 독일의 그럴듯한 작곡가들은 모두 스패너를 가지고 곡을 씁니다. … [박장대소]

모든 음표는 다음 음표에 종속됩니다. 언젠가 이고르 스트라빈스키가 그랬듯이, 하나하나의 음표는 잘 닦은 작은 다이아몬드와 같습니다. 물론 스트라빈스키는, 천만다행으로, 낡디낡은 조성 음악 허섭스레기 쓰기를 중단한 다음에야 이 말을 했지요. [웃음]

키치! 그래요, 키치! 스트라빈스키와 달리 야야는 평생 화음을 쓰는 죄를 지은 적이 없답니다. [웃음] 야야는 순수해요. 완전히 12음이니까요.

이 맹독성 패러디는 초현대주의자들의 주장에 담긴 오류를 백일하에 드러냈다. 특히 아방가르드가 주제의 변주와 절정부(이러쿵저러쿵해도 어쨌든 독일에서 오랫동안 사용된 음악적 장치다) 같은 몹시 보수적인 음악 개념에 기대고 있다는 사실 같은 것 말이다. 그러나 이 사이비 교수들은 어떻게든 옛 음악과 거리를 두려고 조성 음악처럼 기능하는 음악에는 모조리 '유사類似'라는 접두사 딱지를 붙여버렸다. 죽어버

* 소리굽쇠(tuning fork)를 뒤집은 말장난.

린 조성 체계에 따라 행동하는 음악은 물론이요, 그와 비슷한 음악까지 도매금으로 몰아넣었다.

호프능과 에이미스가 사용한 '유사 발전부' '유사 재현부처럼 보이는 것' 등의 표현은 사실 12음 기법 및 음렬 기법의 작품을 분석하는 데 실제로 사용된 용어들이다. 가짜 음악인 〈풍크트 콘트라풍크트〉에도 이 표현을 사용한 비평이 적용되었다. "너무도 '유사 서정적'이어서 '유사 감정적'인 클라이맥스는 세 마디 길이의 침묵이며, 그중 가운데 마디는 4분의 3박자(왈츠 박자)로 되어 있어서 작품 전체에 '유사 빈풍의 흥취'를 더한다"고 두 교수는 말한다. 그것만으로는 충분히 우스꽝스럽지 않다고 판단했는지, "침묵이 크레셴도된다"는 말까지 덧붙인다. 〈풍크트 콘트라풍크트〉는 참으로 근사하고 재미있는 작품이었다. 다만 웃을 수 없는 자들과 이를 몹시, 몹시 진지하게 받아들인 자들은 그렇게 생각하지 않았겠지만 말이다.

미국에도 토종 아방가르드 음악가들이 있었다. 그중 가장 영향력이 센 인물은 쇤베르크 문하 출신의 존 케이지였다. 그는 독특한 장난기와 유머 감각에 총명함이 더해진 멋진 외부자였다. 정말로 그는 외부 중에서도 한참 더 멀리 떨어진 외곽에 존재하는 것처럼 보였다. 묘한 점은, 그런데도 불구하고 케이지는 누구나 아는 이름이 되었다는 사실이다. 우리 삶 속에서 우연히 만나는 음악의 중첩을 기꺼이 받아들이고 퍼레이드에 참가한 군악대의 서로 다른 음악을 동시에 듣는 것을 즐겼던, 아마추어 음악가의 '실수'를 자기 음악 속에서 재현하는 일에서 기쁨을 찾았던 찰스 아이브스처럼, 케이지 역시 고대 비유럽 음악과 사상의 영향을 받아들여 유럽과 미국 음악의 변화를 꾀했다. 아이브스의 음악은 작곡가 생전에 거의 연주되지 못했던 반면, 케이지는 지식인들 사이에서 존재감이 상당하다.

케이지는 인도 철학과 선불교, 세상의 변화에 관한 원리를 설명한 중국의 고전 『역경』에 심취했다. 설령 그의 음악은 그러지 않았을지 몰라도 최소한 그의 생각만큼은 작곡가와 감상자의 의식 속에 스며들었다. 케이지가 위대한 무용수 겸 안무가 머스 커닝햄과 협업했다는 사실은 그의 음악에 '극적 얼굴'이 있음을 의미했다. 더 중요한 것은 그가 사람들에게 그들을 둘러싼 소리에 귀를 기울일 것을 주문했다는 점이다. 자동차의 소음이나 장난감 피아노 소리, 혹은 그의 유명한 묵작默作〈4분 33초〉에서 그랬던 것처럼 무엇인가 일어나길 기다리는 관객이 꼼지락대는 소리 같은 것들 말이다. 존 케이지가 만든 우주 안에는 침묵이라는 건 존재하지 않았고 소음이라는 것도 존재하지 않았다.

1943년 3월 15일 잡지 『라이프』에는 「타악기 콘서트—밴드가 물건을 두드려 음악을 연주하다」라는 제목의 기사가 실렸다. 기사에는 그해 2월 7일 뉴욕 현대미술관에서 열린 연주회를 취재한 내용이 담겨 있었다. 기사는 케이지가 "인내심 강하고 유머 있는 사람"이라고 쓰면서 "하나의 물체를 다른 물체에 부딪힘으로써 생기는 소리인 그의 음악을 오늘날 사람들이 이해하고 좋아하게 된다면 마찬가지로 물체의 부딪힘에 의해 생기는 소음으로 가득한 현대인의 일상에서도 새로운 아름다움을 발견하게 될 것이라고 그는 믿는다"고 덧붙였다.[2]

이 대단히 대중적인 잡지에 실린 기사가 특히 흥미롭게 다가오는 이유는 케이지의 실험이 지닌 역사적 당위를 말하고 있기 때문이다. "타악기 음악은 아무것도 배우지 못한 야만인들이 대충 만든 북이나 속 빈 통나무를 두드리며 미적 기쁨을 얻던 원시 시대까지 거슬러 올라간다.” 놀랍게도 기사는 케이지의 연주회에 모인 관객들이 “몹시 고상한 이들”이라고 썼다.

그것만으로는 성에 안 찬다는 듯, 케이지는 이른바 ‘확률 음악’ 또는 ‘우연성 음악’이라고 불리는 작품의 생산을 제안하며 몸소 실천에 옮겼다. 우연성 음악은 **철저히 구조화된**ganz organisiert 작곡 방식, 다시 말해 음의 배열, 셈여림, 음가, 음표 각각의 어택 방법* 등 작곡의 모든 요소를 다양한 공식에 따라 통제하는 방식을 추종하는 파당派黨의 지향점을 정면으로 거스르는 것이었다. 케이지는 그것의 정반대를 목적점으로 내세웠다. “아무 음표나 원하는 대로 골라, 멈추라는 소리를 들을 때까지 얼마든지 원하는 방식으로 연주하라.”

불레즈, 이안니스 크세나키스, 슈토크하우젠 같은 유럽의 젊은 아방가르드 음악가들은 처음에는 미국 출신의 괴짜를 지지하면서 그의 ‘무질서’마저 포용하고 즐겼다. 그러나 케이지는 끝내 너무 멀리 나아가고 말았고, 결국 아방가르드파에서 쫓겨났다. 구조주의를 굳게 믿는 이들이 보기에 우연성 음악은 자신들이 표상하는 바를 모두 부정하는 암류를 품은 위험한 음악이었다. 그렇지만 우연성에 관한 케이지의 발상은 클래식 음악에 있어 진정 새로운 것이었다. 우연성 음악을 추종하는 이들의 입장에서 보면 조성 음악과 무조 음악을 불문하고 구조에 집착하는 자체가 낡은 생각이라는 주장도 가능하다.

* 성악과 기악에서 음을 발생, 지속, 소멸의 세 단계로 나눌 때 발생 부분, 그러니까 음이 시작할 때 그 성격을 어떻게(강하게, 부드럽게, 빠르게, 점진적으로 등) 표현할지에 관한 방법을 말한다.

무엇보다 앞서 물어야 할 질문은, 케이지가 쓴 '불확정성' 교향악과 그 많은 칭송을 받은 엘리엇 카터나 밀턴 배빗이 쓴 한 치의 빈틈도 없이 정돈된 교향악과의 차이점을 과연 일반 감상자가 구분할 수 있는가의 여부일 것이다. 케이지의 〈황도 아틀라스〉는 별 지도 위에 오선보를 덧씌우듯 인쇄한 작품이다. 각 연주자는 본인이 임의대로 영역(별자리)을 골라 낮은음자리표건 높은음자리표건 가온음자리표건 저마다 편한 대로 선택하여 연주한다. 별자리에 속한 음표들을 연주하기만 하면 되며 순서, 음량, 음가 등은 모두 제멋대로 판단하면 된다. 그러다가 지휘자가 수신호를 보내면 새로운 별자리로 옮겨간다. 지휘자의 동작은 바흐나 불레즈를 연주할 때 하는 보통의 지휘 동작이 아니라 시곗바늘의 움직임과 비슷하다. 지휘자는 시계 초침이 움직이는 속도보다 적어도 두 배 이상은 느리게 움직여야 한다. 오케스트라 단원들이 진지하게 임하기만 한다면 일종의 깃털과도 같은 소리가 빚어진다. 결과물만 놓고 보면 각각의 연주자가 복잡한 산술 및 수학적 계산에 따라 미리 결정되고 기보된 유일무이한 파트를 책임지는 다른 아방가르드 작품과 크게 다르지 않다.

바로 여기에 중요한 핵심이 있다. 포화 상태에 이른 화성 텍스처, 감지조차 불가능한 내적 리듬, 정체감, 동시 발생적인 복잡성의 결과인 작품들은 어떤 경위를 통해 창조되든 간에 청각적으로는 비슷한 결과를 가져오게 마련이라는 점이다. 케이지와 유럽의 동료 작곡가들은 혼란스러운 우연이 음악이 되어 내는 소리가 터럭 한 올까지 통제한 지극히 복잡한 음악의 소리와 동일하다는 결론에서 만났다. 나중에 이러한 음악은 '음경音景, soundscape' 또는 '스펙트럼 음악'으로 불리게 된다.

1940년대에 처음 선보인 뒤로 1960년대의 슈토크하우젠, 죄르지 리게 티, 크시슈토프 펜데레츠키의 작품으로 이어졌으니 이제는 연식이 꽤 되었음에도 이런 음악은 여전히 현대적인 음악으로 간주된다. 많은 사람이 2~3분만 들어도 귀를 틀어막는 음악이라는 점에서 말이다. 상당수의 음악 애호가들은 본인이 영리하지 못하거나 현대음악 훈련을 충분히 받지 못해 이해하지 못할 따름이라고 주입받아왔고 또 그렇게 믿고 있다.

20세기의 가장 큰 깨우침을 주는—그리고 어떤 이들에게는 가장 파괴적인—음악 실험은 1972년 3월 26일 방송된 레너드 번스타인의 〈청소년을 위한 음악회〉 최종회 도중에 일어났다. 쉰세 번째 방송분이 었던 그날 프로그램은 '홀스트의 〈행성〉'이라는 제목을 달고 있었다. 구스타브 홀스트는 '명왕성' 악장을 쓰지 않았기 때문에(홀스트가 관현악 모음곡 〈행성〉을 완성한 건 1917년이며 명왕성의 존재가 발견된 건 1930년의 일이다) 번스타인과 뉴욕 필하모닉은 '명왕성: 예측할 수 없는 자'라는 제목의 악장을 즉흥적으로 연주해 덧붙였다. 번스타인의 설명은 이랬다. "우리 사이에는 사전 협의된 신호가 없습니다. 그러므로 무대 위의 우리는 우리가 만들게 될 신비로운 소리에 여러분들만큼이나 놀라게 될 겁니다. 다시 말해, 여러분께서는 아직 존재하지 않는 작품을 듣게 될 겁니다. 그리고 그 작품은 다시는 연주될 수 없을 겁니다." 객석에 앉은 아이들이 크게 웃었다.

이어진 3분 동안 번스타인은 악단 앞에서 이런저런 몸동작을 했다. 뉴욕 필하모닉은 번스타인이 음악감독이 된 1958년 이래로 그의 지도하에 수많은 신작을 연주한 경험이 있는 악단이었다. 그러므로 단원들은 음렬주의자의 어휘, 아방가르드의 어휘, 20세기 초 표현주의자의 어휘를 모두 잘 알고 있을 터였다. 읽을 음표가 하나도 없는 상태에서, 무엇을 어떻게 연주해야 하는지에 관한 지침이 하나도 없는 상태에서 뉴욕 필하모닉은 세상 어디에도 없는 새로운, 정말 새롭다는 말에 딱 부합하는 음악을 만들어냈다. 결미 부분은 다소 예상 가능한 패턴을 따랐지만, 이 음악의 생성 경위를 모르는 사람이 들었다면 음악이 어떻게 만들어졌는지 알아차리기는 어려웠을 것이다. 그저 20세기 전후戰後 모더니즘이 낳은 또 하나의 작품으로 들릴 뿐이다.

1968년 스탠리 큐브릭의 영화 〈2001년 스페이스 오디세이〉에 사용되어 유명해진 리게티의 〈아트모스페르〉는 오케스트라 단원 모두가 각각 다른 파트보를 가지고 연주하는 작품이다. 현악군 안에서도 각각의 연주자들은 서로 조금씩 어긋나는 순간에 음표를 어택함으로써 그 누구도 합을 맞춰 연주하지 못하도록 조치가 되어 있다.

존 윌리엄스는 〈미지와의 조우〉 영화음악에서 현악기 연주자들에게 (마치 존 케이지가 그랬던 것처럼) 아무 음표나 골라 (특정 범위 내에서) 각자가 원하는 대로 바꾸어가면서 연주하라고 주문함으로써 리게티의 〈아트모스페르〉와 정확히 똑같은 소리의 세계를 성취해낸 바 있다. 존 애덤스의 혈기왕성한 미니멀리즘은 작곡가가 박자 패턴과 한 마디의 길이를 바꿀 때 위험한 에너지를 획득하는 반면, 존 윌리엄스가 쓴 〈A. I.〉 음악은 박자 패턴과 마디 길이는 일정하게 유지하되 마디 내 뜻밖의 지점에서 화음의 변화를 줌으로써 애덤스의 음악과 같은 결과를 손에 넣는다. 바꿔 말해, 윌리엄스의 음악은 마디 길이는 일정하지만 여기에 음악이 엇박자를 겹으로써 소기의 효과를 달성한다. 이는 기보상의 문제이지 소리 본연의 문제는 아니다.

　케이지는 '해프닝'이라 알려진 예술 장르도 창안했다. 오늘날 우리는 이를 '행위 예술'이라고 부르며 그것이 마치 뭔가 새로운 것인 양하지만 사실 이는 케이지의 발명품이었다. 그는 "모든 것을 실험으로 여겨라"라든가 아이브스처럼 "당신이 연주하는 건 그 어떤 것도 실수가 아니다" 같은 말을 했다. 그는 우리에게 그냥 들으라고 촉구했고, 우리를 둘러싼 소리의 세계에 대해 생각하라고 도발했다. 내가 보기에는 바로 그것이 진정한 아방가르드 예술가가 우리에게 건넨 영원히 빛을 잃지 않을 선물이다.

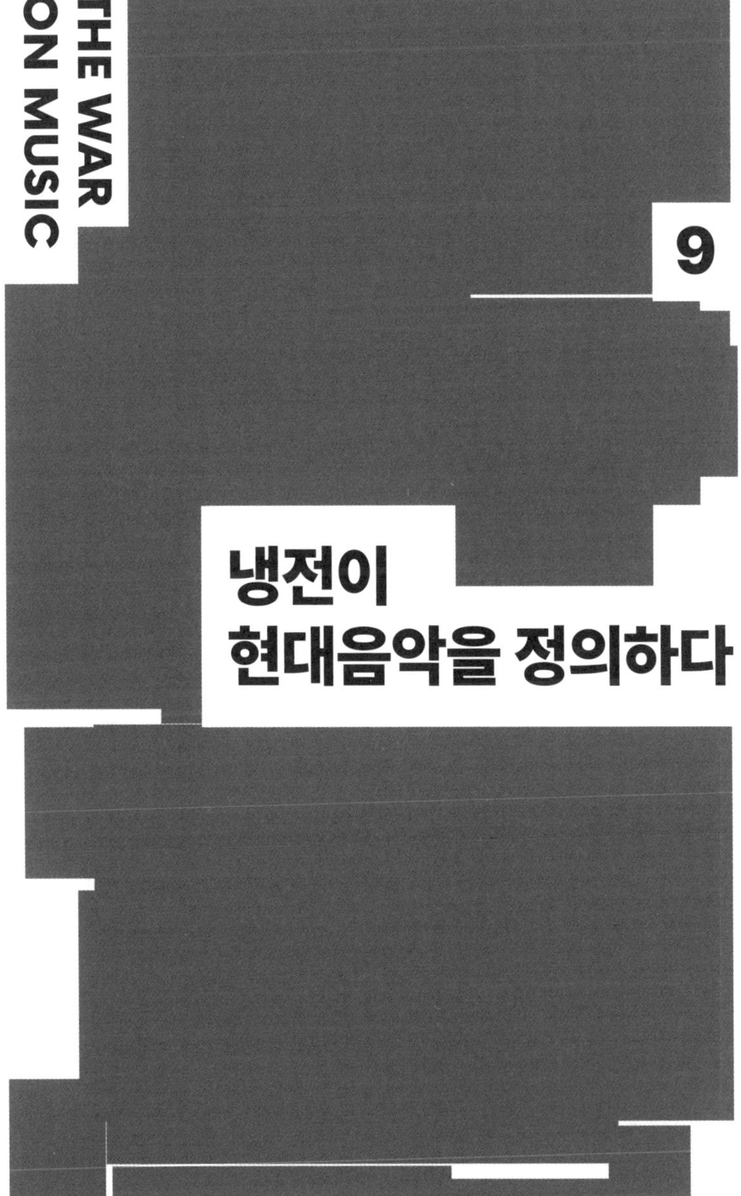

9

냉전이
현대음악을 정의하다

1945년 4월 30일 아돌프 히틀러가 스스로 목숨을 끊었다. 최후의 일전이 끝난 뒤인 5월 2일, 적군赤軍은 베를린 의회 청사 꼭대기에 소비에트 깃발을 내걸었다. 6주 뒤인 7월 17일, 윈스턴 처칠 수상, 해리 트루먼 대통령, 소비에트의 지도자 이오시프 스탈린은 (소련 점령 지역의 일부인) 포츠담 인근에 있는 체칠리엔호프 궁전에서 만나 유럽의 미래에 대해 논의했다. 시체와 기근, 잔해와 먼지가 뒤섞인 악취가 닿지 않을 정도로 전쟁의 잔혹함으로부터 멀리 떨어진 곳이었다 '빅 스리'는 13일 동안 매일 오후 5시에 만나 한두 시간 동안 이야기를 나누었다. 회담이 있고 난 다음에는 만찬과 여흥, 흥겨운 노래가 이어졌다.

승전국 측은 1차 대전 이후 체결된 베르사유 조약의 실수를 반복하지 않기 위해 독일을 넷으로 나누어 각각 프랑스, 영국, 미국, 소련이 다스리기로 했다. 소련이 다스리는 동독 지역 한가운데에 있는 베를린 역시 네 개의 권역으로 나뉘었다. 동베를린 시민이 매일 1000명씩 서쪽으로 탈출하는 일이 한동안 지속되던 1961년 8월 13일 새벽, 동독 군인들은 높이 1.8미터, 총길이 155킬로미터에 달하는 장벽 건설을 시작했다. 도시를 둘로 가른 베를린 장벽이 무너진 건 1989년 11월 9일의 일이다.

포츠담 회담은 유럽이 또 다른 전쟁의 구렁텅이에 빠지지 않도록 나름의 역할을 했다. 그러나 한편으로는 소련이 폴란드, 불가리아, 헝가리, 체코슬로바키아, 루마니아, 알바니아를 사실상 지배하는 걸 허용했다. 이 국가들은 스탈린의 통제력을 벗어나지 못하는 위성 '공화국'이 되었다.

여기서 유럽의 클래식 음악계가 봉착한 '쿼바디스?', 즉 '어디로 가야 하나이까?' 순간이 등장한다. 왜 하필 클래식 음악이 이러한 물음에 답해야 했는지 궁금할 수도 있겠다. 아무려나 팝 음악은 사랑 노래와 활기찬 댄스곡을 꾸준히 공급함으로써 세상에 기쁨을 가져다주면 그만이었다. 팝 음악은 너무도 많은 사람이 듣고 싶어 하는 음악이라서 쉽게 통제할 수 없었기 때문이다. 20세기가 '예술' 음악을 국가의 공식 마케팅 수단이라는 전례 없는 방식으로 이용함에 따라 클래식 음악에게 다시 한 번 국가의 부름에 응하여 선두에 설 책무가 주어졌다. 목표는 통일된 유럽, 지성을 추구하는 유럽, 자유를 사랑하는 (그리고 공정하게 조직된) 유럽을 표상하는 것이었다.

2차 대전이 끝난 후 작곡가 집단 내에서는 동맹 관계가 분주히 재편되었다. 이번에는 카를하인츠 슈토크하우젠이 이끄는 오스트리아-독일 계통의 무조 음악 작곡가들, 피에르 불레즈가 이끄는 프랑스의 아방가르드 작곡가들, 루이지 노노가 이끄는 이탈리아의 공산주의 계열 지식인들의 연합이었다. 노노의 손위 동료인 루이지 달라피콜라의 인생은 전쟁의 격변기를 산 음악가가 어떤 질곡을 겪어야 했는지를 잘 보여준다. 달라피콜라는 젊은 시절 파시즘에 경도되었다가 이탈리아가 1938년 인종차별법을 통과시키자 반파시스트로 돌아섰고, 전쟁 후에는 자유 민주주의 이탈리아 공화국에서 곡을 썼다. 달라피콜라의 음악 양식은 다양하게 변화했다. 〈밤비행〉(1938)에서는 바그너와 드뷔시에게서 받은 심대한 영향이 여실했고, 세계대전 직전 빈의 아방가르드 음악가들의 반음계적이고 표현주의적인 양식을 따르다가 1944년 작품 〈죄수〉와 12음 기법에 따른 오페라 〈율리시스〉—평단에서는 찬사를 받았으나 거의 상연되지 않다시피 했다—로 훌쩍 건너뛴 그의 행보는 클래식 음악이 지난 세기 자유로운 서방 세계에서 누빈 거리를 상징적으로 축약해 보여주었다.

　2차 대전 중 파시스트에 의해 옥고를 치른 바 있는 이탈리아의 마르크스주의 철학자 안토니오 그람시는 파시스트가 몰락한 후 이탈리아의 공산주의자들이 권력을 획득하기 위해서는 세 가지 요소에 집중해야 한다고 설파했다. 교육, 법학(그람시가 말한 법학은 입법 측면보다는 법의 해석에 관한 것이었다), 그리고 예술이 바로 그것이다. 이탈리아 공산주의자들은 그람시의 권고를 그대로 따랐다. 무솔리니가 배척했던 이탈리아 아방가르드의 언어는 전후 이탈리아 클래식 음악의 공식 언어가 되었다.

　이탈리아 아방가르드 음악계에서 화룡점정 같은 역할을 한 이가 바로 브루노 마데르나와 루차노 베리오였다. 마데르나는 종전 직전에 반파시스트 게릴라 운동에 가담했고 1952년에 공산주의자가 되었다.

역시 공산주의자였던 베리오는 미국에서 달라피콜라를 사사한 뒤 전자 음향 발생기를 이용해 곡을 쓰고 자연음을 전기적으로 조작하는 등 누구보다 실험적인 시도를 했다.

새로운 이탈리아 음악은 과거와 결별하고 미래만을 바라보았다. 곤란한 시대—이탈리아 오페라가 피운 마지막 꽃망울을 목격한 시대—는 지워졌다. 과거가 남긴 예술의 잔해를 수습하는 일을 지지하는 교사나 음악원은 극히 드물었다. 잔 프란체스코 말리피에로를 비롯한 일부 이탈리아 작곡가들은 전쟁 기간에 조국을 떠난 동포들을 맹비난했고, 본인을 포함해 이탈리아에 남기를 선택한 이들을 진정한 순교자로 추어올렸다. ("모국을 향한 그리움은 망명 중인 이들에게 분명 심각한 형태의 고통이었겠지만, 폭격과 혁명과 기근을 겪어야 하는 삶도 유쾌하지 않기는 마찬가지다.") 그는 또한 "대체 요새는 환대라는 개념이 있기나 한 건가?"라며 자신의 음악을 환영하지 않은 미국을 향해서도 날을 세웠다.

이탈리아 오페라가 남긴 유산과의 연속성을 음악적으로 보여주고자 한 현대 작품은 모두 교묘한 가면을 쓴 파시스트 잔당의 시도로 간주되어 규탄받았다. 특히 오페라하우스 무대에 오르는 작품은 더 그랬는데, 이들 극장이 당시에—지금도 여전히—이탈리아 정부로부터 (비록 줄어드는 추세이기는 하나) 어마어마한 규모의 지원금을 받고 있었기 때문이다. 전쟁 후에 확산한 지적이고 복잡한 음악 양식을 지지해온 평론가들은 이런 작품이 상연되기라도 할라치면 따가운 비판부터 쏟아냈다. 그 결과 지금도 이탈리아의 여러 출판사 수장고에는 수백 편의 악보가 편견 없이 세상과 만날 날만을 기다리며 잠들어 있다. 어쩌면 지금이 그때인지도 모르고, 아니면 이제는 너무 늦어버렸는지도 모른다.

이탈리아가 국가 차원에서 공식적으로 인정한 '새로운' 음악계의 압박을 뚫고 입신한 인물은 니노 로타뿐이다(그런 그도 20세기 이탈리아 작곡가가 대체로 그랬듯이 이탈리아 음악원 시스템 내에서 교편을 잡으며 생계를 해결해야 했다). 로타는 1930년대 초 필라델피아의 커티스 음악원에서 2년간 수학하며 이민자 출신 전통주의자인 프리츠 라이너에게 지휘를, 로사리오 스칼레로에게 작곡을 배웠다(스칼레로는 잔 카를로 메노티, 새뮤얼 바버, 마크 블리츠스타인에게도 작곡을 가르쳤다). 로타는 오페라와 오라토리오, 그리고 클래식 음악의 정전 바깥에 있어 제대로 조명받지 못한 많은 작품을 썼다. 동료들은 12음 기법과 음렬주의 작법을 채택했으나 그는 외부 압박에 순응할 의향이 없었다. 대신 페데리코 펠리니, 프랑코 제피렐리, 프랜시스 포드 코폴라 같은 영화감독들이 나서준 덕분에 로타의 음악은 정치적 미학에 손상되지 않은 채로 생명력을 유지할 수 있었다. 2차 대전 전부터 이미 오페라하우스를 등지기 시작한 일반 시민들은 강력한 민주적 목소리로 "공공 정책 따위는 나가 죽어라!" 하고 외치기 시작했다. 일반 시민들은 영화관에서 아름다움을 발견했고, 이탈리아의 전후 현대음악을 향해 "이제 그만하면 됐다!"고 거부 의사를 분명히 밝혔다.

전쟁 이후에 이탈리아 특유의 아름다운 선율이 꾸준히 이어진 분야는 대중가요와 전 세계에 울려 퍼진 영화음악 쪽이다. '자유로워진' 서방 세계에서 진지한 음악에 대해 글을 쓰던 이들의 삼엄한 시선이 여기까지는 미치지 않았던 덕분이다. 적어도 이론상으로는, 대중적인 음악은 쓰기도 쉽고 따라서 지적인 흥미의 대상이 될 수 없다는 논리였다. 그러나 냉전이 강제한 이탈리아 클래식 음악의 요건에도 불구하고 로타와 엔니오 모리코네 같은 작곡가들이 영화를 위해 쓴 오케스트라 음악은 많은 사랑을 받았다.

모리코네는 자신의 영화음악과는 양식적으로 상반된, 그리고 대중의 사랑을 받지 못한 연주회용 음악을 병행해 발표했다. 뉴욕과 이탈리아 스폴레토를 거점으로 활동한 잔 카를로 메노티의 작품들은 발표할 때마다 그의 "낡은" 음악 언어에 거부 반응을 보이던 이들에 의해 점점 더 많은 비판을 받았다. 결국 메노티는 매일 아침 받아 보던 『뉴욕 타임스』를 도저히 읽을 수 없는 지경까지 이르렀다. 무엇이 좋은 음악이고 무엇이 규탄받아 마땅한 음악인지를 가르는 판관 노릇을 하는 신문에 신물이 났던 것이다. 그나마 지상紙上에 언급이라도 되면 감지덕지랄까, 더 치욕적인 취급은 작품에 관한 평가가 단 한 줄도 실리지 않는 경우였다. 메노티는 스코틀랜드의 성에 칩거했다. 성의 이름은 참으로 적절하게도 '어제의 집Yester House'이었다. 여기서 그는 2007년 아흔여섯의 나이로 영면에 들었다.

미국이 신新음악 전쟁에 뛰어들다

미국은 정부가 예술계를 지원하는 관행이 거의 존재하지 않은 나라다(1939년부터 1943년까지 한시적으로 존재한 공공사업진흥국이 그나마 유일한 사례다). 그런 미국의 입장에서 볼 때, 민주주의 달성이 아직은 불투명한 유럽 대륙을 위해 신음악의 종류를 결정하고 지원하는 일은 한층 더 까다로울 수밖에 없었다. 1930년대 에런 코플런드와 버질 톰슨을 필두로 한 작곡가들이 미국 클래식 음악의 고유한 목소리를 찾는 "문제를 해결"하기 위해 결의했다. 그러나 묘하게도 이들은 아프리카계 미국인들의 음악인 래그타임과 재즈를 받아들여 교향악적으로 재해석한 거슈윈의 음악과 그의 유일한 오페라 〈포기와 베스〉가 표방한 음악은 공개적으로 거부하며 거리를 두었다. 그들이 내건 미국의 새로운 클래식 음악은 브람스나 드보르자크의 메아리처럼 들려선 곤란했다. 그리고 코플런드에 국한해 말하자면, 그것은 그의 직계 혈통의 흔적, 즉 리투아니아에서 이주한 보수적인 유대인 부모 밑에서 태어나 인종의 용광로 미국의 전형이라 할 브루클린에서 자란 그의 인생 노정을 깨끗이 지운 것이기도 했다.

코플런드와 그의 동료 음악가들은 눈부신 성공을 거두었다. 세계는 〈빌리 더 키드〉〈로데오〉〈애팔래치아의 봄〉이 들려주는 미국의 소리를 두 팔 벌려 받아들였고, 이윽고 미국 악파가 통째로 부상했다. 2차 대전 종전 이후 유럽의 젊은 음악가들은 음악이 특정 국가나 민족을 대변하는 것을 결코 원하지 않았다. 그러는 중에 미국의 클래식 음악계는 그들만의 목소리를 찾아가던 중이었다. 유럽 음악계와 미국 음악계 중 누가 주도권을 쥘지도 역시 딜레마였다.[1]

커다란 목표를 눈앞에 둔 미국 정부는 발 빠르게 움직였다. 미국 정부의 DNA 정보는 전후 시대 특정 종류의 음악, 미술, 문학 작품을 향한 은밀한 지원에 새겨졌다. 미국이 이해 관계적 득실로 여긴, 그리고 아마도 실질적이었을 득실을 생각하면 누가 봐도 타당한 조치였다.

미국은 전 세계 곳곳에서 자유를 위한 싸움을 벌이고 있었다. 미 국무 장관 존 포스터 덜레스는 소비에트의 그림자가 유럽 대륙, 그중에서도 특히 서독과 이탈리아에 미치는 상황은 "미국이 직면한 가장 중대한 위협일 뿐만 아니라 지금까지 소위 서양 문명 혹은 실로 영적인 믿음 이 지배해온 모든 문명이 마주한 가장 심대한 위협"이라고까지 진단 했다.

공산주의자들은 공개적으로 무신론을 천명했다. 이는 미국인을 뼛속까지 흔드는 공포스러운 사실이었다. 드와이트 아이젠하워는 미 국 대통령에 취임한 직후인 1953년 2월 1일 세례를 받고 장로교도가 되었다. 국기에 대한 맹세에 "하느님 아래Under God"라는 문구가 추가된 것도, 정교분리를 자랑스럽게 지켜온 미국 정부가 1776년부터 사용되 어온 "여럿으로 이루어진 하나E pluribus unum"라는 공식 표어를 버리고 1956년 의회 만장일치로 "우리가 믿는 하느님 안에서In God we trust"―1달 러 지폐에 새겨져 있다―를 공식 표어로 채택한 것도 아이젠하워 행정 부 때의 일이었다.

모든 음악가가 그렇듯, 클래식 음악 작곡가 또한 일감이나 꾸준한 직장이 필요한 존재들이다. 과거에는 왕이나 교회가 내리는 구체적인 주문 사항에 맞춰 곡을 쓰는 게 그들의 일이었다. 때로는 직접 연주할 협주곡을 작곡한 뒤 콘서트를 열고 티켓 판매 수익을 노리는 대중적이 고 상업적인 노선을 취하기도 했다. 1950년대와 1960년대에 유럽 주 요국에서는 정부가 예술 지원 정책을 펼치면서 일자리와 신작 위촉 및 공연이 늘었다. 그 비용은 미국이 댔다. 공공연한 재정 지원 형태도 있 었고 남몰래 들어온 자금도 있었다. 미국의 소리Voice of America, 자유 유럽 방송Radio Free Europe, 미 공보국은 미국 정부의 널리 알려진 대외 선전 기관으로 공개적으로 활동했고, CIA와 포드 재단, 페어필드 재단 같은 대규모 민간 기금은 미국 정부가 추구하는 목적을 위해 은밀히 움직였다. 문화자유의회Congress for Cultural Freedom는 서른다섯 개 국가에 사무소를 두고 CIA의 자금을 새로운 전장에 공급하는 통로 역할을 했음이 밝혀졌다.

새로운 전쟁은 군대를 이용하지 않는 전쟁이었다. 아이젠하워 대통령, 존 포스터 덜레스, 덜레스의 동생으로 CIA 국장을 지낸 앨런 덜레스는 군대를 보내지 않고도 외국 정부를 지원하거나 전복시킬 수 있음을 알고 있었다. 의심 많은 유럽 지식인들—여기에는 최근까지 적이었으나 이제는 없어서는 안 될 동맹이 된 국가의 인사들도 포함되어 있었다—의 마음을 얻기 위해 비밀스러운 잠입이 필수인 시절이었다.

사방에서 조여드는 것처럼 보이던 세계의 검열과 억압에 맞서 싸우는 것을 애국적 의무로 여긴 선량하고 인심 좋은 미국인들도 있었지만, 주어진 상황에 맞게 미적 지향점을 적절히 조절함으로써 이익을 챙긴 이들도 당연히 있었다. 그리고 양쪽 진영 모두에는 서유럽의 논리 정연한 젊은 작곡가 세대가 쓰는 새롭고 도전적인 음악을 포용할 만한 회색 지대가 넉넉히 존재했다.

전쟁이 터지기 전 미국행을 선택한 유럽 유대인의 다수가 좌파였음은 말할 나위도 없다. 노동자의 권리를 보호하고 집단 노동의 산출인 이익을 공유하는 철학을 신봉한 공산주의자도 많았다. 이 중 상당수는 스탈린이라는 괴물의 잔악한 행위가 만천하에 드러나자 공산주의를 버렸다. 전쟁이 끝난 후에도 시민권 획득자 가운데는 한때 공산주의를 신봉한 이들이나 좌경 인사들이 적지 않았다. 소비에트의 공산주의자들은 2차 대전 중에는 미국의 동맹이었으나 이제는 적이 되었다. 반유대주의자들로서는 유대인이 바로 미국 내부의 적이라고 공격할 수 있는 구실이 생겼다. 미국인들은 공산당에 가입한 이력이 있거나 공산주의에 동조하는 체제 전복적 예술가와 작가를 근절하는 일체의 행위를 지원하도록 주도면밀히 세뇌되었다.

그렇다는 말은 곧, 나치 출신 인사라도 극렬한 반공주의 신념으로 무장하고 있다면 그것이 곧 쓰임새가 되어 서방을 위협하는 세력과의 경쟁에 동원되었다는 이야기가 된다. 누가 바람직한 미국 시민인지 아닌지를 결정하는 구도가 빠르게 변화하고 있었다. 절반이 채워진 물컵을 보고 "물이 반밖에 남지 않았다"와 "물이 반이나 남았다"로 갈리는 해묵은 논쟁처럼, 사람을 규정하는 말도 "반공주의 신념이 굳건한 나치"와 "한때 나치였던 열렬한 반공주의자"로 갈렸다.

최근인 2019년 7월 16일 미국은 인류 최초의 달 착륙 50주년을 기념했다. 그러나 우주 탐사의 근저가 되는 기술의 상당 부분이 나치의 비밀 군사 로켓 프로그램에서 비롯되었음을 기억하는 이들은 거의 없었다. 로켓 기술을 미국으로 가져와 소비에트에 맞서 우주 개발 경쟁에 뛰어든 과학자들 다수가 독일 출신이었다. 나치의 비밀 군사 로켓 프로그램은 미텔바우-도라 강제수용소에 갇힌 소련, 폴란드, 이탈리아, 프랑스 포로들의 노동력을 착취함으로써 이루어졌다. 포로들은 노예처럼 일하며 V-2(보복의 무기Vergeltungswaffe 2) 로켓을 만들고 테스트했다. 런던, 안트베르펜, 파리를 포함한 유럽 도시에서 민간인 4000명의 인명을 앗아갈 무기였다. 그리고 로켓 개발 과정에서 추산치 2만 명의 포로가 사망했다(미텔바우-도라 강제수용소는 나치 수용소 중 사망률이 가장 높은 곳이었다). 톰 레러나 모트 살 같은 냉전 시기 미국의 정치 풍자 코미디언들은 패망한 독일을 버리고 미국으로 건너온 우주 공학자 베르너 폰 브라운이 자신은 오로지 우주여행에만 관심이 있었을 뿐이라고 말한 핑계를 비틀어 "나는 별을 향해 조준하지만 때로 런던을 맞추지"라는 말로 사람들을 웃겼지만, 2019년의 세계는 진실에는 별 신경을 쓰지 않는 것 같다. 폰 브라운 소위와 그와 함께 일하던 1600명의 나치 기술자들과 과학자들은—모두 미국 시민이 되어—"인류를 위한 거대한 도약"을 위해 미국을 거들었다.

이러한 경위로 나치 잔당과 자유를 사랑하는 미국인들 사이에 완벽하게 합리적인 동시에 아이러니하면서도 혐오스러운 암묵적 유대가 형성되었다. 양측은 서유럽과 미 대륙으로 잠식해 들어오던 소비에트를 향한 공통된 증오로 뭉쳤다. 중국 공산당은 1950년 북한의 남침을 지원했다. 이로써 2차 대전이 종전을 맞은 지 5년밖에 되지 않은 시점에 또 하나의 매우 실제적인 전쟁이 벌어지면서 그들의 두려움에 기름을 부었다.

1966년 4월 『뉴욕 타임스』가 게재한 CIA 관련 탐사 보도 기사는 많은 이들을 충격에 빠트렸다. CIA가 문화자유의회를 비롯한 미국의 '시민 단체'를 은밀히 지원하며 전 세계적으로 냉전의 선전전에 개입해왔다는 폭로였다. 문화자유의회는 1952년 설립된 자선사업 조직인 페어필드 재단의 지원을 받는 민간 단체로 위장했고, 페어필드 재단은 갑부 이사장 줄리어스 플라이시먼을 자금줄로 두고 있었다. 플라이시먼은 유명한 예술 후원가로 메트로폴리탄 오페라의 이사회 멤버였고,

런던과 몬테카를로의 예술 단체에 끈이 있었다. 그는 또한 CIA의 공작원이었다.

미국은 정치 위원을 두고 문화를 통제하며 뻔뻔한 관제官製 거짓말을 쏟아내는 소비에트 연방을 향해 비난을 퍼부었다(소련 공산당 기관지『프라우다』의 제호는 '진실'이라는 뜻이다). 조직적인 선전 선동은 나치와 소비에트의 주특기였다. 미국은 자유를 표방하는 국가이며, 따라서 그들처럼 저열한 공작은 곤란했다. 그러나『뉴욕 타임스』의 최초 보도가 나가고 이어진 후속 보도와 다른 언론들의 취재가 기사화되며 거짓으로 믿고 싶었던 이야기는 걷잡을 수 없이 커졌다. 사건의 국면은 전미 학생 협회National Student Association가 진행하는 프로그램들이 CIA의 은밀한 자금 지원을 받고 있다는 폭로로 절정에 달했다. 이 충격적인 스캔들은 냉전의 문화적 측면에 관한 연구가 본격적으로 진행되는 계기가 되긴 했지만, 문화적 이해에 관한 놀라운 성취뿐만 아니라 전후의 음악 양식과 미술 양식, 지적 담론에 있어 진정한 국제적 비전의 확립 및 확산이라는 성과에도 전반적으로 먹구름을 드리웠다.

러시아 태생의 작곡가 니콜라스 나보코프가 정력적으로 이끌어오던 문화자유의회는 15년간 유럽과 아시아의 지식인 계층을 자기편으로 끌어들이기 위한 문화적 냉전을 치렀다. 소비에트 정권에 정치적 원한을 품었던 백계 러시아인 나보코프는 파리, 베를린, 밀라노, 브뤼셀, 도쿄, 베네치아, 로마 등지의 대도시에서 새로운 음악과 예술을 위한 성대한 페스티벌을 개최했다. 그는 미국의 연주자와 창작자들과 함께 유럽 및 아시아의 예술가들을 전쟁의 폐허 한가운데로 불러들여 미국인을 의심하고 미국의 문화적 선의를 묵살하던 회의론자들에 맞서 그들의 시각이 틀렸음을 입증하려 했다. 나보코프가 기획한 첫 번째 페스티벌은 '20세기의 걸작들'이라는 제목으로 1952년 파리에서 개최되었다. 그는 보스턴 심포니 오케스트라를 파리로 데려와 소련이 금지곡 목록에 올린 걸작들을 연주하게 했다.

나보코프는 두 가지 목표를 달성했다. 첫 번째 목표는 미국 음악가들의 탁월한 우수성 그리고 미국 연주 예술 전통의 활기와 크기를 보여주는 것이었다. (유럽 사람들은 뉴욕 필하모닉과 빈 필하모닉이 나란히 1842년에 창단된 연주 단체임을 망각하는 경향이 있다.) 두 번째 목표는 표현의 자유라는 보편 가치의 근본적 중요성을 실증하는 일이었다. 이를 위해 나보코프는 전 세계 음악가들의 작품을 메뉴에 올렸다. 심지어 소련의 쇼스타코비치와 프로코피예프의 작품까지 포함했다.[2] 피에르 몽퇴가 1913년 샹젤리제 극장의 역사적 초연 후 39년 만에 〈봄의 제전〉을 다시 지휘한 것—그리고 그날 객석에는 작곡가 스트라빈스키도 임석해 있었다—역시 나보코프의 야심 찬 기획 가운데 하나였다. 나보코프의 기획은 냉소적이고 자기만 잘난 줄 아는, 그리고 대부분이 공산주의자이거나 공산주의에 동조하는 시각을 가지고 있던 프랑스 지식인들의 반미주의를 누그러뜨리는 데에도 도움이 되었다. 나보코프의 초청으로 파리를 찾은 조지 발란신의 뉴욕 시티 발레단 역시 이와 비슷한 성취를 이루었고, 전원이 흑인으로 이루어진 오페라단은 버질 톰슨과 거트루드 스타인의 〈3막의 네 성자〉를 공연했다. 벤저민 브리튼의 신작 오페라 〈빌리 버드〉가 작곡가 본인의 지휘로 소개되었고, 알반 베르크의 1925년 오페라 〈보체크〉는 카를 뵘의 지휘로 공연되었다(두 오페라 모두 파리 초연 무대였다). 문화자유의회의 지원을 받은 초대 페스티벌의 상차림 중에는 쇤베르크의 표현주의적 모노드라마 〈기대〉와 스트라빈스키의 〈오이디푸스 왕〉이라는 보석도 포함되어 있었다. 향후 이런 페스티벌은 수차례 반복된다. 베를린에서 열린 '블랙 앤드 화이트' 페스티벌은 아프리카 예술이 서양 예술에 미친 영향이 탐구의 화두였는데, 미술과 음악 속의 '흑인적 요소'에 대해 나치가 보였던 인종차별적인 입장을 생각하면 한때 국가 사회주의의 수도로 기능했던 곳에서 제대로 한 방 먹인 셈이 된다.

위대한 흑인 음악가들을 유럽과 소련 투어 무대에 세우는 일은 미국이 흑인을 혹독하게 대우하고 있다는 러시아의 주장—틀린 주장은 아니었다—에 맞선 반박성 시위이기도 했다. 미국은 유럽 주요 도시에 엘라 피츠제럴드, 듀크 엘링턴, 루이 암스트롱, 그리고 레온타인 프라이스와 윌리엄 워필드를 주역으로 내세운 〈포기와 베스〉 순회공연단을 파견했다(물론 『프라우다』는 예상대로 혹평을 쏟아냈다).

놀라운 사실은 CIA의 자금줄이 없었더라면 이 계획들이 실행에 옮겨지는 일은 없었을 것이란 점이다. 나보코프는 죽는 그날까지 자신은 결코 은밀한 정치적 당파적 지침을 따른 일이 없었다고 주장했다. 사실 미 의회 구성원 다수는 소련의 공격에 직면한 미국과 서양 문명이 겪고 있는 심각한 정치적 상황이 문화적 냉전이라는 수단을 통해 나아질 수 있을 거라고 믿지 않았다. 나보코프가 문화자유의회의 본래 선전 목적을 마음대로 장악했다면서 분노하는 의원들도 있었다. 그러나 주소련 미국 대사를 지낸 역사학자 조지 케넌은 미국 정부가 행한 비밀 작전과 그에 따른 스캔들을 접하고는 "[미국은] 문화부에 해당하는 정부 부처가 없다. 그리고 CIA는 그 공백을 메우기 위해 할 수 있는 일을 하지 않을 수 없었을 것이다. CIA의 행동은 칭찬을 하면 할 일이 지 비난받을 일은 아니다"라고 말했다.[3]

틀림없는 사실은 나보코프가 자신의 조국 러시아에 찾아온 변화를 증오했고 그곳의 예술가들에게 행해지는 일에 분개했다는 점이다. 그 분노는 CIA가 그에게 가르칠 필요도 없는 것이었다. 나보코프의 글에서 발견할 수 있는 또 한 가지 사실은 그가 '새로움'의 강력한 대변자였다는 점이다. 덮어놓고 아방가르드를 지지하는 견해는 아니었음에도 그는 낡은 것처럼 들리는 음악을 비판하는 심경을 글과 말로 자주 표현했다. 나보코프는 모더니즘을 포용하지 않는 서방의 신작을 프로코피예프나 쇼스타코비치 같은 소비에트 작곡가들이 당의 압박으로 마지못해 써내는 음악과 비슷하다고 봤다. 다시 말해 20세기 후반기의 나보코프는 지금의 우리가 불협화음과 복잡한 리듬의 가치에 관해 응당 받아들여야 한다고 생각하는 바로 그 관념을 주입하고 있었던 셈이다.

아방가르드는 **정치적** 자유의 상징이기도 했다. 나보코프는 단순화의 길을 걷고 있던 러시아 클래식 음악을 들으면 전체주의가 가져오는 부정적 효과가 상기되어 딱할 뿐이라고 했다. 그는 프로코피예프의 인기 작품 〈로미오와 줄리엣〉을 "시시하고 뻔한 주제, 관례적인 화음, 대체로 인공적인 단순성으로 가득한 작품"이라고 격하했고, 쇼스타코비치의 작품 중에서 가장 꾸준한 인기를 누리는 〈교향곡 5번〉을 두고는 "19세기 음악을 떠오르게 한다"고 일축했다.[4]

열정적으로 자유를 변호하는 나보코프 주장의 기저에는 엘리트 계층이 예술을 선도하는 것은 물론이요 예술을 이해하고 평가하는 과정에도 그들이 결정적인 역할을 한다는 믿음이 깔려 있다. 나보코프가 보기에 눈부신 아방가르드의 입안자였던 러시아인들이 결국 맥 빠진 음악에 안주하고 말았다는 사실은 러시아 지식인 계층이 러시아 혁명과 인간 도살자 스탈린의 대숙청 과정에서 조국을 버리거나 목숨을 버린 결과의 방증이었다. 그는 이제는 존재하지 않는 러시아의 상류층이 "국가의 문화생활의 어조를 수립했다. 오직 상류층만이 예술 분야의 선구자들이 생산하는 작품을 이해하고 장려할 수 있었기 때문"이라고 썼다. 따라서 그에게 복잡한 현대성은 자유의 표현일뿐만 아니라, 일반 사람들이 아니라 고등 교육을 받은 귀족들에 의해서만 이해될 수 있는 것이었다.

1947년 버나드 바루크에 의해 '냉전'이라는 공식 이름을 얻은 시대는 베를린 장벽이 무너지고 소비에트 연방이 해체된 1991년까지 지속되었다. 1960년대 후반부터 1970년대 초까지 "[자금] 전달책 재단들"의 연결망을 지원한 CIA의 비밀 작전이 『뉴욕 타임스』에 보도된 이래로 이 시기에 관한 수백 권의 책—연구서와 첩보 스릴러물—이 집필되었고, 아울러 이 주제를 다룬 연극과 영화 등이 다수 제작되었다. 21세기 들어 점차 많은 자료가 비밀 해제되고 2차 대전에 대한 세상의 관심이 끝없이 확산되면서 우리는 전후의 복잡한 국제 정치 상황을 점점 더 많이 알게 되었다. 알려진 대로 미국은 수천 명의 나치—과학자와 의사, 제3제국이라는 거대한 국가 기구를 위해 활동한 독일 시민들—에게 피난처가 되어주었다. 나치와 미국인은 공산주의를 향한 증오라는 단 하나의 공통항으로 뭉쳤다.

그 증오가 음악에는 어떤 영향을 미쳤으며 20세기 후반기와 현재 우리 시대의 미학을 어떻게 공식적으로 뒷받침했는지 고찰해보는 것은 너무도 어려운 일일까?

자유 서방을 위한 음악 미학

음악은 다시 한 번 정치인과 지식인, 그리고 출세의 빈틈을 발견한 이들의 장난감이 되고 말았다. 음악계의 비나치화 절차는 시작 단계부터 중요한 물음에 대한 답을 내리지 못하고 있었다. 나치 음악이라는 게 있기는 한 걸까?[5] 사실 나치 음악이라는 건 없었을지 몰라도 나치 작곡가는 분명히 존재했다. 양식적인 관점에서 보자면 적어도 미군에게는 반反나치 음악 또한 분명히 존재했다. 음악에 박식한 이들, '퇴폐' 예술을 구성하는 요소가 무엇인지 막연하게나마 알고 있던 이들은 전쟁이 끝난 후 유럽 음악가들의 죄과와 책임을 판단하기 위한 기준을 만들어냈다. 만일 독일 작곡가가 전쟁 **기간에** 현대적으로 들리는(특히 음렬에 입각한) 음악을 쓴 적이 있음을 입증할 수 있다면, 이 사실이 곧 그가 나치에 반대하는 저항 운동의 일원이었음을 뒷받침하는 증거로 해석되었다.

프랑스인들은 미래파가 남긴 '소음' 음악의 잔해를 주워 나치가 발명한 신문물—테이프 녹음기—을 이용해 구체 음악musique concrète이라는 이름으로 알려진 아방가르드 일렉트로닉 뮤직을 만들어냈다. 구체 음악은 전쟁 기간 나치에 항거한 프랑스 레지스탕스 운동의 본거지로 기능한 국립 방송국Radiodiffusion Nationale에서 녹음하고 편집한 음향을 활용함으로써 현대음악 운동을 레지스탕스 운동과 연결했다.

이탈리아의 공산주의자들은 소비에트 공산주의자들과 달리 비조성 음악을 반파시즘 운동의 일부로 받아들여 한 몸처럼 지원했다. 연합군에 의해 해방을 맞고서 몇 달 뒤 이탈리아의 오페라하우스들은 다시 문을 열고 피체티와 말리피에로의 전통적인 작품들을 공연했다. 그러나 그것도 잠시였다. 새로운 정부가 들어서고 민주 헌법이 발동되면서 복고 움직임에 급제동이 걸렸다. 서독 역시 같은 길을 걸었다. 반면 공산주의의 수중에 떨어진 동독은 정반대 방향을 향했다.

소비에트 공산주의자들의 음악이 어떤 모습인지는 모두가 알고 있었다. 1932년부터 소련 정부가 공식적으로 판단하고 촉진한 음악이었기 때문이다. 오늘날의 우리는 쇼스타코비치의 음악을 **그저 순수히 음악으로서** 들을 수 있을까, 아니면 그의 음악에서 프로파간다의 그림자를 지우기란 영영 불가능한 일일까? 그것도 아니라면 겉으로는 소비에트에 찬동하는 척하면서 속으로는 은밀히 소련의 권력자에 반대하는 메시지를 심어놓은 작품들이었을까? 독일의 침공에 맞선 러시아인의 저항을 표상하는 작품이라고 일컬어지는 쇼스타코비치의 〈교향곡 7번〉(일명 〈레닌그라드 교향곡〉)의 미국 초연 무대는 파시스트와 제대로 척을 진 아르투로 토스카니니가 지휘봉을 잡았다. 1942년 7월 19일 뉴욕에서 열린 이날 연주회는 라디오를 통해 미국 전역에 생중계되었다. 불과 3년 전인 1939년 독일과 상호 불가침 조약을 맺은 소련이 1942년에는 미국의 동맹국이 되었고, 1947년에는 온 서방 세계의 적이 되었다. 머리가 핑핑 돌 지경이다.

서방 세계는 '자기들의' 러시아인(스트라빈스키, 발란신과 뉴욕 시티 발레단, 미하일 바리시니코프와 나탈리야 마카로바를 비롯해 미국에 정착한 발레 스타들, 슈퍼스타 첼리스트 므스티슬라프 로스트로포비치)과 '저들의' 러시아인(쇼스타코비치, 프로코피예프, 볼쇼이 발레단)을 어떻게 서로 맞겨루게 했던가? 서방의 주요 예술가들 중 누구도 미국을 떠나 소련으로 망명하지 않았다는 사실은 소련으로서는 애석한 지점이었다. 독일 공산 정권—아이러니하게도 '독일 민주주의 공화국'이라는 국호를 취했던—은 동베를린 시민들이 서쪽으로 넘어가는 걸 막기 위해 장벽까지 세워야 했다. 프레더릭 켐프는 저서 『베를린 1961년』에서 1953년 1월부터 4월까지 12만 2000명의 동독 시민이 공산당 치하의 동베를린을 떠나 서베를린으로 건너갔다고 썼다(이는 전해보다 두 배 빠른 추세였다). 동독은 인구가 빠져나가면서 내부적으로 붕괴할 위험에 처해 있었고, 미국은 기독교적 가치와 서구 문명의 보존을 위해 싸우고 있었다. 1961년 철의 장막 이쪽저쪽은 또 다른 뜨거운 전쟁에 돌입하기 직전으로 내몰려 서로 멱살을 잡은 상태였다. 이런 상황에서 음악은 다시 한 번 국가의 공식적인 마케팅 수단이요, 정치적 이념의 초월적 은유가 되어야 했다. 다시 말해, 어떤 특정 양식의 음악은 **그 자체로 곧** 국가였다.

서방 세계가 택할 수 있는 유일한 해법은 이미 수십 년 전에 기세가 꺾였으나 여전히 지지자를 거느리고 있던 아방가르드 실험을 제대로 부활시키는 것이었다. 1차 대전 직후에 전개된, 비조성 음악의 혼돈을 통제하려 했던 옛 시도가 되살아났다. 수십 년 전과의 차이점이라면 그때는 사조적 차원의 움직임에 그치던 것이 이제는 정부의 정책 지원, 민간 단체들의 자금 지원, 오피니언 리더들의 여론 지원까지 등에 없었다는 것이었다. 마치 서방 세계가 1923년 빈에서 1945년으로 눈 깜짝할 새에 점프해버린 것 같았다.

　새로이 주조된 신음악은 불편한 논쟁을 초래할 여지가 있는 시기(2차 대전)를 지워버렸다. 또한 매우 지적인 음악이라는 이유로 지식인들의 환영을 받았다. 신음악을 다루는 글은 보통 작곡가 본인이 직접 썼다. 이런 글은 어니스트 헤밍웨이가 조롱의 뜻을 담아 "10달러짜리 단어들"이라고 묘사한[6] 전문 용어로 가득하고, 수학적 이해를 필요로 하는 것이 많아 일반인이 보기에는 뭐가 뭔지 분간이 불가능하고 겁만 집어먹기 딱 좋았다. 한편 신음악은 히틀러, 무솔리니, 스탈린이 싫어하는 음악처럼 들렸기에 정치인들을 흡족케 했다. 또 전쟁의 폐허 속에서 자란 젊고 총명하고 불만으로 가득한 음악가들도 기쁘게 했다. 음악으로 1차 대전 이전의 인습 타파적 예술 운동에서 정제해낸 적절한 반응을 표현할 수 있으며, 동시에 수학적 통제 방식과 이론적 명분으로 예술 속 '야수'를 다스릴 수 있다고 믿었기 때문이다. 신음악은 19세기 이후 발전해온 민족주의풍의 음악을 거부했다. 한 가지 문제라면 딱히 청중이 듣고 싶은 마음이 드는 음악이 아니었다는 점이다.

　관객에게 다가가지 못하는 음악이라는 평가에 내려진 진단은 두 가지가 있었다. 첫째로 과거의 모든 위대한 작곡가는 저마다 시대를 '앞서간' 인물이었다는 설명이다(이는 단연코 사실이 아니다. 만약 이 말이 사실이라면 바흐, 헨델, 모차르트, 여러분이 들어보았음 직한 모든 작곡가가 웨이터나 벨보이를 하며 생계를 해결하고 작곡은 휴일에만 했어야 한다). 둘째로 대중은 지식인들과 달리 음악에 **무지**하기 때문에 새로운 음악을 이해할 만큼 똑똑하지 못하다는 설명이다. 식자층은 두 번째 설명에 더 구미가 당겼으리라.

어쩌면 이로써 가장 커다란 미스터리가 일부나마 풀릴지도 모르겠다. 히틀러가 금지했던 음악은 어째서 전쟁이 끝나는 즉시 받아들여지거나 공식적으로 지원받지 못했는가? 독일은 전쟁에서 졌다. 미국은 콘서트홀과 오페라하우스와 라디오 방송국 건립 자금을 지원하며 유럽인들의 마음을 얻기 위한 노력에 여념이 없었다. 이탈리아인들이야 더 이상 파시스트가 아님을 입증해야 하는 처지가 절실한 나머지 오페라 작곡가로 성공한 한 세대의 기록을 간단히 지워버리는 고육책을 쓰지 않을 수 없었다. 일말의 이해가 가지 않는 것도 아니지만 그렇다면 애당초 조국을 떠나 미국에서 성공을 거둔 이탈리아 작곡가들의 음악도 똑같이 경멸해야 하는 이유는 도대체 무엇이란 말인가? 전후 유럽의 대학과 음악원, 국영 극장과 오페라하우스에서 체결된 '신사 협정'이라도 있었던 것인가? 단순히 시대정신이 그랬던 것인가? 혹은 1909년 『미래파 선언』이 예언했던 대로 유럽의 클래식 음악은 그 수명을 다하여 1945년 마지막 붕괴의 순간을 맞고 만 것인가?

어떤 면으로 보면, 전쟁에서 살아남은 자들이 쓴 클래식 음악—조성적이고 작곡가 고유의 내면을 담은 음악들—이 단순히 낡았고 시대와 무관하다는 오늘날의 미학 선언을 그대로 받아들인다면 우리가 도달할 수 있는 결론은 앞서의 것 하나뿐이다. 수십 년에 걸친 전쟁으로 간단치 않은 상처를 입고서 잔해 속 파편을 수습하는 세계의 음악은 앞날을 바라보아야 했고, 신선하게 그러니까 다시 말해 새롭게 들려야 했다. 모든 예술 형태와 예술 운동은 마치 탄소 기반의 생명체가 그러하듯 창조의 순간에 그 종말까지 예정된다는 주장도 가능하다. 이 세상의 공적 자금을 전부 다 모은들 네덜란드와 플랑드르 회화나 브로드웨이의 황금기나 러시아 대문호의 소설을 되살릴 수 없는 것도 그래서가 아니겠는가. 어쩌면 전쟁이 서사적이고 조성적인 음악의 몰락을 촉진했을지도 모른다. 그렇다손 치더라도 1945년 이후로 이런 음악의 명줄은 소생이 불가능할 정도로 확실히 끊어졌음이 분명해졌다.

만약 그렇다면 20세기 후반기를 돌아보면서 반드시 던져야 할 중요한 질문은, 구제할 길 없는 레퍼토리를 **대체한** 음악은 무엇이었나, 하는 것이다. 퇴폐 음악으로 분류된 작품이 다시 환영받을 길이 막히고, 푸치니가 사망한 1924년부터 1945년 사이에 작곡된 이탈리아 오페라가 모조리 폐기 처분을 당했다. 그렇다면 그 공백을 채운 음악은 과연 무엇이었을까?

우리는 답을 알고 있다. 대체물은 없었다. 공백은 공백인 채로 남았다. 대체 불가능한 연주회 레퍼토리를 대체할 수 있는 작품은 없었다. 대신 그간 클래식 음악 전문가들이 하찮은 존재로 일축해온 말러, 라흐마니노프, 거슈윈 같은 소수의 작곡가들이 클래식 음악의 정전 내부로 차츰차츰 받아들여졌다. 예외적인 사례가 없는 건 아니지만(가령 벤저민 브리튼의 오페라), 1920년대부터 현재까지의 기간은 주목할 만한 신작의 초연이 없는 커다란 공동空洞과도 같다. 2001년 영화감독 배즈 루어먼은 "우리 시대에 [대중음악이] 있듯이 과거에는 대작 오페라의 아리아가 있었다"고 했다.[7] 루어먼이 말한 '과거'는 모더니스트가 등장하기 전의 시대였다. 아닌 게 아니라 클래식 음악 애호가들더러 1950년대, 1960년대, 1970년대, 1980년대, 1990년대의 애청곡을 하나씩 꼽으라고 하면 아마 대부분이 꺼내놓을 대답이 없어 쩔쩔맬 것이다. 우리의 집단의식 속에 남아 있는 20세기 후반기 음악은 그저 듣고 버려도 그만이라고 주입받은 (대중)음악이다. 간단히 예를 들자면, 1957년을 대표하는 음악은 크세나키스의 〈피토프락타〉도 아니요, 슈토크하우젠의 〈클라비어슈튀크 XI〉도 아니요, 노노의 〈변주곡〉도 아닌, 브로드웨이 뮤지컬 〈웨스트 사이드 스토리〉였다.

국가의 지원을 받는 이탈리아의 오페라하우스들은 새로운 목소리로 노래하는 일련의 오페라들을 임시로 채택했다. 가령 1984년 라 스칼라 무대에 오른 슈토크하우젠의 〈빛의 토요일〉이 그런 경우였다. 이 위대한 극장의 홈페이지에 올라온 공식 역사를 찾아보면 1893년 베르디의 〈팔스타프〉 초연과 1924년 푸치니의 〈투란도트〉 초연 이후, 최근의 음악감독인 클라우디오 아바도와 리카르도 무티의 소개 글, 2004년 본격 개보수 프로젝트 안내 사이의 세월이 마치 그동안 아무 일도 일어나지 않은 양 헛헛하게 비어 있다. 이탈리아 오페라하우스들이 연출하는 신작은 드물기도 했거니와 아직까지는 그 어떤 자생력도 보여주지 못하고 있다. 반면 과거의 명작 오페라를 새롭게 해석하고 연출한 무대는 현재 오페라하우스들의 생명줄이 되고 있다. 또한 지명도가 낮은 과거 이탈리아의 오페라들을 연출한 무대 역시 흥미를 끌고 있다. 이를테면 가스파로 스폰티니의 〈베스타의 무녀〉(1805) 같은 오페라는 객석을 채운 이들 가운데 들어본 사람이 극히 드물 테니 사실상 신작이나 다름없는 기능을 한다고 해도 과언이 아니다.

독일의 경우 이야기가 한층 더 복잡하게 흘러갔다. 1949년부터 1989년까지 두 개의 독일이 있었던 까닭이다. 공산주의 동독이 공인한 조성 음악과 민주주의 서독의 비조성 음악, 음렬주의 음악 사이에 조금이라도 공통항이 있다고 봐야 할까? 아니면 냉전기 독일 음악의 복잡한 총체를 지워버리는 편이 차라리 더 간단할까? 당시 유럽의 위대한 작곡가들이 어지간하면 미국 시민권자였던 마당에, 전후 독일 음악을 구성하는 실체는 무엇이었을까? 쇤베르크는 '미국인 쇤베르크'인가, 아니면 그저 '쇤베르크'인가? 힌데미트는 '미국인 힌데미트'인가, 아니면 그저 '힌데미트'인가? 바일의 경우 '독일인 바일'과 '미국인 바일'이 구분된다는 것이 뚜렷한 결론이다. 그의 양식이 변화했기 때문이기도 하고, 그가 도미 후에 작곡한 음악의 텍스트가 영어 일색이어서 독일을 떠나기 전에 쓴 극음악과의 차이가 선명하게 부각된 덕분이기도 하다. 우리는 런던에서 이탈리아 오페라를 쓰다가 나중에 오라토리오로 방향 전환을 하면서 영어 텍스트에 음악을 붙인 독일인 헨델에 대해서도 같은 느낌을 받고 있는가? 헨델은 독일 음악을 쓴 건가, 이탈리아 음악을 쓴 건가, 아니면 영국 음악을 쓴 건가?

1996년 로스앤젤레스에서는 쇤베르크의 자제들이 선친의 육필 원고, 악보, 사진, 수집품 등을 오스트리아 빈으로 돌려보내기로 한 결정을 두고 한바탕 논쟁이 일었다. 쇤베르크의 자식들은 선친이 제2의 조국으로 여긴 곳보다 원래의 고향 빈에서 더욱 제대로 된 대접을 받을 거라고 느꼈다. 그들의 판단은 옳았다. 그의 이름 철자도 미국식 'Schoenberg'에서 원래의 'Schönberg'로 되돌아갔다. 빈의 아르놀트 쇤베르크 센터는 그의 음악을 보존하고 연주를 장려하는 모범적인 기관으로 현재 많은 음악가들로부터 높은 평가를 받는다. 그러나 1998년 3월 주세페 시노폴리와 빈 필하모닉이 참여한 개관 기념 연주회에서는 쇤베르크가 미국으로 건너가기 전에 쓴 작품들만 연주되었다.[8] 할리우드에서 성공을 거둔 망명 작곡가들의 음악을 향한 '미학적 평가'는 지극히 불친절하다. 그런 면에서 이들은, 단 한 명의 예외도 없이 모두, 나라 잃은 사람들이었다.

2차 대전이 막을 내린 후 10년의 세월은 클래식 음악과 클래식 음악 단체들이 나아가야 할 길을 설정한 결정적 시기였다. 감정을 철저히 배제하고, 쇤베르크의 명석하고 독특한 오스트리아 제자 안톤 베베른의 진일보한 통제 이론에 의해 확장된 아방가르드는 여전히 건재할 뿐만 아니라 지지세도 든든했다. 당대나 지금이나 좀처럼 들을 기회가 없는, 베베른의 고도로 응축되고 철저히 통제된 음악적 표현은 2차 대전 이후의 현대음악이 받아들여지기 위해서라면 반드시 통과해야 하는 바늘구멍이 되었다. 그러나 비조성 음악을 표방한 20세기의 추인을 받은 모든 작곡가들과 마찬가지로 베베른의 이름은 대중의 뇌리에서 거의 잊히고 말았다.

1883년 빈에서 태어난 안톤 베베른은 1945년 9월 15일 오스트리아 미테르질에서 미군 병사가 쏜 총에 맞아 숨을 거두었다. 통행금지 시간에 집 앞 현관에 나와 시가에 불을 붙인 것이 화근이었다. 비극적인 그의 죽음에는 순교의 기운마저 감돌았다. 사람들은 점령 미군의 무지함에 치를 떨었다. 노우드 벨 일병 나부랭이가, 전쟁도 모두 끝난 다음인데, 어찌 감히 오스트리아의 위대한 작곡가를 살해할 수 있다는 말인가? 죄책감에 사로잡힌 벨 일병은 알코올 중독자가 되어 10년 뒤 노스캐롤라이나에서 이른 생을 마감했다.

클래식 음악가로 생활하다가 징병되어 참전한 미군 병사들은 유럽산 신음악에 매료된 채로 고국에 돌아갔다. 1957년 소련이 인공위성 스푸트니크를 성공적으로 쏘아 올리자 미국 정부는 과학 분야의 지원을 대폭 늘렸고, 미국 대학들은 넘쳐나는 지원금으로 컴퓨터 센터와 전자 장비를 갖추었다. 요령 좋은 대학은 전자음악 센터를 개관했고 컴퓨터 음악 관련 강좌를 개설했다. 1960년대는 이런 흐름이 정점을 찍은 시기였다. 또한 이 시기에는 작곡과 음악 이론을 가르치며, 아방가르드 음악을 위한 폐쇄적인 보호 시스템의 관대한 후원에 힘입어 생계를 꾸리는 이들이 많았다. 이는 고대 아테네조차 갖지 못한 전례 없는 구조였다. 어쩌면 이때가 음악 역사상 가장 개화되고 계몽된 시기, 숭고한 신음악을 세계에 선사할 밑천을 키워낸 시기였다고 생각할 수도 있겠다.

전후의 새로운 음렬주의 음악은 옛 아방가르드의 DNA에 유전적인 개량을 가한 음악이기도 했다. 표현주의의 악몽들—1920년대와 1930년대 실험적 음악의 텍스트가 되었던 살인과 강간, 정신 및 감정의 질병—에서 비롯된 회화적이고 시적인 속성이 '새로운' 신음악에서는 대체로 제거되었다. 핏빛처럼 붉은 달빛 아래에서 잃어버린 연인을 찾아 어두운 숲속을 헤매는 일은 더 이상 일어나지 않았다. 음악은 합리화되었고, 시간 속에서 음표가 움직이는 절차만이 중요할 뿐 그 이외의 사항과는 어떤 연관도 맺지 않는 것처럼 보였다. 멀리 갈 것 없이 작품 제목만 봐도 그들이 추구하는 새로운 미학이 뚜렷이 나타났다. 〈접점〉〈한 겹 한 겹〉〈오케스트라를 위한 스태빌〉〈집단들〉 같은 작품이 그러하고, 앞에서 언급한 〈헬리콥터 현악 사중주〉도 마찬가지다.

그렇게 해서 정말로 새로운 것이 생겨났다. 이름하여 단체가 지원하는 아방가르드 음악. 영원한 선동가 피에르 불레즈보다 더 많은 클래식 음악 단체를 이끌거나 자문한 인물은 아마 없을 것이다.[9] 불레즈의 아흔 번째 생일날인 2015년 3월 26일, 미국의 라디오 방송 진행자 존 셰이퍼는 본인이 진행하는 프로그램 〈사운드체크〉에서 불레즈와의 인터뷰를 공개했다. 인터뷰의 주제는 마에스트로가 꼽은 20세기 최고의 클래식 음악 작품 열 편이었다. 불레즈는 여담처럼 다음과 같은 의미심장한 말을 했다.

우리가 지금 살고 있는 세기는 가장 빠르고 민첩한 시절이 되어야 한다고들 합니다. 순간적으로 반응하고 진보를 좋아하는 시절이어야 한다는 거지요. 그런데 때때로 드는 생각입니다만, 음악만큼은 21세기가 그 어느 세기보다 움직임이 굼뜨지 않나 싶습니다. 바그너와 비교해봅시다. 예를 들어 〈트리스탄과 이졸데〉는 1860년경에 쓰였지요. 그로부터 90년 뒤인 1950년에는 그 누구도 바그너를 문제시하지 않았습니다. 내가 사는 시대를 비판하고 싶진 않지만, 이번 세기에 작곡된 음악을 받아들이는 과정이 너무나도 더딥니다. 내게는 너무너무 더뎌요.

혹시 불레즈의 말 아래 진실이 깔려 있는지도 모르겠다. 어쩌면 '그가 이해하는' 세기는 꼼꼼하게 구축된 태양계 같은 게 아니었을까? 반면 실제의 세기는 엉망으로 어지러우면서도 눈부시게 아름다운 우주와 같은 것일 테고 말이다. 불레즈의 말대로 끝없이 이어지는 인습 타파 운동이라는 화두는 철학자와 예술사가뿐만 아니라 일반 대중의 입에도 오르는 쟁점이 되어야 마땅하다. 모두가 새로운 것을 보고 듣기를 원한다. 그렇지만 19세기 사람들은 바그너의 차기작이나 브람스의 신작을 기대했던 반면, 오늘날은 새로운 음악이 주는 흥분이 대체로 오페라하우스나 콘서트홀과는 멀리 떨어진 곳에서 생겨난다. 아방가르드가 영원히 이어지기를 바라는 이들이 자신이 좋아하는 새로운 음악을 다른 이들도 좋아하도록 열의를 북돋우기 위해 노력하는 것은 당연한 이치다. 그들의 노력을 트집 잡을 사람은 없을 테지만, 지금까지 그들의 노력이 폭넓은 대중을 설득하지 못한 것만은 자명하다. 불레즈 본인도 바로 그 점을 한탄하고 있는 것이다. 현대음악의 삼위일체인 기부자-평론가-기관의 승인이라는 축복을 받은 작곡가들은 간신히 명맥 정도만 유지하고 있는 형편이다(기부자가 정부인 경우 정치와 권력이 다시 한 번 방정식 안에 포함된다). 이 삼위일체의 가장 큰 문제는 거기에 관객이 빠져 있다는 점이다.

알렉산더 스크랴빈의 색광色光 피아노*나 (다수의 민요 선율과 찬송가, 밴드 뮤직을 중첩하여 얻어내는) 찰스 아이브스의 우주 안개처럼 20세기 초에 행해진 음악 실험에 깊은 관심을 가진 이들도 있다. 그러나 2015년 뉴욕에서 있었던 현대음악 페스티벌 무대를 방문한 코리나다 폰세카-월하임이 『뉴욕 타임스』에 기고한 평론을 보면 지난 수십 년간 바뀐 것은 아무것도 없는 듯 보인다.

메건 그레이스 뷔거의 〈정사〉에서 댄서—이번 작품의 안무까지 담당한 어두운 표현력을 가진 멜라니 어세토—의 손목과 발

---

* 건반을 누르면 각 음에 지정한 색이 스크린에 투사되도록 고안된 피아노.

목을 묶은 낚싯줄은 도르래를 통해 그랜드피아노의 현에 감겨 있다. 어세토는 결박에도 아랑곳하지 않고 몸을 팽팽히 당기고 구부리고 점프하며 피아노 내부로부터 금속성의 희미한 소리와 우르릉거리는 소리를 창조해냈다. 몇 번이고 그녀는 두드릴 듯한 자세로 양손을 치켜들며 건반에 다가갔지만, 어떤 힘에 의해 제지당하는 것처럼 보였다. 그럴 때마다 비틀리고 꼬이는 그녀의 몸은 마치 생명이 없는 악기에 휘둘리는 마리오네트 인형처럼 보였다.[10]

이 평론문은 50년 전 예일 대학에 다니던 어느 학생이 통통 튀는 고무공과 피아노를 위해 쓴 작품 〈무제〉를 묘사한 글과 놀랍도록 유사하다(그 작품으로 나는 A학점을 받았다). 그뿐만 아니다. 폰세카-월하임의 글은 이탈리아 작곡가 루이지 루솔로가 1차 대전이 일어나기도 전이던 1913년에 조직한 소음 오케스트라를 떠오르게 하는 구석도 있다.

존 케이지는 음악에서는 **그 어떤 선택도** 정당화할 수 없다고 우리에게 가르친 바 있다. 때로는 침묵이 최고의 음악이 되기도 한다. 영화에서 어느 장면에 음악을 넣지 않아야 하는지를 아는 것은 어느 장면을 음악으로 강조할지 아는 것과 마찬가지로 중요하다. (〈벤허〉가 훌륭한 사례로서 참조할 만하다. 10분에 달하는 전차 경주 장면에서는 음표 하나 등장하지 않다가 장면이 끝나자마자 성대한 행진곡이 들려온다.) 그리고 침묵은 클래식 음악 공연에서도 단연코 가장 강력한 도구가 된다. 침묵은 청중의 관심을 한데 '모으는' 효과가 있다. 고요가 있어야 시끄러움이 의미가 있는 법이다. 완벽한 고요에 다가가면 다가갈수록 완벽한 고요를 달성하는 일은 불가능함을 깨닫게 된다. 고요에 다가가면 다가갈수록 뒤로 물러나 있던 것들이 앞으로 부각되기 때문이다.

최근 메트로폴리탄 오페라의 〈파르지팔〉 공연에서 이와 관련해 자그마한 사건이 일어났다. 연주의 셈여림 진폭이 너무도 거대했던 나머지 음악이 조용해지는 부분에서 낙후된 건물의 냉난방 설비가 돌아가는 소리가 그대로 노출된 것이다. 바그너의 음악이 50년 된 강당 환기 시설의 반주 음악이 되고 말았다. 음악의 소리는 우리의 삶을 채우는 주변 소음보다는 더 커야 마땅하다. 심지어 스스로 음악이라 칭하는 소음이라 할지라도 실제 소음보다는 음량이 커야 제대로 귀에 들어와 꽂히게 마련이다.

소음처럼 인식되는 음악이 지니는 문제는, 우리 인간이 일상에서 그런 소음을 본능적으로 걸러내며 살아가는 존재라는 점에 있다. 저명한 심리학 교수 미하이 칙센트미하이에 따르면 우리의 두뇌는 1초당 110비트의 정보량을 처리할 수 있을 뿐이라고 한다. 그중 60비트가 언어를 해독하는 데 사용된다. 따라서 우리는 중요한 정보를 인식하기 위해서라도 소음은 애써 무시해야만 생존할 수 있다는 얘기가 된다. 인간은 사회적 동물이며, 살아가기 위해 정보를 보내고 받아야 할 실제적 **필요**가 있다. 다른 인간들과의 의사소통 기회를 박탈하는 것은 감옥에 갇힌 지극히 극악무도한 죄수들에게나 가해지는 고문이다. 독방 감금이 '가장 비인간적인' 고문이 되는 이유다. 사이렌, 알람 소리, 컴퓨터가 실행 불가능한 주문을 받으면 뱉어내는 귀에 거슬리는 경고음 같은 것들은 우리에게 무엇인가 잘못되었음을 알려주는 기능을 한다. 자연스레 도망가고 싶은 마음이 드는 소리요, 우리에게 주의를 주는 소리다. 소리는 중립적이지 않다.

노벨상 수상자 프랭크 윌첵은 과학자들이 정의하는 소음을 이렇게 정리했다. "무작위성이라는 요소가 있는 그 어떤 종류의 진동. 소음은 필요한 정보를 담은 가치 있는 신호와 구별된다. 흥미로운 신호와 혼란한 소음을 구분하는 것은 실험 과학과 통계학 기법의 큰 부분을 이룬다. 그러나 때로는 소음 자체가 신호가 되기도 한다."[11] 인간이 상처와 염증에서 비롯된 고통으로 경험하는 바도 어쩌면 우리 신체 내의 이러한 무작위성—"다친 신경이 뒤죽박죽으로 활성화되는 것"—과 연관된 것인지도 모르겠다.

이 같은 정의를 음악에도 적용해볼 수 있다. 다음은 소음에 온정적인 편인 한 평론가가 어느 현대음악을 듣고 쓴 호평의 일부다.

지난 토요일 저녁 '서브컬처'에서 기타리스트 프레드 프리스와 넬스 클라인이 처음으로 공개 이중주 무대에 섰다. 그러나 무대에서 들리는 음악은 기타 음악 같지 않을 때도 있었다. 때로는 청소 트럭의 분쇄 압축기 돌아가는 소리, 오케스트라의 조율 소리, 거위 떼가 싸우는 소리, 양수기가 삐걱대는 소리, 편종이 무너져 내리는 소리, 열차 사고의 슬로 모션 소리가 들려왔다. 그것이 바로, 이제는 뉴욕 기타 페스티벌의 단골손님이 된 '얼터너티브 기타 서밋'의 아름다움이기도 했다.[12]

이런 종류의 음악은 단순히 도발적인 데서 그치는 게 아니라 인간의 근본적인 소통 방식에 반하는 일이다. 그렇지 않았다면 우리는 기차를 타고 가면서 책을 읽을 수도, 시끄러운 식당에서 대화를 이어갈 수도 없을 것이다. 1863년 독일의 생리학자이자 물리학자 헤르만 폰 헬름홀츠는 『음악 이론의 생리학적 기초로서 음조의 감각에 대하여』라는 책에서 화음 안에 포함된 여러 음고의 배음이 충돌하는 데 따른 협화음과 불협화음의 감각을 과학적으로 설명하려 시도했다. 헬름홀츠의 연구는 미학 차원의 문제라기보다, 그의 표현에 따르자면, "심리 생리학" 차원의 문제였다. 다시 말해 인간의 설계 방식에 기반한 연구였던 것이다.

20세기 후반기에 탄생한 현대음악 작품이 앞뒤 조리가 닿지 않는다는 핀잔을 들을지언정 하나같이 시끄럽고 번잡한 곡들만 있었던 건 아니다. 20세기 후반기의 현대음악 작품은 대체로 반反심미성에 미학적 지향을 두었기에―다시 말해 과거의 연장선상에 있는 작품처럼 들리기를 거부한 비조성 작품이었기에―설령 크리스천 울프나 모턴 펠드먼 같은 작곡가들의 가볍고 반투명한 작품이라 해도 뚜렷한 목적점 없이 부유하는 음악처럼 다가오기 십상이었다. 인지 가능한 화성과 선율의 방향성이 없기 때문에 일반 감상자가 듣기에 극적/음악적 절차가 무작위로 이루어지는 것으로 보이거나 절차라는 게 아예 존재하지 않는 것처럼 보였다. 최근 공상과학 소설에서 영감을 얻은 어느 시각 예술을 소개하는 기사를 읽은 적이 있다. 「우주에서는 모두가 우주인이다」라는 제목의 기사였다. 큐브릭 감독의 영화 〈2001년 스페이스 오디세이〉에 리게티의 〈아트모스페르〉가 안성맞춤의 선곡으로 느껴진 것도 당연한 일이었다. 〈아트모스페르〉는 풍자적 재미를 노린 선곡이 아니었다. 반면 우아한 우주선 도킹 장면에 쓰인 〈아름답고 푸른 도나우〉

는 바로 그러한 역설적인 재미를 노린 음악이었다. 선율과 맥박이 없고 아주 고요하게 동시 진행되는 사건(이걸 예전에는 '화음'이라고 불렀다)에 바탕을 둔 리게티의 〈아트모스페르〉는 우주 공간에 있는 사람이 '느낄' 법한 감정을 온전히 표현하고 있었다.

이해되기를 포기한 예술을 창조하는 것은 비사회적일 뿐만 아니라 인간이 소리를 듣고 처리하는 방식에도 반하는 행위다. 어쩌면 바로 그 근본적인 다름 때문에 거기에 매혹되는 사람들이 있는 건지도 모를 일이지만 말이다. 그러나 이는 그런 예술을 '새롭다'거나 '컨템포러리'라고 부르는 것과는 별개의 문제다. 그것은 새롭지도 않고 컨템포러리도 아니다.

시간을 초월하는 예술

음악을 듣는 우리는 늘 새로운 목소리를 발견하고 경험하길 바란다. 다음번의 위대한 오페라, 현악 사중주, 교향곡이 어떤 소리를 들려줄지, 어떠한 사전 정보도 없는 상태에서 우리는 무언가 위대한 것을 희구한다. 위대한 음악에는 새롭게 들리는 구석도 있을 것이요 옛것처럼 들리는 면모도 있을 테지만, 과연 실제로 어떤 모습일지는 섣불리 예상할 수 없다. 위대함은 오로지 감지한 다음에야 비로소 '그 위치를 정할 수 있는' 것이기 때문이다. 예를 들어 린마누엘 미란다가 21세기가 되고 15년이나 지난 시점에 뮤지컬의 신기원을 이룩한 〈해밀턴〉이라는 작품을 창조하리라는 것을 누가 예측할 수 있었겠는가. 그러나 그는 해냈고, 〈해밀턴〉은 영원히 남을 것이다.

영향력 있는 독일의 음악학자 테오도르 아도르노가 20세기 중반 쯤 분노에 가득 찬 목소리로 "가치 있는 모든 음악은 근본적으로 대중적이지 않다"고 주장한 것과 달리, 대중이 지지하는 음악은 헨리 포드식의 조립 생산 라인을 통해 무의미한 음악을 대량 제작하려는 미국발 음모가 아니다. 틴 팬 앨리, 브로드웨이, 할리우드, 그리고 세계 곳곳의 대도시에서 생겨나는 음악의 양이 압도적인 이유는 그 모든 전쟁, 정치적 혼란, 철학 논쟁에도 불구하고 수백수천만의 사람들이 듣고 싶어 하는 음악이 거기에 있기 때문이다. 실험적인 작품은 버티지 못해도 사람들이 사랑하는 음악은 아직까지 우리와 함께하고 있다. 미국으로 망명한 오스트리아 작곡가 에른스트 토흐가 쓴 것처럼 "종교적 깊이와 순수성에서 비롯된 예술은 가르칠 수도 없고 배울 수도 없다. 위대한 예술은 현대적이지도 않고 구태의연하지도 않으며 오로지 시간을 초월할 뿐이다. … 현대음악이 환영받지 못하는 이유는 우리가 현대음악을 존중하지 않아서가 아니라 사랑하지 못하기 때문이다."[13]

사람은 식물을 닮아서 굴광성을 지닌다. 우리는 빛을 원한다. 우리의 두 발은 중력에 의해 지구의 중심으로 끌어 당겨지고, 우리의 꿈은 하늘로 날아오른다. 초현실주의, 다다이즘, 표현주의, 미래주의, 브루탈리즘 예술은 우리를 낯설고 흥미로운 곳으로 이끈다. 흔히 시각 예술의 형태를 띠는 이들 작품은 액자 틀이라는 구획 안으로 한정되고 미술관이나 갤러리 같은 실제 장소에 걸린 형태로 존재한다. 감상자인 우리는 언제든 이 예술로부터 등을 돌려 멀어질 수 있다.

그러나 눈에 보이지 않는 예술인 음악은 그렇게 하기가 어렵다.

음악의 존재감을 느끼며 그 영향력에서 벗어나지 못하는 우리는 『오즈의 마법사』의 도로시 게일,『이상한 나라의 앨리스』의 앨리스 리들,『피터 팬』의 로스트 보이스, 그리고 자신을 'E. T.'라고 부르는 외계의 식물학자처럼 탐험가요 방랑자요 상상 속 어린이가 된다. 우리는 모두 우리만의 모험을 떠나고 싶어 하지만 그 여정이 얼마나 구불구불하건, 그 환경이 얼마나 기이하건, 그 소리가 얼마나 황홀하건 간에 모험이 끝나면 집으로 돌아와야 한다. 이를 인정하는 것이 클래식 음악의 핵심 요소다.

10

역사 창조하기, 역사 지우기

대체로 독일 클래식 음악의 역사는 일직선 모델, 즉 영향과 진보의 계보로 설명되는 편이다. 음악사—음악학이라는 이름으로 알려진 분야에 종사하는 학자들의 탐구 영역—는 19세기 후반 독일인들이 창안한 개념이다. 이 새로운 연구 분야가 2000년 동안의 음악을 '이해'한 방법은 무엇이었을까? 진화나 일련의 혁명 같은 어떤 과정이 있었던 것일까, 아니면 그저 엄청난 양의 음악이 지속적으로 쓰이는 와중에 드문드문 변화가 찾아온 것뿐일까? 그런 변화에는 '이유'가 있었나? 이 역사에는 이야기가 있는가?

음악사의 구조를 확립한 독일 지식인들은 음악사를 하나의 과정으로 '설명'하기 위해 그들과 동시대에 빛을 본 두 가지 사고 모델을 빌린 것으로 보인다. 하나는 독일 철학자 게오르크 빌헬름 프리드리히 헤겔(1770~1831)의 사고 틀을 가리키는 이른바 헤겔 변증법이다. 헤겔 변증법은 간단히 설명하면 하나의 테제(정립)가 안티테제(반정립)를 만나 논쟁하고 투쟁하고 융합하여 더 새롭고 나은 진테제(합, 종합)로 화한다는 이론이다. 헤겔 변증법은 음악의 역사를 이해하는 데 이치가 닿을 법한 도구로 여겨졌다.

다른 하나는 찰스 다윈(1809~1882)의 연구에 헐겁게 기반한 사고 모델이었다. 영국의 박물학자이자 지질학자 다윈이 주장한 진화론은 1870년대 무렵 이미 탄소 기반의 생명체가 발전하는 방식을 설명하는 타당한 이론으로 받아들여지고 있었다. 음악사가들은 '적자생존'과 복잡한 (생명) 형태의 승리를 예증하기 위해 주어진 자료를 묘사하고 정당화하고 삭제하는 수단으로 사회진화론social Darwinism—다윈의 추종자였던 허버트 스펜서가 주창한 명칭이다—을 채택했다. 환언하면 유인원을 인간에 비교하는 것은 단순한 것보다 복잡한 것이 '더 낫다'는 말을 하는 셈이었다. 사회진화론 모델에 따르면 음악은 단순화를 지향하던 시기가 극히 드물게나마 있긴 했으나, 날이 갈수록 복잡해지는 화성과 리듬에 의해—복잡해진 정도는 화성이 리듬보다 훨씬 앞섰다—새롭고 흥미로워진다는 결론에 도달했다. 새롭고 중요한 음악은 과거의 음악보다 더 복잡한 게 당연하다는 논리였다.

이러한 역사적 진보의 논리는 일직선상에서 발생하는 직접적인 영향력이 존재한다는 전제를 깔고 있다. 후배 작곡가는 선배 작곡가의 작품을 인식하고 이해하고 지지해야 마땅했고, 선배가 하고팠던 말들을 모두 흡수한 다음에 앞으로 나아가야 했다. 후배는 선배의 가르침 중 받아들일 것과 거부할 것을 취사선택한 뒤 거기에 자신만의 신선한 요소를 첨가하여 새로운 음악을 썼다. 새로운 진테제를 향한 헤겔의 변증법적 철학과 복잡한 생명 형태가 '적자適者'로 간주되어 단순한 생명 형태를 대체한다는 다윈의 진화론은 이렇게 음악사라는 분야에서 조우했다.

베토벤(1770~1827)을 예로 들어보자. 그는 우리가 '교향곡'이라 부르는 장르의 발전에 혁혁한 공을 세웠고 자그마치 108곡에 이르는 교향곡을 남긴 하이든(1732~1809)의 음악을 잘 알았다. 베토벤은 1792년 하이든에게 몇 차례 레슨을 받았고, 스승이 감히 꿈도 꾸지 못한 거대하고 복잡한 음악을 썼다. 이런 사실은 사건의 전개를 간단하게 설명할 뿐만 아니라 헤겔 철학과 사회진화론을 결합한 사고 틀의 유용함을 잘 보여준다.

20세기 들어 음악사의 전개를 설명하는 과정에서 이 패러다임은 더욱 도전적이고 감정적인 방향으로 흘렀다. 젊은 작곡가는 노쇠한 작곡가들을 얼싸안았다가 여봐란듯이—때로는 말과 행동까지 동원하여—내팽개치는 존재로 묘사되었다. 어쩌면 20세기 초 지크문트 프로이트가 주창한 심리 이론을 미학의 세계가 차용하여, 무의식이 도제와 마법사의 관계에 투영되는 양상처럼 20세기 음악가들의 행동 양태를 일종의 오이디푸스적 필연으로 풀어내려 했던 건지도 모르겠다.

말러는 바그너를 숭배했고 단 한 번도 공개적으로 바그너를 거부하는 말과 행동을 한 적이 없는 데 반해, 말러보다 두 살 어린 드뷔시는 한때 영웅으로 떠받들었던 바그너를 공개적으로 배척하고 조롱했다. (드뷔시는 바그너의 유도동기 기법을 두고 오페라 등장인물들이 '명함'을 사용하는 꼴이라며 비꼬았다.) 스트라빈스키는 처음에는 드뷔시를 멘토로 받아들였으나 세월이 흐른 뒤에는 드뷔시의 미학을 단호히 거부했다. 또한 그는 오랜 세월 작곡가로 활동하는 동안 후배들의 추격을 따돌리기 위해 스스로 양식을 여러 차례 바꾸었다(그리고 그럼으로써 역사적 모델을 뒤집었다). 젊은 피에르 불레즈를 주축으로 뭉친 학생들이 파리에서 열린 스트라빈스키의 신고전주의 음악회에 찾아가 난동을 피운 것도 한때는 자신들의 영웅이었던 스트라빈스키가 갑자기 단순한 음악을 쓰는 변절자가 되었다는 이유에서였다. (끊임없이 변화를 추구한 스트라빈스키는 만년에 방향을 180도 돌려 한때 그의 가장 큰 적수였던 쇤베르크의 12음/음렬주의 이론을 받아들였다. 그의 노선 전환은 전능한 음렬주의자들을 흡족케 한 것은 물론이요, 프로이트 추종자들도 미소짓게 했다. 스트라빈스키가 로스앤젤레스의 지척에 살던 이웃 쇤베르크가 죽기를 기다렸다가 음렬주의 작품을 발표했기 때문이다.)

엘리엇 카터는 젊은 시절에는 찰스 아이브스의 후견을 받았지만, 한참의 세월이 흐른 뒤인 1987년에는 아이브스가 자신의 음악이 실제보다 더 현대적으로 보이게 하려고 나중에 악보를 수정하고도 그 사실을 숨겼다며 은인의 명성에 흠집을 냈다. 아이브스의 음악에 담긴 세월이 흘러도 변치 않는 고유의 가치가 미래파들에게는 무엇보다 중요한 요소인 연대기적 사고 모델에 의해 모두 부정되고 말았다.

영향력이 직선적인 운동성으로 전진한다는―그리고 현재가 과거를 대체한다는―개념은 어떠한 경위로 하이든과 모차르트의 음악이 베토벤의 음악 언어로 이어졌는지, 베토벤의 음악이 어떻게 브람스와 바그너에 의해 계승되었는지를 이해하는 데에는 제법 쓸 만했다(브람스와 바그너 이후로는 노선이 둘로 갈라졌다). 이러한 개념은 또한 이탈리아 오페라를 이해하는 데에도 유용했다. 로시니의 단순한 화성 양식에서 벨리니와 도니체티를 거쳐 베르디와 푸치니의 한층 더 복잡한 오페라로 진화해간 노정이 그려지기 때문이다. 베르디 한 사람만을 따로 떼어놓고 봐도 마찬가지다. 마침내 독일 이외 지역의 음악(과 오페라)으로 눈길을 돌려 연구를 진행한 음악학자들은 베르디의 오페라가 뒤로 갈수록 더욱 우수하다는 판단을 내렸다. 〈아이다〉(1871), 〈오텔로〉(1887), 〈팔스타프〉(1893)가 〈리골레토〉(1851), 〈라 트라비아타〉(1853)보다 훨씬 흥미롭다는 얘기였다. 덕분에 우리는 1820년대부터 1920년대까지 100년 세월의 오페라 역사를 깔끔한 직선 구도로 정리할 수 있게 되었다. 다만 베르디의 〈시칠리아섬의 저녁 기도〉(1855)와 푸치니의 〈제비〉(1916)는 멈출 수 없는 진보의 행진에서 불쑥 튀어나온 낡은 복고풍 작품—사실은 그렇지 않은데도 불구하고—정도로 일축되고 있다.

같은 개념은 20세기 초로 그대로 이어져 바그너로부터 심대한 영향을 받은 리하르트 슈트라우스와 말러에 이른다. 바그너의 대항마 브람스의 영향력은 보수주의자의 막다른 골목에 갇혀 20세기로 건너오지 못했다. 브람스는 미래는커녕 현대조차 표상하지 못했고, 드보르자크와 엘가 정도를 제외하면 중요한 인물에게 영향을 미치지도 못했다. 슈트라우스 역시 만년에 들어서는 복잡한 음악을 거부한 보수주의자로 찍히면서 역사의 뒤안길로 밀려났다. 그러나 말러는 장르의 벽을 허무는 전무후무한 길이의 회화적이고 자서전적인 교향곡과 거대한 오케스트레이션, 섬세한 실내악적 음향을 오가는 담대한 음악으로 쇤베르크의 직계 선배로 간주되었다(재미있게도 쇤베르크는 브람스를 '진보주의자'라 칭하며 그를 구명하려 했다). 말러가 1911년에 숨을 거두고 슈트라우스는 장수하여 1949년까지 살았다는 사실도 말러를 높이고 슈트라우스를 깎아내리는 데 일조했다. 슈트라우스가 노인이 된 다음에 쓴 음악은 음악사를 진보의 직선으로 이해하는 사관에 부합하지 않았던 탓이다.

앞서도 썼듯이 2차 대전이 끝난 뒤 쇤베르크가 복잡한 작풍을 고집하지 않는 모습을 보이자 그 또한—스트라빈스키처럼—유럽 아방가르드 주자들로부터 매정하게 버림을 받았다. 다윈주의 추종자들이 주도한 파문 의식의 필두에 불레즈가 있었다. 쇤베르크는 퇴행함으로써 실망을 안겼고, 할리우드 스타들 사이에 섞여 사는(아역 배우 셜리 템플이 그의 집 맞은편에 살았다) 퇴물이었다. 전쟁 직후 숨을 거둔, 쇤베르크의 금욕적 제자 안톤 베베른이 음렬주의자와 비조성 음악을 추종하는 작곡가에게 영감이 되는 존재로서 쇤베르크를 대체할 인물로 격상되었다. 생전에는 지명도가 그리 높지 않았던 베베른은 20세기 후반기에 음렬주의 음악의 대부로 올라섰다. 그 시기를 직접 겪지 않은 독자들로서는 믿기 힘든 이야기겠지만 말이다.

'컨템포러리 뮤직'의 영역이 받아들인 음악은 12음 음악과 음렬주의 음악밖에 없었다. 다윈-헤겔 모델은 20세기 마지막까지 음악 작품을 평가하는 준거 틀로 기능하며 수학 공식과 컴퓨터가 생성한 음고, 셈여림, 리듬, 음색으로 생산된, 날이 갈수록 복잡해지는 음악만을 품어 안았다.

20세기 사사분기의 어느 무렵, 또 하나의 실험적인 음악이 들려오기 시작하면서 18세기와 19세기의 음악사를 설명하는 데 척척 들어맞았던 역사적 모델을 뒤집어놓았다. 전적으로 신선하게 느껴진 이 음악은 20세기 내내 클래식 음악의 모든 측면을 지배했던 반음계의 무지막

지한 악력을 거부했다. 케이지의 실험적인 작품을 정신적 선례로 삼은 이 새로운 운동은 집요한 반복과 간소한 표층으로 그간 복잡한 화음이 쥐고 있던 음악의 주도권을 빼앗았다. 화음은—아이들이 처음으로 배우는 건반 악기 곡처럼—소수의 협화음만을 사용했고, 조성 기능의 규칙은 상관하지 않았다. 이런 음악이 엄청나게 오랜 시간 동안 미묘하게 리듬 패턴을 바꿔가며 끊임없이 반복되는 구조였다.

이러한 새로운 양식의 음악은 리처드 세라나 프랭크 스텔라 같은 당대 미니멀리스트 미술가의 작풍과 연관되는 것처럼도 보였고, 유럽 이외 문화권의 고요하고 명상적인 음악과도 인연이 있는 것처럼 들렸다. 어떤 이들은 듣고 또 들어도 지향점이 나오지 않는 끝없는 패턴의 반복으로 이어진다 하여 벽지처럼 지루한 음악이라고 했다. 반면 어떤 이들은 음악이 절실히 필요로 하던 정화와 위안을 얻을 수 있는 음악이라며 반겼다. 미니멀리즘이라는 이름으로 알려진 이러한 음악 양식을 향한 클래식 음악 애호가들의 반응은 날카롭게 나뉘었다. 마치 음악의 신 오르페우스와 잠의 신 모르페우스의 싸움처럼, 일부는 반가이 흠모했고 다른 일부는 지금껏 쓰인 음악 중에서 가장 견딜 수 없이 지루한 음악이라고 공격했다.

역사적 모델은 미니멀리즘 음악—그것을 음악으로 인정하려 들지 않는 사람도 많았지만—을 '설명'하지 못했다. 예측대로 이제는 연로해진 아방가르드 당원들은 미니멀리즘을 거부했다. 하기야 오랫동안 신뢰받아온 미래파 패러다임이 이미 너무도 많은 음악을 담장 밖으로 내쫓아온 터라 미니멀리즘이라는 성가신 '끼적끼적질' 나부랭이를 쓰레기통에 던져넣지 않을 이유가 없었다. 카터는 미니멀리즘을 히틀러의 연설에 빗대는 공개 발언을 했고, 세상만사에 의견을 내는 불레즈는 『시카고 트리뷴』의 기사에서 이 음악을 '키위'에 견주었다. 그러나 21세기 들어 필립 글라스, 스티브 라이시, 존 애덤스 같은 미니멀리스트 작곡가들이 충분한 유명세와 인기를 얻음에 따라 음렬주의 음악과 12음 기법 음악이 베토벤과 바그너라는 혁명가 이후 직계 혈통처럼 대물림된 필연적인 역사가 피워낸 꽃봉오리라는 사고 틀이 도전을 받기 시작했다.

하이든—모차르트—베토벤—바그너—말러—쇤베르크/베베른—불레즈(그리고 이후의 모든 음렬주의 작곡가들)

대안적 모델은 라인강을 건너 말러 자리에 드뷔시를 놓는다.

바그너—드뷔시—(초기의) 스트라빈스키—메시앙—불레즈(그리고 이후의 모든 음렬주의 작곡가들)

그러나 사람들이 가장 많이 들은 교향악을 기준으로 하자면 그 계보는 다음 정도가 되지 싶다.

바그너—슈트라우스/말러—코른골트/스타이너(왁스먼, 티옴킨, 로자)—존 윌리엄스(엘머 번스틴, 알렉스 노스, 버나드 허먼, 제리 골드스미스)—하워드 쇼어, 대니 엘프먼, 한스 짐머, 알렉상드르 데스플라, 우에마쓰 노부오, 라민 자와디 등등.

좀 더 간단히 정리하면 이렇다.

바그너—슈트라우스/말러—할리우드의 망명 작곡가들—(영화, TV, 비디오 게임용 음악을 쓴) 그들의 후계자들

그렇다 하더라도 아방가르드와 아방가르드의 실험이 20세기의 재즈, 소비에트의 사회주의 리얼리즘, '월드 뮤직'의 확산 및 흡수와 함께 역사적 모델에 영향을 미친 것만은 분명한 사실이다.

그렇다면 또 하나의 논리적 질문이 뒤따라야 한다. 오페라하우스와 콘서트홀의 레퍼토리에서 밀려난 음악이 그토록 중요하고 그다지도 많은 사랑을 받았다면 어째서 오랜 세월 동안 흔적도 없이 자취를 감추는 일이 가능했던 걸까? 로자가 실력이 너무도 좋아 세계 최고 수준의 오케스트라와 브루노 발터, 게오르그 솔티, 레너드 번스타인 같은 마에스트로들이 그의 음악을 지휘했는데도(번스타인은 1944년 뉴욕 필하모닉과의 데뷔 무대에서 로자의 음악을 지휘했다) 어찌하여 그의 연주회용 음악은 레퍼토리 목록에서 사라져버린 걸까? 좌우간 뉴욕 필하모닉은 로자의 음악을 자그마치 반세기 동안 단 한 차례도 연주하지 않다가 1995년에야 무대에 올렸다(그 뒤로도 로자의 작품이 뉴욕에서 연주되었다는 소식은 들리지 않는다). 코른골트가 1927년에 완성한 오페라 〈헬리아네의 기적〉은 2019년이 되어서야 비로소 미국에서 공연되었다. 그나마 메이저 오페라극단이 올린 공연도 아니었다. 쿠르트 바일이 미국에서 쓴 작품이 작곡가가 사망한 지 40년이 지난 뒤인 1990년에야 전곡 녹음된 까닭은 무엇인가? 1934년 쇤베르크에게 〈현악 오케스트

라를 위한 모음곡〉을 위촉한 로스앤젤레스 필하모닉이 1935년 이후 단 한 차례도 이 곡을 공연하지 않은 이유는 무엇인가?

2차 대전 이후 온갖 감정이 사납게 몰아치는 가운데 유럽의 음악 대학 교수들, 클래식 공연 기획자들, 문필가들은 최근의 비극이 남긴 잔존물을 지우고 싶었던 대중의 욕구를 충족시키면서 동시에 일관된 시각을 견지할 수 있는 방법을 발견했다. 2차 대전과 뒤얽힌 음악은 아예 연주하지 않는 것이다. 이는 사람들이 집단적으로 고수하던 의견을 '입증'하는 방법론이기도 했다. 이 방법론은 죄과가 있는 음악 유산을 연주에서 배제하는 행위를 정당화할 미적 기준을 세우는 일에 초점을 두고 있었다.

음악은 물질성이 없는 예술이어서 유달리 취약하다. 나치가 노략한 미술 작품과 달리 우리 레퍼토리에서 도둑맞은 음악은 다시 연주되지 않는 한 우리에게 '반환'될 수 없다. 2016년 소더비 경매에서는 말러의 〈교향곡 2번〉 육필 악보가 450만 파운드에 낙찰되었다. 그러나 저작권이 소멸한 사회 공유 재산인 말러의 교향곡을 공연할 때 그 공연의 가치는 어떻게 측정해야 하나? 상업적 가치는 거의 없거나 전무하다고 해야 할 것이다. 반면 음악 작품의 예술적 가치에 대해서 말하자면 작품을 듣기 전까지 우리는 그 어떤 의견도 가지기 어렵다.

우리는 종종 특정 작곡가 혹은 특정 음악 작품이 수 세기 동안 이어진 자연 선택 과정의 결과로서 더 이상 연주되지 않는다는 식의 설명을 접하곤 한다. 이 모호한 비난식 설명을 풀어서 말하자면 잊힌 음악은 '다 그럴 만한 이유가 있어서' 잊혔다는 뜻이다. 오랫동안 잊혔다가 최근 공연에서 모처럼 관객과 만난 작품을 평론가가 혹평할 때도 이 이론을 끌어다 쓰는 경우가 대부분이다.

동시에 우리는 요한 제바스티안 바흐가 재발견된 사연에 대해서도 알고 있다. 바흐의 음악은 1750년 그의 사망 이후 반세기 넘는 세월 동안 미지의 대상으로 남아 있었다. 그러던 것이 1829년 약관의 청년 펠릭스 멘델스존이 5년 동안 품어온 꿈을 실현한 덕분에 상황이 바뀌었다. 멘델스존의 꿈은 할머니에게 받은 선물에서 비롯되었다. 지금은 음악 역사상 가장 위대한 걸작으로 손꼽히는 바흐의 〈마태 수난곡〉을 어느 필사가가 손수 옮겨 적은 악보였다. 이렇게 말해도 아마 틀리지 않을 텐데, 1829년 당시에 살았던 사람들 가운데 이 곡을 들어본 이는 단 한 명도 없었을 것이다. 멘델스존이 베를린에서 지휘한 공연은, 현재는 클래식 음악의 아버지로 여겨지는, 바흐의 부활로 이어졌다. 내가 태어난 이후부터 지금까지 말러의 교향곡은 스탠더드 레퍼토리의 변두리에 머물던 신세에서 핵심 레퍼토리로 당당히 진입했다. 1960년대 이래로 연주회, 음반, 방송을 통해 말러 교향곡의 가치를 알린 레너드 번스타인의 공로가 지대했고, 대중은 그의 노력에 열렬히 화답했다.

기억에서 잊혔던 작품을 발굴하여 연주함으로써 다시 레퍼토리의 반열에 올리는 일이 가능한 것처럼, 반대로 어떤 작품을 기억에서 지우는 일도 그리 어렵지만은 않다. 게다가 대중이 저들도 알지 못하는 사이에 공범이 되는 형편에서라면, 또 그런 형편이 수십 년간 이어지며 젊은 세대가 작품을 듣고 재평가할 기회가 사라지는 경우라면 더더욱 그럴 것이다. 보통은 이런 방식이 동원된다.

■ 선호하는 음악에 도움이 되는 기준을 만들어 낸다. 그 기준에

부합하지 않는 범주의 음악은 고려의 가치가 없는 것으로 규정한다. 기준에 부합하는 음악의 범주가 좁더라도 그것이 마치 일반적인 범주인 양 설명한다.

■ '새롭다' '현대적' '도전적' '컨템포러리' '신선하다' '단호하다' 같은 개념과 수식어를 사용한다. 이들이 대체로 받아들여지는 긍정적 성질인 것처럼 전제하고 이를 범주 내의 음악에 적용한다. 주의: '컨템포러리'의 경우 이 단어의 의미는 '우리 시대의'(혹은 '당대의') 음악이 아니라 특정 양식에 부합하는 음악을 뜻하는 것으로 재규정된다. 또한 가치 중립적인 단어를 앞서 거론한 기준들과 함께 사용하면 거기에 대단히 부정적인 함의를 부여할 수 있다. 일례로 '할리우드'가 바로 그렇다.[1]

■ 필요한 경우 사람들을 위협하는 방식으로 말을 하고 글을 쓴다. 이는 사람들로 하여금 그들이 충분히 알지 못하기에 함부로 반론을 제기해서는 안 된다고 스스로 생각하게 하기 위함이다. 또한 대중음악이 본질적으로 단순하며 따라서 예술적 표준이 저하된 징후라는 개념과도 일맥상통한다.[2]

■ 결승선을 가장 먼저 통과하거나 최고점을 올리면 승리를 거두는 스포츠와 달리 음악의 평가는 개인의 견해와 대중의 견해에 의해 설득될 수 있다. 연주회를 직접 가보지 못했거나 음악이 실제로 어떤 소리를 내는지 경험하지 못했다면, 앞에서 언급된 기준을 지지하는 직유와 은유를 동원하여 작품과 연주회를 평가하는 평론가들의 견해를 믿을 수밖에(혹은 거기에 의문을 제기할 수밖에) 없다.

■ '타자'라는 집단을 만들어내는 순간, 그 집단을 구성하고 있는 작곡가들과 연주자들 각각이 개별성을 지닌 존재임에도 사람들은 전체를 뭉뚱그려 특정 성향을 공유하는 동질적인 범주로 인식한다. 그들 사이의 갈등과 반목을 끄집어내 내부 분열을 이용하는 것은 당신이 만들어낸 외부자 집단을 무력화하는 매우 강력한 수사적 도구가 된다.[3]

■ 2차 대전 시기와 조금이라도 관련 있는 음악에 대한 연구와 견해는, 지금은 작고한 독일 지휘자 쿠르트 마주어의 말을 빌리자면 "기껏해야 전쟁에 대해 읽었을 뿐인" 미국인들보다는 "전쟁을 직접 경험한" 유럽인들의 평가에 기대는 편이 최선이다.

할리우드 영화음악에 대한 흔한 오해들

닐 게이블러가 1988년 출판한 저서 『그들만의 제국』에서 지적한 것처럼, "할리우드는 ⋯ 동유럽 출신의 유대인들에 의해 세워졌고 ⋯ 유대인 2세가 이끌었다. ⋯ 유성영화가 산업을 지배한 뒤로 할리우드에는 유대인 작가들이 대거 진출했고 ⋯ 배우 기획사는 유대인 변호사와 의사가 [꽉 잡고 있었다]. 무엇보다 유대인들은 영화를 제작했다."

동유럽의 강제 거주 구역과 집단 학살을 피해 도망친 유대인들이 할리우드의 영화 산업을 세우고 그들이 믿던 아메리칸 드림을 은막 위에 구현하여 세계만방에 보여주었다는 게이블러의 주장은 무척 설득력 있다. 전 지구가 즐기는 예술이자 엔터테인먼트의 뿌리가 된 출발

점이 유대인이었음을 기억하는 사람은 드물지만, 할리우드와 할리우드에 의해 영향을 받은 것—가령 할리우드 영화음악—을 향한 세상의 태도는 내가 말하고자 하는 이야기에서 중요한 부분을 차지한다.

할리우드를 깎아내리는 시각은 2차 대전 이후 전 세계인이 너 나 할 것 없이 공유하는 현상처럼 되었다. 할리우드는 고등 문화를 베끼고 오염시키는 주범으로 비난받았는데, 공교롭게도 이러한 혐의는 제3제국이 유대인 예술가들을 향해 퍼붓던 비난의 근거와 다르지 않았다.

바이에른의 국왕이자 바그너 후원자였던 루트비히 2세는 꿈에 그리던 '동화 속에 나오는 성'인 노이슈반슈타인 성(1869년 착공, 1886년 완공)을 짓기 위해 무대 디자이너를 고용했다. 이 성의 목적은 환상의 충족이었다. 오늘날 노이슈반슈타인 성은 바이에른의 건축적 상징이요, 독일을 홍보하는 수단으로 사용되고 있다. 노이슈반슈타인 성은 상상 속 세계를 구현한 19세기 낭만파적 사고의 산물이며 월트 디즈니의 영화 〈잠자는 숲속의 미녀〉에 등장하는 마법의 성에도 영감을 주었지만, 그 누구도 노이슈반슈타인 성을 가리켜 유럽 문화를 더럽히는 모조품이라고 욕하지 않는다. 노이슈반슈타인 성은 유럽 문화의 주요한 요소이며, 매년 140만 명의 관광객이 다녀가는 명소이기도 하다.

할리우드가 고전을 단순화하고 오용한다는 비판은 어제오늘 일이 아니다. 1850년 4월 24일 『뉴욕 앨비언』 신문은 셰익스피어의 『맥베스』를 원작으로 한 베르디의 오페라 뉴욕 초연 무대를 두고 이렇게 평가했다. "베르디의 지능이 감당하기에는 너무도 큰 주제가 아니었나 하는 게 우리가 받은 확고한 느낌이다. 그리고 사람들은 베르디가 원작의 수준에 도달하기 위해 애를 쓰느라 속수무책으로 허둥대고 있음을 발견했다.”『뉴욕 트리뷴』도 메아리처럼 같은 소리를 썼다. “물러빠지고 감상적인 〈맥베스〉를 어찌 편견 없이 볼 수 있단 말인가.”

146년의 세월이 흐른 뒤『뉴욕 타임스』의 폴 골드버거는 빅토르 위고의 원작을 디즈니가 영화로 만든 〈노트르담의 꼽추〉를 이렇게 평가했다. “이 영화는 심오한 척을 하면서 실제로는 그것이 친족이라 주장하는 고등 문화의 일면들을 더럽히고 있다.”[4] 등장하는 고유명사만 다르다뿐이지 근본적으로는 같은 평론문이다. 반드시 묻고 싶은 질문이 있는데, 우리 중에 빅토르 위고가 쓴『파리의 노트르담』을 실제로 읽은 사람이 얼마나 될까? 위고가 이 소설을 쓴 이유 중 하나가 파리 시민들이 낡은 건물을 훼손하고 파괴한 다음 그 자리에 현대적인 건물을 올리는 걸 멈추도록 하는 데 있었다는 사실을 유념해야 할 것이다. (노트르담 대성당의 스테인드글라스 창문도 세월의 때와 얼룩으로 더러워져 투명 유리로 교체되고 있었다.)

디즈니의 1994년 애니메이션 영화 〈라이온 킹〉이 남긴 충격은 단연코 어마어마했다. 두 명의 영국인 엘튼 존과 팀 라이스가 쓴 팝송은 독일인 한스 짐머와 남아프리카공화국인 레보 엠이 작업한 교향악 악보와 편안하게 어우러졌다. 1997년 브로드웨이 버전—폐관을 앞둔 버려진 극장을 디즈니가 개보수해 사용했다—은 뮤지컬 무대에 관한 전 세계인의 기대 수준을 일거에 바꾸었다. 연출가 줄리 테이머는 일상적 연극 연출 기법과 인형극 기술을 하나로 묶었고, 출연진은 대부분 유색 인종이었다. 뮤지컬 〈라이온 킹〉을 관람한 수백만의 아이들은 그날의 짜릿한 경험을 평생 기억할 것이다.

뮤지컬 〈라이온 킹〉의 생명력은 당대 가장 사랑받는 유명 배우들과 가수들이 출연한 2019년 실사 영화로 다시 한 번 배가되었다. 음악과 미술과 연기로 멋진 이야기를 펼쳐내는 인간의 유구한 전통―고대 그리스인들이 창안한 바로 그것―을 이어받은 애니메이션, 뮤지컬, 실사 영화판을 본 아이들은 또 훗날 어떤 작품을 창조해내겠는가? 이탈리아인들이 이 전통을 재발명했을 때 사람들은 그것을 '오페라'라고 불렀다. 브로드웨이와 할리우드는 음악적 스토리텔링의 힘을 20세기로 계승하여 전 세계 관객에게 다가갔다. 〈라이온 킹〉의 대사와 노랫말은 여섯 개의 아프리카 토착어로 번역되었으며, 뮤지컬 〈라이온 킹〉은 일본어, 독일어, 한국어, 프랑스어, 네덜란드어, 중국어, 스페인어로 제작되었다.

아방가르드 노선과 거리를 둔 망명 작곡가들이 쓴 클래식 음악이 겪어야 했던 운명과 마찬가지로, 할리우드의 음악 또한 인위적으로 만들어낸 필요조건에 부합하지 못한다는 이유로 독자적 생명력을 유지할 수 없는 예술인 것처럼 폄하되었다. 그러나 (할리우드에서 활동한 이들과 이외의 지역에서 활동한 이들을 망라한) 20세기의 망명 작곡가들과 조성 음악 작곡가들에게 불리하게 작용한 기준을 모든 음악 애호가들이 클래식 음악의 핵심 레퍼토리로 여기는 음악 유산에 적용하면 전체를 조명할 불빛 같은 사실이 드러난다. 21세기를 사는 우리는 20세기의 미학 전쟁이 모두 끝났다고 느낄 수도 있다. 그러나 전쟁은 끝났다고 말들은 해도 적대감은 마지막 총성이 울린 뒤에도 연년세세 남는 법이다. 나처럼 20세기의 뒤쪽 절반을 산 사람들에게는 우리가 클래식 음악을 평가하는 기준 속에 어떤 특정 관념들이 스멀스멀 기어들어와 있었는지를 다시 살피는 일이 중요하리라 생각한다.

해야 할 말을 전부 다 한 조성 음악은
1910년 무렵 악상이 모두 고갈되었다

이는 20세기 후반기 어디서나 들려오던 진단이었고 음악 평론가들이 사용하는 가장 강력한 '무기'이기도 했다. 이 명제가 참이 되려면 다음의 음악들이 모두 사라져야 한다. 시벨리우스, 프로코피예프, 쇼스타코비치, 본 윌리엄스, 코플런드, 라흐마니노프, 로자, 거슈윈, 브리튼, 후기 쇤베르크의 교향악, 푸치니와 슈트라우스, 코른골트의 오페라, 수천 시간 분량의 영화음악, 상당량의 실내악, 1910년 이후로 작곡된 수천 편의 멋진 노래와 가곡들. 이 음악들을 역사에서 깡그리 지운다면 "나머지는 모두 침묵"이라고 했던 햄릿의 말이 딱 들어맞는 형국일 것이다.

일반 대중은 무조 음악, 미니멀리즘 음악,
전자음악을 이해하지 못한다

솔직히 말해 많은 사람들이 '세계 초연 무대'라는 말을 들으면 겁부터 먹곤 한다. 그러나 〈혹성탈출〉〈미지와의 조우〉〈A. I.〉〈이유 없는 반항〉〈싸이코〉〈금지된 행성〉〈디 아워스〉 같은 영화들에도 몹시 복잡한 음악이 사용되었다는 점을 잊지 말자. 전자음악은 TV 사운드트랙에도 여전히 존재한다. 연극, 영화, TV의 청각적 환경을 형성하는 일을 가리키는 '사운드 디자인'은 전자음악을 기본 도구로 삼는다. 미니멀리즘 음악은 영화 액션 장면의 배경 음악으로 가장 흔히 사용되는 양식이며, 활기를 강조한 TV 광고 음악에서도 흡사 기본값으로 여겨진다. 비조성 음악은 배경 음악 기법이 처음 등장한 1930년대 이래로 영화음악 사전의 일부로 기능해왔고, 헤비메탈과 컨템포러리 재즈 음악은 비조성 시퀀스를 취하는 일이 드물지 않다. 대중은—개별적으로건 집단적으로건—이러한 음악 양식을 모두 이해하고 있을 뿐만 아니라 어떤 음악을 얼마나 오랫동안 들을지를 적극적으로 선택하는 존재다.

망명 작곡가들(힌데미트, 쇤베르크, 버르토크, 바일 등)은 조국과의 접점을 잃었고, 망명한 제2의 조국에서는 예술적 기반을 다지지 못했다

작곡가는 늘 떠도는 존재요, 떠돌다가 어딘가에 새로 정착하는 존재다. 독일 태생의 작곡가 게오르크 프리드리히 헨델은 런던에서는 조지 프리데릭 헨델이 되었고, 영국 관객의 취향에 맞춘 이탈리아 오페라를 여럿 써서 흥행에 성공했다. 바일과 힌데미트와 쇤베르크는 미국에 정착한 뒤로 더 이상 독일 관객을 염두에 둔 음악을 쓰지 않았다. 자크 오펜바흐의 유명한(그리고 지극히 프랑스적인) '캉캉'은 어떻게 이해해야 할 것인가? 오펜바흐는 (지금의 독일인) 프로이센 쾰른에서 '야코프 오펜바흐'로 태어났고, 그의 혈통에는 파리와 관련된 피는 단 한 방울도 섞여 있지 않았는데 말이다. 바그너는 망명객 처지일 때 많은 음악을 썼고, 모차르트는 자신의 음악을 연주하기 위해 유럽 전역을 누비며 곡을 썼다. 프로코피예프는 파리, 미국, 소련에 살았다. 라흐마니노프는 베벌리힐스에서 숨을 거두었다.

어떤 작곡가들은 조국을 떠난 뒤로 기반을 잡지 못해 허덕였고, 그건 지난 세기의 비극으로 남을 것이다. 또 어떤 이들은 다양한 양식을 따라 다량의 음악을 썼다. 미국에서 쓴 음악이 '좋은' 음악인지 아닌지는 오로지 들음으로써만 판명할 수 있다.

영화음악(할리우드 음악)은 엄격한 타이밍에 맞춰
작곡되어야 하기에 진짜 음악으로 보기 어렵다

물론 영화에 들어갈 음악을 쓰는 데 요구되는 특유의 요건이 있다. 하지만 차이콥스키의 〈잠자는 숲속의 미녀〉 〈호두까기 인형〉 같은 발레 작품 역시 안무가 마리우스 프티파가 마디와 박자 단위까지 고려하여 세세하게 짜놓은 도안에 맞춰 쓴 음악이라는 점을 잊지 않기를 바란다. 기존 도안이 없는 발레 작품의 경우 안무가와 단장이 필요에 따라 그때그때 음악을 수정 변경하는 일이 일상처럼 일어난다(〈백조의 호수〉 〈로미오와 줄리엣〉 그리고 레너드 번스타인의 〈디부크〉가 모두 그러하다). 아울러 모든 음렬주의 작품은 미리 마련된 도안을 포함한 수많은 규칙에 입각하여 쓴다는 것을 기억하기 바란다.

영화음악 작곡가는 완성도보다는 '양을 앞세워' 음악을 쓴다

중요한 것은 사람들이 듣고 싶은 음악을 쓰느냐 아니냐의 여부이지, 작곡 속도가 빠른 것 그 자체로는 문제될 것이 없다. 비발디, 텔레만, 모차르트, 바흐 모두 수백 편의 작품을 남겼다. 하이든은 100곡 넘는 교향곡을 썼고, 팔레스트리나가 쓴 미사곡은 105편을 헤아린다. 할리우드 작곡가들은 대개 뒤로 물릴 수 없는 마감일에 맞춰 곡을 쓰는 처지이다보니 자동 제면기에서 국숫발 뽑아내듯 음악을 쓴다는 이미지가 덧씌워진 면도 있다. 찰스 디킨스도 단어당으로 원고료를 받았고, 또 무척 많은 단어를 집필했음을 잊지 말자.

쿠르트 바일은 순수 음악을 버리고
브로드웨이(다시 말해 상업 극장)에 귀순한 변절자다

바일과 그가 미국에서 성취한 눈부신 경력을 공격하는 사람들이 걸핏하면 입에 올리곤 했던 비판이다. 다행히 지금은 더 이상 이걸로 트집 잡는 사람은 없다. 베르디도, 로시니도, 헨델도 모두 상업 극장을 위해 음악을 썼고, 대중의 인기(그리고 티켓 판매)가 수입에 직결되는 삶을 살았다. 바일은 브로드웨이 극장들을 위해 음악을 썼지 테아터 암 놀렌도르프플라츠 무대에 올릴 작품을 쓴 게 아니다. 무릇 작곡가는 타고난 재산이 많거나 다른 직장을 다니기라도 하면 모를까(가령 찰스 아이브스나 엘리엇 카터처럼) 그렇지 않다면 모두 밥벌이로 음악을 쓰는 존재들이다. 사람들의 높은 평가를 받은 20세기 작곡가 중 상당수가 대학의 종신 교수였음은 특기할 만하다. 그들은 안정된 직장과 연금 수입이 보장되어 있었고, 따라서 대중의 입맛에 맞추지 않으면 안 될 절박한 필요가 없는 이들이었다. 그러나 그들의 작품 역시 상업적 음악의 한 형태로 볼 수 있다. 바흐가 쓴 편지 중에서 돈 얘기가 언급되지 않은 편지가 거의 없음도 의미심장하다. 사실 바일은 용기가 가상한 사람이었다. 미국 내 대학에 자리를 얻어 편하게 생활할 수 있었을 텐데도 이를 거부했고, 낯선 외국에서 낯선 외국어로 된 극음악 작품을 써 승부를 보려고 했으니 말이다.

할리우드 작곡가는 자연스레 우러난 음악을 쓰는 대신
영화 장면의 동작에 맞춘 '미키 마우스 음악'을 쓴다

앞에서도 썼듯이, 바그너가 작곡한 악보에는 무대 연출과 관련한 지시 사항까지 포함되어 있었다. 또한 가수들의 동작과 음악이 맞아떨어져야 한다고 강조했다. 푸치니와 메노티의 오페라도 마찬가지였다. 프로코피예프는 1938년 마지막 미국 투어 도중 월트 디즈니를 만난 자리에서 할리우드에서 음악과 영화를 동기화하는 방식을 물었다. 할리우드의 기법을 소련에 가져갈 요량이었다. 발레 음악 역시 안무가의 지시에 맞춘 시각과 청각의 동기화가 중요한 장르다. 등장인물의 특정 동작에 맞춰 음악을 작곡하는 것('미키 마우스 음악'이라는 복합어가 의미하는 바)에 대해 한마디 덧붙이자면, 할리우드가 (미키 마우스를 포함하여) 영화 속 등장인물을 '바그너화했다'고 말하는 편이 더 타당하다. 왜냐하면 바그너가 19세기에 이미 이 기법의 효과를 예증한 바 있기 때문이다. '미키 마우스 음악'은 늘 있었던 기법이고 상상력과 기술이 요구되는 기법임에도 멸칭의 수모를 견디고 있다.

할리우드 작곡가는 과거 클래식 거장들로부터
훔친 재료로 음악을 썼다

'훔친'이라는 건 '영향을 받은' 혹은 '영감을 얻은' 대신 쓰는 경멸적 표현이다. 2차 대전 이후 몇십 년 동안 영화음악 작곡가들을 싸구려 풍각쟁이로 모욕하는 일이 관행처럼 받아들여졌고, 그 덕택에 영화음악은 '진짜 음악'에 못 미치는 어정쩡한 것으로 여겨졌다. 요즘 바이올리니스트들은 모두 에리히 볼프강 코른골트의 〈바이올린 협주곡〉을 배우며, 영화음악과 클래식 음악을 양자택일 구도로 사고하지 않는다. 영화음악만 연주하는 콘서트를 없애고 대신 연주회용 음악과 영화음악을 한 무대에 올림으로써 활기찬 음악적 대화를 촉발하는 실익을 기대해볼 수도 있다. 1995년 7월 28일 『뉴욕 타임스』에는 「클래식이 가미된 영화음악을 썼던 작곡가」라는 제목의 14센티미터짜리 로자 미클로시 부고 기사가 실렸다. 마치 로자가 자신의 음악에 클래식 음악 요정의 마법 가루를 뿌리기라도 한 듯 말이다. 같은 신문은 카를하인츠 슈토크하우젠의 신작 〈헬리콥터 현악 사중주〉에는 몇 장의 사진까지 포함하여 두 면을 통째로 할애했다. 영화음악은 가능한 모든 양식과 크기와 모양으로 우리에게 다가온다. 영화음악은 양식이 아니라 배달 체계일 뿐이다.

클래식 음악의 핵심 진영 내에서도 '도둑질'은 횡행했다. 요한 제바스티안 바흐는 디트리히 북스테후데의 음악을 훔친다는 비난을 들었고, 라흐마니노프는 차이콥스키의 주머니에 손을 넣는다는 핀잔을 들었다. 베르디는 스스로에게서 빼돌린다는 비판을 받았고, 푸치니는 누구의 것이건 가리지 않고 손이 닿는 대로 훔친다는 공격을 견뎌야 했다.[5]

유럽인들은 쇤베르크의 음악을 이해했던 반면
미국인들은 그의 음악을 이해하지 못했고 따라서 연주하지도 않았다.
쇤베르크가 미국에서 고생한 건 바로 그 때문이다

실제 자료를 가지고 말하자면, 미국 사람이나 유럽 사람이나 쇤베르크 대접은 크게 다르지 않았다. 쇤베르크는 베를린에서는 교사로 생계비를 벌었고(그곳에서도 그런 처지에 대해 불평했다), 앞서 보았듯 유럽에서 유명해진 뒤에도 빈과 베를린에서 초연된 그의 음악에 반대하는 시위와 소요 사태가 끊이지 않았다.

쇤베르크가 도미한 1933년 전부터 이미 미국인들은 그의 이름을 알고 있었고 그의 음악을 연주하고 있었다. 미국의 쇤베르크 대접은 융숭했다. 로스앤젤레스에 있는 캘리포니아 대학UCLA은 그가 의무 정년에 이르자 내규를 어겨가면서까지 5년 더 교수로 머물게 했다.

독일인들은 쇤베르크가 미국에서 길러낸 제자 가운데 유명해진 인물이 단 한 명도 없었다는 얘기를 퍼뜨렸다. 쇤베르크의 미국 생활이 무척 불만족스러웠다고 선전하려는 의도였으리라. 그러나 그의 미국 문하에서 배출된 수많은 '클래식' 작곡가들 중 20세기에 그 누구보다 커다란 영향력을 행사한 존 케이지가 있다. 그 밖에도 많은 제자들이 출사하여 미국 곳곳에서 교편을 잡으며 저마다의 경험을 공유했다.

잘 알려지지 않은 사실이지만 상당수의 할리우드 작곡가들과 편곡자들이 쇤베르크에게 개인 지도를 받았다. 대충만 꼽아도 조지 거슈윈, 앨프리드 뉴먼(20세기 폭스 음악감독), 데이비드 락신(〈로라〉 〈배드 앤 뷰티〉 등 100편 이상의 영화음악을 쓴 작곡가), 오케스트레이션의 거장이었던 에드워드 파월(〈성의聖衣〉 〈회전목마〉 〈왕과 나〉를 비롯해 100편 이상의 영화를 작업했다), 프란츠 왁스먼(거장 작곡가이자 브리튼, 스트라빈스키, 쇼스타코비치의 신작을 미국 서부에서 초연한 지휘자), 레너드 로즌먼(〈이유 없는 반항〉 〈에덴의 동쪽〉 〈스타트렉 4〉의 작곡가)이 모두 쇤베르크의 가르침을 받은 이들이다. 게다가 쇤베르크의 수업을 들은 적지 않은 숫자의 여학생들이 음악계에 미친 영향력은 아직 제대로 평가조차 되지 못하고 있다.

쇤베르크는 숨을 거둔 1951년까지 로스앤젤레스에 거주하며 가족을 부양했고 음악을 썼다. 그는 브렌트우드라는 동네에 가옥을 소유했고, 유럽구제협회를 포함한 다양한 자선 단체에 꾸준히 기부할 정도로 재정 형편도 넉넉한 편이었다.[6] 12음 기법에 의한 작품을 다수 작곡하면서도 복잡하고 아름다운 후기 조성 음악 양식을 발전시켰고, 작곡 외에도 많은 일에 흥미를 두었다. 이를테면 그는 유대인으로서 유대인 정체성과 관련된 문제들에 관심이 많았고, 도예, 회화, 테니스를 즐겼으며 심지어 탁구도 쳤다.

쇤베르크는 미국에서 『공주』라는 동화를 집필했고, 자녀들에게 '꼬마 아르놀트'의 이야기를 들려주곤 했다. 2018년 그의 딸 누리아는 꼬마 아르놀트의 모험 가운데 (어머니가 외출해 혼자 집을 보다가) '세발자전거를 타고 중국에 간 것'이 포함되어 있었다고 했다. 쇤베르크는 "히틀러 안 만세Unheil Hitler!"라는 경례 구호를 사용한 레지스탕스 전사들에 관한 이야기를 지어내기도 했다. 쇤베르크가 어떻게 살았어야 한다고 재단할 수 있는 권리를 가진 사람이 누구란 말인가? 그의 막내아들 로런스는 2015년에 "우리 가족은 모두 매우 행복하게 지냈다"고 술회했다.

영화음악은 감상용이 아니다

극적 장면에 배경 음악을 제공하고 극을 앞으로 밀고 나가는 코멘트 역할을 하는 영화음악의 기본 기능은 명시적 인식과 비명시적 기능성이라는 스펙트럼 내에서만 존재할 수 있다. 그러나 원래의 목적을 뛰어넘는 모든 우수한 음악이 그러하듯 훌륭한 영화음악 또한 영상 없이 연주하고 감상할 수 있다. 모든 영화음악이 감상을 목적으로 하는 것은 아니라 할지라도 영화음악은 늘 지각되어야 하는 운명을 타고난다. 내러티브를 앞으로 밀고 나아가는 기능에서라도 이 음악은 모차르트 오페라의 레치타티보만큼이나 중요하게 다뤄져야 한다.

사운드트랙 앨범의 판매고를 '감상 목적'의 컨템포러리 클래식 발매분의 판매고와 나란히 비교하는 음반사 관계자들에게 영화음악은 감상을 목적으로 하지 않는다는 진부한 생각은 받아들일 수 없는 어불성설이다. 1930년부터 현재까지 작곡된 음악 중 클래식 음악 전문 라디오 방송국 플레이리스트에 어떤 곡들이 올라 있는지 확인해보기 바란다. 클래식 음악 연주회 프로그램은 할리우드 영화용 음악은 배제하면서도 묘하게 소비에트와 영국 작곡가들이 쓴 영화음악—가령 프로코피예프와 윌리엄 월턴의 작품—은 포함하고 있다.

할리우드의 제작자들과 스튜디오 중역들은 문화적으로 문맹이었고 지금도 그렇다

세르게이 댜길레프는 스스로를 '사기꾼'이라 칭하곤 했다. 영화 산업 초기의 스튜디오 중역들이 사분음표와 트롬본의 차이도 구분하지 못했다는 게 사실이라 하더라도, 그들은 모두 스튜디오 산하의 음악가들에게 원하는 바를 정확히 알고 있었고 본능적으로 바른 판단을 내릴 줄 아는 이들이었다. 물론 그렇다고 해서 그들이 제작한 영화가 하나같이 위대한 걸작이었다는 뜻은 아니다. 전문 음악 용어를 속속들이 아는 이들만이 음악을 '이해'할 수 있다는 전제가 어떤 이들에게는 위안을 줄지 몰라도 사실에는 부합하지 않는다.

극작가를 하다가 흥행주가 된, 이제는 잊힌 알퐁스 로이어는 파리 오페라극장을 이끌던 시절 베르디와 바그너에게 각자의 작품을 파리 대중의 취향에 맞춰 개작해오라는 주문을 내렸다. 할리우드의 폐습이라고 여겨지는 이른바 예술적 자유의 침해가 그때도 일어났던 것이다. 베르디는 〈일 트로바토레〉를 〈르 트루베르〉로 고쳤고 필수 요소로 여겨지던 발레를 첨가했으며 엔딩을 길게 잡아 늘이는 등 로이어가 제시한 여러 조건에 응했다. 바그너는 〈탄호이저〉에 파리 시민들을 위한 발레 장면을 더하면서도 로이어는 "말도 안 되는 인간"이라며 구시렁댔다. 샘 골드윈 역시 말도 안 되는 인간이었는데, 그런 덕분에 우리는 "빼는 사람에 나를 넣어줘"나 "자서전은 죽기 전에는 절대 쓰는 게 아니다" 같은 말을 가지고 그를 놀려먹고 있다. 그러나 로이어와 골드윈 모두 관객에 대해서라면 정확히 파악하고 있었다. 그들은 제각각 성공한 사업체—파리 오페라와 메트로-골드윈-마이어—의 경영자였다. 안톤 에스테르하지 공의 경우는 어떠한가. 아버지로부터 궁정 작곡가 하이든을 물려받았지만 궁정 내의 음악가들을 모두 해고하지 않았던가. 1717년 작센-바이마르의 빌헬름 에른스트 공은 명령 불복종의 죄를 물어 바흐를 잡아 가뒀다. 이런 권력자들은 할리우드에 살지 않았다. 총명한 사람도 실수를 하고, 멍청한 사람이 때로 책임질 위치에 올라 올바른 결정을 하기도 한다. 그리고 어느 경우에나 천재들은 살아남는 편이다.

아, 영화음악 지휘자셨지

가치가 없다고 여겨지는 음악을 연주하는 일은 진지한 음악가 대

다수가 피하고자 하는 바다. 1900년부터 2010년까지 이 잘못을 범한 예술가들은 대중의 인기에 영합하기 위해 스스로 기준을 낮춘다는 비난을 받을 각오를 단단히 해야 했다. 리카르도 무티가 스승 니노 로타의 영화음악 앨범을 녹음하기까지는 상당한 용기가 쌓여야 했을 것이다. 사이먼 래틀은 세계적으로 존경받는 지휘자이면서 베를린 필하모닉의 레퍼토리에 영화음악을 가져온 드문 사례다. 다행히 그의 후임자인 키릴 페트렌코 역시 선배가 남긴 선례를 따르고 있다.

하지만 로스앤젤레스에서 자란 지휘자들로 시선을 국한하면 상황이 퍽 다르다. 앙드레 프레빈은 영화 산업의 일원으로 일한 적이 있고, 레너드 슬래트킨은 가족이 스튜디오 오케스트라 단원으로 일한 바 있으며, 주빈 메타, 로런스 포스터, 마이클 틸슨 토머스도 로스앤젤레스와 인연이 깊다. 그런데도 이들은 지휘대 위에서 고향의 전통을 드높이는 일에는 별로 관심이 없는 듯하다. (프레빈은 코른골트의 음악만은 예외로 무겁게 취급했다. 다만 아카데미상을 네 차례 수상하고 할리우드를 떠난 프레빈은 이후 할리우드와 엮이는 걸 분명 피하고 싶어 했다.) 1990년대 로스앤젤레스의 어느 신문 기사는 영화음악을 복권하고자 하는 나의 시도를 두고 "지휘자 경력을 내팽개치는 자살 행위"라고 썼다.

나는 디트로이트 심포니와의 객원 무대에서 고전 영화에 쓰인 교향악을 지휘했는데, 당시 이 악단의 음악감독 네메 예르비로부터 "다음에 꼭 다시 오셔서 **진짜** 음악을 지휘해주시기 바랍니다"라는 덕담 아닌 덕담을 들었다. 나의 뉴욕 필하모닉 데뷔가 있고 얼마 지나지 않아 뉴욕의 어느 레스토랑에서 우연히 만난 쿠르트 마주어는 내게 "아, 맞아, **영화**음악 지휘자셨지"라는 말을 인사말이랍시고 했다. 애틀랜타 심포니의 연주회에서는 내 아내가 황당한 일을 겪었다. 어느 여성 관객이 내 아내의 프로그램북을 잠깐 볼 수 있겠느냐고 부탁을 했다. 그녀는 프로그램 내용을 훑어보더니만 버럭 화를 내더니 책자를 돌려주며 이렇게 말했다. "오케스트라 파업이 얼마 전에 끝난 참인데, 내가 고작 엔터테인먼트나 보려고 여기까지 온 줄 아나!"

　마지막으로, 지금까지 언급하지 않은 새로운 기준이 언제든 틈입할 수 있음도 염두에 두어야 한다. 이를테면 음악학자 맬컴 길리스가 제기한 화두로, 홀로코스트를 피해 미국으로 건너온 위대한 작곡가들을 충분히 돕지 못했다고 생각하는 데서 비롯된 '미국인의 죄의식'이 그것이다. 힌데미트가 뉴헤이븐에 거주하면서 너무 많은(따라서 무의미하고 반복적인) 곡을 썼다고 주장하는 학술 논문, 쇤베르크가 로스앤젤레스에 정착한 뒤로 충분히 곡을 쓰지 않았다고(다시 말해 미국에서의 생활이 그를 불행하게 만들었다고) 주장하는 학술 논문도 있다. 그가 했던 말과 썼던 글로 미루어 짐작건대 제법 고약한 성미였을 것만 같은 에른스트 크레네크는 미국이 자기 음악을 넉넉히 연주해주지 않는 점이 늘 불만이었다.[7] 하지만 묻지 않을 수 없는 것이, 연주 횟수에 만족하는 작곡가가 대관절 세상에 있기는 할까? 차이콥스키는 모스크바보다 뉴욕이 자신의 음악을 더 많이 연주하는 것 같다고 투덜댔다. 그는 1891년 5월 2일자 편지에서 "나는 유럽에서보다 여기서 훨씬 더 거물 대접을 받는다"고 썼다.

불레즈의 평론을 조심하라

오스카 와일드는 평론이 "자서전의 문명화된 형태일 뿐"이라고 썼다. 평론가들이 정녕 무슨 말을 하고자 하는지 이해하려면 그들의 글을 읽을 때 와일드의 통찰을 유념해야 할 일이다. 피에르 불레즈는 여러 이유에서 중요한 인물이지만, 무엇보다도 20세기 후반 거침없는 발언을 쏟아내는 배타주의적 음악 평론가로서 기능이 두드러졌다. 학술지에 올린 글과 대중 앞에서 했던 말, 그리고 누구도 그 권위에 도전하지 못하는 판관으로서의 위엄, 수많은 제자가 그로부터 받은 영감, 예술 행정가로서의 업적 덕분에 불레즈는 20세기 클래식 음악에서 가장 중요한 목소리로 대우받았다. 이 책을 읽고 있는 많은 독자는 불레즈가 누구인지, 왜 그의 이름이 이렇게 자주 언급되는지 궁금할 수도 있겠다. 그 이유를 말하자면 우선 그의 견해는 그대로 사실로 인용될 정도로 권위를 인정받고 있으며, 그뿐만 아니라 그가 가르친 제자들과 그를 따르는 충성스러운 지지자들이—이제는 중장년 세대가 되었다—불레즈를 짜릿하고 새롭고 권위 있는 것의 살아 있는 모델로 여기고 있기 때문이다.

젊은 시절의 불레즈는 오페라하우스를 모두 파괴해야 한다고 주장한 적이 있다. 다만 그의 지지자들은 그의 말을 상징적인 차원에서 이해해야지 '문자 그대로' 받아들여서는 곤란하다고 옹호했다. 2001년 스위스 경찰은 "잠자고 있던 그를 끌어내다시피 하여 체포했다. 오페라하우스를 모조리 폭파해야 한다고 했던 1960년대의 언설 덕분에 테러리스트 용의자 명단에 이름을 올렸고 스위스 당국이 치안에 잠재적 위협이 되는 존재로 간주했다는 설명이었다."[8] 불레즈는 친구들과 함께 다른 작곡가의 콘서트에 쳐들어가 소란을 피웠으며(불레즈 전에 나치가 하던 수법도 이와 비슷했다), 동료들의 마뜩잖은 음악을 향해 "물똥이 담긴 통 속에 처박힌 것 같다"고까지 극언했다. 1954년 로마에서 열린 현대음악 축제가 마무리되고 나서는 니콜라스 나보코프에게 편지를 보내 다음번 행사는 "20세기 콘돔의 역할에 대하여"를 주제로 삼는 것이 어떻겠느냐고 제안하며 차라리 그렇게 하는 편이 "올해보다 더 나은 취향이 될 것"이라고 덧붙였다.[9]

불레즈는 1960년대 초 미국의 초청으로 여러 대학을 돌며 연설을 한 적이 있는데, 작곡가 멜 파월은 그때 만났던 불레즈가 "여기 미국에는 작곡가라 부름 직한 자가 없소"라고 말했다고 전한다. 그러더니 웃으면서 프랑스식 위트를 섞어 맞수의 이름을 들먹이며 "심지어 헨체정도 되는 인물도 없지요"라고 했다는 것이다.[10] 파월이 놀라지 않을 수 없었던 점은 미국인들이 그의 평가를 군말 없이 받아들였다는 사실이었다. "피에르는 우리 미국 작곡가들 중 그 누구도 프랑스로 초청한 적이 없다."

불레즈는 나이를 먹어가면서 더 매력적이고 덜 투박해졌지만 그러면서도 전과 마찬가지로 자신의 견해를 효율적으로 표현했다. 공개적으로 경멸을 표한 바 있는 음악—브람스, 멘델스존 등등—을 지휘했음에도 그의 부고 기사는 불레즈를 "타협을 모르는" 인물로 묘사했다. 이는 얼토당토않은 평가다. 다른 독주자와 파트너십을 이뤄본 음악가라면 모를 수가 없을 텐데, 연주라는 행위는 타협 없이는 불가능하기 때문이다. 구조와 객관성을 지고의 가치로 내세웠던 불레즈의 말이나 글과는 무관하게, 열린 마음을 가진 사람이라면 그의 음악을 듣고서 복잡하고 감각적이며 쉽게 다가가기 힘들다는 감상을 느낄 것이다. 그의 음악 역시 모든 평론이 그러하듯 자전적이기 때문이다. 그의 음악을 좋아할 수도 있고 심지어 마음을 사로잡힐 수도 있다. 그러고서도 다른 작곡가들에 대한 불레즈의 견해를 받아들이길 거부할 수도 있다.

쇤베르크 음반 해설이 비판 일색이었던 이유

20세기가 점점 더 먼 과거로 멀어지며 아득해지고 있는 지금, 냉전 시기에 잡지와 학술지와 신문에 꾸준히 출몰한 평론문의 사례를 면밀히 살펴보는 일이 어쩌면 유용할지도 모르겠다. 특히 이 시기에 쓰인, 가장 중요한 의미를 지니는 음반 시리즈의 내지 해설 글들은 의미심장한 무게를 지닌다.

위대한 프로듀서이자 컬럼비아 레코드의 사장까지 지낸 고더드 리버슨—〈마이 페어 레이디〉와 〈웨스트 사이드 스토리〉 오리지널 캐스트 앨범 및 이고르 스트라빈스키 전집의 기획자이자 프로듀서였다—이 내놓은 〈아르놀트 쇤베르크의 음악〉 시리즈 제7집은 20세기 거장의 음악을 새로운 녹음을 통해 들을 수 있기에 클래식 음악을 사랑하는 이들로서는 필히 구매해야 하는 물건이었다. 레코드 안에 든 속지에 인쇄된 라이너노트는 음반을 구입한 이들에게 영감과 가르침을 주는 글이었다. 제7집에는 쇤베르크가 미국에서 쓴 작품 가운데 하나인 〈나폴레옹 보나파르트 송시〉가 줄리아드 현악 사중주단과 굴드의 연

주, 배우 존 호턴의 낭송으로 녹음 수록되어 있었다. 내지 원고 집필까
지 맡은 굴드의 글은 이렇게 끝맺음되었다.

그러나 전체적으로는 마치 변호사가 가장 지엽적인 논리—
12음 음렬—만으로 변론을 마치려 하는 것만 같은 느낌을 받지
않을 수 없다. 게다가 이 음렬의 경우에는 그 자체로 딱히 흥미
롭지도 않고, 숨은 모티프가 자연스럽게 자라나 전체의 통일된
구조로 이어지는 것 같지도 않기에 더욱 의문스럽다.

굴드의 글은, 1968년 당시 음악 이론 박사학위 과정에 있던, 그리
고 어렵게 받은 근로 장학금 중 7달러 38센트를 지금 막 이 레코드 구
입을 위해 지출한 나를 겨냥하고 있는 듯 보였다. 한술 더 뜬달까, 이
정도로 그칠 줄 알았냐는 투랄까, 펜실베이니아 대학 음악대학 학장
조지 록버그가 굴드의 글 아래에 이어붙인 해설은 쇤베르크가 미국에
서 쓴 〈레치타티보에 의한 변주곡, 작품40〉에 대해 이렇게 논평하고
있었다.

이 작품이 '조성' 작품인지 아닌지는 중요하지 않다. 그렇지만
D단조라는 조성이 자주 붙곤 하는 곡이니만큼 잠시 살펴보도
록 하자. 하나의 음고 지점—이 경우에는 D—을 꾸준히 두드
리는 것만으로 어떤 작품이 '조성적'이 될 수 있다고 한다면, 이
〈작품40〉은 의심의 여지없이 D를 으뜸음으로 하는 조성 음악
이다. 하지만 조성 음악이 하나의 음표를 선율적으로 또 화성적

으로 꾸준히 되풀이하는 것 이상을 요구한다면, 또 그 음표를 향한 반음계적 접근과 이탈 이상을 요구한다면, 〈작품40〉은 조성 음악이 아니다. 그래서, 이건 대체 어떤 음악인가? 당장 꺼내 놓을 수 있는 대답은 '나도 모르겠다'이다. … 이 작품은 어떻게 받아들이건 간에 의심의 여지없이 아르놀트 쇤베르크의 음악이며 〈현악 삼중주, 작품45〉가 그랬듯 '잔혹성'의 음악이다.

이쯤 되니 내가 끔찍한 실수를 저지른 건 아닌지 머리가 어질어질해질 지경이었다. 록버그가 쓴 내지 해설은 계속 이어졌다. 마지막 곡은 쇤베르크의 〈주제와 변주, 작품43b〉로, 쇤베르크가 왜 그런 길을 갔을까 안타까워한 필자들이 그 어떤 음악보다 증오하는 작품이었다.

관현악곡인 〈주제와 변주, 작품43b〉는 우리가 크게 주의를 기울일 필요는 없는 작품이다. 〈작품40〉과 〈작품45〉의 음악적 충동이 지극히 개인적인 것으로 보이는 데 반해, 〈작품43b〉는 그렇지 않다. 아닌 게 아니라, 이 작품에는 어딘가 묘하게 어색한 구석이 있는데, 주제의 구축 과정과 추후 변주를 쌓아 올리는 과정에서 상당한 수준의 자의식이 발동된 것이 아닌가 짐작된다. 어쩌면 개인적인 열의가 생기지 않아 작곡이 의도한 대로 풀리지 않은 결과가 아닌가 생각되기도 한다. 〈작품43b〉는 원래 미국 각지의 학교 밴드용으로 쓰려다가 좌초한 뒤 방향을 튼 곡이다. 쇤베르크의 걸작에서 관찰되는 불꽃 튀듯 하는 짜릿한 공격성이 이 작품에서는 실종되었다.

음반을 평가하는 평론가의 글이 아니라 음반을 발매한 회사가 주선하여 버젓이 음반 내지에 들어간 글이 이랬다. 음반을 구입한 소비자더러 끝까지 들을 테면 들어보라고 도발하는 글인지, 아니면 도끼날로 레코드를 당장 끝장내라고 북돋우는 글인지 헷갈리지 않는가? 굴드와 록버그는 그들이 원하는 방향으로 길을 걷지 않은 작곡가에게 풀리지 않는 억하심정을 품고 있는 것처럼 보였다. 쇤베르크는 갈수록 복잡해져야 했고, 조성과 더더욱 멀어져야 했고, 발전 지향적 음악을 거부해야 했고, 감정을 적대시한 음악을 써야 했고, 베베른을 비롯한 추종자들이 했던 것처럼 음표뿐만 아니라 음악의 모든 요소를 통제하는 구조를 사용해야 마땅했(으나 그러지 않았)다. 컬럼비아 레코드가 고용한 이 두 전문가로서도 '쇤베르크라는 문제'를 해결할 방안이 마땅치는 않았을 것이다.

두 사람 모두, 1951년 쇤베르크가 사망하고 몇 달도 채 지나지 않아 불레즈가 「**아르놀트 쇤베르크가 죽다**ARNOLD SCHOENBERG EST MORT」(그렇다, 이렇게 대문자로 강조했다)라는 제목으로 발표한 잔인한 글의 노선을 그대로 따랐다. 불레즈를 비롯한, 도중에 막아 세울 수 없는 통제, 비감정, 비조성 음악의 행진을 이해하는 모든 이들에게 아르놀트 쇤베르크가 '죽은' 사람이었던 이유는, 무조성의 아버지가 자신이 1921년 창안하여 1923년에 공개한 12음 기법의 잠재력을 끝까지 실현하는 일을 저버렸기 때문이다. 불레즈는 "12음 언어의 필요성을 느끼지 못하는 음악가는 아무짝에도 쓸모가 없다"고 선언했다. 이는 그 언어를 발명한 사람이라 해도 예외가 될 수 없었다. 쇤베르크와 그가 미국에서 영위한 삶, 그의 업적은 그가 빈과 베를린에서 남긴 발자국과 달리 콘서트홀과 역사에서 사라지고 말 운명이었다. 그리고 그것은 우리의 큰 손실이다.

악평은 계속된다

음반, 언론, 연주를 통해 '퇴폐' 음악 중 일부를 되살리려는 노력이 있고 난 다음인 21세기 초, 젊은 평론가들은 모더니즘의 교리를 따르지 않는 작곡가들을 여전한 기세로 공격했다. 히틀러가 불법화한 음악을 향한 세상의 증오는 생각보다 깊었다.

2007년 블라디미르 유롭스키가 지휘하는 런던 필하모닉 오케스트라는 코른골트의 〈헬리아네의 기적〉을 영국 초연했다. 런던 『데일리 텔레그래프』의 루퍼트 크리스천슨은 이 공연을 "완전한 난센스"라고 규정한 뒤 이렇게 덧붙였다. "끔찍하리만치 과열되고 지나치게 시끄러웠다. 장황한 1막의 간살맞고 감상적인 관능성은 소름이 끼칠 정도였다. … 공연이 모두 끝났을 때 나는 가벼운 메스꺼움이 올라와서 어두운 방에 가만히 누워 몸이 진정될 때까지 기다려야 했다."

같은 날(2007년 11월 28일) 아침 『스펙테이터』에 실린 마이클 태너의 리뷰는 "혐오감과 역겨움을 준 저녁"이라는 말로 포문을 열고는 이렇게 이어졌다. "나치가 하나의 범주로 사용했다는 이유로 다시는 사용하면 안 될 것처럼 했던 '퇴폐'라는 단어가 딱 어울렸다. 〈헬리아네의 기적〉만큼 퇴폐 예술이라는 게 존재한다는 나치의 진단이 틀리지 않았음을 노골적으로 보여주는 사례도 다시없다. … 잠잠해지지 않는 염증 같은 음악은 걸핏하면 끓어오르고 부어올라 터지고 또 터지는 고름과도 같았다."

2007년에, 런던의 진지한 음악 평론가 두 명이, 블로그도 아니고 트위터도 아닌 공간에서, 이런 말들을 한 것이다.

1935년 런던의 『타임스』에 게재된 쿠르트 바일의 풍자극 〈암소를 위한 왕국〉 리뷰 기사를 쓴 무기명 평론가는 이렇게 언급했다. "최근 독일을 떠난 [바일의] 결정이 이 작품처럼 정치적으로 과격한 풍자극을 향한 그의 편애 때문인지, 아니면 그가 쓰는 음악의 종류 때문인지는 명시되지 않았지만, 그의 음악은 독일 당국이 아주 잘 해나가고 있음을 낱낱이 입증한다."[1] 같은 해, 미국 작곡가이자 존경받는 평론가 버질 톰슨은 조지 거슈윈의 〈포기와 베스〉 세계 초연 무대에 이런 평가를 날렸다. "기껏해야 이스라엘과 아프리카, 게일 도서島嶼 지역의 음악을 적당히 섞어 버무린, 고약한 냄새가 코를 찌르는 음악 … 나는 가짜 전통도 가짜 민속도 좋아하지 않고, 달콤쌉싸름한 화음이나 6성부 합창, 잠시도 가만히 있지 못하는 반주, 게필테 피시gefilte fish* 같은 오케스트레이션도 마음에 들지 않는다." 이 두 리뷰 모두 나치 독일이 생산한 게 아니다.

60년 뒤인 1995년 스물다섯 살이 된 어느 평론가가 코른골트의 음반 몇 종을 리뷰한 글을 『뉴욕 타임스』에 투고했다. 그는 코른골트가 미국에서 쓴 음악들을 "잘 먹고 자란 평범함"이라고 평가하면서 이렇게 썼다. "〈교향적 세레나데〉는 처음 들으면 매력적이지만, 주제 선율

* 송어나 잉어에 달걀과 양파 등을 섞어 수프로 끓인 유대인들의 요리.

이 폰키엘리의 〈시간의 춤〉에서 그대로 가져온 것임을 깨닫게 되면 김이 새고 만다."

어쩌면 본인에게 음악을 가르쳐준 교수들의 지혜를 앵무새처럼 되풀이하고 있을지도 모르는 이 평론가는, 비만아 코른골트가 모처럼 괜찮은 음악을 썼나 싶었는데 알고 보니 남의 것을 훔친 거더라, 라는 주장을 독자들에게 주입하고 있는 셈이다. (이 평론가는 브람스의 음악에 대해서도 "잘 먹고 자란" 운운할 수 있을까? 아니면 코른골트가 하는 일에 비해 "돈을 많이 받았다"는 말을 하고 싶었던 걸까?) 또 한 가지 지적하지 않을 수 없는 사실은, 그가 이야기하고 있는 두 개의 선율―코른골트의 것과 폰키엘리의 것―은 단3도 상승에 이어지는 장2도 하강이라는 단 한 가지 공통점만 제외하면 비슷한 구석을 전혀 찾을 수 없다. 각각의 선율이 전혀 다른 리듬과 감정을 가지고 전혀 다른 방향으로 나아가기 때문이다. 그러나 그는 코른골트를 도둑으로 몲으로써 더 큰 주장을 하고 있는지도 모른다. 코른골트의 도둑질은 할리우드 작곡가들의 흔한 수법이라는 주장 말이다. 하지만 최악은 아직이었다.

코른골트라는 인물을 긴 안목으로 파악하는 데 있어 유용한 한 가지 방법은, 만일 그가 1957년이 아니라 〈죽은 도시〉를 완성한 다음인 1920년에 사망했더라면 어떤 일이 일어났을까 하고 한번 상상해보는 것이다. 스물셋에 유명을 달리한 작곡가는 두 편의 선풍적인 오페라와 여러 편의 막강한 기악곡을 세상에 남긴 뒤였을 것이다. 그랬더라면 지금의 우리는 위대한 미래를 앞두고 너무 빨리 가버린 천재로 코른골트를 드높이고 있을지도 모른다. 그의 이름 주위에 키츠나 랭보에 견줄 만한 마법과도 같은 광휘가 들러붙었을지도 모를 일이다.

그러나 코른골트는 오래 살았고, 명성은 곤두박질쳤다. 그의 몇 안 되는 걸작은 초기작과 후기작을 막론하고 어쩌면 있었을지도 모를 다른 미래를 문득문득 보여주는 데 그친다. 여기에는 막연하고 일관성 없는 위대함이 있을 뿐이다. 그는 자신의 시대가 저문 뒤까지도 살아남은 작곡가거나 자신의 시대가 돌아오기 전에 죽은 작곡가거나, 혹은 아무튼 잘못된 시대에 태어나 죽은 작곡가일 뿐이다. 코른골트를 향한 사랑은 언제나 남들 앞에서 떳떳이 드러내지 못할 은밀한 쾌락이 될 것이다. 하지만 음악이 쾌락을 준다는데 누가 흠을 잡겠는가?[12]

아주 훌륭한 질문이다. 이렇게 우리는 주요 음악 평론가라는 자들의 글을 통해 코른골트의 음악이 메스꺼움을 준다는 둥, 코른골트의 음악을 탄압한 히틀러가 옳았다는 둥, 코른골트의 음악은 '고름'이라는 둥, 코른골트가 환갑이 아니라 스물세 살에 절명하는 편이 차라리 나았을 거라는 둥—하물며 히틀러조차도 그런 과격한 해법을 내놓기까지는 그로부터 13년의 세월이 걸렸는데—하는 따위의 의견을 접했다.

한 평론가는 실신한 채 들것에 실려 갔고 또 다른 평론가는 세면대에 구토를 쏟아냈다는데, 최소한 한 사람의 평론가는 코른골트의 음악을 듣고 허우적대는 와중에 어디선가 '쾌락'을 발견했다고 하니 다행이라고 해야겠다. 그러나 왜 그것이 '남들 앞에서 떳떳이 드러내지 못할 은밀한 쾌락'인지는 냉정하게 고려해봐야 할 문제다. 최근 뉴욕의 어느 주요 평론가는 힌데미트가 미국에서 처음으로 발표한 작품인 영웅적 〈교향곡 E플랫장조〉(1940)를 두고 "공업용 고성능 대위법"[13] 운운했고, 런던의 또 다른 평론가는 "크게 보아 쇤베르크는 미국에 간 것이 잘못"[14] 따위의 놀라운 몰이해를 보여준바, 어쩌면 이 젊은 평론가들이 이런 음악을 마음 깊은 곳에서부터 무시하고 있는 건 아닌지, 혹은 그래야 한다고 느끼고 있는 건 아닌지 묻지 않을 수 없다.

또 하나 생각해볼 점은 이 평론가들이 자신이 받은 교육의 각인을 떨쳐내지 못했고, 자신이 비평하는 음악의 위대성을 평가할 만한 도구를 갖추지 못했거나, 평가해도 된다는 허락을 받지 않았다고 느낄 가능성이다. 작곡가는 일을 찾아, 때로는 말 그대로 생존하기 위해 이 나라에서 저 나라로 옮겨 다닐 뿐, 올해는 천재였다가 이듬해에는 무능한 한량으로 전락하는 존재가 아니다.

당연한 말이라고 여길 수도 있겠으나, 작곡가는 관객과 마찬가지로 인간이다. 2차 대전으로 오스트리아와 독일의 위대한 작곡가들이 대탈출을 감행하기 이전에도 작곡가들은 트라우마와 격정으로 가득한 삶을 살았다. 그들은 사랑에 빠졌고 사랑에서 헤어나왔다. 슬펐고 걱정도 많았다. 질투심을 느꼈고 불안했다. 전쟁을 겪었고 정치적 격변기를 견뎠다. 돈이 필요해지면 후원자에게서 받아냈다. 바그너는 자신을 사랑한 왕에게서, 번스타인은 자신과 정치관이 같지 않은 감독에게서, 슈트라우스와 프로코피예프와 쇼스타코비치는 협박을 일삼는 폭압적인 정부에게서 돈을 받아냈다. 돈이 필요해서 어떻게든 곤경에서 벗어날 목적으로 음악을 썼고(드뷔시, 모차르트, 바흐), 음악으로 돈도 많이 벌고 유명해졌지만 스캔들에 뒤얽히기도 했으며(베르디, 푸치니), 어떤 이들은 청력을 잃었고(베토벤, 스메타나), 어떤 이들은 동성애자였으며(블리츠스타인, 차이콥스키), 또 어떤 이들은 동성애자였을지도 모르겠다는 얘기를 듣고 있다(쇼팽, 라벨). 어떤 이들은 유대인으로 태어나 기독교도로 전향했으며(말러, 로자), 기독교로 개종했다가 다시 유대교로 귀환한 이도 있다(쇤베르크). 작곡가들은 아무튼 음악을 썼다. 이들 각자가 겪었던 인간적인 한계나 상황을 가지고 그들의 음악을 봐주거나 묵살하는 건 부당하다. 그럼에도 불구하고 우리는 2차 대전 기간 중에 망명한 작곡가들의 음악에 대해서만큼은—그들이 영화용 음악을 썼건 아니건 간에—갖은 '변명'을 붙여가며 그들의 음악을 일축하거나 업신여긴다.

트라우마에 대처하는 적당한 방법이 어찌 하나뿐이겠는가. 위대한 작곡가들은 대체로 생존자이며, 그들이 처한 개인적 예술적 환경을 초월하는 존재일 가능성이 크다. 그들은 늘 그래왔다.

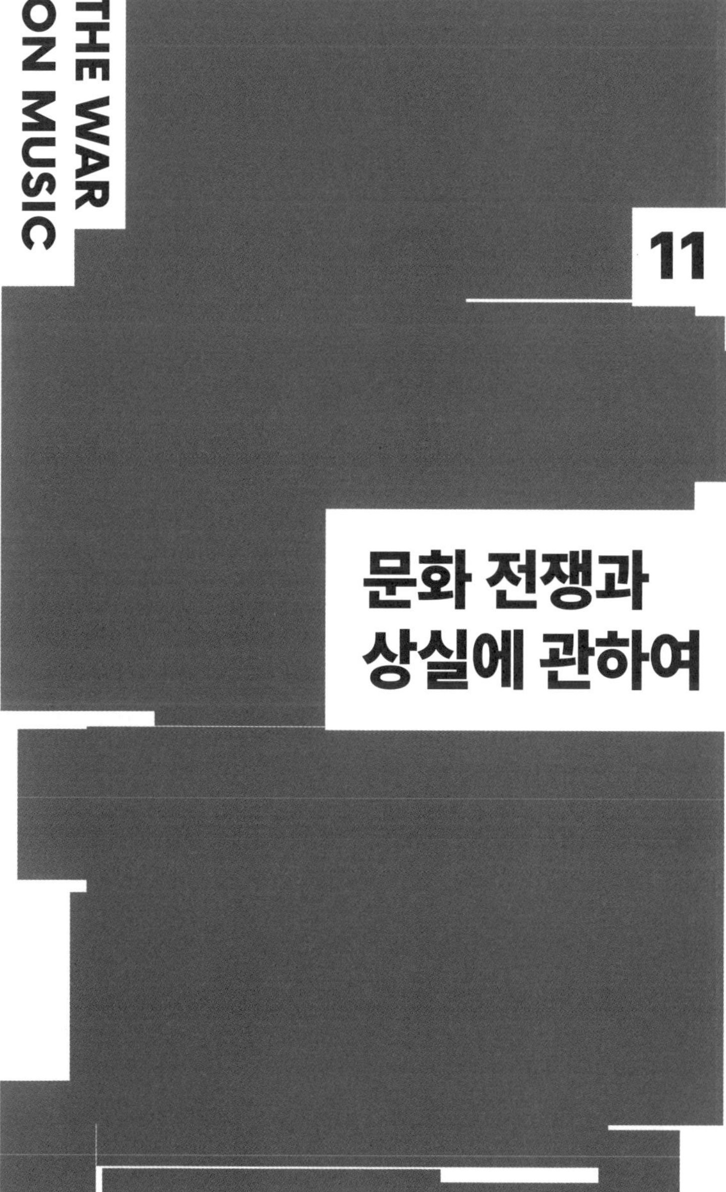

11

문화 전쟁과
상실에 관하여

1차 대전을 일으킨 총성이 울리기도 전부터 이미 음악은 유럽과 러시아의 인종 정책과 종교 정책으로 인해 영원한 변화의 길에 들어서 있었다. 미국이라는 나라는 그 시작부터 억압당한 사람들이 가장 먼저 선택하는 목적지였다. 미국행을 택한 이들의 후손들과 아프리카에서 끌려온 노예들을 선조로 하는 이들은 우리가 일컫는 미국 음악을 빚어 냈다. 유럽과 러시아의 패배는 손에 만져질 듯 뚜렷했다. 이는 '구세계' 가 쥐고 있던 문화적 주도권이 20세기 들어 약화한 현상과도 무관치 않을 것이다.

19세기 후반 제정 러시아의 학살을 피해 집단 거주 지역인 게토를 떠나 미국에 정착한 유대인 가운데 조지 거슈윈, 에런 코플런드, 레너드 번스타인의 부모가 있었다. 만일 이들이 러시아에서 태어났다면 러시아와 유럽의 음악은 지금 어떤 모습을 하고 있을까? 1차 대전 종전 후 미국 클래식 음악을 미국적이요 클래식하게 만든 것이 바로 이들 자식 세대의 업적이었다. 그레이트 아메리칸 송북Great American Songbook* 역시 유럽과 러시아 출신 부모를 둔 자식 세대, 그리고 존 필립 수자, 어빙 벌린, 빅터 허버트, 제롬 컨, (살바토레 구아라냐로 태어난) 해리 워런과 같은 수많은 이민자 작곡가들이 없었더라면 지금과는 사뭇 다른 모습이었을 것임에는 의문의 여지가 없다.

천재는 지극히 드문 존재이기 마련이며, 창조적 인재를 내쫓는 국가는 영원한 결핍을 자초하는 셈이다. 그러나 2차 대전 이후 클래식 음악계는 이런 인재들을 공동체에서 축출한 국가들의 예술적 주도권을 그대로 받아들였고, 마치 윤리적 미학적 위상이 여전히 온전하고 객관적인 상태인 것처럼 행동했다. 사람들은 파시스트와 나치 정권, 소비에트의 음악원—그뿐만 아니라 오케스트라, 오페라하우스, 라디오 방송국, 음악 출판사—에서 직위를 잃고 내쫓겼다. 그 빈자리를 채우고자 혈안이 된 사람은 한둘이 아니었다. 미국은 쿠르트 바일을 얻었지만, 베를린은 그 대가로 무엇을 얻었던가? 미국이 힌데미트와 쇤베르크를 품자 독일에서는 누가 나서서 젊은 작곡가들을 가르치고 영감을 주었던가? 1950년대 뉴욕에서 자란 내가 자주 접한 최초의 지휘자는 아르투로 토스카니니였다. 지금 살아 있는 이탈리아인 중에 과연 누가 그만한 영향력을 가졌다고 말할 수 있을까?

독일은 살아 있는 전통으로써 쿠르트 바일을 기릴 수 있는 길이 전혀 없다. 바일과 그의 아내, 그리고 그를 따르던 이들이 모두 뉴욕에 정착했기 때문이다. 바일의 극음악 전통의 계보는 존 캔더와 프레드

---

* 20세기 미국의 재즈 스탠더드, 팝송, 뮤지컬 음악 등 인기를 끈 레퍼토리를 통칭하는 용어.

엡의 뮤지컬(〈카바레〉〈시카고〉〈방문〉)에서 들을 수 있고 필라델피아의 커티스 음악원에서 작곡을 공부한 니노 로타와 대니 엘프먼의 영화음악에서 들을 수 있지, 독일에서는 결코 들려오지 않는다.

　빈 역시 말러와 슈트라우스 전통의 명줄을 잇는 데 실패했다. 말러와 슈트라우스의 계보는 미국의 교향악 전통으로 이어졌다. 미국 지휘자 레너드 번스타인에 힘입어 빈이 말러를 '발견'하고 있던 바로 그때, 존 윌리엄스, 제리 골드스미스, 엘머 번스틴, 버나드 허먼 같은 미국 태생 작곡가들은—스티븐 스필버그 같은 영화감독은 말할 것도 없고— 코른골트, 왁스먼, 스타이너로부터 영감을 받은 음악을 썼다. 번스타인이 말러 교향곡을 잘 알았던 이유는 그가 미국에서 프리츠 라이너나 말러의 조수였던 브루노 발터 같은 망명 지휘자들 밑에서 배웠기 때문이다. 잊어선 안 될 사실이 또 하나 있다. 애초에 말러가 빈에서 도저히 살 수 없다고 느꼈던 이유가 바로 반유대주의 때문이라는 점이다. 그래서 그가 선택한 곳은? 바로 뉴욕이었다. 말러와 슈트라우스의 직계 제자 출신 작곡가들이 쓴 음악이 로스앤젤레스의 젊은 작곡가들—이른바 할리우드 작곡가—의 멘토 노릇을 하는 동안 번스타인은 뉴욕을 교두보 삼아 빈에 진출하려는 노력에 여념이 없었다.

　파시스트의 정책이 비단 독일만의 이슈가 아니었다는 사실도 유념해야 한다. 제3제국과 이탈리아 파시즘을 열렬히 지지하는 이들이 유럽과 미국 전역에 적지 않았다. 자발적이고 광신적으로 힘을 보탠 음악가도 일부 있었고, 또 어떤 이들은 본인과 가족의 안위를 위해 계속해서 바뀌는 정치 여건 속에서 '그때그때 타협'했다. 물론 눈을 내리깔고 격랑이 잠잠해질 때까지 묵묵히 기다린 사람도 많았다. 미국인들은 마침내 '해방'이 도래하자 전쟁에 지친 유럽 사람들이 돌연 민주주의를 사랑하는 친미주의자가 되지 않았을까 짐작했다. 그건 사실이 아니었다.

내가 유럽 땅을 처음 밟은 건 2차 대전이 공식적으로 종전되고 20년이 흐른 1966년이었다. 그런데도 전쟁이 남긴 감정의 앙금을 노골적으로 표현하는 사람들이 여전히 많았다. 런던 지하철에서 술에 취한 사내가 묻는 말에 대답했다가 "이 빌어먹을 양키들!"을 향한 욕설의 폭포가 쏟아졌다. 뮌헨에서는 겨자를 독일어로 뭐라고 하는지 몰라 프랑스어인 '무타moutard'라고 했더니 주문 카운터 반대편에 있던 남자가 눈에 이글이글 불을 켜고는 "젠프Senf!!!"라고 버럭 소리를 지르기도 했다. 바이로이트에서 열린 바그너 축제에 관해서는 다음 내용을 일기에 적었다.

마크[나와 같은 학교를 다녔던 마크 루벤스틴]와 내가 밀크 바에 있는데 열여덟 살쯤 되어 보이는 독일군 셋이 들어왔다. 우리는 모두 바의 카운터에 서 있었다. 병사 중 하나가 우리에게 다가오더니 부드러운 미소를 지으며 완벽한 영어로 이렇게 말했다. "이제 막 퇴근해서 군복을 벗을 틈이 없었어요. 보통은 군복은 벗고 돌아다니는데 말이지요. 그런데 사람들은 독일인이 제복을 좋아한다고 생각하는 것 같더군요. …"(1966년 8월 7일)

사흘 뒤 나는 부모님에게 보내는 편지에 바그너의 손녀 프리델린트와 그녀의 어머니 비니프레트가 참석한 저녁 식사 자리에 동석한 이야기를 썼다.

프리들린트[오기誤記]는 나치가 미워 열아홉 살 때 독일을 떠났습니다. 영국에 잠시 살면서 라디오에 출연해 연설을 한 적이 있고, 이후로 미국으로 이주해 토스카니니의 아내와 함께 지냈다고 합니다. 사실 프리델린트는 미국 시민이라고 하더군요. 그래서 물었습니다.

"이제는 독일 시민권을 재취득하실 수 있는 거지요?"

"물론 할 수야 있지만, 나는 차라리 호텐토트 부족민이 되는 쪽을 택할 거에요."

프리델린트는 1953년에 독일에 돌아왔지만 여전히 뉴욕 아파트를 보유하고 있다고 합니다. 미국은 바이로이트 축제극장을 프리델린트와 그녀의 오빠 및 남동생에게 돌려주었지만, 지분은 프리델린트가 34퍼센트로 가장 많다고 합니다. 아시다시피, 비니프레트는 히틀러가 가장 아낀 사람 중 한 명이었어요. 비니프레트는 사실 영국 사람이지만(!) 독일에서 성장했다고 합니다. 식사 도중 연로한 비니프레트가 자리에서 일어나 만찬장을 가로질러 다른 테이블로 걸어가는 모습을 보고 프리델린트가 그러더군요.

"저기 어머니께서 나치 친구들이 앉아 있는 테이블로 가시네요."

미국에도 대놓고 말하지는 못해도 히틀러(와 스탈린과 무솔리니)가 하던 일이 옳다고 느끼는 이들이 많았다. 신념 때문이건, 사업상의 이유 때문이건, 현실파의 논리이건, 출세 지상주의자들의 항변이건, 비아리아인과 비기독교인이 권력을 쥔 현실을 향한 '불쾌감' 혹은 '노골적인 증오'의 표현이건 간에, 여기에는 책임을 물어야 할 사람이 훨씬 많고 책임의 깊이도 깊다. 좌우간 유럽은 1500년 동안 반유대주의를 공식적으로—혹은 암묵적으로—인정하며 살았다. 반유대주의는 히틀러가 지어낸 것도, 바그너가 지어낸 것도 아니다.

인종, 부족, 종교, 철학의 차이로 인한 편협함과 폭력의 물결은 유럽 역사에서 중요한 일부를 차지한다. 종교 재판, 유대인 학살, 모세와 예수와 마호메트의 글과 자구의 해석 방식을 놓고 사냥감을 찾아 돌아다니는 늑대들처럼 사람들을 살육한 군대의 존재가 바로 그 증거다. 그게 통상적인 상태였다. 유사 이래 유럽은 2차 대전이 끝나기 전까지 오랜 기간 평화를 누려본 적이 없다. 물론 1945년 이후에는 눈에 보이지 않는 냉전이 뜨거웠지만 말이다. 미국은 수백 년 동안 이민자와 노예라는 형태로 창조성을 수혈해왔지만, 유럽 선조들이 우리에게 정성스레 심어놓은 불관용에 대한 면역을 제대로 키우지 못한 채 지금에 이르렀다.

작곡가 프란츠 왁스먼이 미국에서 낳은 아들 존 왁스먼은 어린 시절 부모가 역시 망명자 신세이던 친구들과 함께 어울리며 나눈 이야기를 생생히 기억했다. 나치의 반유대주의 정책을 피해 미국에 안착해 성공적인 삶을 꾸려가던 사람들이 로스앤젤레스의 어느 식당에서 쫓겨나는 수모를 겪어야 하는 슬픈 현실에 관한 이야기였다. 이런 식당들은 당시의 완곡한 표현을 그대로 쓰자면 '제한 구역'이었다. 유대인은 대부분 컨트리클럽 회원이 될 수 없었고, 로스앤젤레스 필하모닉이사회에 이름을 올릴 수도 없었다. 그런 로스앤젤레스 필하모닉이 유대인이건 아니건 망명객의 음악을 연주하는 일을 꺼린 것은 어찌 보면 당연한 결과였다.

1927년 8월 13일 할리우드 볼 무대에서 로스앤젤레스 필하모닉이 거슈윈의 〈랩소디 인 블루〉를 연주했다. 이 곡이 미 서부의 관객과 처음으로 만나는 자리였다. 브루노 데이비드 어셔가 쓴 콘서트 프로그램 노트에는 놀랍게도 이런 문장이 적혀 있었다. "러시아계 미국 작곡가 거슈윈[이 쓴] 〈랩소디 인 블루〉는 교향악단용으로 편곡되면서 '적법성'을 얻었다. 엇박자와 재즈라는 원리를 방자하게도 연주회용 작품으로 버무린 최초 사례가 되는 이 작품은 그럼으로써 좀 더 높은 음악적 가능성을 도모하려 시도한다." 이런 표현 아래에 어떤 진의가 깔렸는지는 읽는 독자가 판단할 몫이다.

존 왁스먼은 반유대주의가 "몹시 사악한 속임수"였다고 기억한다. "하물며 미국에서 그랬다니까요! 미국이 그럴 줄 누가 알았겠어요. 베벌리힐스와 할리우드 사이에 말이 다니는 오솔길이 나 있던 와일드 웨스트의 시절이었는데요. 사람들이 말을 타고 다니는 길에 풀 한 포기 나지 않아 먼지가 피어오르던 시절이라고요. 우리 부모님은 무척 속상해 하셨어요. 저녁 자리에서 늘 이야기하곤 하셨으니까요."

공산주의자들의 내부 잠입에 대한 공포는 사회 전반의 마녀사냥 분위기로 이어졌고, 이는 미국의 반유대주의 풍토를 강화(하고 위장)하는 데 기여했다. 일례로 작곡가 알렉스 노스는 공산주의자라는 혐의를 받아 여권을 압류당하고 취업 기회를 박탈당했다. 노스의 양친은 러시아를 떠나 미국으로 건너왔고, 미국 내에서 북쪽으로 삶의 터전을 옮긴 데 착안하여 성을 소이퍼Soifer에서 노스North로 바꾸었다. 펜실베이니아의 가난한 시골에서 자란 노스는 불우한 가정 형편에도 불구하고 학비 지원을 받아 커티스 음악원(피아노 전공)과 줄리아드 스쿨(작곡 전공)을 졸업했다. 뉴욕에서는 생활비를 벌기 위해 전신 기사 자격증을 따 저녁 6시부터 다음 날 새벽 2시까지 일하고 잠깐 눈을 붙인 뒤 줄리아드에 등교하는 집념을 보였다. 노스는 평소 프로코피예프를 숭배하여 언젠가는 그에게 가르침을 받길 꿈꾸었다. 그러던 차에 소련이 체류 비용 전액을 부담하겠다며 전신 기사 일자리를 제안했다. 응하지 않을 이유가 없는 제안이었다. 소련에 도착한 그는 모스크바 음악원 입학 심사를 통과하여 2년간 작곡 공부를 심화했다. 그러나 그의 미망인 안나의 술회에 따르면 노스는 프로코피예프를 한 번도 만나지 못했다고 한다.

이런 사실만으로도 미 연방수사국 입장에서는 눈을 부릅뜨고 노스를 감시했을 게 분명하다. 그러나 설상가상의 일이 한 번 더 일어났다. 노스가 소련으로 건너가기 몇 년 전 그의 형이 모범시민상을 받은 적이 있는데, 동생 일로 수사 당국이 이것저것 들쑤시다가 노스 일가가 유대인임을 발견하고 형의 수상을 무효화한 것이다. 안나는 시숙이 그 사건 이후로 정치운동가가 되었고 미국 내 공산당 신문 『일간 노동자』의 편집장이 되었다고 말한다.

커티스 음악원, 줄리아드 스쿨, 모스크바 음악원을 졸업한 뒤 〈욕망이라는 이름의 전차〉 〈스파르타쿠스〉 〈클레오파트라〉 〈누가 버지니아 울프를 두려워하랴?〉의 음악을 쓴 알렉스 노스는 창작 인생의 핵심부를 미국에 바쳤다. 미국은 러시아의 반유대주의를 피해 조국을 떠난 그의 부모에게 삶의 터전을 제공해준 자유의 땅이었다. 노스는 미국 정부의 파멸을 꾀한 소비에트의 동조자였을까? 어떤 이들은 그럴 가능성이 확실히 존재한다고 여긴 모양이다.

공산주의자들이 지배하는 세상에 살고 있지 않은 지금의 우리로서는 선량한 시민을 오해하고 소비에트 연방의 능력을 과대평가한 이들을 향해 분노를 표현하는 것도 당연하지만, 어떤 이들은 과대평가와 오해를 포함한 공산주의 사냥이 올바른 판단에 따른 조처였다고 숨죽여 말한다. 어쨌거나 지금의 우리는 지난 세기의 문화 전쟁에 참전한 이들보다는 훨씬 계몽된 세상에 살고 있다.

그런데, 정말로 그럴까?

슈트라우스, 스트라빈스키, 시벨리우스를 위한 변명

우리는 오늘을 창조하고 과거를 영구화하는 과정에 어떤 방식으로든 참여하는 존재다. 우리는 점으로 흩뿌려진 사건과 기억, 출판된 기록들을 직선으로 이음으로써 지나간 세월을 '이해'하려 노력한다. 그러면서도 사실 우리는 세상의 모든 이론을 설명하고 정당화하는 논거를 찾을 수 있는 세상에 살고 있다. 우리 시대는 탁한 안개에 파묻혀 있다.

예를 들어보자. 우리는 노년의 리하르트 슈트라우스가 나치를 도운 전력을 들어 그를 비난하길 멈추지 않는다. 앞서 쓴 것처럼, 슈트라우스의 아들 프란츠는 유대인 여성과 결혼했고, 따라서 독일 정부가 보기에 슈트라우스의 손주들은 유대인이었다. 국경은 이미 오래전에 닫힌 뒤였고, 그를 감시하는 눈은 어디에나 있었다. 당신이라면 어떻게 했겠는가?

스트라빈스키는 로열티 수입 창구를 확보하기 위해 집권 초창기의 나치에 영합하는 일들을 여럿 했다. 또한 무솔리니와 이탈리아 파시즘에 대해서도 참으로 낯뜨거운 말과 글을 남겼다. 일례로 1930년 주간지 『라 트리부나』의 음악 평론가 알베르토 가스코와의 인터뷰에서 그는 이렇게 말했다.

나는 누구보다 무솔리니를 숭배하고 있음을 자부합니다. 내게 무솔리니는 오늘날 전 세계가 중요하게 여겨야 할 사람입니다. … 그는 이탈리아의 구원자이자, 희망컨대, 유럽의 구원자입니다.

시벨리우스 역시 나치에 동조했다는 혐의가 있어왔다. 어쨌거나 시벨리우스의 음악은 아리아인들이 꿈꾸는 북구 영웅의 매력적인 근육질을 표상하는 것만 같았으니까. 그리고 미국 음악학자 티머시 L. 잭슨의 연구 덕분에 우리는 핀란드의 거인이 전쟁 기간 나치가 제공하는 고액의 연금을 받았음을 알게 되었다.

그러나 맥락을 파악해야 하는 법이다. 핀란드는 역사적으로 러시아와 적대적 관계를 유지해왔다. 걸핏하면 으르렁대며 집어삼킬 듯 구는 러시아의 곰은 핀란드 사람들의 잠재의식 속에 서식하는 괴물이었다. 만일 시벨리우스가 볼셰비키와 나치 중 어느 쪽 편을 들어야 할지 선택권이 주어졌다면 독일 쪽에 줄을 선 것도 당연했다. 당시 교황 비오 12세도 이유는 달랐지만 같은 결정을 했다. 시벨리우스는 악상의 가뭄을 겪고 있었고 1920년대에는 사실상 작곡을 중단하다시피 했다. 로열티 수입 역시 전쟁 탓에 묶여 있었다. 시벨리우스 아카데미의 음악사 교수 베이요 무르토매키는 시벨리우스가 나치에 동조했다는 혐의 제기에 대해 이렇게 답했다. "그래, 시벨리우스는 이기적이었고 독일에서 자기 이름이 난 데 한껏 기분이 좋아졌고 돈이 필요했다. 그게 그렇게까지 미안해야 할 일인가?" 당신이라면 어떻게 했겠는가?

삶과 죽음을 가르는 선택들이 일상처럼 되풀이되던 전쟁이 점점 더 기억 속 흐릿한 곳으로 물러나고 있지만, 당시의 기록이 공개되고 역사학자들이 사건의 전개를 설명하기 위해 애를 쓰면서 생각보다 훨씬 복잡한 상황들이 있었음을 알게 된다. 픽션이 아닌 다음에야 확고불변의 결론이라는 게 있을 수 있을까? 대부분의 이야기는 "옛날옛적에"로 시작해서 "모두 영원히 행복하게 살았습니다"로 끝나는 원형의 변주이지만, 진실은 시작과 끝 사이의 과정, 이행 및 과도, 변화에 존재하는 법이다. 물리 법칙의 정의에 따르자면 레볼루션(공전, 혁명)은 시작한 그 지점으로 정확히 다시 돌아오는 운동이다. 하지만 에볼루션(발전, 진화)은 레볼루션과는 확연히 다르다.

지난 20세기 내내 음악은 무기요, 상징이자 과녁이었다. 그러나 음악을 부수적 피해물로 여겨서는 안 될 것이다. 음악은 우리의 집단적 이야기다. 음악은 우리가 누구인지를 이해하는 방식이다. 아울러 음악은 우리의 관심과 존경을 요구한다. 왜냐하면, 간단히 말해, 음악은 세계의 기억을 간직하고 있기 때문이다.

12

우리에게 다시 돌아올 미지의 음악을 위하여

1999년 12월 31일. 20세기 중반에 태어나 현존 작곡가 및 그들이 쓴 새로운 음악과 상호 소통하며 지낸 나로서는 예술 기관들이 각자 어떤 방식으로 한 세기를 마무리하는지 지켜보는 것이 매우 뜻깊은 일이었다.[1]

뉴욕은 세계의 문화 수도임을 자랑스레 자임한다. 바로 그 새해 전야, 뉴욕 필하모닉은 19세기 초(1824)에 쓰인 베토벤의 〈교향곡 9번〉으로 20세기의 마지막을 기념했다. 프로그램에 미국산 음악은 전혀 없었고, 뉴욕 필하모닉이 지난 100년 동안 위촉한 작품도 전혀 없었다. 간단히 말해 20세기의 마지막을 기념하는 음악회에 20세기는 보이지 않았다. 사전 녹음된 열두 음짜리 종소리 신호음—관객에게 착석해야 할 시각이 다가왔음을 알리는 쇤베르크, 베르크, 베베른, 번스타인, 스트라빈스키의 음악에서 뽑아 만든 소리—만이 이제는 낡아버린 모더니스트의 세기가 저물어가고 있음을 기억하게 했다. 그나마도 요란한 소리가 아니라 딸랑거리는 가냘픈 소리였다.

뉴욕의 메트로폴리탄 오페라는 〈박쥐〉(1874) 2막을 바탕으로 '밀레니엄 갈라' 공연을 꾸몄다. 이날 포함된 20세기 음악은 오페라가 아니라 〈남태평양〉〈회전목마〉〈온 더 타운〉〈맨 오브 라만차〉 같은 브로드웨이 뮤지컬의 몫이었다. 엄밀히 말하자면 20세기 오페라가 아예 없었던 건 아니다. '노래에 살고 사랑에 살고'(1900)와 '아무도 잠들지 못한다'(1924)라는 푸치니의 아리아 두 편이 있긴 했으니 말이다. 빅터 허버트와 프란츠 레하르의 오페레타 아리아도 포함되었다. 마리오 란자가 출연한 1952년 영화 주제곡으로 새미 칸의 노랫말 "자기, 그건 천둥이 아니라 당신에게 들리는 내 심장박동이에요"가 포함된 '비코즈 유어 마인'도 흘렀다. 베르크, 헨체, 슈토크하우젠, 베리오의 음악까지는 언감생심이더라도, 리하르트 슈트라우스, 에리히 볼프강 코른골트, 쿠르트 바일, 벤저민 브리튼, 존 애덤스, 필립 글라스, 새뮤얼 바버, 잔 카를로 메노티 같은 20세기의 위대한 오페라 작곡가들의 음악 역시 음표 하나 찾을 수 없었다. 20세기 100년 동안 메트로폴리탄 오페라단의 위촉으로 빛을 본 서른 편의 오페라에 대한 언급 역시 아무리 기다려도 나오지 않았다.

물론 프로그램을 선정하는 과정에서 기관 차원의 논의가 있었을 것이며, 이들 목록에 너무 많은 의미를 부여해도 곤란할 테다. 하지만 20세기를 마무리하는 공연 프로그램을, 베토벤, 말러, 본 윌리엄스의 작품과 에런 코플런드의 신작 세계 초연을 포함한 1961년 필하모닉 홀 개관 프로그램이나, 바버의 오페라 〈안토니우스와 클레오파트라〉 세계 초연으로 문을 연 1966년 메트로폴리탄 오페라하우스 개관 무대와 비교하면 그 아찔한 차이가 확연하다. 가장 위대하다고 일컬어지는 미국의 예술 기관들이 직접 위촉한 예술에 대해 보여준 이런 태도를 어떻게 받아들여야 할까? 100년 세월 사이에 쓰인 수백, 아니 수천 점의 신작은 말할 것도 없어 보인다. 뉴욕 필하모닉과 메트로폴리탄 오페라가 20세기의 새로운 음악과 오페라를 향한 헌신을 자랑스레 떨칠 겸해서 다시 한 번 감상의 기회가 주어져야 마땅하다고 느낀 작품이 정녕 단 하나도 없었단 말인가?

같은 시각, 대서양 건너편에서는 클라우디오 아바도가 베를린 필하모닉과 함께 여러 교향악의 마지막 악장만을 모아 꾸민 연주회로 20세기와 작별을 고하고 있었다. 베를린 필이 관객 앞에 내놓은 상차림 역시 20세기는 껍질만 살짝 긁는 수준이었다. 베토벤과 드보르자크의 19세기 작품이 스트라빈스키의 〈불새〉(1910), 말러의 〈교향곡 5번〉(1902) 종악장, 쇤베르크의 〈구레의 노래〉(1910) 중 초낭만적인 일출, 독일 오페레타들에서 뽑은 발췌곡 및 춤곡 등과 어우러졌다. 모든 레퍼토리가 단순한 장화음(A장조, G장조, B플랫장조)으로 마무리되었고, 콘서트 전반부—고전파 음악으로 꾸며졌다—는 우렁차고 의기양양한 (피아노 흰색 건반으로만 이루어진 가장 간단한 화음인) C장조 삼화음이 1분 동안 이어지며 절정을 찍었다. 베베른, 불레즈, 카터, 모턴 펠드먼은 없었다. 생존 작곡가—독일인이건 아니건—의 작품은 물론이거니와 1911년 이후에 작곡된 음악은 코빼기도 보이지 않았다.

역사적인 밤, 주요 기관이 위촉한 작품의 세계 초연은 그 어디에도 없었다. 여러 자료를 모아 분석해보면 클래식 음악 기관들이 선택한 20세기 마감 방식에 정신이 번쩍 든다. 20세기에 관한 글들과 철학적 미학적 관점에서 '중요하다'고 여겨진 바들과는 정면으로 맞부딪치는 선곡 일색이다. 마치 두 개의 평행 우주가 존재하기라도 하는 것만 같았다. 하나는 우리가 실제로 경험하는 우주요, 다른 하나는 실현되기를 끊임없이 요구하는 소망으로만 이루어진 우주 말이다.

두 차례의 세계 전쟁이 어떻게 해서 일어났고 어떤 영향을 남겼는지를 논한 수천 권의 책이 출판되었다. 세상은 어쩌면 전쟁이 결코 끝난 게 아닐지도 모른다는 불편한 가능성을 품은 채 살아가고 있다. 2차 대전을 채운 '적개심'은 1945년에 모두 사라졌을지 모르지만, 내가 태어난 1945년 9월 12일까지도 세상은 평화를 회복하지 못한 상태였다. 군대가 전장에서 물러나고 평화 조약에 서명했으니 적개심이 사라졌다고 말할 수 있을지 모르겠다. 하지만 그건 하나의 표현일 뿐이고 '적개심'이라는 단어의 사전적 의미는 여전히 남아 이어지고 있었다. 어쨌거나 인류는 '세계 전쟁'을 겪었고, 어떤 면에서 이 전쟁은 결코 끝난 것 같지 않다.

2차 대전에 관한 새로운 소식이 거의 매일 보도된다. 그런데도 '전무후무한 전쟁'이라고 불리는 2차 대전이 현재 우리가 콘서트홀에서 듣는 음악에 어떤 영향을 미치는지에 관해서는 여전히 실질적인 논의가 없는 형편이다. 클래식 음악과 오페라라는 주제에 관해 글을 써서 발표하는 이들의 미학적 담론에 전쟁이 어떤 영향을 미치는지에 대해서도 마찬가지로 논의가 부족하다. 잊지 말아야 할 사실은 2차 대전이 음악을 **이용했던** 전쟁이자 특정 음악을 **표적 삼았던** 전쟁이라는 점이다. 2차 대전은 어떤 음악가에게는 벌을 주었고, 어떤 음악가는 정치적 사상을 표상하는—혹은 적어도 지지하는—존재라는 이유로 대놓고 영웅으로 추어올렸다.

클래식 음악에 국한해 이야기하자면 20세기는 크게 보아 상실의 세기였다. 그 상실은 뼈아프다. 한 가지 사실은 분명하다. 우리는 한때 자주 연주되고 향유된 음악을 쓴 여러 작곡가를 배제했다. 이를 정상적인 절차였다고 말할 사람도 있을 것이다. 좌우지간 19세기에 쓰인 수많은 교향곡, 실내악, 오페라가 역사의 옆길로 낙오했고, 우리는 그것을 알곡과 쭉정이를 구분하는 당연한 과정으로 받아들이고 있으니 말이다. 그러나 한 가지 차이점이 있다면 20세기 중반의 탈곡 작업은 지속적인 성공을 거둔 작품들과 작곡가들을 쭉정이로 분류하여 걸러냈다는 점이다. 2차 대전이 끝나고 75년이 지났으니 이제 재정립할 때가 되었다. 연주하고 싶어도 연주할 레퍼토리가 없다는 건 근거 없는 호도일 뿐이다.

역사는 승자가 쓴다. 그러고 나면 수정주의 역사학자들, 합리적 균형론자들, 논리학자들이 참여해 패자와 승자를 좀 더 입체적이고 정교하게 바라보는 시각을 제공한다. 때로는 한 사람의 글에 의해 피정복민이 정복민에게 엄청난 영향을 미쳤음이 밝혀지기도 한다. 그러나 이 모든 절차가 2차 대전 이후 이전보다 훨씬 빠른 속도로 전개되었고 문화 분야, 그중에서도 특히 클래식 음악 분야에서는 패배자가 해명을 요구함으로써 패배를 설욕하는 유일무이한 사례가 관찰되었다. 미국은 늘 독일과 이탈리아를 클래식 음악의 주요 원천으로 대접했고(사실이다), 자신들보다 많이 아는 한 수 앞선 존재로 존경했다(때로는 그랬다). 독일과 이탈리아는 패전국이었지만 미국은 소련과 맞서기 위해 그들이 필요했다(단연코 그랬다). 치욕적인 패배의 잔해에서 피어오른 커다란 미학적 승리였다. 게다가 미국은 미국 땅에서 쓰인 음악을 유럽이 원하는지 확실치도 않은 마당에 무작정 강요할 수도 없는 형편이었다. 유럽은 미국의 음악을 원하지 않았고, 미국의 음악은 유럽에서 연주될 때마다 일간지에서 사정없이 두드려 맞았다. 자신이 미국에서 쓴 음악을 싸 들고 1950년대 빈을 찾은 코른골트가 받은 푸대접이 그랬듯 말이다.

치욕을 입은 사회의 지식인 집단은 실패한 꿈의 잔해 속에 살면서 책과 평론을 썼고 젊은이들에게 음악을 가르쳤다. 시장이나 경찰서장은 금세 갈아치울 수 있어도 세상에는 쉽게 교체할 수 없는 사람도 많은 법이다. 수많은 나치와 파시스트 교수들이 전쟁 후에 복직했고 여러 지휘자와 작가와 연주자가 복권된 것 역시 우리는 기록을 통해 알고 있다. 유럽의 재앙 속에서 자란 세대는 미국으로 망명한 작곡가들이 쓴 음악을 거부하는 일에 힘을 보탰다. 사방에 책임져야 할 문제가 넘쳐나는 상황에서 당장 식량과 식수 문제부터 해결해야 했던 유럽 대중이 음악에 귀를 기울일 틈이 없었던 건 당연한 일이었다. 간신히 목숨을 건져 옛 삶의 터전이었던 도시와 마을로 돌아온 유대인들은 너희 때문에 전쟁이 났는데 무슨 낯짝으로 돌아왔냐는 비난을 들어야 했다.

지금은 사라져버린 수천 시간 분량의 음악 작품—그중에는 분명 걸작도 있었을 것이다—에 일어난 일이 이와 비슷했으리라는 게 내 믿음이다. 세월이 흐르면서 나치와 파시스트의 인종 정책 및 소비에트 공산주의에 맞선 싸움 같은 미학적 판단의 근원은 잊혔고, 전후의 미적 결론은 객관적인 것으로 받아들여졌다. 우리는 그토록 많은 음악과 작곡가를 빼앗기고 대신 무엇을 얻었는가? 분명 우리는 과거 위대한 거장들과의 연결과 연속성을 끊어버렸다. 그 결과 음악 단체들은 그 공백을 건너뛰어 대중이 한 세기 넘도록 받아들이지 않고 있는 미학적 입장을 고수하는 새로운 작품들로 눈을 돌릴 수 밖에 없었다.

미학은 정치와 관련되어 있다. 20세기에는 미학이 정치의 의도에 가면을 씌우는 일이 흔히 일어났다. 우리의 클래식 음악 단체들이 1919년부터 1945년 사이에 쓰인 음악은 외면한 채 공연의 핵심 레퍼토리와 특정한 양식에 따른 음악을 쓰는 생존 작곡가의 작품만 우대한다면, 그거야 비영리 단체들이 알아서 할 바다. 그러나 음악 단체들이 예술의 도발적 요소를 응원하는 것이 마땅하다고 느끼는 현상은 진지하게 토론해봄 직한 화두다. 왜냐하면 이로써 예술계의 주변부에 머물던 음악이 단번에 예술계 핵심부로 이동하는 부자연스러운 일이 일어나기 때문이다. 도발적인 예술, 주변부의 예술이 가치가 없다는 말이 아니다. 다만 이들은 예술계 전체를 대변할 수 없다. 지금껏 그랬던 적도 없었고 말이다. 도발적이고 풍자적이며 파괴적이고 비논리적인 음악을 무턱대고 받아들이는 건 현대음악을 다른 모든 예술—클래식 음악과 달리 여전히 번창하고 있는—로부터 고립시키는 결과를 가져온다는 사실을 우리는 늘 기억해야 한다.

'발전'이라는 개념은 비교적 최근에 등장했다. 따라서 기본값으로 여겨져서는 안 된다. 가령 로널드 사임이 『로마의 혁명』*에서 지적했듯 "고대 로마인들은 새로운 것을 불신하고 혐오했다." 이른바 '발전의 허상'은 19세기 이후부터 지식인 담론의 일부가 되었다. 1900년대 초

* 국내에는 『로마혁명사』 1, 2(허승일·김덕수 옮김, 한길사 2006)로 출판되었다.

미래파가 제시한 환상은 지금 보기에 묘하게 감동적일 정도로 구태의연하고 심지어 복고적이기까지 하다. 비록 중년의 억만장자들이 로켓에 몸을 싣고 잠깐 우주를 구경하고 돌아오는 일이 가능한 세상이 되긴 했지만, 우리가 공상과학 소설에서 꾸었던 꿈이 현실화되기까지는 아직 한참의 세월이 남았다는 것 또한 받아들이지 않을 수 없다. 달 표면을 걸었던 마지막 인간인 유진 서넌이 여든둘을 일기로 숨을 거둔 게 2017년의 일이고, 2019년 복원된 에로 사리넨의 1962년 설계작 TWA 비행 센터가 아직 도착하지 않은 미래의 모습을 보여주는 향수의 상징처럼 되어 있다. 1990년대 언젠가 『파이낸셜 타임스』에 실린 「마스Mars가 독일에 아이스크림 판매권을 따내다」라는 제목의 기사를 보고 나는 외계인이 미확인비행물체를 타고 지구를 침공할지도 모른다는 어린 시절의 공상이 현실화된 건가 하고 잠깐 착각한 적이 있다. 알고 보니 그 기사의 '마스'는 화성이 아니라 과자류와 애완동물용 식품을 생산하는 미국 회사였다.

진보는 허상일지 몰라도 변화는 결코 허상이 아니다. 거듭되고 반복되며 끝내 제자리로 돌아오는 예술적 혁명(레볼루션)은 감각이 무뎌질 정도로 지루할뿐더러, 대부분의 사람들에게는 이러거나 말거나 아무런 상관이 없다. 이제 변화(에볼루션)라는 멈출 수 없는 과정을 인식해야 할 때가 되었다. 이는 진보 대 보수의 문제도 아니요, 대중적인 것과 진지한 것 사이의 대결도 아니며, 혁신 대 퇴보의 문제도 아니다. 이는 엄격한 배타성 대신 온정 어린 포용의 자세로 세상을 바라보는 문제다.

작금의 음악 평론가들은 흥분으로 가쁜 숨을 몰아쉬고 있지만, 탁구 선수와 교향악단을 위한 협주곡²이나 '필리 치즈스테이크'가 불판 위에서 구워지는 소리를 음악의 요소로 활용한 교향시³에 과연 세상이 감명을 받기나 하는지 궁금해지지 않을 수 없다. 고작해야 재미 정도일 것이다. 그렇대도 1800년대의 기계 오케스트라와 1913년의 소음 오케스트라, 혹은 유튜브에서 고양이 노라가 피아노를 치는 걸 보는 것과 같은 종류의 재미일 뿐이다.

1950년대 초 피에르 불레즈를 유명하게 만든 선동적인 글들을 다시 읽어보면, 미국과 유럽이 정치적 대격변을 겪고 있던 1960년대 사회적 분위기 속에서 기성 음악계가 그의 선언을 만장일치로 받아들인 이유를 가늠할 수 있다. 세월이 흐르고 나이를 먹은 불레즈는 바그너, 브람스, 말러, 라벨 등 위대한 낭만파 작품을 지휘하는 데 엄청난 공력을 들여 이성적이고 서늘하며 통제된 소리를 뽑아냈다. 그러나 이 역시 어쩌면 자신이 사랑했던 예술의 중심축—거대하고 묘사적이며 조성적인 음악—으로 회귀하는 불레즈만의 방식이었는지도 모른다. 그러면서도 그는 작곡가로서는 낭만적인 음악은 털끝만큼도 쓰지 않았다. 불레즈와 달리 쇤베르크, 코른골트, 쇼스타코비치, 힌데미트, 브리튼은 담대한 길을 걸었다. 불레즈는 기껏해야 낭만파 음악이 마치 자신이 쓴 음악인 양 소리나도록 한 것일 뿐이다. 그럼에도 이것 역시 십분 이해 가능하다. 불레즈의 연주는 '현대'가 기득권이 된 20세기에 감히 입에 올릴 수 없었던 음악을 사랑하고자 하는 사람들에게 방패막이가 되어주었다. 감정과 표현이 풍부한 음악은 이성적 냉철함이라는 옷을 입혀야만 현대 세계에 받아들여질 수 있었기 때문이다. 이 또한 어쩌면 수많은 젊은이들을 끌어당긴 현대의 대항문화의 한 가지 표현 방식으로 볼 수 있을지도 모른다.

카를하인츠 슈토크하우젠이 9·11 테러를 향해 빼어난 예술 작품이라고 찬탄을 보냈을 때 나는 그의 말에 담긴 진의를 단번에 이해했다. 슈토크하우젠의 표현은, 모름지기 예술은 모든 것을 변화시키는 것을 이상적인 목표로 삼는 급진적 선언이어야 한다는 1차 대전 이전 오리지널 아방가르드 일파의 철학적 입장을 요약한 것이었다. 그는 금세 자신의 본뜻이 잘못 전달되었다며 발언을 철회했다. 진심을 고집했다가는 세상 그 누구도 더 이상 자기 음악을 연주해주지 않을 거라는 사실을 알았기 때문이다. 슈토크하우젠이 원래 한 말을 그대로 옮기면 이렇다.

> 10년간 미친 듯이 연습하여 단 한 차례의 연주회를 해치우고 죽어버린다는, 음악에서는 꿈도 꾸지 못할 행위를 기획하고 행동으로 옮긴다는 것. 그곳에서 일어난 일을 머릿속에 그려보라. 공연에 그토록 전념한 이들이 있었고, 단 한순간에 5000명의 사람들이 사후 세계로 떠났다. 나는 할 수 없었던 일이다. 이와 비교하면 우리 작곡가들은 아무것도 아니다.[4]

자신을 속여선 안 될 일이다. 슈토크하우젠은 새로운 것을 창조하기 위해 이미 존재하는 무언가를 파괴한 일에 감탄을 보낸 것이다. 종교에 경도된 근본주의자 집단이 납치한 두 대의 비행기가 들이받은 고층 건물이 아침 햇살 화창한 배경 속에서 무너져 내리는 그림이 (슈토크하우젠에게는) 진정 위대한 예술 작품이었다. 그의 말마따나 "온 우주가 상상할 수 있는 가장 위대한 예술 작품"이었다.

슈토크하우젠의 정신세계를 이해하기 위해(그게 가능이나 한 일인지는 모르겠으나) 몇 가지 사실을 알려드린다. 그는 1928년 쾰른에서 태어났다. 어머니는 그가 세 살 때 신경쇠약으로 정신병원에 들어갔고, 아버지는 가정부와 재혼하여 자식을 둘 더 낳았다. 정신병원에 감금된 친모는 '쓸모없는 식충이들'과 함께 나치의 가스실에서 숨을 거두었다. 슈토크하우젠이 10대 시절에 쾰른은 연합군의 융단 폭격으로 잿더미가 되었다. 1945년 쾰른의 모습을 찍은 사진을 찬찬히 들여다보고 거기에 있을 엄마 잃은 열일곱 살 소년의 모습을 상상해보기 바란다. 슈토크하우젠이 음악을 배운 건 이런 환경에서였다. 10년이 지나 아직 쾰른의 상당 부분이 폐허 상태로 남아 있던 당시, 슈토크하우젠은 전자음악 스튜디오를 개관한 서독일방송WDR에 일자리를 얻었다.

이 정도의 간단한 개요만으로도—비록 수천 번의 목요일과 무감각한 잿빛의 2월들을 누락한 개요이긴 하지만—퍽 두터운 이해가 가능하다. 여러분이 슈토크하우젠의 음악을 좋아하건 아니건 간에 그는 인간이 얼마나 강한 회복력을 가지고 스스로 변화할 수 있는지 보여주는 기적 같은 사례라 하지 않을 수 없다. 이제 그의 이야기를 알게 되었으니 그가 우리에게 남긴 음악에 귀를 열 마음이 생기는 사람이 있을 수도 있다.

2001년 슈토크하우젠이 표현한 미적 철학은 거의 한 세기 전에 등장한 사상을 메아리처럼 되풀이하고 있었다. 아마도 그의 마음과 영혼 속에서 줄곧 공명해온 생각이었으리라. 미래파라는 이름으로 알려진 운동이 등장한 것이 1909년이었다. 미래파의 목적은 분명했다. "활동과 공격, 흥분으로 달뜬 불면증, 경주자의 보폭, 치명적인 도약, 따귀와 펀치를 찬양하는 것이다. … 우리의 의도는 전쟁—세계가 깨끗해질 수 있는 유일한 방법이다—과 군국주의, 애국주의, 무정부주의자들의 파괴적 언동, 기꺼이 목숨을 내던질 만한 아름다운 사상들, 여성 혐오를 찬미하는 것이다. 또한 우리는 미술관, 도서관, 모든 종류의 아카데미의 파괴를 염원한다. … 우리는 현대적 메트로폴리스에서 다색다성多色多聲의 압도적 혁명을 노래하게 될 것이다."

　1차 대전 이전의 가마솥 안에서 태어나 2차 대전 이후 재활용된 미래파의 강령이 2001년 뉴욕 세계 무역 센터에 가해진 테러 공격에 대한 슈토크하우젠의 반응에 기름을 끼얹었다. 아무리 상상의 나래를 펴서 지어내려 해도 그는 나쁜 사람은 아니었다. 자신의 발언을 철회하긴 했으나 그의 말은, 원래는 무너뜨려야 할 표적으로 설정했던 기득권층에게서 보호와 관리, 금전적 지원을 받아온 아방가르드의 미학이 지금까지 이어지고 있음을 여실히 보여주었다. 조지프 엡스타인이 『역사가 철학을 만나다』에 지적한 것처럼 "사회의 태동기에 공화국의 지도자들은 기관을 세운다. 그 후에 기관들은 공화국의 지도자를 기른다."

　1960년대와 1970년대를 돌이켜보면서 씩 웃으며 "참, 그때는 뭘 몰라도 한참 몰랐지. 하지만 이제는 더 이상 그러지 않잖아"라고 말하고 넘어가는 것은 바보 같을뿐더러 위험하기도 하다. 현대음악 연주회에 가서 음악이 마음에 들지 않았다고 하여, 1946년의 불레즈가 그랬듯이, 일행들과 작당을 하고 분연히 일어나 휘파람과 야유를 보내 연주회를 망쳐버린다면, 당신은 영웅 대접을 받을 수 있겠는가? 아니라고 생각한다. 불레즈는 평생을 싸운 투사였다. 철학자 로저 스크러턴의 표현대로 불레즈는 "파멸적인 전쟁의 부산물"이었다.

단언컨대, 이제는 평화를 되찾아야 할 시기다.[5]

평화의 아이들

사람들은 레스토랑, 운동 경기, 뜨개질, 정치, 반려동물 훈련, 도시 위생, 세탁용 세제, 영화, 노상 주차, 날씨 등의 주제에 관해 저마다 가진 확고한 생각을 자신 있게 표현한다. 그러나 사람들에게 예술, 특히 클래식 음악에 관한 견해를 물으면 대부분 "아는 게 전혀 없다"와 비슷한 대답을 듣기 십상이다. 비밀은 이것이다. 당신은 예술에 관해 알아야 할 **모든** 것을 이미 알고 있다. 예술은 학교에서 배우지 않으면 이해하지 못하는 그런 게 아니다. 모든 예술 중에서도 음악은 가장 개인적이고 가장 보편적이다. 당신은 지금까지 살면서 매일매일 음악을 배워왔다. 당신은 음악 속에 살고 있으며, 음악은 당신 안에 살고 있다.

현재 교향악단들의 인적 구성에서 점점 더 많은 비중을 차지하고 있는 젊은 단원들을 중심으로 '잃어버린 레퍼토리'를 받아들이는 움직임이 일고 있는 현상에서 미래를 낙관할 수 있는 실마리가 보인다. 오케스트라 단원 중에 〈스타워즈〉 개봉 이후에 태어난 이들의 비율이 늘어나고 있고, 이들은 어린 시절 들었던 음악—이들로 하여금 음악가가 되고 싶다는 마음을 품게 만든 음악—을 연주하면서 깊은 희열을 느낀다. 역사와 전통을 자랑하는 빈 필하모닉이 2020년 여든여덟 살이 된 존 윌리엄스를 기념하는 음악회를 열었으니 말 다 한 것 아니겠는

가. 이들은 베토벤을 듣기 전에 존 윌리엄스의 음악부터 들은 세대다. 1990년대만 해도 오케스트라 단원들은 할리우드 '무비 뮤직'을 향한 반감이 어마어마했다. 다들 음악원에서 이런 음악은 질이 떨어진다는 이야기를 들었던 탓이리라. 그러나 균형을 무너뜨리는 변화가 일어나는 극적 전환점의 목전에 이른 것인지도 모른다. 1975년 이후에 태어난 세대는 저마다 영화음악과의 끈을 가지고 있으며, 사춘기 시절부터 영화음악을 플레이리스트에 갖고 있는 경우가 많았다. 그 끈은 생각보다 질겨서 누가 쉽게 풀거나 끊을 수 없다. 설령 어느 존경받는 평론가가 "남들 앞에 떳떳이 드러내지 못할 은밀한 쾌락" 운운한다 해도 말이다.

유대인 이민자들이 할리우드 형성기에 주춧돌을 놓고 벼락 성공을 거둔 현상에 대해 숨기기 힘든 증오의 표현으로 시작된 멸시가 수십 년이 흐르면서 그 형태를 바꾸어 미국 태생의(그러나 여전히 주로 유대계인) 작곡가들이 쓴 음악을 향한 천시로 일반화했다. 세상이 영화음악을 쓰는 젊은 세대 작곡가들을 묵살해온 한 가지 '이유'는 이들이 정통 음악원에서 제대로 된 훈련을 받지 않았다는 점 때문이다. 그러나 만약 이들이 현직 작곡가들 밑에서 도제 노릇을 하는 대신 상아탑 안에서 교육을 받았더라면 교수들과의 끊이지 않는 다툼, 날로 늘어나는 막대한 음악 어휘를 습득하지 않으면 음악계에서 성공하기 힘들다는 압박을 견디느라 고생깨나 했을 것이다.

영화음악 작곡가들 가운데는 로큰롤 뮤직에서 쌓은 경험을 바탕으로 21세기 들어 영화 쪽으로 진출한 이들도 있다. 이를테면 하워드 쇼어(⟨플라이⟩ ⟨반지의 제왕⟩ ⟨다우트⟩), 한스 짐머(⟨라이온 킹⟩ ⟨글래디에

이터〉〈다크 나이트〉), 대니 엘프먼(〈배트맨〉〈가위손〉〈팀 버튼의 크리스마스 악몽〉) 같은 이들이다. 제대로 된 자격 요건을 갖추지 못했다는 이유로 이들을 향해 우월 의식을 부리는 세상의 풍조 때문에 웃지 못할 해프닝도 일어났다. 2017년 엘프먼의 〈바이올린 협주곡〉 세계 초연을 준비하던 때의 일이다. 우연히 앙드레 프레빈과 대화를 나눌 일이 생겼다. 내 근황을 이야기하던 도중에 프레빈이 대뜸 물었다.

"엘프먼이 누군가?"

내 설명을 듣던 프레빈이 그만하면 알겠다는 듯 말을 끊었다.

"아, 휘파람쟁이 말이구먼."

"휘파람쟁이라고요?"

"그래, 떠오른 선율을 휘파람으로 불고, 그러면 그의 편곡자가 그걸 가지고 음악을 쓰는 식 아닌가."

나는 엘프먼이 자기 음악 속 모든 음표를 손수 쓰는 사람이며 내가 지금까지 함께 일해온 그 어느 음악가보다도 민감한 귀를 가진 인물이라고 변호했지만, 프레빈은 들으려 하지 않았다. (1928년 거슈윈의 〈파리의 미국인〉이 세계 초연되었을 때도 거슈윈의 조수가 작곡가 본인보다 작품에 대해 더 많이 알고 있다는 뜬소문이 끊이지 않았다.) 그러나 대중은 '더그아웃발發' 이야기에 크게 개의치 않는다. 그들은 그저 음악이 좋으면 그만이다.

이탈리아는 최근 들어 2차 대전 이전에 쓰인 오페라를 재조명하기 시작했다. 주로 이탈로 몬테메치, 리카르도 찬도나이, 알프레도 카셀라, 피에트로 마스카니, 프랑코 알파노 등의 작품이다. 한편 마르코 투티노는 푸치니의 전통을 받아들인 오페라를 쓰며 현역으로 활동하고 있다. 2018년 베를린에서 공연된 코른골트의 〈헬리아네의 기적〉은 커다란 성공을 거두면서 아예 이듬해 시즌 재공연 일정을 박아버렸고 아울러 독일 전역에서 서로 다른 연출로 무대에 올랐다. 독일 언론의 평가는 2007년 런던 언론의 매질에 가까웠던 혹평과는 상극으로 호평 일색이었다. 하룻밤 새 코른골트의 오페라는 걸작이 되었고, 한 평론가의 말을 그대로 인용하자면 "재발견될 가치가 단연코 충분"했다. 혹시 유럽이 전후의 무대에서 배제된 음악을 복원하는 일에 지금에서야 총대를 메고 있는 것일까? 한편 2018년 미국의 퓰리처상은 음렬주의 작곡가나 미니멀리즘 작곡가가 아닌, 랩 아티스트 켄드릭 라마가 가져갔다. 회복과 재정의의 걸음마라고 해도 좋으리라. 그래도 아직은 시작에 불과하지만 말이다.

수많은 위대한 작곡가의 음악을 50년 동안 말소하다시피 한 효과를 다음 사례로 설명해보려 한다. 2014년 8월 30일자 『뉴욕 타임스』에 1962년부터 1968년까지 로스앤젤레스 필하모닉의 음악감독을 지낸 주빈 메타에 관한 기사가 실렸다. 기사에서 메타는 최근 참석한 연주회 이야기를 했다. "이런저런 옛날 영화음악을 잔뜩 소개하는, 아니다시 소개하는 연주회였다. 로자 미클로시, 브로니스와프 카페르, 에리히 코른골트, 맥스 스타이너 등의 음악이었다. 이들 모두 괜찮은 음악가들이었다. 히틀러를 피해 유럽을 떠나 할리우드에서 생계를 해결한 망명객이 많았다. 나로서는 아주 즐겁고 교육적인 저녁이었다."[6] 메타가 '교육적'이라는 감회를 표현한 이유는 이 작곡가들이 괜찮은 음악가이고 히틀러를 피해 미국에 흘러들어왔다는 사실을 알게 되어서였다.

2019년 『뉴욕 타임스』에는 음악학자요 지휘자이며 동시에 대학 총장인 레온 보츠타인이 코른골트의 〈헬리아네의 기적〉(나는 이 오페라를 1992년 베를린에서 녹음한 바 있다) 미국 초연을 관람하고서 "모두에게 완전한 발견"이 되는 작품과 만났다고 언급한 내용이 실렸다.[7] 보츠타인은 "[코른골트의] 영화음악은 어디에서 왔으며 그는 이 음악을 어떻게 조립한 걸까?" 하고 물었다. 조립이라고? 설마, 말은 그렇게 해도 뜻인즉슨 '작곡'이겠지. 보츠타인은 기사 후반부에 영화 〈두 세계 사이에서〉(1944)에 붙인 코른골트의 음악이 "매우 독특한 악보"라면서 "어딘가 포스트모던한 구석이 있다"고 했다. 포스트모던이라고? 다소 뜻밖의 평가인데, 그렇다고 해서 코른골트의 음악이 갑자기 환영할 만한 음악이 되기라도 한다는 걸까?

여러분은 저마다 열다섯 살 무렵쯤에 평생토록 간직할 개인적인 플레이리스트를 만들었을 것이다. 하지만 음악은 무궁무진하고 그 특별한 역사로부터 배울 만한 것들이 끊이지 않는다. 다행히도 여러분은 영화관에 가서 영화를 보고 TV를 시청한다. 어쩌면 연주회와 오페라 공연을 함께 보러다니는 이모 같은 친척이 한 명쯤 있을지도 모른다. 여러분이 듣는 음악은 여러분 인생의 피륙과 엮여 있고, 여러분보다 먼저 살면서 들었던 선조들의 삶과 연결되어 있다.

내가 속한 세대를 베이비 붐 세대 말고 다른 명칭으로 부르려 해도 이미 너무나 부질없는 시도일 것이다. 나는 베이비 붐 세대의 최선봉으로 자랑스레 자처한다. 베이비 붐이라는 어구는 아무튼 우리와 비슷한 시기에 태어난 이들이 대단히 많다는 뜻이며, 동시에 우리가 인구 통계 그래프에서 불룩 튀어나온 혹으로서 각자의 최종점 finale ultimo

을 향해 돌이킬 수 없는 걸음을 내디디고 있다는 뜻일 테다. 그러나 왜 이처럼 거대한 세대가 존재하게 되었는지를 한번 생각해볼 일이다. 우리는 평화의 아이들이다.[8] 우리는 우리의 부모들이 전체주의를 거부하는 세력이 전쟁에서 승리했음을 확신한 시기에 잉태되었다. 미국에서 태어난 이들 중 다수는 행복한 유년기라는 축복을 누렸다. 배고프면 소리 내어 울었고, 그러면 곧 먹을 것으로 입안이 채워졌다.

그렇다고 해서 우리가 상처받지 않았다는 말은 아니다. 또한 그렇다고 해서 전쟁을 직접 목격하지 못한 우리가 얄팍하거나 무감한 존재라는 말도 아니다. 우리 중 많은 이들은 우리 삶을 채운 음악에 (어쩌면 너무나 많은) 관심을 가지고 있으며, 명쾌하고 공정한 판단을 가능케 할 객관성을 발견하길 열망한다. 그리고 우리는 죽기 전에 사회적으로 필요한 보상과 벌충 조처를 해야 할 의무가 있다.

이 책이 언제 어느 곳에서 독자들과 만날지 모르겠지만, 우리가 속한 시대와 장소를 표상하는 것으로 여겨질 음악을 작곡하고 있는 이들은 늘 존재해왔고 앞으로도 그럴 것이다. 지금 이 순간에도 자기 마음에 쏙 드는 음악, 평생을 함께할 음악, 인생 경험을 직조하는 실이 되어줄 음악을 발견하는 열다섯 무렵의 청소년들이 세상 도처에 살고 있을 것이다. 그들은 나보다 더 큰 청각적 프리즘을 통해 음악을 들을 것이요, 드뷔시나 듀크 엘링턴이 들었던 그 어떤 음악보다 더 광대한 폭의 음악을 들을 것이다. 그 음악이 무엇이건 간에 그들의 음악일 것이요, 커다란 **관계**의 일부일 것이다. 그래서 대단한 것이다. 그 음악은 그들 내면의 공명기가 될 것이다. 그것은 이미 죽고 없어진 미래주의자들이 기대했던 미래를 건너뛸 것이다. 누구라도 그들에게 이건 좋은 음악이 아니라며 자신의 견해를 뒷받침하는 1000가지 이유를 들이댈 수 있겠지만, 그래 봤자 진공 상태에 대고 하는 훈계나 다름없을 게 분명하다.

유일한 물음은 우리가 과연 지금의 열다섯 살 청소년들과 원천이 되는 음악—지난 세기를 통해 연결되어 있고 그들의 인생 이야기로 곧장 이어지는—을 서로 이어줄 수 있는가 하는 점이다. 브람스와 바그너로부터 시작해 존 윌리엄스, 대니 엘프먼, 오스틴 윈트리로 이어지는 여정은 생각보다 쉽게 예증하여 보일 수 있다. 여러분이 해야 할 일은 귀를 열고 듣는 것뿐이다.

게임 음악, 진정 새로운 세계

영영 사춘기를 벗지 못하는 아방가르드의 청춘 놀음과 달리 21세기의 첫 10년 동안 진정 새로운 것이 부상하고 **있었다**. 다만 그것은 사람들이 생각하지 못한 뜻밖의 지점에서 일어났다. 로봇이나 인공지능이 차세대 물결을 만들어낸 걸까? 아니다. 여러 대의 기타가 쓰레기 압축기 같은 소리를 내는 연주회? 아니다. 식물의 화학적 반응을 음표로 바꾼 음악? 아니다. 매사추세츠 공대 교수들이 코로나바이러스의 유전자 암호를 소리로 바꾼 시도?[9] 역시 아니다. 답은 바로 비디오 게임을 위한 상호 작용적 음악이다.

게임 음악은 초창기만 해도 기술 제약으로 인해 1970년 예일 대학 컴퓨터 센터에서 우리 학생들 솜씨로 만들어내던 것처럼 단순한 삐 소리, 뿅 소리 따위를 뛰어넘지 못했다. 하지만 대작 공상과학 영화에 장대한 관현악이 사용된 것과 마찬가지로 이제는 비디오 게임도 대규모 오케스트라 음악을 사용하는 경우가 늘고 있다. 음악의 힘을 입은 게임은 무게감뿐만 아니라 '현실성'을 획득하며 이제 새로운 표준이 되었다.

그러나 변화는 지금부터다. 현재의 비디오 게임 음악 작곡가들은 게임 플레이어의 개별적 플레이에 맞춰 변화할 수 있는 음악을 써야만 한다. 다시 말해, 그들이 당면한 도전은 게임의 진행에 따라 매끄럽게 변화할 수 있는 주제적 재료를 찾아낼 수 있는가이다. 비디오 게임 음악은 아무 때나, 순식간에 변화할 수 있어야 한다. 처음부터 끝까지 똑같은 방식으로 진행되는 게임은 없기 때문에 게임 음악 또한 똑같은 음악은 있을 수 없다. 모든 극적 음악이 그러하듯 음악적 목표는 있으나 그 목표에 가닿는다는 보장이 없고, 설령 도달한다 하더라도 그 방식 그대로 재차 목표에 도달하는 일은 절대 불가능하다. 따라서 게임 음악은 게임 플레이어와 작곡가가 함께 연주하는 음악이라고 봐도 무방하다. 그 속에는 우연성 음악의 비결정성이 이미 내포되어 있다. 지극히 새로운 상호 소통적 클래식 음악의 함의를 포함한, 바그너의 유도동기 이론의 21세기식 확장판이 곧 게임 음악이기도 한 것이다.

어쩌면 이는 1930년대 유성영화의 발명 이후 작곡가들에게 던져진 가장 크고 짜릿한 도전 기회일지도 모른다. 거기에는 재능이 충만한 음악가들이 뜻을 펼쳐볼 만한 어마어마한 미래(그리고 어쩌면 현재)가 존재한다. 21세기에도 아방가르드라는 것이 남아 있다면 상호 작용형 시스템을 위한 음악에서 찾을 수 있을 것이다. 이는 음악 역사상 전례가 없었던 일이다. 피아노에 몸을 묶은 여인이 연주하는 음악 같은 건 잊어도 좋다. 물론 그런 음악을 좋아하고 싶다면 그건 여러분의 자유이니 상관하지 않겠다. 새로운 음악은 전에 없던 거대한 도전에 직면한 상태다. 최근 작곡가 오스틴 윈트리가 말한 것처럼, "잘만 된다면 게임 음악은 게임 플레이어를 이야기의 공동 창조자로 격상시킬 수 있다."

15편까지 이어진 게임 〈파이널 판타지〉(음악은 거의 우에마쓰 노부오가 썼다) 시리즈 같은 작품에서 뽑은 음악으로 상을 차린 오케스트라 실황 공연에 수백만 게이머가 열렬히 호응한 까닭은 음악적 재료가 전례 없는 방식으로 활용되었기 때문이다. 롤플레잉 게임에서 음악적 주제는 그 자체로 개인이 된다. 게임에 들어가는 순간—**플레이할 때마다** 스무 시간에서 마흔 시간까지도 소요된다—당신의 캐릭터에게 부여된 주제는 곧 당신 자신이다. 당신이 추구하는 퀘스트에서 음악적 주제는 곧 당신에게 속한다. 오페라 애호가의 입장에서 말하자면, 나흘짜리 〈반지〉 사이클 공연을 찾기 **전에** 지크프리트가 될지, 하겐이 될지, 구트루네가 될지, 보탄이 될지 미리 결정할 수 있는 셈이다. 음악과 이야기는 당신이 선택한 관점에 따라 전개되고, 당신의 모티프가 가지는 중요성 또한 그에 따라 변화한다고 생각하면 이해가 빠르겠다.

새로운 사건도, 과거와 별다를 바 없는 사건도 늘 일어난다. 우리가 알고 있는 대로의 삶은 끝날 것이라고 주장한 위대한 사상가는 어느 시대에나 있었다. 동시에 새롭고 거대한 일이 현재 일어나고 있거나 막 일어나려 하고 있다고 주장한 위대한 사상가도 늘 있었다. 양쪽 다 맞는 말일 테다.

20세기 음악의 이야기는 전 세계 대중이 쉽게 접근 가능한 음악의 양이 워낙 방대했던 탓에, 그리고 음악을 쓰는 작곡가들이 모두 혼란스러운 시대를 살아야 했던 탓에 복잡해질 수밖에 없다. 인간 본성─우리가 왜 음악을 만들고 듣는지, 우리가 어떻게 소리를 지각하는지─은 변하지 않는다. 전쟁과 선전 기관들은 마치 음악이 배드민턴 경기의 셔틀콕인 양 다루었다. 설령 음악이 오로지 음표들의 집합일 뿐 절대로 외부에 관한 것이 아니라고 주장하는 이론이 사실이라 하더라도, 음악이 수많은 사물과 사상, 권력의 표상으로서 사용된 것만은 분명한 사실이다. 어쩌면 이 복잡한 이야기를 풀어낼 해답은 간단할지도 모른다. 그 해답이란 곧, 음악을 연주하는 것이지 않을까.

나치가 약탈하고 훔쳐간 미술 작품을 찾아다니는 일을 책임진 미 육군 산하 기념물, 미술품, 기록물 전담반─이른바 '모뉴먼츠 맨'으로 일컬어진─은 안타깝게도 잃어버린 음악을 되찾는 일은 하지 못했다. 보이지 않는 것을 어떻게 찾을 수 있단 말인가? 그렇다면 우리 모두가 음악의 모뉴먼츠 맨과 모뉴먼츠 우먼이 되어야 할 일이다. 수복 작업이 이루어지고 나면 음악은 다시 대중의 품으로 돌아갈 것이다. 아니, 음악을 빼앗겼던 대중의 후손들, 즉 우리의 품 안으로 다시 돌아올 것이다.

수많은 작곡가의 이름과 그들이 쓴 작품들에 대해 읽고도 이들이 누구이고 이 곡들은 또 어떤 음악인지 전혀 감도 잡지 못하는 일이 이어져왔다. 유럽, 러시아, 남미, 미국에서─사실상 **전 세계에서**─탄생한 음악이 우리가 읽는 책에서 다뤄지지 않고 우리의 콘서트홀에서 연주되는 레퍼토리에서 배제되어왔던 것이다.

미국만 하더라도 20세기 동안 각급 오페라하우스와 오케스트라가 수많은 작품을 위촉했지만 이들 중 지금까지 생명력을 유지하는 작품은 사실상 하나도 없는 실정이다. 자신의 직무에 헌신한 위촉자들, 심사위원단에 앉은 이들, 중요한 문화 기관을 경영하는 인사들이 100퍼센트 틀렸던 걸까? 그게 아니라면 구제해야 마땅할 작품들을 우리가 다시 들을 수 있도록 필요한 작업을 해줄 사람은 없는 걸까?

우리의 집단적 문화유산을 복원하는 일을 가능케 할 대규모 보조금을 기대해볼 수 있을까? 세계 곳곳의 도시에 있는 예술 기관들이 저마다의 역사를 돌아본다면, 음악학자들과 열린 마음을 지닌 평론가들과 오케스트라 및 오페라하우스의 음악감독들이 합심하여 매년 다만 한 곡이라도 잊힌 작품을 탐구하고 먼지를 털어내는 작업을 할 수만 있다면, 1차 대전이 예고되던 시기부터 소비에트 연합의 국기가 크렘린궁에서 내려진 1991년 12월 31일까지 한 세기에 이르는 전쟁으로 인한 동맹과 연립에 의해 지속성을 잃은 레퍼토리의 구멍을 메울 수 있는 계기가 될 수 있을지도 모른다.

나는 에이토르 빌라로부스와 에곤 벨레스, 마리오 카스텔누오보-테데스코의 음악을 연주회에서 듣길 소망한다. 이 글을 쓰고 있는 현재 기준으로 미국에서 단 한 번도 공연되지 못한 힌데미트의 〈세계의 조화〉를 제대로 연출한 무대를 경험하길 희망한다.

지난 50년 동안 읽은 글들 덕분에 내 안에는 상상으로 메워야 할 커다란 청각적 풍경이 생겨났다. 하워드 핸슨의 교향곡, 새뮤얼 바버의 〈안토니우스와 클레오파트라〉, 에른스트 토흐와 프란츠 슈미트의 음악, 니노 로타의 오페라, 브라질의 와우테르 부를리-마르스의 작품, 우크라이나와 아르헨티나의 무명 거장들의 작품이 바로 그 풍경의 주인공들이다. 저 많은 여성 작곡가들의 작품은 또 어떠한가? 2차 대전

중 힌데미트와 쇤베르크의 수업은 젊은 여학생으로 가득했음에도, 우리는 이들에 대해, 이들이 가진 지식과 재능을 어떻게 미래 세대에 전달했는지에 대해 거의 알지 못한다.

수십 년 동안 이어진 레퍼토리 선택의 과정 동안 어떤 작곡가의 이름은 지우고 또 어떤 작곡가의 이름은 앞으로 부각하는 일이 계속되었다. 관객은 저들이 알아보지 못하는 이름을 가진 작곡가의 음악은 기피하도록 세뇌되었다. 힌데미트와 쇤베르크 같은 작곡가는 나쁜 평판이 붙어버려 공연 기획자 처지에서는 이들의 음악을 편성하려면 입장 수익 감소를 단단히 각오해야 한다. 그러나 두 작곡가가 미국에서 남긴 작품에는 20세기의 가장 위대한 음악이 포함되어 있다.

이는 곧 우리의 음악 기관들과 문화계 지도자들이 대중의 신뢰를 회복해야 한다는 뜻이기도 하다. 우리는 새로운 세대가 이들의 음악을 연주하고 지지하도록 힘을 북돋워야 하며, 아울러 이들의 음악이 훌륭한 연주 단체에 의해 가장 명망 높은 무대에서 들려올 수 있도록 힘써야 한다. 시간, 지도력, 진실한 헌신이 필요한 일이다. 그러나 클래식 음악이 틈새 산업으로 추락하지 않으려면 반드시 해야 하는 일이기도 하다.

어쩌면 우리는 클래식 음악계에 팽배한 '예'와 '아니오'의 이분법적 사고에서 벗어날 수도, 대중음악과 진지한 음악을 대결 구도로 여기는 편견을 멈출 수도, 영화음악을 이등 시민처럼 여기는 상황을 거부할 수도 있을 것이다. 콘서트 프로그램만 해도 그렇다. 진부한 작품 사이에 낯설고 복잡한 음악을 샌드위치식으로 끼워 넣음으로써 두뇌를 당혹스럽게 하고 음악적 정보를 받아들이는 능력을 저하하는 대신,

사상과 양식에 기반한 지속성을 보여줄 수 있는 유기적인 프로그램을 짜는 일이 왜 불가능하겠는가. 음악은 혼란과 분열을 일으키는 것이 아니라 늘 모습을 바꾸어 사람들을 연결하는 역할을 해왔다. 앞으로도 쭉 그럴 것이다. 어쩌면 우리는 잃어버린 세월 속에 쓸려 사라진 음악을 폭넓게 규정하고 받아들이는 일을 할 수도 있으리라. 어쩌면 우리는 생존 작곡가들에게 저마다의 개성 있는 목소리로 노래하도록 격려함으로써 지난 50여 년 동안 빼앗긴 음악들을 되찾고 다시 한 번 기회를 주는 일을 할 수 있을지도 모른다.

우리가 이미 사랑하는 음악, 우리의 자연스러운 호기심이 이끄는 곳에 있는 미지의 음악을 죄책감 없이 당당히 받아들이는 일은 결국 우리를 이롭게 할 것이다. 만약 그런 음악을 쉽게 찾을 수 없다면 연주가 되도록 요구하라. 그리고 잊힌 음악, 알려지지 않은 음악을 발굴하는 소규모 음반사를 후원하라. 정말로 운이 좋다면 당신이 새로 만나는 음악은, 물리학자들이 입증하고 설명하려 노력하는 장소와 존재 양식—평행 우주, 비선형 시간, 존재하지만 눈으로 볼 수 없고 귀로 들을 수는 없는 사건의 핵심, 우리가 음악을 사랑하는 이유와 오늘의 우리를 연결해주는 수많은 것들—으로 당신을 데려다줄 것이다.

찰스 아이브스는 미지the Unknown와 내지the In-known를 구별하여, 후자를 우리가 근원적으로 감각하고 있으나 입증하거나 설명할 수 없는 무엇으로 규정했다. 양팔을 넓게 벌리고 편견 없이 들어보라. 들리는 음악은 어떤 **소리**로 되어 있나? 은유도 필요 없고, 직유도 필요 없다. 잘못된 기준도, 강제된 장벽도 없다. 끝없이 굽이치며 확장하고 내파하는 것으로 이어지는 관문이, 인간이 지구상에 등장한 이후로 언제나 존재해왔고 앞으로도 존재할 그 무엇이 거기에 있다. 눈에 보이지 않아도 귀와 정신, 마음으로는 만져질 듯 생생한 무엇이 거기에 있다.

그것은 음악이라고 불린다. 음악은 당신의 것이다. 그리고 당신의 것이기에 음악은 위대하다.

×

개인적 일기

내 인생에 빛과 그림자를 드리운 네 명의 20세기 작곡가를 소개하려 한다. 여러분이 지금 막 읽은 이 책의 밑거름이 된 발견과 추구의 과정을 거치는 동안 이들로부터 많은 응원을 받았다.

파울 힌데미트

1920년대 독일에서 가장 영향력 있고 높이 칭송받는 작곡가요 지도자로 떠오른 파울 힌데미트는 음악이 특정한 목적을 위해 사용될 수 있다는 말을 한 적이 있다. 이른바 실용음악Gebrauchsmusik론의 등장이다. 이미 위대한 작곡가들의 작품 중 다수가 특별한 용도에 봉사하기 위해 쓰이고 있었으므로 힌데미트는 아주 타당하고 정확한 표현을 한 것이다. 그러나 이 용어가 2차 대전 이후 오히려 힌데미트를 겨누는 칼끝이 되었다. 음악은 유용한 물건이 되어선 안 되기 때문이었다! 전후 세대 평론가들과 아방가르드를 비호하는 논객들은 힌데미트가 '쓸모없는 유용한 음악'을 너무 많이 썼다고 결론지었다. 학자 힌데미트가 미국에서 쓴 작품은 아무런 가치도 없고 관심의 대상도 되지 못하는 것으로 여겨졌다. 1950년 그는 답답한 심경을 토로하며 "우스꽝스러운 용어와 그에 부수되는 몹쓸 분류들을 박멸하기가 불가능하다"고 말했다. 저명한 음악 평론가 피터 G. 데이비스는 1979년 『뉴욕 타임스』에 기고한 글에서 이렇게 썼다.

> 한때는 스트라빈스키, 쇤베르크, 버르토크와 나란히 20세기 초 음악계의 핵심 작곡가로 여겨졌던 파울 힌데미트는 숨을 거두고 난 [1963년] 이후로는 연주회 무대에서 사실상 사라지다시피 했다. 손에 꼽을 정도의 기악 소나타를 제외하면 요즘 힌데미트의 음악은 거의 연주되지 않는다. 심지어 〈베버 주제에 의한 교향적 변용〉과 〈화가 마티스 교향곡〉처럼 한때 인기가 높았던 곡들도 예전만큼 자주 연주되지 않는다.

1895년에 태어난 힌데미트는 아방가르드 작곡가로, 그리고 (아르놀트 쇤베르크와 나란히) 20세기 가장 중요한 음악 지도자로 명성이 높았다. 젊은 시절에는 복잡하고 도발적인 음악을 썼으나, 곧 노선을 바꾸어 개인적으로 조성과 화성적 결미의 기능을 유지하는 작곡 이론을 개발하여 서양 음악을 새로운 방식으로 설명했다. 루터교도였던 그는 제3제국의 즉각적 제거 대상은 아니었다. 비록 초기작의 성향 때문에 의심의 눈초리를 받는 처지이기는 했으나, 많은 이들이 그랬듯 애초에는 새로 들어선 정권 내에서 음악가로서의 활동을 꾀했다. 하지만 끝내 힌데미트의 음악은 금지곡 목록에 이름을 올리고야 말았다. 그의 아내는 유대인 혈통의 가톨릭교도였고, 힌데미트는 스위스를 거쳐 미국으로 망명했다. 미국에서는 가장 유명한 독일 망명객으로 환영을 받았다. 물리학자 알베르트 아인슈타인은 프린스턴 대학에서 교편을 잡았고, 건축가이자 바우하우스의 창설자 발터 그로피우스는 하버드 대학 강단에 섰으며, 힌데미트는 예일 대학에서 후학을 가르쳤다.

당대 여타 독일 작곡가들과 달리 힌데미트는 바흐와 헨델 이전 음악을 연구 복원했고, 예일 대학 제자들은 고악기 연주와 힌데미트 교수가 이끄는 콜레기움 무지쿰의 노래 과정을 의무로 거쳐야 했다. 이런 면에서 힌데미트는 고음악 연구의 선구자였던 셈이다. 그는 또한 해독 가능한 최초의 필사 악보인 중세와 르네상스 시대 음악과의 연결성이 느껴지는 작품을 썼다.

힌데미트는 1941년부터 1953년까지 예일 대학 음악대학 강단을 지켰다. 내가 예일 대학에 적을 둔 동안(1963~1983) 그의 음악에 관심을 갖게 된 두 가지 사건이 있었다. 첫 번째는 학부생 1학년 때 들려온 그의 서거 소식이었다. 스위스에서 사망한 힌데미트를 추모하기 위해 그가 세상을 떠나기 몇 달 전에 완성한 〈무반주 합창을 위한 미사〉를 미국 초연하는 자리에 합창단원으로 참여했다. 두 번째는 3년 뒤였다. 1966년 여름 독일 바이로이트의 바그너 페스티벌에서 만난 프리델린트 바그너로부터 충격적인 이야기를 들었다. 오빠 빌란트가 할아버지 리하르트 바그너가 쓴 작품이 아닌 오페라를 축제극장에서 제작하려고 고심하고 있다는 얘기였다(지금은 내부 규정에 따라 바그너 이외의 작곡가가 쓴 작품을 바이로이트에서 공연하는 일이 금지되고 있으나 그때는 그렇지 않았다). 빌란트가 일순위로 염두에 둔 작품은 힌데미트의 〈화가 마티스〉였다. 수백 편의 후보작이 있었을 거라는 점을 고려하면 놀라운 선택이었다. 힌데미트에 대해 좀 더 알아야 할 때가 되었다는 느낌이 들었다. 공부의 결과는 놀라웠다. 교향곡, 오페라, 협주곡, 소나타, 미국에서 쓴 합창곡까지 다양한 작품이 있었다.

1979년 나는 힌데미트의 작품으로만 이루어진 예일 음악대학 오케스트라 연주회를 기획했다. 2차 대전 직후의 작품인 〈심포니아 세레나〉, 성모마리아에게 바친 관현악 반주의 연가곡집 〈마리아의 생애〉—놀랍게도 미국 초연이었다—그리고 1951년에 완성된 장대한 교향곡 〈세계의 조화〉(힌데미트는 6년 뒤인 1957년 이 교향곡을 바탕으로 요하네스 케플러의 행성 운동 법칙 발견을 다룬 동명 오페라를 썼다), 이렇게 세 곡으로 꾸민 뉴욕 카네기 홀 무대였다. 연주회는 만장일치의 호평으로 보답받았다. 〈심포니아 세레나〉도 〈세계의 조화〉도 각각 완성된 해를 제외하면 뉴욕에서 연주된 기록이 전무했다(이 글을 쓰고 있는 지금 기준으로 1979년은 이 두 작품이 뉴욕에서 마지막으로 연주된 해였다). 이들 작품에는 심오한 영웅성과 영성, 견고한 건축미, 그리고 유쾌한 유머가 깃들어 있다. 『뉴요커』의 앤드루 포터는 "힌데미트의 음악, 특히 그가 미국에 정착한 뒤에 쓴 음악을 들으며 고양감, 따뜻함, 환희, 심지어 격정을 느낀다"고 절찬했고, 『뉴욕 타임스』의 피터 G. 데이비스는 "그의 악보는 대단히 높은 완성도를 자랑할 뿐만 아니라 빼어나고 때로는 지극히 아름다운 음악으로 채워져 있다"고 상찬했다.

그날 저녁 힌데미트의 음악은 승리를 거두었다. 하지만 그 이후로 한동안 후속타는 터지지 않았다. 그러다가 2010년 리카르도 무티가 뉴욕 필하모닉과의 연주회에서 〈교향곡 E플랫장조〉를 지휘했다. 작곡가가 미국에 도착한 직후에 쓴 영웅적이고 장대한 작품이었다. 2010년 3월 6일자 『뉴욕 타임스』에는 「좀처럼 들을 기회가 없는 교향곡이 신작처럼 다시 떠오르다」라는 제목의 기사가 실렸다. 힌데미트의 작품을 위해 싸운 무티와 달리, 글을 쓴 평론가는 그의 음악을 일컬어 "학문적이다" "현학적이다" "무겁고 지루하다" 등의 표현으로 폄하했다. 힌데미트는 박스오피스의 유독 물질로 간주되고 있으며, 한때는 열광적인 지지를 받은 작품들을 탐구하려는 의지나 흥미를 보이는 지휘자와 예술감독도 극히 드문 실정이다.

쿠르트 바일

쿠르트 바일은 1900년 독일 데사우에서 태어났다. 유대교회 합창단장인 아버지 밑에서 자란 바일은 바그너의 조수 출신인 엥겔베르트 훔퍼딩크(오늘날은 오페라 〈헨젤과 그레텔〉의 작곡가로 유명하다)와 이탈리아의 미래파 작곡가 페루초 부소니를 포함한 여러 유명 음악가에게서 가르침을 받았다. 바일은 스물여섯 살이 되자마자 발표한 오페라 〈주인공〉으로 독일 내에서 광범위한 찬사를 받았다(어느 평론가는 바일을 두고 "일급의 창조력"이라고 했고 또 다른 평론가는 그의 음악이 "기술적으로 무척 놀라운 수준의 완벽성을 갖추고 있다"고 했다). 바일은 한 치의 빈틈도 없이 현대적인 표현주의 양식을 버리고 쉽게 이해 가능하면서도 여러 감정을 표현할 수 있는 특출한 서정적 언어로의 양식 전환을 도모했다. 〈서푼짜리 오페라〉(1928)와 이를 원작으로 한 초창기 유성영화(1931)는 바일에게 국제적 악명과 더불어 약간의 상업적 성공을 안겨주었다. 1933년 나치즘이 발흥하자 독일을 떠나 최종적으로 뉴욕에 정착했고, 브로드웨이에서 활동하다가 1950년에 쉰의 나이로 사망했다. 바일이 독일에서 쓴 작품들이 냉소와 재치가 빛나는 편이었다면, 미국에서 쓴 작품들은 대범한 낙관성이 부각되었다. 유럽 평론가들은 바일이 상업성을 높이기 위해 브로드웨이의 일반 관객에 적당히 영합한 순도 낮은 작품—진정한 문화적 배경이 없는 음악—을 썼다며 낮추어 보았다. 바일이 타락한 건 미국 때문이라는 비판도 있었다. 그러나 반드시 짚어야 할 사실은, 바일이 미국의 위대한 시인들, 작사가들과 함께 작업했다는 점이다. 이를테면 아이라 거슈윈, 맥스웰 앤더슨, 벤 헥트, 랭스턴 휴스, 앨런 제이 러너 같은 이들이다.

내가 어린 시절 처음으로 들었던 바일의 노래는 〈스피크 로우〉였다(1943년 브로드웨이 히트작인 〈비너스의 한 번의 손길〉의 영화 버전을 TV에서 왕왕 틀어주곤 했었다). 고등학교 시절에는 뉴욕 시립 오페라가 종종 리바이벌 무대를 올리곤 하던 1947년에 브로드웨이 오페라 〈거리의 풍경〉을 관람하고는 신비롭고 이국적이면서도 어딘가 호소하는 구석이 있는 그의 음악이 던지는 마법에 사로잡혔다. 1978년 뉴욕 시립 오페라가 내게 〈거리의 풍경〉 지휘를 제안했을 때 덥석 수락한 것도 당연한 일이었다. 잭 오브라이언이 연출한 무대였는데, 하필이면 신문이 파업 중인 시기여서 큰 주목을 받지 못했고 공연도 네 차례가 전부였다. 그래도 첫날 공연 이후 입소문이 좋게 나서 남은 세 번의 공연은 모두 매진을 기록했다. 시립 오페라 측은 부랴부랴 다음 시즌 스케줄에 우리의 무대를 포함했고, 이는 공영 TV의 프로그램 〈라이브 프롬 링컨 센터〉를 통해 중계되었다. 나는 작곡가의 미망인이자 뮤즈였던 로테 레냐와 시간을 보내는 행운을 누리기도 했다. 이때 무대를 관람한 수천 명의 관객 중에 레너드 번스타인도 있었다. 그는 "나는 확신이 서지 않더군"이라는 말로 내게 놀라움과 실망을 안겼다. 번스타인의 말은 바일의 '미국 사운드'가 왠지 가짜처럼 들린다는 미국 작곡가 다수(와 유럽 평론가들)의 의견을 여과 없이 표현한 것이다.

10여 년 뒤 나는 영국에서 〈거리의 풍경〉을 지휘했고, 최초의 전곡 녹음을 도맡았으며, 포르투갈과 이탈리아 초연을 이끌었다. 바일이 미국에서 쓴 음악이 베를린에서 〈서푼짜리 오페라〉(이 작품 역시 정부가 지원하는 오페라하우스가 아니라 영리 목적으로 운영되는 극장용으로 쓴 것이다)를 썼던 바일의 연장선상이라는 내용의 글을 쓰고 강연도 했다. 바일이 원칙을 내버리고 브로드웨이를 위해 자신이 고수해오던 양식에 물을 탔다는 세상의 통념과는 정반대되는 주장이었다. 그의 경우에는 '셀 아웃sell out'이라는 표현이 티켓 판매고를 가리키는 게 아니라 치명적인 예술적 타협을 가리키는 용도로 더 자주 쓰이곤 했다. 『뉴 그로브 음악 사전』에는 "브로드웨이 말고는 대안이 없는 처지에 몰리자 근본적인 변화를 피할 수 없었다는 점이 바일에게는 불운"이었다는 문장이 있는데, 그것이 당대의 일반적인 평가였다. 〈거리의 풍경〉은 1947년 앨빈 극장에서 막을 내리고 50년이 지난 후에도 여전히 미국과 유럽 전역에서 관객들을 사로잡고 있었다.

한편 서독에서는 음반사 데카의 주도로 바일의 음악이 녹음되고 있었다. 이는 대부분의 독일 음악가들에게 바일과의 첫 상면이기도 했다. 〈서푼짜리 오페라〉를 상연한 서베를린의 극장 가판대에는 다음의 글씨가 대문짝만하게 찍힌 포스터가 내걸려 있었다.

베르톨트 브레히트
서푼짜리 오페라

그 아래로는 연출가와 무대 디자이너의 이름이, 그 아래로 모든 배역과 해당 성악가와 출연진의 이름이 적혀 있었다. 그리고 맨 아래, 마치 깜빡 잊었던 내용을 황급히 덧붙이듯, 잊을 수 없는 문구가 빼꼼히 등장했다.

음악: 쿠르트 바일

나는 1989년 베를린 장벽이 무너지기 몇 달 전에 바일의 발레 음악 〈일곱 가지 대죄〉(1933) 녹음 세션을 했던 걸 지금도 기억하고 있다. 리아스¹ 베를린 신포니에타(현 베를린 독일 교향악단의 전신) 단원 중 그 누구도 바일의 이 중요한 작품을 연주해본 경험이 없었다.

바일 탄생 100주년을 맞은 2000년, 나는 토론회 패널로 초대받아 데사우를 방문했다. 중부독일방송MDR을 통해 중계된 이날 토론장에는 꽤 많은 수의 방청객이 참여했다. 토론은 사실상 바일의 1935년 성서극 〈약속의 길〉 독일 초연에 관한 기자회견장이나 다름없었다. 바우하우스—1934년 독일을 탈출한 발터 그로피우스가 세운 디자인 학교—에 마련된 테이블 뒤에 다른 바일 전문가들과 함께 나란히 앉은 우리는 독일인 청중을 상대로 거의 영어로 말을 했다. 패널 가운데 데이비드 드루(영국인), 테리사 스트라타스(캐나다인), 킴 코워키(미국인), 내(미국인)가 영어를 썼고, 켐니츠 오페라에서 온 대표자는 독일어를 사용했다. 그날 가볍게 보아 넘길 수 없는 사실 하나가 확실해졌다. 독일에는 진정한 바일 전통이라고 부를 만한 것이 남아 있지 않았다. 이른바 독일의 바일 전통이라는 건 전후 동독에 정착한 베르톨트 브레히트가 만들어낸 것이었다. 브레히트는 극작가의 대사 전달에 주력하기 위해 선율을 적당히 뭉갠, 다시 말해 대사와 노래 사이 중간 지점과도 같은 스타일을 만들어낸 장본인이었다. 바일의 가장 두터운 신임을 받은 지휘자 모리스 아브라바넬은 이 문제에 대한 견해가 확고했다. "바일은 모든 음표를 노래해야 한다고 강조했어요! 이른바 말하듯 전달하는 대사 스타일은 역겹기 짝이 없습니다."[2]

패널들이 앉은 테이블 너머에는 고통스러운 진실이 똬리를 틀고 있었다. 복수의 영어 구사자들이 독일 청중에게 독일 문화에 관해 이야기하는 역설 말이다. 우리의 대담은 라디오로 생중계되었고, 마이크를 잡은 기회를 놓치기 싫었던 나는 젊은 독일 작곡가들에게 바일의 발자취를 좇아 다가가기 쉬우면서도 정치적 메시지와 비판 의식을 담은 음악극 작품을 써달라고 간곡히 요청했다.

〈약속의 길〉은 오랫동안 기다렸던 유럽 초연과 이스라엘 초연을 마치고 65년 만에 뉴욕으로 돌아왔다. 켐니츠 공연은 열광적인 찬사를 받았고 연출도 무척 훌륭했지만 뉴욕에서는 큰 호들갑 없이 조용히 지나갔다. 켐니츠 공연을 찾은 어느 관객은 아브라함으로부터 시작되는 유대인의 역사를 회상 형식으로 이야기하는 작품의 스토리에 놀랐다고 말했다. 신을 믿어선 안 되는 동독에서 자랐다는 그는 "아주 흥미로웠지만, 나는 예수가 그저 성서 속 인물인 줄 알았다"고 말했다. 평론가들은 이 작품을 음악 역사 속 어느 위치에 '두어야' 할지 몰라 헤매는 듯 보였고, 장려한 두 시간 반 분량의 악보나 바일의 인생과 문화사 정치사 속에서 이 작품이 점하는 위치보다도 작품 결말부의 내용—유대인 공동체가 맞서 싸우는 대신 그들의 작은 마을을 포기하고 떠난다는—에 대한 토론이 더욱 활발했다. 그런가 하면 이스라엘 공연에서는 오케스트라 단원들이 공공연히 음악을 업신여기는 듯한 태도를 보여 리허설이 특히 까다로웠다. 러시아계 유대인이었던 어느 단원은 내게 "이 바일이라는 작자가 유대인이 맞긴 맞소? 우리 러시아에서는 들어본 적 없는 이름인데" 하고 이죽댔다. 그래서 나는 이렇게 답했다. "함께 점심이나 하며 2차 대전 얘기나 나눠봅시다."

에리히 볼프강 코른골트

1897년에 태어난 에리히 볼프강 코른골트는 열한 살 때부터 완숙한 작품을 써 전 유럽을 놀라게 했다. 말러는 어린 에리히를 "천재 음악가"라고 평했고, 리하르트 슈트라우스는 젊은 코른골트의 관현악 작품을 두둔했다. 시벨리우스는 "새끼 독수리"라는 덕담을 건넸으며, 푸치니는 코른골트가 "독일 음악의 가장 큰 희망"이라고 했다. 그가 스물다섯 살에 발표한 오페라 〈죽은 도시〉는 전 유럽뿐만 아니라 뉴욕 메트로폴리탄 오페라 무대에까지 입성한 세계적인 히트작이 되었다.

코른골트는 유럽에서 가장 위대한 연출가로 이름난 막스 라인하르트와 긴밀히 협업했고, 두 사람이 각색하여 무대에 올린 빈 오페레타는 큰 성공을 거두었다. 워너 브러더스가 라인하르트에게 셰익스피어의 『한여름 밤의 꿈』 각색을 의뢰하자 코른골트는 이를 기회 삼아 할리우드를 방문했다. 이때 그는 유성영화라는 새로운 매체, 그리고 이미지와 드라마에 음악을 일치시키는 방식에 매료되었다. 제3제국이 오스트리아를 병탄하자 코른골트는 가족을 이끌고 로스앤젤레스로 이주했고, 자신의 이름이 올라간 영화는 제3제국 내에서 상영되지 않을 걸 알면서도 계속 영화음악을 썼다. 전쟁이 끝나고 그는 연주회용 음악이라는 원래의 활동 영역으로 돌아왔다. 그러나 한때 영웅 대접을 해주던 빈에 복귀하려는 시도는 처참한 실패만을 안겨주었다. 빈 사람들은 옛 작품과 최근 작품을 막론하고 그의 음악을 구닥다리로 싸잡았다. 코른골트의 음악 양식은, 그의 멘토였던 리하르트 슈트라우스의 교향시나 초기 오페라와 유사한 복잡한 낭만성을 견지하면서도 조성 언어 내에서 '그림자' 음표를 유일무이한 방식으로 사용하거나 구스타프 말러의 교향곡과 흡사한 격동하는 감정적 출렁거림을 보이는 등 유기적인 방식으로 발전해나갔다.

클래식 음악계에서는 할리우드 황금기의 초석을 놓은 코른골트가 "할리우드에 가기 전부터 이미 늘 할리우드용 음악을 쓰고 있었다"는 말이 사실처럼 통한다. 전쟁이 끝난 뒤 '할리우드'라는 단어에는 새로운 멸시의 의미가 덧붙었다. 코른골트는 예순의 나이로 사망하기 몇 달 전인 1956년 이렇게 서운함을 표현했다. "마치 나는 완전히 지워진 사람인 것만 같다. 정말 그렇다. 빈 국립 오페라에 관한 책을 서너 권 읽어봤는데 내 이름은 단 한 번도 등장하지 않았다." 그는 자신의 인생이 '한때는 천재였으나 결국에는 그저 그만그만한 재능으로 주저앉은' 정도의 서사로 요약될 것임을 확신한 채 눈을 감았다.

클래식 음악 애호가 연하는 속물들이 대개 그렇듯 나 또한 영화음악은 진지한 관심을 기울일 만한 가치가 없는 음악이라고 깔본 적이 있다. 어떻게 '알고서' 그랬는지는 몰라도, 어쨌든 그랬던 것만은 확실하다. 많은 이들처럼 나 또한 할리우드 영화음악은 본격 클래식 작곡가들의 음악을 스리슬쩍한 것이 대부분이라고 믿었다. 생각이 바뀐 건 1980년대의 어느 시점부터였다. 라디오에서 흘러나오는 극적이고 유달리 아름다운 첼로 협주곡에 불의의 기습을 당한 것이다. 누가 쓴 곡인지 몰라도 바그너와 슈트라우스 음악의 DNA가 느껴지는, 그러나 어딘가 다른—더 복잡하고 현대적인—멋진 곡이었다. 그 곡은 내게 과거를 일거에 뒤집어엎는 혁명이라기보다 점진적인 진화의 인상을 주었다. 연주가 끝나고 진행자는 벳 데이비스가 출연한 1946년 영화 〈속임수〉에 쓰인 에리히 볼프강 코른골트의 〈첼로 협주곡〉이라고 곡 소개를 했다. 바로 그 순간, 나는 영화음악에 관한 내 생각을 백지상태로 되돌려야 함을 깨달았다. 한마디로 훌륭한 음악이었다.

이 책의 서두에서 언급했던 것처럼, 1990년 나는 할리우드 볼을 거점으로 활동하게 될 새로운 오케스트라가 연주할 레퍼토리를 발굴하기 위해 로스앤젤레스에서 작곡된 작품들을 연구하고 있었고, 동시에 데카의 '퇴폐 음악' 시리즈—히틀러가 금지한 음악을 베를린에서 녹음하여 재조명하는 시리즈—를 진행할 주요 지휘자로 낙점된 상태였다. 내 안에서 두 세계가 충돌했다. 로스앤젤레스에서는 〈로빈 후드의 모험〉을, 베를린에서는 〈헬리아네의 기적〉을 지휘했다. 양쪽 모두 에리히 볼프강 코른골트의 작품이었다.

두 개의 서로 다른 국가, 전혀 다른 환경에서 쓰인 이 두 걸작은 충돌이 빚은 혼란의 공통분모가 되었다. 양쪽 모두 대단히 복잡한 작품이었다. 양쪽 모두 거대한 작품이었다. 그리고 간헐적으로 있었던 발췌 연주를 제외하면 양쪽 모두 미국에서 전곡으로 만날 기회가 없었던 작품이었다. 〈헬리아네의 기적〉은 1927년에 쓰인 작품임에도 세계 최초의 녹음이 될 전망이었고, 나중에 알게 된 사실이지만 〈로빈 후드의 모험〉은 코른골트와 그의 가족의 목숨을 구한 작품이나 다름없었다. 코른골트가 〈로빈 후드의 모험〉 음악 작업으로 미국에 머무는 동안 오스트리아가 제3제국의 일부로 흡수되는 분위기가 짙어졌기 때문이다.

나는 할리우드 볼에서 코른골트의 작품을 연주하면서 작곡가의 아들 에른스트와 며느리 헬렌을 알게 되었고 손주들과 증손주들도 만났다. 1930년대 코른골트 본인이 직접 지휘한 단 한 차례의 연주회를 제외하면 그의 음악은 할리우드 볼에서(아니, 할리우드 볼은 고사하고 로스앤젤레스 전역에서) 단 한 번도 연주되지 않았다. 코른골트의 증손자는 6학년 수업 시간에 쓴 작문에서 "만약 내 증조부가 할리우드에 오지 않았다면 나는 지금 여기에 없을 것"이라고 적었다.

나는 베를린의 녹음 작업과 할리우드 볼 콘서트를 준비하며 그의 음악을 배우기 시작했다. 그에 관해 쓴 전기傳記가 단 한 권도 없었다. 음반은 손에 꼽을 정도였다. 천우신조로 작곡가의 손자 레슬리의 차고에 할아버지가 남긴 비공개 녹음 자료가 있었다. 덕분에 1949년 빈 필하모닉과 〈교향적 세레나데〉를 초연하기로 한 빌헬름 푸르트벵글러에게 곡의 의도를 설명할 목적으로 작곡가 본인이 이 작품을 직접 피아노로 연주하는 걸 들을 수 있었다. 나는 거기에 담긴 '가르침'을 베를린 녹음 스튜디오로 그대로 가져가 적용했다.

하노버에서 북독일방송NDR 오케스트라 앞에 선 나는 **코른골트의 이름을 들어본** 단원이 단 한 명도 없다는 사실에 경악하지 않을 수 없었다. 보스턴 심포니와의 데뷔 무대에서 나는 힌데미트와 바일의 작품, 그리고 코른골트의 위대한 〈교향곡 F샤프장조〉를 지휘했다. 그날 프로그램의 모든 작품이 보스턴 심포니로서는 처음 연주하는 곡이었다. 1995년에는 뉴욕 필하모닉과의 연주회에서 〈교향적 세레나데〉를 지휘했다. 그날 연주회 프로그램에는 코른골트의 동료이자 〈스펠바운드〉 〈벤허〉 〈마담 보바리〉 등의 영화음악을 쓴 것으로 유명한 헝가리 출신의 망명 작곡가 로자 미클로시의 〈주제, 변주와 피날레〉가 포함되어 있었다. 이 곡은 1943년의 어느 일요일 오후 레너드 번스타인이 뉴욕 필하모닉 데뷔 무대에서 지휘했던 바로 그 작품이기도 하다.

같은 프로그램으로 링컨 센터에서 두 차례 연주회를 치렀고, 두 번 모두 매진을 기록했다. 뉴욕 필하모닉 역사상 영화에 실황 오케스트라 반주를 입힌 것은 이때가 처음이었다. 연주가 끝나고 쏟아진 즉각적인 찬사와 기립박수는 우리가 역사적인 무언가를 이루었다는 느낌마저 들게 했다. 그러나 『뉴욕 타임스』는 양일간의 공연을 다룬 취재 기사나 리뷰 기사를 단 한 꼭지도 쓰지 않았다. 그렇게 함으로써 코른골트와 로자를 주류 연주회 판으로 끌고 나온 순간에 대해 관심이 있을지도 모를 미래 학자들의 연구 실마리를 땅에 묻어버렸다. 20세기가 잃어버렸던 음악을 되찾는 과정의 시초에 관한 정보를 찾는 사람이 있더라도 미국 '최고의 신문'이라는 곳에서는 관련 기록을 찾을 수 없을 것이다.

뉴욕만 그랬던 게 아니다. 나는 1991년부터 2006년까지 할리우드 볼 오케스트라와 함께 수백 편의 영화음악을 최초로 콘서트 무대에 올렸고 아울러 현재 사용되고 있는 영상 실황 반주 기법을 다듬고 발전시켰다. 그럼에도 로스앤젤레스 필하모닉은 이미 영화를 통해 들었던 음악이라는 이유로 이들 무대에 '초연'이나 '최초의 콘서트 연주' 등의 단어를 사용하길 거부했다. 말해봐야 입만 아픈 노릇이지만, 『로스앤젤레스 타임스』는 열여섯 시즌 동안 400만 관객이 들은 연주회를 대부분 없는 셈 쳤다. 앨프리드 히치콕의 영화에 쓰인 다섯 명의 작곡가가 쓴 음악을 가지고 꾸민 연주회 역시 대부분의 곡목이 콘서트에서는 처음으로 선보이는 것이었음에도 제대로 된 리뷰 기사는 없었다. 『로스앤젤레스 타임스』에 보낸 항의 서한에 신문 측은 "우리는 이미 마우체리가 히치콕을 지휘한 연주회를 리뷰한 바 있다"고만 답했다. 그나저나 이들은 히치콕이 작곡가인 줄 아는 모양이다.

1997년은 에리히 볼프강 코른골트의 탄생 100주년이었음에도 미국에서는 그의 삶과 음악을 기리는 연주회가 단 한 차례도 잡히지 않았다. 그때 나는 코른골트와 그의 가족이 느꼈을 좌절감을 다소나마 공감할 수 있었다. 그러나 뜻밖의 장소에서 낭보가 날아들었다. 빈이 코른골트 탄생 100주년을 기념하는 공식 연주회를 기획하고 있다면서 내게 지휘를 맡아달라고 요청한 것이다. 많은 이들의 사랑을 받는 연세 지긋한 임프레사리오 마르첼 프라비가 연주회의 '호스트'를 맡기로 되어 있었다. 실황은 TV로 중계될 예정이라고 했다. 젊은 코른골트와 빈에서 사귄 벗이었던 프라비는 원하는 것이 확실했고, 이는 곧 연주회 프로그램이 코른골트가 미국으로 떠나기 전 작품으로 국한된다는 것을 의미했다. 하지만 발췌 음악으로 이루어질─단 한 번의─콘서트가 주인공의 미국 세월을 완전히 지워버리고 열두 편의 장편 영화, 한 편의 교향곡, 두 편의 협주곡을 건너뛸 수 있겠는가? 프라비는 완강했다. 코른골트의 미국 음악은 "예술적 수준 미달"이라는 이유였다.

이 문제를 놓고 빈 콘체르트하우스의 경영자 크리스토프 리벤과 나눈 대화는 고통스러웠다. 나는 그에게 "프라비가 원하는 대로 고분고분 따를 젊은 오스트리아 지휘자를 구하십시오. 나는 미국인으로서 또 음악가로서 코른골트가 미국에서 살면서 음악을 쓰지 않은 척 가장하는 일은 못합니다" 하고 최후통첩했다. 며칠 뒤 전화가 왔다. "아직 연주회를 하고 싶으시길 바랍니다. 프라비가 그만뒀으니까요."

그렇게 나는 1997년 4월 빈의 코른골트 헌정 공연 무대를 지휘했다. 프로그램에는 〈교향곡 F샤프장조〉의 처연한 아다지오 악장이 포함되었고, 〈로빈 후드의 모험〉은 영화 영상을 틀어놓고 발췌 음악을 연주했다. 연주회는 전석 매진을 기록했고 관객 반응도 뜨거웠다. 관객 중 어떤 이들은 영화 원본에 테크니컬러를 입혔다고 생각했을지도 모르겠다. 그들은 흑백 화면에 코른골트의 음악이 빠진 독일어 더빙판으로 〈로빈 후드의 모험〉을 접했기 때문이다.

그러나 그날의 연주회는 상처뿐인 승리였다. 언론 보도는 전혀 없었고, 주요 평론가들은 연주회에 참석조차 하지 않았다. TV 중계팀은

철수했다. 라디오를 통해 방송된 녹화 중계에는 프라비의 내레이션이 추가되었고 미국 음악은 삭제되었다. 빠진 분량만큼의 방송분은 코른 골트가 빈에 머물던 전쟁 전 시점에 녹음된 음반이 채웠다.

아르놀트 쇤베르크

당신이 클래식 음악 애호가라면 '무조 음악의 아버지' 아르놀트 쇤베르크만큼 두려운 이름도 없을 것이다(정작 쇤베르크는 이 별명을 끔찍이 싫어했다고 한다). 1874년에 태어난 쇤베르크는 젊은 급진파 음악가 가운데 가장 선배 세대였다. 처음에는 바그너와 말러의 그림자 아래에서 성장한 사람이 쓸 법한 아름답고 독특한 음악을 썼으나, 1908년 기존의 규칙을 외면한 새로운 세계로 도약함으로써 국제적인 유명 인사가 되었다.

나치로부터 도망한 쇤베르크는 로스앤젤레스에 정착하여, 베를린에서 그랬던 것과 마찬가지로, 교수로서 생계를 꾸렸다. 예일 대학의 힌데미트처럼 그 역시 다수의 여성을 포함한 수백 명의 미국 학생을 지도했다. 역시 힌데미트처럼 그 또한 학생 각자가 요구하는 수준에 맞춰 음악을 가르쳤지 본인의 스타일을 모방하는 법을 가르치지 않았다. 비록 쇤베르크가 남긴 12음 기법의 작품과 무조성 작품이 공연되는 경우는 흔치 않지만, 그럼에도 그가 20세기 음악에 던진 충격은 어마어마했다.

쇤베르크는 평가가 훨씬 복잡한 인물이다. 한편으로, 그는 아방가르드 음악의 아버지요, 1차 대전을 가로지르는 시대에 가장 진보적인 음악 운동의 지도자로 여겨진다. 1920년대 초에는 바흐의 음악을 관현악용으로 편곡하기도 했고, 미국에 정착한 다음에는 아방가르드의 초창기 기법을 활용한 음악을 썼다. 아울러 간혹 바로크 춤곡 등의 옛 음악을 창의적이고 복잡한 프리즘을 통해 굴절시키는 방식으로 탐구하기도 했다.

쇤베르크의 음악은 (같은 로스앤젤레스 주민이던 스트라빈스키의 경우와 마찬가지로) 1960년대 들어 새로 음반화되면서 우리 세대의 젊은 미국 음악가들에게 다가갔다. 그의 대중적 이미지는 엄격하고 까다로운 규율가에 가까웠고, 그의 음악은 흥미롭기는 하나 듣기에는 지극히 불편한 음악이라는 인상이 강했다. 나 역시 그런 이미지로 쇤베르크를 이해했다. 그러나 1987년 〈실내 교향곡 2번〉을 발견한 뒤로 많은 것이 바뀌었다.

실연實演으로 접할 기회가 거의 없는 이 작품은 두 개의 악장으로 이루어져 있다. 〈트리스탄과 이졸데〉의 유령이 어슬렁거리는 듯 어두운 1악장은 쇤베르크가 조성 음악 바깥의 영역을 탐구하기 시작한 직후인 1908년에 작곡되었다. 로스앤젤레스에 정착한 그는 30년간 미완성 상태로 남아 있던 작품을 다시 책상에 올려 두 번째 악장을 더해 전체를 완성했다. 2악장은 도저히 쇤베르크가 쓴 것이라고는 믿기 어려운 행복한 스케르초로 시작된다. 음악은 점차 광증을 더해가다가 돌연 멈춘다. 그러고는 1악장에 등장했던 구슬픈 플루트 선율이 트럼펫 연주로 재등장한다. 멈출 수 없는 시간의 행진과 또 다른 전쟁을 목전에 두고 있는 끔찍한 현실을 생각하지 않을 수 없는 순간이다. 곡의 마지막 마디에는 1939년 10월 21일이라는 날짜가 기록되어 있다. 영국과 프랑스가 독일에 선전포고한 지 한 달이 지난 시점이었다. 오스트리아는 독일 제국의 일부였고, 바르샤바는 이미 독일의 수중에 떨어진 뒤였다. 그리고 첫 번째 강제수용소가 이미 운영되고 있었다.

내가 〈실내 교향곡 2번〉을 처음 지휘한 건 1988년 스코틀랜드 오페라 오케스트라와의 연주회에서였다. 프로그램의 첫 곡은 1940년 폭격 이후에 완성된 리하르트 슈트라우스의 비극적 왈츠곡 〈뮌헨〉이었다. 이어서 쇤베르크의 작품이 연주되었고, 연주회 후반부는 쿠르트 바일의 1940년 뮤지컬 〈레이디 인 더 다크〉에 오롯이 바쳐졌다. 쇤베르크와 슈트라우스의 작품은 사전 공지가 되지 않은 깜짝 프로그램이었고, 에든버러의 공연장을 가득 채운 관객은 〈실내 교향곡 2번〉 연주가 끝나자 뜨거운 함성으로 화답하며 나를 두 번이나 무대 위로 불러내 인사하게 했다. 연주회를 리뷰한 어느 평론가는 이렇게 썼다. "어제 어서 홀에서 존 마우체리는 사람들의 허를 찌르듯 갑자기 쇤베르크를 꺼내놓았는데, 관객이 쇤베르크의 음악을 좋아하게 만드는 한 가지 방법이 될 듯하다."

이 작품이 그토록 중요한 의미가 있는 이유는, 첫 번째 악장과 두 번째 악장을 나누는 침묵 속에 많은 이들이 '아르놀트 쇤베르크의 유산'이라고 생각하는 것들이 새겨져 있다는 점 때문이다. 무대 위의 단원들이 악보를 넘기고 다시 태세를 다지는 20초의 시간 속에는 비조성 음악과 12음 기법을 향한 30년간의 여정이 응축되어 있다. 두 번째 악장이 시작되면 작곡가가 20초 전과는 전혀 다른 곳에 도착해 있음이 자명해진다. 그곳에서는 협화음이 다시 한 번 표현의 유효한 수단으로 격상된다. 비록 몇 분간일지언정 쇤베르크의 음악적 세계가 유머와 아름다움을 되찾았음을 보여준다. 다사다난했던 인생 경험은 그가 음악적 이야기를 이어가는 수단이 되었다. 결코 존재하지 않을 모종의 미래를 향한 여정이 아니라, 자신을 똑바로 응시하고 있는 현실을 마침내 받아들이고 거기서 한 발 내딛음으로써 시작되는 여정이다. 1939년 10월, 쇤베르크가 캘리포니아 브렌트우드의 로킹험 드라이브에서 가족과 함께 살고 있던 바로 그때 그의 조국 오스트리아는 쇤베르크와 전쟁을 하고 있었다.

〈실내 교향곡 2번〉은 작곡가의 주요 작품으로 여겨져야 마땅함에도 그렇지 않다. 이 작품이 최근 뉴욕에서 모처럼 공연되고 리뷰 기사까지 났는데, 어느 주요 평론가는 음악의 내용에 무감했는지 이 작품을 "다정하고 유쾌하다"고 묘사했다. '퇴폐 음악' 시리즈를 함께 진행한 데카 측에 나는 쇤베르크의 음반 제목을 '할리우드의 쇤베르크'로 하면 어떻겠느냐고 제안했다. 그전까지 감춰져왔던 사실, 즉 쇤베르크가 생애 마지막 13년 동안 놀랄 만큼 아름답고 복잡한 음악을 썼음을 당당히 알리는 도발적인 제목이 될 것 같아서였다.

물론 이 일을 하다 보면 음악을 알게 된다. 하지만 이름만 대면 다 아는 작곡가가 썼다는데 나도 모르고 다른 사람들도 모르는 작품군을 통째로 배우는 일은 느낌표와 물음표로 가득한 여정이었다. 한편으로 베를린 오케스트라 단원들은 쇤베르크라고 하면 그저 악명부터 떠올리는 탓인지 그의 음악을 연주하고 녹음하는 일이 너무도 어려울 거라 지레짐작해 걱정부터 하고 있었다. 또 다른 한편으로는 아무도 그들이 연주하는 음악이 쇤베르크의 음악임을 인정할 준비가 되지 않은 것 같기도 했다.

1996년 로스앤젤레스의 캘리포니아 대학의 아르놀트 쇤베르크 협회에서 나는 내가 녹음하게 될 작품의 미공개 녹음 자료를 청취했고, 작곡가의 메모가 적힌 필사 악보와 교습 연주용 악보를 포함해 다양한 자료를 열람했다. 자료를 찾고 공부하다보니 아무리 생각해도 납득할 수 없는 사실 하나가 떠올랐다. 로스앤젤레스에서 작곡된 음악이 정작 로스앤젤레스에서는 연주되지 못해 작곡가를 절망케 했다는 점이었다. 할리우드 볼 오케스트라의 첫 번째 할리우드 음악 음반인 〈할리우드 드림스〉(1991)는 쇤베르크가 쓴 팡파르로 도발적인 첫 테이프를 끊었다. 1945년 레오폴드 스토코프스키를 위해 쓴 이 작품은 〈볼 콘서트를 위한 팡파르〉라고 불렸다. 그러나 그 이후로, 어디에서도 연주된 적 없는 비운의 작품이기도 하다.

그로부터 5년이 흘러 나는 베를린에서 쇤베르크 녹음을 준비하고 있었다. 연주곡목으로는 〈실내 교향곡 2번〉〈모음곡 G장조〉〈주제와 변주, 작품43b〉가 포함되어 있었다. 로스앤젤레스 필하모닉의 위촉으로 탄생한 〈모음곡〉은 1935년 오토 클렘페러의 지휘로 한 번, 그 직후 작곡가 본인의 지휘로 또 한 번 연주되었다. 그것이 로스앤젤레스 필하모닉의 마지막 〈모음곡〉 연주였다.

2014년 쇤베르크의 두 아들인 로런스(래리)와 로널드는 로스앤젤레스 필하모닉이 아버지의 음악을 연주한 횟수를 헤아려보았다. 〈바이올린 협주곡〉이 한 차례로 그나마도 40년 전의 일이었고, 〈창세기 모음곡의 전주곡〉 역시 한 차례뿐이었다. 〈주제와 변주, 작품43b〉는 단 한 번도 연주하지 않았다. 로런스는 내게 보낸 2014년 1월 30일자 편지에서 "쇤베르크는 로스앤젤레스 필하모닉과 관련해서는 3타수 무안타인 셈이네요"라고 적었다. 야구식으로 설명한 '3타수 무안타'라는 표현은 로스앤젤레스 필하모닉의 전현직 음악감독들이 쇤베르크에 무관심한 현실을 에둘러 표현한 것이었다.

2018년 로스앤젤레스 필하모닉은 창단 후 100번째 시즌을 기념하기 위해 50곡의 신곡을 위촉하여 세계 초연하고 악단의 특별한 역사를 조망하겠다는 계획을 발표했다. 그해 10월 11일 나와 통화한 로런스 쇤베르크의 목소리에는 참을 수 없는 슬픔을 억누르는 듯한 느낌이 역력했다. 그는 아버지가 제2의 고향으로 여긴 도시가 그의 음악을 대접하는 태도가 "0보다도 아래"라고 했다. 로런스는 은퇴한 수학 선생님이었으므로 숫자의 의미를 가지고 실수하는 일은 없었을 것이다. 로스앤젤레스 필하모닉은 창단 100주년을 기념하는 일련의 연주회에서 쇤베르크의 음악은 음표 하나 연주하지 않았고, 그 어느 인쇄물에도 그의 이름이 언급되지 않았다. 이후 2021년 나눈 대화에서 로런스는 20세기 클래식 음악을 지배한 소리의 창조자로 인정받은 작곡가 아르놀트 쇤베르크가 제2의 고향에서는 여전히 환영받지 못하고 있다면서, 쇤베르크의 탄생 150주년을 기념하게 될 2024년에는 로스앤젤레스 필하모닉이 뭐라도 연주해주길 희망한다고 첨언했다.

망명 작곡가들의 자제와 손주들이 미국식 억양의 영어를 사용하는 걸 보고 듣는 것은 그 자체로 가슴 먹먹한 이야기가 된다. 1994년 MGM 사운드스테이지(지금의 소니 픽처스 사운드스테이지)에서—옛날 옛적에 주디 갈런드가 '오버 더 레인보우'를, 로자 미클로시가 〈벤허〉 스코어를 녹음한 바로 그곳이다—할리우드 볼 오케스트라와 함께 쇤베르크의 〈구레의 노래〉 중 '새벽'을 녹음하던 때의 일이다. 녹음 작업 도중 잠깐 휴식을 취하고 있는 내게 한 사내가 다가와 말을 걸었다. "안녕하세요, 존. 나는 래리라고 합니다."

이 책은 음악 애호가이자 음악가였던 내가 이해할 수 없었던 수수께끼를 풀기 위해 노력한 30년간의 결실이다. 내가 태어난 1945년에 사랑받던 레퍼토리와 현재 보편적으로 사랑받는 레퍼토리가 판박이처럼 똑같은 현상을 어떻게 설명할 수 있을까? 그리고 양쪽의 시점 사이에 쓰인 대부분의 작품이 논쟁거리로 여겨지고 있는 현상은 대체 어떻게 이해해야 하나?

이 책의 헌사 페이지에 인용한, 마이클 하스가 뇌까리듯 내뱉은 물음을 들은 이후로 나는 이 문제를 이해하기 위해 애써왔다. 1990년대 후반 나는 뮌헨의 초청으로 신년 갈라 콘서트를 지휘하게 되었다. '팝스' 콘서트가 될 것이 자명한 연주회였다. 그런데도 공연 기획자가 "마우체리 씨에게 영화음악은 안 된다고 분명히 말씀드려주세요" 같은 메시지를 전달한 이유는 도대체 뭐란 말인가? 메시지를 받은 나는 부랴부랴 기획자에게 연락을 넣어 수화기 너머로 왁스먼과 스타이너의 음악을 들려주었고, 기획자는 그제야 뜻을 꺾었다. 종신직 작곡 교수로 늙어 일흔다섯 살이 된 나조차 풀기 힘든 수수께끼도 있다. 모차르트, 베토벤, 바그너, 드뷔시를 짓눌렀던 생계 부담에서 해방된 이들이 쓴 수백 편의 사랑받는 걸작을 우리는 어째서 누리지 못하고 있는 걸까?

이 책이 책의 꼴을 갖추는 과정에서 많은 이들이 손을 빌려주었다. 작곡가들, 연주자들, 평론가들, 교사들, 그리고 나와 같은 음악 애호가들이었다. 내 독일 매니저의 삼촌 되시는 분과 함께 힌데미트와 쇤베르크의 '미국 시절' 음악에 대해 이야기한 적이 있었다. 그때 그분께서는 왠지 모를 이유로 흥분하셔서는 "전쟁 이후에 우리도 들었던 음악이야! 좋은 구석이 전혀 없었어!" 하고 고함을 지르셨다. 지휘자로 활동하다가 은퇴한 그분을 포함한 세대의 견해가 이 책의 촉매가 되었다.

뉴요커인 나는 늘 『뉴욕 타임스』를 지역 신문처럼 가까이 두며 살아왔다. 그런데 지난 30년 동안 가면 갈수록 음악면에 실린 기사들과 접점을 잃는다는 느낌을 받지 않을 수 없었다. 음악 이외의 보도와 논설은 여전히 흥미롭게 읽고 있는데 말이다. 왜 그런 걸까? 그러므로―조금의 비꼬는 뜻 없이―인정하지 않을 수 없는데, 『뉴욕 타임스』와 온 세상의 모든 음악 저널리스트들은 내가 이 문제에 대해 생각하도록 이끌어준 공로가 있다.

여러 동료가 원고를 읽고 감상평을 얘기해주었고, 그중 일부는 격분하기도 했다. 이런 책이 쓰임 직한 "때가 되었다"는 의견을 포함한 모두의 평가를 감사히 받아들였다. 격분한 이들이 격분한 대상과 그 이유는 내게 큰 가르침을 주었다. 이 자리를 빌려 감사드린다.

역사가 잊어버리고 지워버린 작곡가들의 가족들―헬렌 코른골트, 존 왁스먼, 래리 쇤베르크, 줄리엣 로자, 여기 모두 거명할 수 없는 수많은 이들―은 나에게 귀중한 이야기를 나누어주었다. 나는 존 왁스먼이 프란츠를 "아버지"라 부르고, 헬렌 코른골트가 에리히를 "파파"라고 부르고, 래리 쇤베르크가 아르놀트를 "아빠"라고 부르는 걸 듣는 행운을 누린 사람이다. 역시 이 자리를 빌려 감사의 말씀을 전한다.

악단들을 향한 감사 인사도 빼놓을 수 없다. 오케스트라들은 내가 가져온 레퍼토리를 두려워하는 경우가 많았다. 그럼에도 이들은 투철한 사명감으로 헌신적인 연주를 들려주었다. 그 과정에서 몇 명쯤은 생각을 바꿨을지도 모른다. 라이프치히 게반트하우스 오케스트라의 어느 단원이, 라이프치히 음악원에서 수학하여 이 도시와 인연이 없지 않은 로자 미클로시의 곡을 초견한 후 옆에 앉은 동료에게 "아름다운 작품이야!"라고 조용히 말하는 것을 들은 기억이 생생하다. 바일의 〈약속의 길〉 공연 때 뉴 이스라엘 오페라 오케스트라가 그랬던 것처럼 공개적으로 반감을 표현한 단원들도 있었고, 어쨌든 일이니까 하지 않을 수 없다는 듯 각자 앞에 놓인 악보 책에 적힌 음표를 묵묵히 연주하는 단원들도 있었다. 어떤 경우든 저들이 연주하는 음악이 세상의 평가를 견딜지 혹은 그렇지 못하고 낙오하고 말지를 결정하는 최전선에 서 있는 이들이었다는 점에는 이론의 여지가 없다. 어쨌거나 오케스트라 단원들은 음악이 무엇인지, 음악이 어떻게 구성되는지, 음악이 가치가 있는지 없는지를 아는 존재들이다. 이들은 또한 세계의 인식 속으로 재진입한 작곡가들을 위한 변화의 중심에 있는 존재들이기도 하다. 물론 우리에게는 이런 이들이 더 필요하다.

티아고 티베리오, 데이비드 거스키, 마이클 길딘 같은 젊은 음악가들은 기꺼이 원고를 읽고 정정해야 할 부분, 글을 읽은 소감을 나누어주었다. 잉크웰 매니지먼트의 마이클 먼젤로는 내게 영웅이다. 무엇보다 나의 집필 대리인 마이클 칼라일은 기획 단계부터 이 책을 제 것처럼 아껴주었다. 우리는 이 책을 "우리의 책"이라고 불렀다. 그래요, 맞는 말이에요, 마이클. 고맙습니다.

들어가며

1 New York Times Editorial Board, "What's So Great About Fake Roman Temples?," *New York Times*, February 9, 2020.

2 "[로스앤젤레스] 필하모닉은 지난 80년간 영화의 한 부분이었던 음악과 관련하여 중대한 역할을 해왔다. 로스앤젤레스 필과 영화 사이의 관계는 얽히고설킨 성격이 있다. 망명 작곡가들이 로스앤젤레스로 유입되던 시절인 1930년대를 생각해보라. 당시부터 로스앤젤레스 필은 맥스 스타이너와 프란츠 왁스먼 같은 이들이 유럽에서 활동하던 시절 쓴 연주회용 작품을 무대에 올렸다. 바로 그 영화적 교향악 사운드에서 우리 오케스트라의 사운드가 탄생했다. … 로스앤젤레스 필하모닉이 로스앤젤레스라는 도시를 창조의 중심지로 만든 예술 제작자들의 공동체와 깊은 관계를 맺지 않은 채로 이 공간에 존재할 수 있다는 생각은 천부당만부당하다." Maxwell Williams, "L.A. Phil Plans Centennial Season Featuring Oscar Performance," *Hollywood Reporter*, February 7, 2018.

3 Rich Cohen, "Liberty Island's Hidden History," *Wall Street Journal*, July 13, 2019.

1장

1 Anne Midgette, "People Are Upset When an Orchestra Closes. If Only They Went to the Concerts," *Washington Post*, July 19, 2019.

2 1년이 넘도록 전 세계 공연장 문에 빗장을 채운 팬데믹이 끝나가던 무렵인 2021년 6월 9일 『뉴욕 타임스』는 카네기 홀의 2021-22년 시즌이 "익숙한 작품과 실험적 음악의 혼합"이 될 것이라 예고했다. 마치 그 두 가지가 21세기 클래식 음악 프로그램을 짤 때 유일한 선택권인 것처럼 말이다.

3 Jonathan Haidt, "2017 Wriston Lecture: The Age of Outrage: What It's Doing to Our Universities, and Our Country," Manhattan Institute, November 15, 2017.

4 피에르 불레즈가 음악계에 미친 영향력은 아무리 언급해도 지나치지 않다. 그는 BBC 심포니 오케스트라의 음악 고문 및 상임 지휘자(1971~1975), 뉴욕 필하모닉의 음악감독(1971~1977)을 지냈고, 1960년대와 1970년대에는 바이로이트 페스티벌을 이끈 주요 지휘자 중 한 명이었으며, 그 밖에도 세계 유수의 오케스트라(시카고, 빈, 베를린, 로스앤젤레스 등)를 객원 지휘했다. 프랑스 정부는 불레즈가 파리에 설립한 실험 음악 및 음향 연구소(IRCAM)에 현대음악에 할당된 국가 예산의 40퍼센트를 지원했다. 불레즈의 사망 이틀 뒤인 2016년 1월 7일 『뉴욕 타임스』는 두 편의 부고 기사와 함께 1면에 그의 사진을 게재했다.

5 David Brooks, "The Retreat to Tribalism," *New York Times*, January 1, 2018.

2장

1 바그너가 주창한 '미래의 음악'을 미래주의와 혼동해서는 안 된다. 미래주의는 1909년 아방가르드 예술의 요소를 천명하며 등장한 사조다. 바그너는 고대 그리스의 음악극 전통으로 회귀하여 시와 음악이 서로 무한히 혼융하는 상태를 지향했다.

2 Max Kalbeck, *Johannes Brahms*, Vol. 2, Part 1 (2nd ed., 1908); trans. Piero Weiss in Piero Weiss and Richard Taruskin, eds., *Music in the Western World: A History in Documents* (New York: Schirmer Books, 1984), p. 122~26.

3장

1 블룸즈버리 그룹(Bloomsbury Group)은 20세기 전반 영국의 작가, 화가, 지식인 집단으로 버지니아 울프, E. M. 포스터, 존 메이너드 케인스 등이 여기에 포함되었다. 블룸즈버리라는 이름은 이들 중 다수가 런던 웨스트엔드의 블룸즈버리 지역에 거주했기 때문에 붙여진 명칭이다. 블룸즈버리 그룹 가운데는 페미니즘, 반전주의, 그리고 성적 자유분방성 및 성 유동성을 신봉하는 이들이 많았다.

2 Anne Midgette, "'Written on Skin' Brings Theater to Opera Stage," *Washington Post*, August 12, 2015.

4장

1 Margaret MacMillan, *The War That Ended Peace: The Road to 1914* (New York: Random House, 2013), p. xxiv~xxv.

2 서양 음악은 리듬과 음가(온음표, 2분음표, 4분음표 등)가 꾸준히 반복되는 맥박의 묶음(마디)으로 제시되는 지극히 단순한 매트릭스를 기초로 한다. 작품 전체가 마디당 두 박자로 이루어진 곡이 있고, 오로지 세 박자로 혹은 네 박자로 이루어지는 곡도 있다. 1900년 무렵이 되면 가속, 잡아 늘인 '업비트', 갑작스런 휴지(休止)의 삽입(루프트파우제) 등을 통해 이와 같은 단순한 맥박/리듬 체계에 복잡하고 흥미로운 변화가 찾아온다. 미국에서 시작된 새로운 음악은 두 박자, 세 박자, 네 박자를 쪼갬으로써 놀라운 내적 리듬을 빚어내는 데에서 동력을 찾은 추진력 강한 단일 템포 음악으로 기존 전통에 맞섰다. 모눈종이의 비유로 유럽식 음악과 미국식 음악을 설명할 수 있다. 전자가 모눈의 너비가 넓어졌다 좁아졌다 하는 음악이라면 후자는 모눈의 크기는 균등하지만 각각의 모눈이 서로 다른 색으로 칠해지는 음악이다. 래그타임이 대표적이다.

3 Next Level, an initiative of the U.S. Department of State, "Uzbekistan Final Concert, Residency Recap," posted August 5, 2018, https://www.nextlevel-usa.org/sca/uzbekistan.

4 Philipp Blom, *Fracture: Life and Culture in the West, 1918–1938* (New York: Basic Books, 2015), p. 370~71.

5 음표는 C, D, E, F, G, A, B 등 피아노의 흰색 건반을 생각하면 된다. 검은 건반은 옥타브를 마저 채우는 다른 다섯 음이다. 검은 건반은 양옆의 흰색 건반을 따라 명명하는데, 따라서 검은 건반에는 두 가지 이름을 붙일 수 있다. 하나의 음을 두고 F샤프(F음보다 반음 높은)로 부를 수도, G플랫(G음보다 반음 낮은)으로 부를 수도 있는 것이다.

6 동일한 시기에 중국에서도 볼셰비키 혁명에서 고무된 새로운 정치 세력이 태동하고 있었다. 그리고 이들은 21세기 들어 공산주의의 세계 표준으로 올라서게 된다. 2021년 중국 공산당 창당 100주년을 기념하기 위해 중국 국가 주석 시진핑은 국가에서 인정한 300편의 오페라, 발레, 연극, 악곡 창작 계획을 발표했다. 이 작

품 모두는 공산당의 미적 요구에 긴밀히 부합하는 방식으로 재단될 것임을 분명히 했다. 그렇다면 음악은 다시 한 번 정치 체제, 국가, 그리고 거기에 속한 사람들을 나타내는 상징으로 사용될 터이다.

5장

1 엘리자베트 뇔레-노이만(1916~2010)은 2차 대전 종전 이후 기독교민주연합에 입당했고, 서독의 정치 및 시장 연구 분야에 성공적으로 안착했다. 1978년에 시카고 대학의 교수로 임명되었으며, "내부에서 일하며" 나치에 맞서 싸웠다고 주장했다. 뇔레-노이만은 아흔셋의 나이로 사망할 때까지 여론 조사 분야에서 높이 존경받는 인물로 활동했다.

2 시그먼드 롬버그(1887~1951)는 빈에서 수학하고 1909년에 미국으로 건너가 1919년 미국 시민이 되었다. 1924년작인 〈학생 왕자〉는 1920~1930년대 브로드웨이 최장수 쇼로 기록되었다. 이는 당대의 히트작 〈쇼 보트(Show Boat)〉나 조지 거슈윈의 모든 쇼를 능가하는 성취였다. 필자는 2012년 쾰른에서 서독일 라디오 오케스트라와 함께 〈학생 왕자〉를 무대에 올린 바 있다. 공연은 기립박수를 받을 정도로 성공적이었지만, 서독일 라디오의 사장은 그때 롬버그의 음악을 처음 들었다고 고백했다. 심지어 쾰른에서 제일가는 음악 평론가는 롬버그라는 이름을 들어본 게 그때가 처음이라고 했다.

3 다시 말해 리하르트 슈트라우스가 태어났을 때 미국의 대통령은 에이브러햄 링컨이었고 그가 사망하던 시점에 백악관의 주인은 해리 트루먼이었다.

6장

1 "1926년 초연된 푸치니의 마지막 (미완성) 오페라 〈투란도트〉는, 까다로운 주인공 배역을 소화해낸 뛰어난 드라마틱 소프라노 비르기트 닐손의 등장과 1960년대에 음향의 신세계를 개척한 하이파이 스테레오 녹음 기법의 발달에 힘입어 이제 주요 오페라 레퍼토리가 되었다. 〈투란도트〉는 초연되고 난 뒤로 레퍼토리에서 완전히 사라진 적은 한 번도 없었지만, 전 세계 텔레비전으로 중계된 1990년 월드컵 공연에서 루치아노 파바로티가 3막 아리아 "공주는 잠 못 이루고(Nessun Dorma!)"를 불러 경이적인 인기를 얻으면서 지금의 자리에 오를 수 있었다." 존 마우체리, 『클래식의 발견: 지휘자가 들려주는 청취의 기술』(장호연 옮김, 에포크 2021), p. 36 참고.

2 레스피기의 〈로마의 소나무〉가 파시스트 필터를 '통과'할 수 있었던 건 1926년 미국 초연의 지휘봉을 잡은 인물이 파시즘 반대자인 아르투로 토스카니니였던 덕이 크다.

3 John Mauceri, "Un incontro con l'uomo, un incontro con la sua musica," *Teatro Regio: Stagione d'Opera 1998–9* (1999), p. 97~100.

4 Harvey Sachs, *Music in Fascist Italy* (New York: W. W. Norton, 1987), p. 129.

7장

1 1927년 드레스덴에서는 무성영화로 제작한 〈장미의 기사〉가 세계 최초로 개봉했다. 당시 극장의 영사 기사는 슈트라우스가 지휘하는 오케스트라 소리와 화면 진행을 일치시키기 위해 손으로 직접 영사기를 돌리며 속도를 조절해야 했다! 그런 이유로 일정한 속도로 움직여야 할 화면 진행이 들쭉날쭉해지면서 관객 입장에서는 도저히 받아들이기 힘든 지경이 되었다. 그럼에도 슈트라우스는 〈장미의 기사〉를 런던에서도 개봉했고, 그뿐만 아니라 엘렉트롤라 레이블과 함께 영화 스코어 발췌 버전 녹음까지 했다. 슈트라우스와 대본 작가 후고 폰 호프만스탈—원래의 이야기를 수정하여 마치 〈피가로의 결혼〉처럼 저마다 변장을 한 연인들이 번듯한 정원에서 함께 노래하는 장면을 덧붙였다—은 그들의 걸작 오페라를 소도시에도 소개하고자 했다. 규모가 작은 마을은 〈장미의 기사〉를 일반 오페라 공연 형태로는 접하기 힘든 형편이었을 테니 충분히 생각해볼 만했다. 슈트라우스는 이에 맞춰 두 가지 다른 편곡 버전을 마련했다. 하나는 일반 오페라 공연의 오케스트라 악보를 그대로 복제하다시피 간추린 판본이었고, 다른 하나는 그보다 소규모 '살롱 오케스트라' 버전이었다. 슈트라우스는 〈장미의 기사〉 영화판을 뉴욕에서도 개봉하고자 협의에 들어갔으나, 어마어마한 비용을 협상하는 도중에 유성영화 기술이 도입되면서(그리고 PAN 필름 영화사가 폐업하면서) 프로젝트는 유야무야되고 말았다. 영화판 〈장미의 기사〉는 미국에서 1974년 3월 29일에 개봉했다. 필자가 지휘하는 예일 심포니 오케스트라가 마련한 무대였다. 주최 측의 요구에 따라 검은색 타이 차림을 한 학부생 관객 사이에 두 명의 중요 귀빈이 자리했다. 빈의 저명한 오페라 전문가 마르셀 프라비, 그리고 리하르트 슈트라우스, 자코모 푸치니, 에리히 볼프강 코른골트가 가장 아낀 소프라노 마리아 예리차(당시 뉴저지에 거주 중이었다)였다.

2 Steven C. Smith, *Music by Max Steiner: The Epic Life of Hollywood's Most*

Influential Composer (New York: Oxford University Press, 2020).

3 라토프가 수술대 위에서 숨을 거두는 약 10분간의 장면 전체는 두 개의 음악 시퀀스로 구성되어 있다. 6분간 지속하는 첫 번째 시퀀스는 주인공이 아버지의 수술 집도를 준비하는 과정이다. 수술 장면에는 음악이 붙지 않는다—침묵과 음향 효과만으로 채워진 숨 막히는 2분 15초간이다. 이어서 수술실에 홀로 남은 리카르도 코르테스가 고독한 두려움에 휩싸이는 1분 45초간의 장면이 음악과 함께 뒤따른다.

4 영화음악을 얼마나 많은 대중이 들었는지를 보여주는 예로 1971년 2월 14일 CBS에서 전국 방송한 〈벤허〉를 들 수 있다. 이 영화는 1959년 극장에 걸린 이래로 이미 수백만 명이 관람했지만, TV로 방송된 그날 하룻밤 동안 8482만 명의 미국인이 시청한 것으로—그리고 로자 미클로시가 작곡한 두 시간 반 분량의 음악을 들은 것으로—집계되었다.

5 Anno Mungen, *"BilderMusik": Panorama, Tableaux vivants und Lichtbilder als multimediale Darstellungsformen in Theater- und Musikaufführungen vom 19. bis zum frühen 20. Jahrhundert*, 2 vols. (Remscheid: Gardez!, 2006).

6 1984년 필자는 오랫동안 코번트 가든 로열 오페라하우스에서 일하고 있던 전설적인 무대감독 스텔라 치티에게 푸치니의 이 중요한 지시 사항을 그대로 따라달라고 부탁했다. 하지만 치티는 그랬다가는 '공연 분위기가 깨질지 모른다'고 걱정하는 쪽이었다. 커튼이 움직이기 시작하면 객석에서 박수가 터져 나올지도 모르고, 아니면 무대 담당자가 실수한 게 분명하다고 오해할 수도 있다고 생각한 것이다. 나는 한번 시도라도 해보자고 완강히 고집했고, 결국 치티는 내 바람을 들어주었다. 분위기를 깨는 사람은 아무도 없었다. 관객은 무슨 일이 일어나는지 즉각적으로 알아차렸고, 그 효과는 가히 마술과도 같았다.

7 음악학자 브렌던 G. 캐럴은 2017년 8월 24일 필자에게 보낸 이메일에서 히틀러의 〈킹콩〉 감상 경위를 이렇게 설명했다. "〈킹콩〉은 1933년에 제작되었습니다. 유성영화 역사에서 1933년은 특히 중요한 해입니다. 개별적인 음악 트랙의 후시 녹음 기술이 마침내 가능해진 해이기 때문입니다. … RKO가 굳이 독일에만 재고품 음악을 입힌 버전의 〈킹콩〉을 보냈을 이유는 하나도 없습니다. 그러니까 히틀러 씨가 맥스의 음악을 들은 것이 틀림없다고 확신할 수 있습니다."

8장

1 2016년 현대 미술가 제프 쿤스는 조각상 〈튤립 꽃다발〉을 파리시에 기증했다. 그러나 기증 자체는 작품 기증이라기보다 착상을 기증한 것이었다. 실제로 작품을 제작하는 데에 350만 유로가 들었고, 제작이 완성되어 설치된 것은 2019년 9월이었다.

2 70년 뒤 『뉴욕 타임스』는 "사업 혁명"에 대한 기사를 게재했다. "소음을 만들어내는 주방 용품으로 무장한" 독주자를 위해 새로운 음악을 쓴 비키 차우의 이야기였다. Steve Smith, "Make Your Selection of Sounds (Kitchen Utensils Are on the Menu)," *New York Times*, September 7, 2013.

9장

1 국제적인 비조성 음악의 득세로 연주회장 바깥으로 밀려난 '코플런드 사운드'는 영화에서 서식처를 찾았다. 2016년 엔니오 모리코네는 아카데미 음악상을 받은 영화 〈헤이트풀 8〉에서 에이브러햄 링컨의 조작된 편지를 읽는 장면에 사용할 음악으로 미국식 음악 언어를 활용한 트랙 '링컨의 편지(La Lettera di Lincoln)'를 썼다. 엘머 번스틴, 앨프리드 뉴먼, 브루스 브루턴, 존 윌리엄스 같은 작곡가들은 미국의 남부와 서부에 관한 이야기에 곁들일 음악을 통해 그 전통을 보존했다. 장수 TV 시리즈 〈웨스트 윙〉에 쓰인 W. G. 스너피 월든의 음악 역시 마찬가지다.

2 몇 년 뒤인 1959년 5월 14일 아이젠하워 대통령은 냉전 시기 중 예술을 향한 미국의 헌신을 표상하는 링컨 센터 기공식에 참석해 "그 이로운 영향력은 … 우리 국경 안쪽으로 국한되지 않을 것"이라고 선언했다.

3 Frances Stonor Saunders, *Who Paid the Piper?: The CIA and the Cultural Cold War* (London: Granta Books, 1999), p. 408. [우리나라에는 『문화적 냉전: CIA와 지식인들』, 유광태·임채원 옮김, 그린비 출판사 2016으로 출판되었다.]

4 뱅상 지루가 집필한 나보코프 전기에는 나보코프가 1953년 스탈린 사망 이후 잡지 『인카운터』에 기고한 글이 인용되어 있다. "독재자가 죽은 지 일곱 달이나 지났음에도 불구하고 그를 기리는 음악 작품이 구체화되지 못하는 까닭은 무엇인가, 하고 나보코프는 물었다. … 사후에 시성된 프로코피예프의 사례에서 착안해 나보코프는 '러시아 클래식의 판테온에 입성하기 위한 필수 자격 조건은 (1) 우선 작곡가가 죽어야 하고 (2) 그가 불협화음이라고 묘사될 수 있는 음악은 무슨 일이 있어도 쓰지 않았어야 한다는 것'이라고 주장했다." "No Cantatas for Stalin?," in Vincent Giroud, *Nicolas Nabokov: A Life in Freedom and Music* (New York: Oxford University Press, 2015), p. 276.

5 정치적인 가사가 붙은 행진곡이나 찬양가를 얘기하는 게 아니다. 행진곡이나 찬양가는 정치적 지향을 불문하고 어느 나라건 간에 모두 정확히 일치하는 '양식'을 가지고 있기 때문이다. 카를하인츠 슈토크하우젠이 일종의 전 세계 일렉트로닉 투어라 할 만한 작품인 〈국가들(Hymnen)〉(1967)을 통해 보여준 바가 바로 그것이었다. 슈토크하우젠은 단파 라디오를 가지고 지구 행성 위의 모든 지역에서 나오는 방송 신호를 수집함으로써 다양한 국가(國歌)들을 듣겠다는 얼토당토않은 생각을 품었다. 몇 가지 예외가 있긴 하지만, 그의 시도는 서로 구별하기 힘든 비슷한 결과를 낳았다.

6 1950년 『뉴요커』와의 인터뷰에서 어니스트 헤밍웨이는 이렇게 말했다. "나는 영어라는 언어에서 가장 오래된 단어들을 씁니다. 사람들은 내가 10달러짜리 단어[굳이 쓸 필요 없는 어렵고 복잡하고 과시적인 고급 어휘를 의미하는 헤밍웨이의 표현-옮긴이]를 모르는 무식한 놈이라고 여기지만, 나도 10달러짜리 단어들을 잘 알고 있습니다." Lillian Ross, "How Do You Like It Now, Gentlemen?," *New Yorker*, May 6, 1950.

7 Ben Brantley, "Review: 'Moulin Rouge! The Musical' Offers a Party and a Playlist, for the Ages," *New York Times*, July 26, 2019.

8 Arnold Schoenberg, *Verklärte Nacht*, Op. 4 (1899), *Friede auf Erden*, Op. 13 (1907), and *Erwartung*, Op. 17 (1909).

9 1장의 주 4 참조.

10 Corinna da Fonseca-Wollheim, "MATA Festival's Sounds of Play," *New York Times*, April 16, 2015.

11 Frank Wilczek, "The Hidden Meaning of Noise," *Wall Street Journal*, May 28, 2020.

12 Jon Pareles, "Where Guitars Sound Like Orchestras or Brawling Geese," *New York Times*, January 19, 2014.

13 Ernst Toch, "Glaubensbekenntnis eines Komponisten" (A Composer's Credo), *Deutsche Blätter*, March/April 1945, p. 13~15. Ernst Toch Collection, Performing Arts Archive, UCLA, Box 106, item 22. Translated by Michael Haas in *Forbidden Music: The Jewish Composers Banned by the Nazis* (New Haven: Yale

University Press, 2013).

10장

1 할리우드는 로스앤젤레스 중심부에 있는 하나의 구다. 2차 대전이 끝난 뒤 '할리우드'라는 단어는 (음악과 관련하여) 과장되고, 받아들일 수 없을 정도로 선율이 강조되고, 피상적이고, 듣는 이의 감정을 쥐락펴락하고, 고유의 독자성이 부족하고, 부패하고, 사기꾼들의 소굴이고, 따라서 음악을 쓰는 사람이라면 좋아할 만한 구석이 하나도 없는 곳으로 여겨지기 시작했다. 주의: 유럽어에서 비롯된 '시네마'는 좋은 것이라는 함의가, '무비'에는 나쁜 것이라는 함의가 있다. '필름'은 가치 중립적이다. '시네마틱'한 공연은 뭔가 짜릿하고 장대한 것을 가리키지만 '할리우드 같은' 음악 작품, '무비 뮤직처럼 들리는' 음악 작품은 품질이 떨어진다는 함의가 깔려 있다. 2014년 『뉴욕 타임스』는 이렇게 썼다. "[탄둔의 〈삼중 부활〉] 이 전개됨에 따라 반복되는 동일한 음표의 리듬은 분위기의 전환이 다가오고 있음을 알린다. 곧이어 등장하는 타악기의 폭발과 오케스트라 총주로 연주되는 울부짖는 듯한 화음은 이 협주곡에 〈와호장룡〉의 액션 장면인 것만 같은 느낌을 부여했다. 악기의 표현법 중에서는 웅덩이에 물이 흘러 떨어지는 소리를 증폭한 것이 귀를 사로잡는다. 작품은 매혹적으로 흐르다가, 하늘로 치솟는 듯한 현악군의 연주와 함께 할리우드스럽게 바뀌면서 흥을 깬다." Anthony Tommasini, "Ringing In the Chinese Zodiac's Year of the Horse," *New York Times*, February 2, 2014.

2 2014년 3월, 피에르 불레즈는 그에게 40만 유로의 상금을 지급한 국제 금융사 BBVA와의 인터뷰에서 양쪽 입장을 모두 취했다. 컨템포러리 뮤직이 엘리트를 위한 것이라고 생각하느냐는 질문에 그는 다음과 같은 모순된 답을 했다. "물론입니다. 하지만 엘리트는 최대한 늘어나야 합니다." Norman Lebrecht, "Pierre Boulez Video Interview," 2014년 3월 12일, https://slippedisc.com/2014/03/pierre-boulez-video-interview-i-am-a-composer-i-still-am-a-composer/.

3 스트라빈스키, 쇤베르크, 코른골트—토흐나 로자 등 수많은 다른 작곡가는 언급할 필요도 없다—는 미국 시민권을 취득한 후 로스앤젤레스에 거주했다. 바일과 힌데미트는 미국 동부 해안에 살았다. 이들은 유럽에서도 친구로 지내지 않았고, 로스앤젤레스와 뉴욕에서도 서로 친하게 지내지 않았다. 친구로 지내야 할 이유도 없었으므로 당연하다면 당연한 일이다. 그러나 한쪽을 인용함으로써 다른 한쪽을 깔아뭉개는 것은 양쪽 모두를 파괴하는 것에, 그리고 양쪽의 음악을 모두 연

주하지 않는 것에 아주 효과적인 기법이다. 차이콥스키는 바흐를 천재라고 생각하지 않았으며, 말러는 차이콥스키가 "얄팍하고 피상적"이라고 여겼다고 한다. 이런 얘기를 듣는다고 해서 바흐, 차이콥스키, 말러에 대한 여러분의 생각이 바뀔 거라고는 생각하지 않는다. 왜냐하면 여러분은 그들의 음악을 모두 알고 있기 때문이다.

4 Paul Goldberger, "Cuddling Up to Quasimodo and Friends," *New York Times*, July 23, 1996.

5 다른 작품에서 영감을 얻는 것은 언제나 음악 작곡 과정의 근간이었다. 20세기가 특별했던 이유 중 하나는 참고할 원천이 되는 재료가 넘쳐났던 시기였다는 데 있다. 스트라빈스키는 카를로 제수알도(1560~1613), 주세페 베르디(1813~1901), 요한 제바스티안 바흐(1685~1750), 안톤 베베른(1883~1945)의 음악에서 영향과 영감을 받았다. 래그타임과 재즈 관련 출판물을 구독했으며, 탱고와 행진곡을 자신의 미적 세계 내로 받아들였다. 링링 브라더스와 바넘 앤드 베일리 서커스, 월트 디즈니, 브렉 샴푸와 협력했다. 그러는 중에도 대중문화는 도통 모르겠다는 듯한 품격의 거리를 유지했다. 스트라빈스키는 할리우드에서 살았고, 캘리포니아 베니스가 아니라 이탈리아 베네치아에 묻혔다.

6 유럽구제협회(Cooperative for American Remittances to Europe, CARE)는 유럽에 구호 식량을 보낼 목적으로 1945년 설립된 미국의 민간 단체다.

7 나치의 탄압을 받은 작곡가들을 향한 관심을 고취시키는 것을 활동 목표로 하는 오렐 재단에 따르면, 크레네크는 1941년 미네소타주 세인트폴에 있는 햄린 대학의 음대 교수 겸 학장으로 임명되었다. 그의 음악은 미니애폴리스 심포니 오케스트라의 연주회 프로그램에 종종 포함되었다. 크레네크는 1947년 세인트폴을 떠나 서부 해안에 정착했고, 지휘와 강의와 집필을 병행하며 1991년 사망하기 전까지 100여 편의 작품을 썼다.

8 James Coomarasamy, "Conductor Held over Terrorism' Comment," *BBC News*, December 4, 2001.

9 불레즈의 폭력적인 편지는 여러 책에 인용되어 있다. 다음을 보라. Hugh Wilford, *The Mighty Wurlitzer: How the CIA Played America* (Cambridge, MA: Harvard University Press, 2008), p. 110; Vincent Giroud, *Nicolas Nabokov: A Life in Freedom and Music* (New York: Oxford University Press, 2015), p. 286.

10 한스 베르너 헨체(1926~2012)는 세계적으로 이름난 독일 작곡가로, 매우 확고한

정치적 견해를 가진 것으로도 잘 알려져 있었다. 마르크스주의자에 공산주의자였던 그는 자신의 정치 성향과 동성애자로서의 정체성을 대하는 조국의 태도에 항거하는 의미로 1953년 서독을 떠나 이탈리아에서 살았다.

11 Stephen Hinton, *Weill's Musical Theater: Stages of Reform* (Berkeley: University of California Press, 2012)에서 인용.

12 Alex Ross, "A 'Serious' Composer Lives Down Hollywood Fame," *New York Times*, November 26, 1995.

13 Anthony Tommasini, "Seldom-Heard Symphony Resurfaces as a Novelty," *New York Times*, March 6, 2010.

14 독자의 관용을 부탁드린다. 이 문장은 필자가 데카에서 녹음한 〈할리우드의 쇤베르크〉를 리뷰한 1996년 『가디언』의 기사에서 뽑은 것이다. 대체로 필자는 악평을 따로 정리해 모으지 않는다. 그럴 필요가 없는 것이, 그러지 않으려 해도 기억 속에 박히기 때문이다.

11장

1 2015년 필자와의 대담 중에서.

12장

1 21세기는 2000년 1월 1일이 아니라 2001년 1월 1일이 시작이다. 그러나 아서 C. 클라크를 제외하면 아무도 엄밀한 사실 따위에는 신경 쓰지 않는 듯했다.

2 뉴욕 필하모닉이 공연한 작품 중에 앤디 아키호의 〈물수제비(Ricochet)〉라는 곡이 있다. 다음을 보라. Joshua Barone, "Watch Ping-Pong Make Its New York Philharmonic Debut," *New York Times*, February 19, 2018.

3 토드 매초버의 〈필라델피아의 목소리들(Philadelphia Voices)〉은 필라델피아 오케스트라의 연주로 카네기 홀에서 공연되었다. 다음을 보라. Michael Cooper, "How a Philly Cheesesteak Goes from the Grill to Carnegie Hall," *New York Times*, April 1, 2018.

4 2001년 9월 17일 함부르크에서 열린 기자회견에서 슈토크하우젠이 한 발언은 북독일방송(NDR)이 녹음했고 다음 날 BBC와 AP를 비롯한 여러 언론에 의해 보도되었다. 다음을 보라. Julia Spinola, "Monstrous Art," *Frankfurter Allgemeine Zeitung*, September 25, 2001.

5 2차 대전의 잔해 위에서 자라난 유럽의 분노한 젊은 세대의 언행은 21세기 초 미국 신문 부고면에도 언급될 정도다. 2021년 7월 2일자 『뉴욕 타임스』에는 네덜란드 작곡가 루이 안드리선(1939~2021)의 부음이 사진 한 장과 함께 반 페이지 분량으로 게재되었다. 기사는 안드리선을 인습 타파주의자이자 "전후 유럽의 가장 중요한 작곡가 중 하나"로 묘사했다. 1969년 안드리선은 뜻이 통하는 친구들과 함께 콘세르트헤바우 오케스트라의 연주회를 찾아 소란을 피우며 방해했다. 그들이 쓰는 것과 비슷한 부류의 작품—전후의 음렬주의 작품—을 오케스트라 측이 프로그램에 포함하지 않는다는 이유였다. 이후 안드리선은 프린스턴 대학, 예일 대학, 레이덴 대학의 교수를 지냈다.

6 Kate Murphy, "Zubin Mehta," *New York Times*, August 30, 2014.

7 Seth Colter Walls, "Korngold's Rarely Heard Opera Hints at His Future in Hollywood," *New York Times*, July 29, 2019.

8 베이비 붐 세대가 모두 평화의 아이들은 아니다. 우리 중 일부는 성폭력이 낳은 아이들이기도 하기 때문이다. 소련군은 독일로 진군하면서 대략 200만 명의 독일 여성을 강간했다. 이러한 성폭력의 참상은 1945년 4월 베를린 점령 이후로도 몇 년 동안 이어졌음이 공식 기록으로 남아 있다. 이에 따라 독일 의사들은 놀라운 숫자의 낙태 수술을 집도했으며, 여성 환자들 사이에 성병 발병률 또한 급증했다. 현재 독일 인구 가운데 10만에서 30만 정도의 숫자가 루센킨더(Russenkinder), 즉 러시아인의 자식들로 추정되지만, 사회적인 수치심 때문에 정확한 숫자를 파악하는 일은 영영 불가능하지 싶다.

9 Robert Lee Hotz, "Tuned to Music, the Coronavirus Sounds Like Zappa," *Wall Street Journal*, June 27, 2020.

부록

1 리아스(RIAS, Rundfunk im amerikanischen Sektor)는 '미국 점령부 라디오'를 의미한다.

2 John Mauceri, "A Conversation with Abravanel," liner notes to *Die Sieben Todsünden*, Decca, 1990.

전쟁과 음악

초판 1쇄 발행 2025년 7월 14일
초판 2쇄 발행 2025년 8월 29일

지은이 존 마우체리
옮긴이 이석호

펴낸이 서지원
책임편집 홍지연
디자인 형태와내용사이

펴낸곳 에포크
출판등록 2019년 1월 24일 제2019-000008호
주소 서울시 용산구 한강대로 95, A동 1315호
전화 070-8870-6907
팩스 02-6280-5776
이메일 info@epoch-books.com
인스타그램 @epoch.books

ISBN 979-11-991266-2-6(03670)
한국어판 ⓒ 에포크, 2025

• 책값은 뒤표지에 있습니다.
• 잘못된 책은 구입하신 곳에서 교환해 드립니다.